武夷学院朱子学研究十年录

衷鑫恣 —— 主编
武夷学院朱子学研究中心 —— 编

图书在版编目(CIP)数据

武夷学院朱子学研究十年录/衷鑫恣主编;武夷学院朱子学研究中心编. —厦门:厦门大学出版社,2018.11
ISBN 978-7-5615-7112-5

Ⅰ.①武… Ⅱ.①衷…②武… Ⅲ.①朱熹(1130—1200)—哲学思想—文集 Ⅳ.①B244.75-53

中国版本图书馆CIP数据核字(2018)第225955号

出 版 人	郑文礼
责任编辑	薛鹏志
封面设计	蒋卓群
技术编辑	朱 楷

出版发行　厦门大学出版社

社　　址　厦门市软件园二期望海路39号
邮政编码　361008
总 编 办　0592-2182177　0592-2181406(传真)
营销中心　0592-2184458　0592-2181365
网　　址　http://www.xmupress.com
邮　　箱　xmup@xmupress.com
印　　刷　厦门集大印刷厂

开本　720 mm×1 000 mm　1/16
印张　22.25
插页　2
字数　360千字
印数　1～3 000 册
版次　2018年11月第1版
印次　2018年11月第1次印刷
定价　78.00元

本书如有印装质量问题请直接寄承印厂调换

厦门大学出版社
微信二维码

厦门大学出版社
微博二维码

序

朱子是继孔子、孟子之后儒家最重要的代表,其学说成为近古中国的主流意识形态,并深刻塑造了整个东亚文化圈,对欧洲近代启蒙运动亦有重要影响。以理学思想为核心,关涉哲学、历史、教育、政治、经济、文艺、科学等诸多方面的朱子学,其精髓已深深融入中华民族的血脉中。习近平总书记在党的十九大报告中指出:"文化是一个国家、一个民族的灵魂,文化兴国运兴,文化强民族强,没有高度的文化自信,没有文化的繁荣兴盛,就没有中华民族的伟大复兴。"包括朱子文化在内的中华优秀传统文化,积淀着中华民族最深层的精神追求,包含着中华民族最根本的精神基因,代表着中华民族独特的精神标识,不仅为中华民族发展壮大提供丰厚的滋养,也为人类文明进步做出了卓越贡献,是构成我们今天中国特色社会主义文化的源头活水。高校担负着人才培养、科学研究、社会服务、文化传承创新和国际交流合作等五大职能,推动中华优秀传统文化创造性转化、创新性发展无疑是高校办学的题中应有之义。

武夷学院在开展朱子学研究、做好朱子文化传承创新上具有扎实的基础与鲜明的特色。事情要回溯到 2005 年 8 月,当时在朱子故里武夷山,福建社会科学院和中国社会科学院哲学研究所两家单位,联合成立了宋明理学研究中心,并挂靠武夷学院,开启了武夷学院研究、弘扬朱子学的历程。武夷学院为了配合宋明理学研究中心开展工作，2008年设立了校内实体研究机构朱子学研究中心。发展至今，以宋明理学研究中心、朱子学研究中心为平台，目前在职的专职研究人员8名，分布在各院系、部门的兼职研究人员近20名，组成一支具有较强实力的科研团队。中心与韩国国学振兴院、韩国传统书堂文化振兴会、台湾大学人文社会高等研究院、台湾师范大学东亚文化与汉学研究中心、台北文德书院、上饶师范学院朱子学研究所等海内外机构建立合作关系。由于本校得天独厚的条件，福建省高校人文社科研究基地——武夷山世界文化遗产研究中心、福建省杨时学术文化研究会、福建省统一战线理论研究会——统战文化武夷山研究基地等，陆续落户武夷学院。2018年，福建省高校特色新型智库朱子学研究中心获批成立，将助推武夷学院以朱子学研究更好地服务政府、服务社会。

迄今为止，武夷学院朱子学研究团队已出版朱子学、宋明理学领域的专著18部，包括《大教育家朱熹》《东亚朱子学新论》《朱熹道德教育思想论稿》《朱子的旅游世界》等，另有论文近200篇；承担国家社科基金项目6项，教育部人文社科项目2项，福建省社科规划项目15项。时间荏苒，从2008年算起，十年的节点已经悄然来临，该做一个小结了。于是在朱子学研究中心同人的努力下，有了这本《武夷学院朱子学研究十年录》。今年又恰逢武夷学院建校60周年，这本书包含着本校谋发展求进步的初心，将是献给校庆的一份沉甸甸的礼物。

应该说，本书收录的37篇论文，远非十年成果的全部，但是供管中窥豹是可以的。选入的论文都是公开发表过的。其年始于2008年，止于2018年，刊于《中国哲学史》《孔子研究》《鹅湖月刊》《学术界》《福建论坛》及本校《武夷学院学报》等杂志。选文的原则，一是时间上尽可能覆盖每一年；一是选题上尽可能多样。最终的编排，大致是按文章内容分成了朱子与理学、朱子与社会、朱子与教育、朱子与当代、朱子与东亚、朱子与闽台等几组。浏览一遍看似纷杂的目录就知道，武夷学院的朱子学研究有一些自己的特点，比如跨学科的研究多，又比如与现实的结合研究多。这使得在国际国内强手如林的学界，作为地方本科院校的武夷学院在朱子学研究上能够拥有一席之地。实际上，除了学术研究，武夷学院还多年倡导"朱子文化进校园"活动，并被教育部思想政治工作司评为高校"礼敬中华优秀传统文化"系列活动特色展示项目。本书末尾收入了一篇武夷学院如何应用朱子学立德树人的论文，意味着武夷学院自身已成为朱子学领域的一个研究对象。

风雨多经人不老，关山初度路犹长。800年前，朱子在武夷山的五曲之畔筚路蓝缕，创立名垂千古的"武夷精舍"。800年后，在离武夷精舍原址不到10公里的新校园，武夷学院继往开来，致力打造"传朱子理学，做武夷文章"的特色，竭力传承先师厚德载物、作育人才、为国为民的精神。我坚信，有八闽大地厚重的文化积淀，有全省上下对朱子学的关心关爱，有众多有识之士的鼎力支持，加上同事们的聪明才干，武夷学院一定能够收获更多更丰厚的成果。

武夷学院党委书记

2018年10月

目　录

我是溪山旧主人，归来鱼鸟便相亲
　　——论朱熹"人与自然和谐"的本真追求 …………………… 陈利华/1
从"一原"到"一体"
　　——朱子物我同一性浅析 …………………… 朱平安　王中华/7
生理、生意与生活
　　——朱子的生命体验与生态情怀 …………………… 朱平安　王中华/16

论朱熹的经济哲学思想 ………………………………………… 朱惠莉/30
朱熹社仓法的基本内容及其社会保障作用 ……………………… 张品端/37
朱熹法律思想中的法家因素 ……………………………………… 陈海波/44
朱熹的核心价值观探微 …………………………………………… 林建峰/50

朱熹对教育的贡献 …………………………………… 吴邦才　陈国代/61
《朱子语类》助词"将"结构及功能研究 ………………………… 郑淑花/68
论朱熹"幔亭之风"的美育特征与实质 …………………………… 兰宗荣/78
才子风流与儒者气象
　　——柳永与朱熹文化人格比较 ………………………………… 程　荣/87
《朱子全书》之《晦庵先生朱文公文集》异文校勘商榷 ………… 陈　平/98
朱熹《小学》与童蒙教育体系的构建 …………………………… 陈兴华/106

《仪礼经传通解》与儒家社会秩序的构建
　　——基于社会学思考的朱子文献建设 …………… 陈国代/117
道学的团体化
　　——宋儒结党,明儒结社 ………………………… 袁鑫愍/127
佛教"理事圆融"与理学"理一分殊"对比研究 ………… 黎晓铃/136
论朱熹旅游思想的四要义 ……………………………… 兰宗荣/146

朱熹"和"思想及其当代意义 …………………………… 程利田/157
论朱熹的人事管理思想 ………………………… 高建富　王中华/165
朱熹的道德教育思想及其当代价值 …………………… 姚进生/174
朱熹生态伦理思想及其对构建当代生态文明的启示 … 姚进生/184
朱子理学工夫论研究的现代意义 ……………………… 黄柏翰/192
《朱子家训》融入社会主义核心价值观教育路径研究 … 杨大伟/208
朱熹的人才思想及其现代价值 ………………… 王立明　张品端/216

朱子学在朝鲜、日本和越南的建构特征比较 …… 李世财　杨国学/225
因物起兴自有深趣
　　——奇大升解读《武夷棹歌》 …………………… 金银珍/232
《九曲棹歌》传入韩国时间考 …………………… 李　琪　金银珍/238
韩国岭南学派及其九曲歌系诗歌
　　——朱熹《九曲棹歌》之影响 …………………… 来玉英/243
韩国儒学史上"无极太极"论辩
　　——以李彦迪和曹汉辅为中心 …………………… 张品端/257
韩国性理学史上的"湖洛论争"
　　——以巍岩与南塘为中心 ………………………… 张品端/270

朱子学在台湾传播的途径及其功效研究 ……… 杨国学　李世财/281
明清时期朱子学在台湾传播的基础、阶段与路径 …… 路善全/291
朱熹《八朝名臣言行录》建本流传考略 ………… 徐俐华　丁友兰/299
武夷山朱子文化遗存的思想政治教育价值分析 ……… 胡华田/305
论闽北朱子文化动漫旅游纪念品的研发 ……………… 张　钰/314

论漳州民间传说中朱子为官形象的文化内涵
　　——以《朱熹错判铁环树》为例 …………………… 王志阳/324
朱子理学在高校思想政治教育中的渗透与应用
　　——以武夷学院为例 ………………………………… 池　芳/341

我是溪山旧主人,归来鱼鸟便相亲

——论朱熹"人与自然和谐"的本真追求

✽ 陈利华

人与自然和谐,是人类生命律动与自然生态良好保持高度和谐、高度统一的极致状态,它于人类生命和自然生命间传递的是一种自然而然的生命关联和生命共感。只要人们有着对自然和谐的审美感知和审美体验,这种强烈的生命共感便会蓬勃而起,令人身心愉悦,情感升华。换言之,即只有当人类以审美、珍爱的目光投向自然时,自然才可能向人类敞开并呈现出一派勃勃生机、绚烂美丽的生活世界,这不仅是人类安身立命的最佳选择,也是人类身心和谐的本真追求。

历史上,任何一个追求与自然和谐相处的人都清楚明白地知道,要想真正达成人与自然的和谐相处,就必须在正确认识自然的基础上,合理改造自然,充分利用自然以及及时、有效地保护自然,这样才能为人类的进步发展寻找到一条可供持续的生存之道。因此,尽管浸淫在传统文化大本营中的儒家、道家和佛家都对代表自己特点的生态伦理思想和生态道德立场做了深刻的理论论述,但在处理人与自然的关系上,都还是概无例外地苦苦追求"天人合一、物我一体"的整体观念。他们不仅主张要把人与自然界的其他存在物作为平等并列的关系来看待,破除人类中心主义的错误观念,而且还着重强调了人类作为大自然的产物,应该对大自然怀有感激、热爱之情,要尊重自然规律,珍爱自然生命,保护自然家园,真切回归到人与自然融洽无间的和谐状态中来。① 可以说,传统文化中这种最富有理智、最精辟并深刻阐明人与自然关系和谐的光辉论断,不仅在中国生态文明的长河中凝练成了辉煌灿烂的学术瑰宝,而且也在世界生态伦理思想的浩瀚之海中独放异彩,为我们今天的物质文明建设和精神文明建设提供着有益的生态伦理启示和厚重的和谐思想渊源,促使我们更加自觉地提高自身的生态意识,真正实现人与自然的和谐相处。

两宋时期,集著名的思想家、政治家和教育家于一身的朱熹(1130—1200)的最大成就,无疑就是在继承并完善了二程所创建的理学思想的基础上,确立了以儒学为本位且糅合了佛、道思想的具有鲜明哲学思辨色彩的新儒学体系——朱子理学,成为继孔子之后"致广大,尽精微,综罗百代"②的学术巨人。但是,当我们纵观这位理学家执着不已地游学胜迹,寄情山水,并在风景优美的武夷山倾注了几近50年宝贵时光的一生时,我们却不难发现,相对这位历史伟人所构建的令人钦服的学术大厦而言,他的那些有关生态伦理、生态美学和生态环境保护的真切论述和深刻体会,不仅作为朱子理学中不可或缺的精彩组件,为理学大师的学术创造提供了一次又一次"近山思无穷,临水心未厌"③的延绵不绝的学术滋养,而且还从容地支撑着大师走完了他淡泊宁静甚至是贫困潦倒的生命之旅,令其超然物外,流芳千古。故而,当硕儒朱熹到了他生命的最黑暗时期("庆元党禁"期间),他打从心底里道出的"我是溪山旧主人,归来鱼鸟便相亲。一杯与尔同生死,万事从渠更故新"④的本真感受,便顺理成章地成了人类精神家园中绽放的一朵绚烂奇葩,真切地道明自然之亲对于硕儒的心灵慰籍,已然达到了"物我一体"的最高境界,为人们实现"人与自然和谐"的生存目标提供了重要的参照标准。

具体说来,朱熹的"人与自然和谐"思想主要表现在以下几个方面:

第一,在追求"人与自然和谐"的过程中,具有生命强势的人类要树立起对待自然生命的友善态度。

朱熹认为:"事事物物皆有至理,如一草一木,一禽一兽,皆有理。草木春

---

① 苏会君:《从道家思想中探寻人与自然和谐的理论渊源》,《边疆经济与文化》2006年第10期。
② 黄宗羲:《宋元学案·晦翁学案》(上),北京:中华书局,1986年。
③ 朱杰人等主编:《朱子全书》,上海:上海古籍出版社,合肥:安徽教育出版社,2002年。
④ 《朱文公文集》卷九,北京:中华书局,1986年。

生秋杀,好生恶死,'仲夏斩阳木,仲冬斩阴木',皆是顺阴阳之理。自家知得万物均气同体,'见生不忍见死,闻声不忍食肉',非其时不伐一木,不杀一兽。'不杀胎,不殀矢,不覆巢',此便是合内外之理。"①这段文字,在完全继承了儒家"爱物"、"取物不尽物"、"取物以顺时"的生态伦理思想的同时,从"天人合一"的基本观点出发,把整个自然界都看作是"皆有至理"的生命系统,把"生生"视为"天地之大德",把"爱物"、尊重自然界的一切生命看作是人类至高无上的道德追求,指出在人类生命和自然生命这个有机的统一体中,人类虽然是作为自然界的主宰者存在,但却和其他生命体一样,只是众多生命中的一部分,并没有肆意剥夺其他生命特别是孕中生命的特权。其他生命,或"一草一木",或"一禽一兽"的存在,不仅是自身生命存在的需要,也是其他生命存在的需要。这和我们今天认识到的物种存在的利他性和呼吁保持的生物多样性存在及生物的可持续发展,二者之间,实在有着难以言尽的异曲同工之妙!

　　作为一代宗师,朱熹对待自然生命的坚决态度,不仅只在文字上论述精到,在实践中也力求务必落实。他的论著里,就曾留有这么一段为保持生态平衡而作的精彩记录:"本州管内荒田颇多,盖缘官司有俵寄之扰,象兽有踏食之患,是致人户不敢开垦。今来朝廷推行经界,向去产钱官米各有归着,自无俵寄之扰。本州又已出榜劝谕人户陷杀象兽,约束官司,不得追取牙齿蹄角。今更别立赏钱三十贯,如有人户杀得象者,前来请赏,即时支给,庶几去除灾害,民乐耕耘。"这说明,在当时某些开发较晚的偏僻之地,为了顺利开展农业生产,是可以充分利用人力资源的优势,适当改造自然、干预自然,捕杀一些对人类的生产生活造成恶劣影响甚至是生命威胁的恶兽,去除民患,使民安居乐业。只是一旦预期效果达成,便不能再任意虐杀兽体,造成对自然生命的反侵害。这作为当时一种适当保持生态平衡的做法和对自然生命的正确认识,不可不说是古人利用多种方式保持人与自然和谐相处、平衡发展的最佳状态了。

　　第二,在追求"人与自然和谐"的过程中,具有生命强势的人类要注意对自然环境进行良好经营,尽量保持其原生状态,使人在自然的滋养中身心愉悦。

---

① 《朱子语类》卷一五,北京:中华书局,1994年。

对于这一点,朱熹有着非常深刻的认识和丰富的实践。当时,任职湖南的朱熹巡视辖境,发现由于政府监督、监管的力度不强,南岳一带滥砍滥伐现象严重,生态环境惨遭破坏,不仅无法涵蓄水土,导致田势发展不佳,而且直接影响到国运的昌隆与否——因为,当地官员普遍认为:"照应本州管内南岳衡山,系国家火德兴隆之地,崇奉之礼,极于严肃,合行封植,以壮形势。"但"近来官司失于守护,致得诸色等人妄行斫伐,林木摧残,土石破碎,无以保国威灵,停滀云气,慰一方瞻仰归依之望,事属不便"。于是,针对南岳存在的问题,上任不久的朱熹本着植树兴势是国运所需、生命所需的理念,提出了一整套种植、养护、管理林木、绿化南岳的方法,并公告全境:"契勘其地并属寺观所管,即与民间无相干涉,理宜措置。今帖合同李修职躬亲前去体究相度,勒本县巡尉责本寺观主首摽识签押,除深山人所不见之处,许令依旧开垦种植外,其山面瞻望所及,即不得似前更行斫伐开垦。向后逐年深冬,即令寺观各随界分,多取小木,连本栽培,以时浇灌,务令青活,庶几数年之后,山势崇深,永为福地。"①这说明,朱熹发布榜文的目的除了是要恢复南岳地区原有的良好生态,力求达到人与自然和谐相处、共生共荣的理想境界——"山势崇深,永为福地"之外,还充分考虑到人在自然改造中的能动作用,不仅要求人在进行生态建设时要职责分明,权利分明,避免冲突与争端的发生,而且还要注意生产的方式和方法,达到生态恢复的最佳效果——"多取小木,连本栽培,以时浇灌,务令青活"。这种科学的生态伦理观,不仅使得他的设想具有极强的操作性和可行性,得以充分调动乡民的生产积极性,有效地抑制生态环境的继续恶化,维护自然界的生态和谐,而且为当地乡规民约和社会风俗的形成,起到了良性的导向作用。

第三,在追求"人与自然和谐"的过程中,面对山灵水美,如何充分地享受自然,实现人与自然的和谐相处,需要有着对待自然的真切热爱与执着奉献。

就一般人看来,朱熹从文从学的生活经历,似乎是他不免与山水亲近的根本原因。然而,仔细研究朱熹一生足迹游走和热情倾注的所在,我们发现,真正吸引朱熹寄情山水的强大动因,除了那一时期在寻山择水中优游于学,追求雅逸恬淡、率性自然的文化传统之外,最重要的,恐怕还是那种良好的生态环境传递给这位理学大师的强烈的生命共感,使得大师最终能够在儒、释、

---

① 《晦庵集》卷一〇〇,上海:上海古籍出版社,1987年。

道思想的影响下,抛开世俗的功名利禄,任性而为,安心于寂静的读书、讲学生活,达到人与自然和谐的最佳状态。《福建通志》在记载他的活动时就曾作了这样一番描绘:"自号紫阳,箪瓢屡空。然天机活泼,常寄情山水文字。南康之庐山,潭州之衡岳,建州之武夷、云谷,福州之石鼓、乌石,莫不流连题咏,相传每经行处,闻有佳邱壑,虽迂途数十里,必往游。携尊酒时饮一杯,竟日不倦。非徒效泥塑人以为居敬者。"①可见,在本着一颗热爱自然、追求自然、名利两忘的纯纯状态下,朱熹不仅充分感受到了与大自然和谐共生的奇妙,而且还在自然的感召下,寻到了讲学、著述的理想境界。

当年,武夷山隐屏峰上那流淌的不凡"云气",峰下那令人耳目一新的葱郁"平林",都曾让官场受挫、愤而辞归的朱熹为之神往,使他一见即生出"仙人久相招,授我黄素书,赠我双琼瑶,茅茨几时建,自此遣纷嚣"②的生命共感和静修追求,并最终下定决心,要"自辟精舍,令从游者诵习其中,亦惟是山闲静,远少世纷,可以专意肆力于身心问学中,非必耽玩山水之胜"。③ 于是,淳熙十年(1183年),朱熹在奏劾唐仲友受挫后,便开始动工构筑精舍,"于其溪五折,负大石屏,规之以为精舍,取道士之庐犹半也。诛锄草茅,仅得数亩,面势清幽,奇木佳石,扶揖映带,若阴相而遗伐者。使弟子具畚锸,集瓦竹,相率成之。元晦躬画其处,中以为堂,旁以为斋,高以为亭,密以为室,讲书肆业,琴歌酒赋,莫不在是",俨然一派桃源之境,使得众友来访,皆叹其佳胜。对此,宋韩元吉在撰《武夷精舍记》时也作了甚为欣慕的记述:"吾友朱元晦居于五夫里,去武夷一舍而近,若其外圃,暇则游焉。与其门生弟子挟书而诵,取古诗三百篇及楚人之辞,哦而歌之。得酒啸咏,留必数日,盖山中之乐,悉为元晦之私也。"④这其中,只一句"盖山中之乐,悉为元晦之私也"的描述,就把朱熹一面讲学论道,一面泛舟九曲,畅游诸峰,时而刻石纪念,时而题诗唱和,与自然之间物我两忘、浑然一体的和谐共感进行了淋漓尽致的抒发与表达,令人赞叹之余,不由得心生向往。而与此同时,朱熹由山水优游中触点而得的生命灵感,又为他的治学带来更深层次的体验和考悟,并随之产生了他用

---

① 沈瑜庆、陈衍:《福建通志》卷三四,北京:人民教育出版社,1983年。
② 丘幼宣选注:《武夷诗词选》,福州:福建人民出版社,1982年。
③ 董天工:《武夷山志》,北京:方志出版社,1997年。
④ 武夷山朱熹研究中心编:《武夷胜境理学遗迹考》,北京:三联书店,1990年。

心灵与之交融而获得的学术产品。对此,谁又能说这不是自然赋予朱熹的最丰厚的情感回报呢?

可以说,朱熹倡导的这种爱物惜物、保护生灵、尊重自然规律的"人与自然和谐"的思想,不仅促进了人类生命与自然生命和谐共生,而且使人性的完善随愿发展,达到极致。其所追求的生态理想,不仅是世间万物同构互动、各遂性命、充满生机的原版蓝图的完美再现,同时也是古圣先贤心目中天人合一的至善至美的最高境界。今天,我们所共同希望的社会主义和谐社会的构建,其实就是这种传统精神的延续,是我们民族世世代代慎重选择的文化目标,它不仅自有内在的合理性因素长存,还必将对和谐社会的建构起到至关重要的影响作用。

(原刊于《武夷学院学报》第 27 卷第 3 期,2008 年 6 月)

从"一原"到"一体"
——朱子物我同一性浅析

❋ 朱平安　王中华

一、理学阶段"物我关系"成为一个新的哲学领域

　　崔大华先生在《儒学引论》中认为,孔子所创立的儒家思想包含了三个层面的理论结构,即心性的"仁"、社会的"礼"和超越的"命"(天命),这一理论结构始终贯穿着儒家思想发展的历史。① 实际上,孟子、荀子和董仲舒分别在上述三个层面发展了儒家。唐宋之际,由于传统儒学受到佛学理论和现实政治的冲击,儒家思想的正统地位受到严峻的挑战。为回应这些冲击和挑战,宋代理学家们提出"为天地立心,为生民立命,为往圣续绝学,为万世开太平"②的治学目标,"究天人之际"重新成为时代的主题。他们尊孟贬荀,接过孟子的道统,开拓思想空间,将修养层面的"仁"与超越层面的"天"相结合,找到了一个超越万物、具有本体意义的"理",产生了"天理"这一新的哲学领域,重新构筑儒家思想体系。

　　但是,新的儒家思想体系却产生一个新的理论困境:一方面既要竭力论证确实有一个超越万物之上的"理"的存在,另一方面又不可避免地与传统儒

---

①　崔大华:《儒学引论》,北京:人民出版社,2000年,第5页。
②　《张子全书》卷一四。

学中一直反对将"人"与"物"同等对待的主张相矛盾。① 因此,理学家们既要小心翼翼地论证万物同理,又要坚持"人"和"物"之间的不同。进而也就产生了人与物究竟有哪些共同之处?又有哪些不同之处?人应该怎么样对待物?等一系列"物我关系"的新的理论问题,"物我关系"也就成了理学阶段一个新的哲学领域。

从北宋五子到南宋朱熹,理学家们对"物我关系"的探讨是一脉相承的。他们一方面从儒家传统思想根源里找到了"仁"作为万物皆备的"理",把儒家原来赋予"人"的最高价值观念从"人"的范畴扩大到"万物",使得"物"与"人"在"理"的层面上已经没有了差别,事实上已将"物"的价值空前地提高,甚至放置到与人同等的地位;另一方面,理学也在实践层面把"仁者爱人"的思想拓展至仁者"无所不爱"的儒家新境界,强调物我贯通、物我同体、"仁者以天地万物为一体",形成了一整套"人"与"物"之间的关系理论。宋代理学对"物"的关注和"物我关系"的论述,是理学生态哲学的最高成就,② 也可以说标志着儒家思想发展的新阶段,是中国儒家思想发展的必然结果。而朱子对"物我关系"的全面阐述,则代表了宋代理学在这一领域的最高成就和理论特色。本文主要就朱子关于物我之间同一性问题进行初步的探讨。③

二、同源、同物

理学家们对物、我之间同一性问题的探讨,首先是从物我同源、同物开始的。周敦颐的宇宙生成理论认为,宇宙的一切源自于"无极","无极"生"太极","太极"的动静变化生"阴"、"阳"二气,"二气交感,化生万物,万物生生而

---

① 传统儒学一直认为"天地之性人为贵"(《孝经》引孔子语)。孟子反驳告子时,曾明确向告子提出责难:"然则犬之性犹牛之性,牛之性犹人之性与!"(《孟子·告子上》)。董仲舒也认为"人之超然万物之上而为万物最贵也"(《春秋繁露·天地阴阳》)。都反对把人之性混同于禽兽之性。

② 蒙培元:《朱熹哲学生态观》(下),《泉州师范学院学报》2003年第5期。

③ 理学所谓的"物"有广义和狭义之分,广义的"物"是包含"人"在内的"万物",但哲学总是要涉及认识的主体"人"及其要认识的对象之间的关系,所以必然有一个狭义的、人们要面对和认识的"物"的概念。理学家们在阐述两者之间关系的时候,采用的是"物我"一词,显然这里的"物"是指狭义的"物"。

变化无穷焉。惟人也,得其秀而最灵"。① 这里,"人"和"物"都源于"无极",而且都被置放在同一个平台,即都属于由"二气交感"所生的"万物"。

此后理学发展一直延续着这一思路,②朱子也不例外。他说:"吾闻之也,天道流行,造化发育,凡有声色貌象而盈于天地之间者,皆物也"③;"天之生物,有有血气知觉者,人兽是也;有无血气知觉而但有生气者,草木是也;有生气已绝而但有形色臭味者,枯物是也。"④可见,对于"人"和"物"同属于"万物"朱子并没有异议。

不过,与周敦颐不同是,朱子并没有对"无极"进行太多的阐发,在论述万物同源的时候,他更加关注的似乎是"太极"。他一方面认为人人、物物都各有一个太极:"人人有一太极,物物有一太极"⑤同时又强调这些"太极""统体是一太极"⑥,"本只是一太极,而万物各有禀受,又自各全具一太极耳,如月在天只一而已,及散在江湖,则随处而见,不可谓月已分也"⑦。而在朱子看来,天地万物所共有的"太极"就是天地万物共同的根源:"圣人谓之太极者,所以指夫天地万物之根也。"⑧

可见,朱子总体上延续着北宋理学物我同源、同物的思路,朱子理学首先肯定物、我之间在存在层面的同一性,这在某种程度上也可以说是理学吸取了庄学"万物齐一"思想的体现。⑨ 然而,朱子对物我关系的探讨并没有仅仅停留在存在层面。有学生问什么是"太极"时,朱子是这样回答的:"太极只是个极好至善底道理,人人有一太极,物物有一太极,周子所谓太极,是天地人物万善至好底表德。"⑩这里,物我所共有的"太极"已经是个"极好至善的道

---

① 《太极图说》。
② 如邵雍明确说:"我亦人也,人亦我也,我与人皆物也。"(《观物篇六十二》,《皇极经世书》卷一二)程颢也认为"人在天地之间,与万物同流,天几时分别出是人是物"(《二程遗书》卷二上)。
③ 《四书或问》,《大学》卷二。
④ 《朱子语类》卷五九。
⑤ 《朱子语类》卷九四。
⑥ 《朱子语类》卷九四。
⑦ 《御纂朱子全书》卷五二。
⑧ 《朱子语类》卷九四。
⑨ 庄子:"天地与我并生,而万物与我为一。"(《庄子·齐物论》)
⑩ 《朱子语类》卷九四。

理"、"万善至好底表德"。显然,"太极"还具有道德意义,也就是说,物我之间在价值层面一样具有同一性。真正体现物我之间价值层面同一性的还是朱子对物我之间"同理"、"同性"、"同心"的论述。

三、同理、同性

众所周知,程朱理学认为,超越万物之上存在着一个"理",事事物物又各有一个"理",这就是所谓的"理一分殊"。如果从物我关系的角度观察,这里所谓的"理一",正是物我之间存在着的共同的"理"。

在解释周敦颐宇宙生成理论的时候,朱子说:"周子谓五殊二实,二本则一,一实万分,万一各正,大小有定。自下推而上去,五行只是二气,二气又只是一理;自上推而下来,只是此一个理,万物分之以为体,万物之中又各具一理。所谓乾道变化各正性命,然总又只是一个理,此理处处皆浑沦。如一粒粟生为苗,苗便生花,花便结实,又成粟,还复本形,一穗有百粒,每粒个个完全。又将这百粒去种,又各成百粒,生生只管不已,初间只是这一粒分去。物物各有理,总只是一个理。"①

也就是说,万物之中各具"一理",而总和起来这些"万理"还是一个"理",无论是人还是物,"理"是同一个理。实际上,朱子多次明确表述物我同理,如:"人物之生,天赋之以此理未尝不同"②;"天下万古,人心物理,皆所同然"③;"万物各具一理,而万理同出一原"④;"吾闻之也,天道流行,造化发育,凡有声色貌象而盈于天地之间者,皆物也。既有是物,则其所以为是物者,莫不各有当然之则而自不容已,是皆得于天之所赋,而非人之所能为也……是皆必有当然之则而自不容已,所谓理也。外而至于人,则人之理不异于已也;远而至于物,则物之理不异于人也。"⑤显然,在朱子看来,虽然万物各具一"理",但"万理"又同出"一原",这"一原"就是万物共有的总"理","人"与"物"之总"理"并无不同。

---

① 《朱子语类》卷九四。
② 《朱子语类》卷四。
③ 《中庸辑略》卷下。
④ 《四书或问》,《大学》卷二。
⑤ 《四书或问》,《大学》卷二。

不仅如此,朱子还认为天下之物皆有"性":"天下无无性之物,盖有此物则有此性,无此物则无此性。"①何谓"性"？他解释说:"盖所谓性,即天地所以生物之理。"②在与学生谈及"人物性同"的时候,他又说:"人物性本同,只气禀异。如水无有不清,倾放白碗中是一般色,及放黑碗中又是一般色,放青碗中又是一般色。"③

在朱子看来,物我之间不仅同理、同性,而且理与性都具有"善"的道德特质。如朱子说:"这个理,在天地间时只是善,无有不善者,生物得来,方始名曰性","性即理也,当然之理,无有不善者。"④这样,理学在事实上已经赋予"物"与"人"具有同样的、"至善"的价值地位,从而也就肯定了物我之间在价值层面的同一性,这是物我同一性的重要表现。

四、同心、同体

北宋五子继承了传统儒学中"天地之大德曰生"的思想,几乎都论及天地之心,他们认为天地存在一个心,这个心是以"生物为本",⑤程颐则明确这个心就是"生物之心":"天地之心,一言以蔽之,天地以生物为心。"⑥

朱子继承和发展了这一理论,他首先肯定天地有一个生物之心,而且人可以直观感知到这个天地之心。他说:"犹观天地变化草木蕃,斯可以知天地之心矣"⑦;"天地所以运行不息者,做个甚事？只是生物而已。物生于春长于

---

① 《朱子语类》卷九四。
② 《晦庵集》卷四三。
③ 《朱子语类》卷四。同时,朱子也强调:"性最难说,要说同亦得,要说异亦得";"人物之性,有所谓同者又有所谓异者,知其所以同又知其所以异,然后可以论性矣"(《朱子语类》卷四);"人物之生,同得天地之理以为性,同得天地之气以为形。其不同者,独人于其间得形气之正而能有以全其性;为少异耳,虽曰少异,然人物之所以分,实在于此"《四书章句集注》,《孟子集注》卷四。这里涉及人与物在天命之性和气质之性的异同,关于这一点,将另述。
④ 《朱子语类》卷四。
⑤ 除周敦颐之外,他们都明确提及天地之心,并认为天地之心是以"生物为本"。邵雍:"天地之心者,生万物之本也。"(《皇极经世书》卷一四)张载:"大抵言天地之心者,天地之大德曰生,则以生物为本者,乃天地之心也。"(《横渠易说》卷一)程颢:"天地之常以其心普万物而无心。"(《二程文集》卷三)等等。
⑥ 《二程外书》卷三。
⑦ 《朱子语类》卷三三。

夏,至秋万物咸遂如收敛结实,是渐欲离其本之时也,及其成则物之成实者,各具生理所谓硕果不食是已大具生理者固各继其生,而物之归根复命,犹自若也。如说天地以生物为心,斯可见矣。"①

人通过观察天地草木变化可以感知"天地之心",进而朱子又提出人和物都从"天地之心"那里得到一个心,这个心还是同一个心:"某谓天地别无勾当,只是以生物为心……天地以此心普及万物,人得之遂为人之心,物得之遂为物之心,草木禽兽接着遂为草木禽兽之心,只是一个天地之心尔。"②显然,朱子认为,天地有一个生物之心,万物之心从中来,因此万物都有一个天地之心。

理学家们没有停留在这一步,他们进一步地探究了这个"心"究竟是什么,明确提出"天地生物之心是仁"③"天地以生物为心者,而人物之生,又各得夫天地之心以为心者,故语'心之德',虽其意摄贯通无所备,然一言以蔽之,则曰仁而已矣"④。正因为人和物都从天地那里得到"仁"心,所以"无不肖他","无不有慈爱、恻怛之心"。朱子又进一步解释道:"天地生物,自是温暖和煦,这个便是仁,所以人物得之,无不有慈爱、恻怛之心。又曰:人物皆得此理,只缘他上面一个母子,如此所以生物无不肖他。"⑤

因为物、我都有天地慈爱之心,在朱子看来,这有着重要的实践意义。他说:"盖谓仁者天地生物之心,而人物所得以为心,则是天地人物莫不同有是心,而心德未尝不贯通也。虽其为天地、为人物各有不同,然其实则有一条脉络相贯。故体认得此心,而有以存养之,则心理无所不到,而自然无不爱矣。才少有私欲蔽之,则便间断;发出来爱,便有不到处。故世之忍心无恩者,只是私欲蔽锢,不曾认得我与天地万物心相贯通之理。故求仁之切要,只在不失其本心而已。"⑥

可见朱子认为,虽然天地、人、物各有不同,但它们之间存在着一条可以

---

① 《朱子语类》卷七一。
② 《朱子语类》卷一。
③ 《朱子语类》卷九五。《朱子语类》中提到程颐也曾提出"仁者天地生物之心"(《朱子语类》卷五)。
④ 《晦庵集》卷六七,《仁说》。
⑤ 《朱子语类》卷五三。
⑥ 《朱子语类》卷九五。

相互"贯通"的脉络,这个脉络就是物我共有的天地之心——"仁"。一旦有一点点的私欲,人与物之间的贯通性就会间断,那些"忍心无恩"之人就是因私欲所蔽,不能认识到物我之间共有生物之心的贯通性;"人"认得此心并存养之,在实践上自然就能做到"无所不爱"。

而在朱子看来,实践层面的"无所不爱"就是物我之间的原初状态——物我同体。程颢曾提出"学者须先识仁,仁者浑然与物同体"。① 朱子认为,仁者通过自己的修养克去自己的私欲,能够认识到人与天地万物本是一体。他说:"人与天地本一体,只缘查滓未去,所以有间隔;若无查滓,便与天地同体。克己复礼为仁,己是查滓,复礼便是天地同体处,有不善未尝不知,不善处是查滓。"②可见,明白物我同体的道理也需要一个过程,这个过程就是克去己之私欲,"惟无私然后仁,惟仁然后与天地万物为一体"。③ "若爱则是自然爱,不是同体了方爱。惟其同体,所以无所不爱;所以爱者,以其有此心也;所以无所不爱者,以其同体也。"④爱是自然而然地爱,是因为有天地之心——仁,不是因为同体才爱;因为物我之间本来就同体,所以才无所不爱。

朱子不仅以"仁"解释物我共有的"生物之心",实现了物我在理论上的贯通,而且以"无所不爱"解释物我之间的原初状态"同体",从而在实践层面找到了物我之间可贯通的路径——"合内外,平物我"。

五、合内外、平物我

从"一原"到"一体",朱子理学论证了物我之间有着广泛的同一性。物我之间不仅在存在层面同属于一物,同出于"一原",⑤而且在价值层面也同理、同性,这在理论上突破了原始儒学在价值层面物我之间严格界限,实际上是对"物"的价值的充分肯定,从而延伸至对所有"物"的存在的充分尊重。所

---

① 《二程遗书》卷二上。
② 《朱子语类》卷四五。
③ 《朱子语类》卷六。从这个意义上理解朱子所谓的"存天理,灭人欲"只是一个过程,不是理学的最终结论。
④ 《朱子语类》卷三三。
⑤ "万物皆只同这一个原头,圣人所以尽己之性,则能尽人之性尽物之性,由其同一原故也。"(《朱子语类》卷六二)

以,理学家对"生生之意"(生命气象)的关注是空前的。周子不剪窗前草,横渠喜闻驴鸣,程子乐观鸡雏,朱子则把这些现象由具体上升至一般,认为"生物气象"都与自家意思一般。①

不仅如此,朱子理学将天地"生物之心"解释为"仁",使得人和物共有一个生物之心,不仅实现物我之间在理论上的贯通,从根本上消解了主体和客体之间的对象性关系,而且他用"无所不爱"来解释"同体",找到物我之间的原初状态与人的实践相结合的路径。具体而言,这个路径就是"合内外,平物我"②。

怎样才能是"合内外"呢?朱子反复强调说:"知得万物均气同体,见生不忍见死,闻声不忍食肉,非其时不伐一木,不杀一兽,不杀胎,不妖夭,不覆巢,此便是合内外之理。"③可见,朱子所谓的"合内外"实际上就是物我之间的原初状态"同体"的本原要求——"无所不爱"。如果能够做到"无所不爱",就是"合内外";如果能够"合内外",就可以回归物我为一体的原初状态,而这正是朱子对"仁者浑然与物同体"的阐释。用朱子的话说,就是:"盖有以必穷万物之理同出于一为格物,知万物同出乎一理为知至,如合内外之道,则天人物我为一。"④

总之,朱子对物我关系的阐释,在理论和实践上实现了物我之间的贯通,是对理学阶段物我关系哲学的总结,实质上是将传统儒学中"仁"的观念由"人"的范畴延伸至"天地万物",拓展了儒家的思想空间,是儒家思想的新发展。

朱子曰:"天之明命,有生之所同得,非有我之得私也。是以君子之心,豁然大公,其视天下无一物而非吾心之所当爱……"⑤今天,生态环境已经恶化

---

① 见《朱子语类》卷九六:"问:周子窗前草不除去,即是谓生意与自家一般?曰:他也只是偶然见与自家意思相契。又问:横渠驴鸣是天机自动意思?曰:固是,但也是偶然见他如此,如谓草与自家意思一般,木叶便不与自家意思一般乎?如驴鸣与自家呼唤一般,马鸣却便不与自家一般乎?问:程子观天地生物气象也是如此?曰:他也只是偶然见如此,便说出来示人,而今不成只管去守?生物气象。问:观雏可以观仁,此则须有'意'谓是生意初发见处?曰:只是为他皮壳尚薄,可观大鸡非不可以观仁,但为他皮壳粗了。"

② 《朱子语类》卷九八。

③ 《朱子语类》卷一五。

④ 《四书或问》卷二。

⑤ 《四书或问》,《大学》卷一。

到危及人类生存的地步,而生态问题的本质是人的问题。当人们还在高谈价值为人类所独占的时候,我们探讨朱子理学物我之间同一性的理论,如果能够想起"存天理、灭人欲"还有更深的含义,如果能够有所感悟的话,这也许就是本文的意义。

(原刊于《中国哲学史》2010年第4期)

生理、生意与生活

——朱子的生命体验与生态情怀*

※ 朱平安　王中华

"生理"或"生生之理"即自然界生命创造的法则始终是其理学的核心内容。朱子虽然对"生理"及其相关概念进行了条分缕析式的逻辑思辨,但这种分析的意义仅限于认识论上的理性自觉。如何把对自然界"生理"的理性认识内化为人类的道德自觉和生命情感,还需要对"生意"即自然界生命创造的目的性进行深切的生命体验。对"生理"的理性自觉和对"生意"的情感体验,最终要实现为一种人与自然和谐相处的理想境界和生活方式,这里寄寓了朱子现实的生态情怀。

一、"生理"的自觉

"理"是朱子哲学的最高范畴,它是包括人类在内的整个自然界的本体存在,因而又被称之"天理"。天就是自然界。那么"天理"是一个纯粹形而上的哲学理念,还是有具体内容呢?如果有,它的核心内容和基本精神是什么呢?在朱子看来就是自然界生生不息的生命法则即"生理",其高度哲理化的道德哲学和人生哲学都源此而生。

几乎所有的理学家都将"六经之首"和"大道之源"的《周易》作为直接的理论源头,这自然是因为在经学史上享有独尊地位的《周易》对中国传统文化

---

* 本文在写作过程中,得到了中国社科院哲学所蒙培元教授的指导,谨此致以衷心的感谢。

思维模式和价值观念的深刻影响。《易传》不仅明确提出"生生之谓易"①,"天地之大德曰生"②的命题,而且提出"三才之道"③和"顺天应人"④的思想。可见,《周易》不是一部纯粹形而上的哲学著作,生态哲学才是其精髓。如果说《周易》是一部讲变化的哲学著作,如所谓的"易有三义",即变易、简易、不易,那也是讲生命变化之道的哲学著作。

蒙培元先生说:"'生'的问题是中国哲学的核心问题,体现了中国哲学的根本精神。"⑤蒙先生所说的"生"有生成论、生命哲学和生态哲学三层含义,但其核心和实质仍然是生态哲学,而且是广义的生态哲学。《周易》开启了中国生态哲学的源头,从此"生"的哲学就成为中国哲学发展的一条主线。如道家所谓"道生一,一生二,二生三,三生万物"⑥,儒家所谓"天何言哉?四时行焉,百物生焉。天何言哉"⑦,佛教所谓"众生平等"和"普渡众生"⑧等,都是"生"的哲学的生动体现。

《易传》之"生"的学说是理学最重要的思想来源。周敦颐的"万物化生"⑨,张载的"乾坤父母"说⑩以及"天地之心以生为本"⑪,程颐的"心者生道也",程颢的"天只是以生为道"⑫,无不以"生"为道为理。朱子作为"集大成者",当然也不例外。他虽然对"理"作了各种解释,但以"生"说"理"、"仁"、说"性"、说"心"始终是其核心内容。朱子在其《仁说》中不仅对"生理"学说作了集中论述并提出著名的"天地以生物为心,人得夫天地生物之心以为心"的学说。揭示了"生"与"心"进而与"理"的内在和本质联系。这是朱子天人之学的关键所在。

---

① 《系辞上》。
② 《系辞下》。
③ 《系辞下》。
④ 这里所说的"顺天应人",不是《周易》革卦所谓"汤武革命顺天应人",而是指《易传》所提出的顺应自然法则,发挥人之主观能动性的天人和谐。
⑤ 蒙培元:《人与自然——中国哲学生态观》,北京:人民出版社,2004年,第4页。
⑥ 《道德经》章四二。
⑦ 《论语·阳货》。
⑧ 释道世:《法苑珠林》卷一四。
⑨ 《周元公集》卷一。
⑩ 《张子全书》卷一五。
⑪ 《张子全书》卷一六。
⑫ 《二程遗书》卷二上。

可见,"生理"或"生生之理"①才是理的核心内容,也是理的价值意义之所在。因此,朱熹虽然对其哲学最高范畴"理"进行了不同层面的逻辑分析,但其核心始终是围绕着"生生之理"展开的,并以"生道"的"广大流行"说明其"理"的客观普遍性。如朱熹所讲的"自然之理",就其实质而言只是"生生之理"。自然界是"生生不息"的生命创造过程,其生命创造是有秩序有规则的,此即所谓"生理","理"字具有普遍性的意义。"自然之理"就是自然界发育流行的过程所具有的秩序或法则。中国哲学不是西方以认识论为基础的主客二元对立的哲学,而是以心性修养为基础的主客内在统一的哲学,亦即基于自然界生命有机整体的天人合一哲学。因此,作为自然界万物本质规定的"所以然"之理和作为人类认识主体价值选择的"所当然"之理②,即存在与价值正是在"生理"实现为"仁德"的基础之上得到了统一。就"生生之理"是道体的流行而言,亦可称为"道理"。就"生生之理"内在于人心的本体存在而言,亦可称为"性理"。在朱子学说中,固然有"心外有理"及"格物致知"之说,然而这只是从认识层面上说的,朱子承认有主客之分,因而有"穷理"之学。但就本体存在而言,"物理"最终通向"性理",从而实现"心与理一"③。这种典型的"观物体道"的思维方式,正是基于人与自然是一个有机的生命整体。从"生意"、"生理"说明仁德,是理解朱子德性学说的关键。

在天人合一思维模式下,如何将自然界的"所以然"之理,内化为人心内在的道德理性,不是对象化的客观认识所能完成的,还需要下一番切身的生命体验功夫。因此,中国古代哲学没有西方哲学严格意义上的对象化的认识论,而是具有实践理性的天人合一的体认论、体验论和体悟论等,这里的"体"就是身体力行。朱子的"格物致知"之学可以说是一种特殊的生命体验,其内容是要解决人与自然万物之间的关系问题,其根本目的则是要通过"格物"而致天人合一之"知",即实现人与自然万物的和谐与统一。从本体论看,在人为性,在物为理,都体现了自然界的"生理"和"生意";从认识论看,人不仅是德性主体,又是认识主体,人可以通过对万物的认识,实现人的德性。从人与自然的生命有机整体联系看,朱子的"即物穷理",就只能是"穷"生命之理。

---

① 《朱子语类》卷三二。
② 《朱子语类》卷一八。
③ 《晦庵集》卷五六。

所谓"凡天下之物,莫不因其已知之理而益穷之,以求至乎其极,至于用力之久,而一旦豁然贯通。"①这里的"极"就是从已知的"物理"进而追溯到人与自然生命贯通之"生理"。而穷理的过程也就是德性主体的确立过程。

朱子曰:"仁字只是个浑沦底道理。如《大学》致知格物,所以求仁也。《中庸》博学、审问、谨思、明辨、力行,亦所以求仁也。"又曰:"仁在事,若不在事上看,如何见仁?"②朱熹的知识之学,其目的就是为了"求仁"。仁本来就在人的心中,是"本心之全德",却为何向外求仁呢?他认为,"仁在事",因此,要"在事上看",就是在事物中求得仁理。这有两方面意义。一方面,仁德是在处事接物中体现出来的,其间有很多具体内容,如家庭层面的父子、夫妇、兄弟关系,社会层面的君臣、朋友关系,还有人与自然界的万物之间的关系,都有各种各样的不同表现,这些不同方面的表现,都是从不同侧面体现仁德的。懂得了这些具体知识,抽象的仁德也就获得了具体内容,人也获得了道德上的理性自觉。另一方面,"生理"虽在人心而为仁德,但不能说人心之外的万物便无"生理",实际上,在自然界的万物之中,便存在着"生理"、"生意",自然界就是"生生不已"的生命流行,活泼泼地,这就是"道体流行"或"道体之本然",其中便有仁的内在依据。通过"格物穷理",便能认识、体会其中的意思,即仁的道理。

仁德是天生的,与生俱来的,如同孔子所说,是"天生德于予"③。但仁德需要人自己去完成,去实现,亦如孔子所说,是"为仁由己"。这除了"存心养性"的工夫之外,还要"格物致知"之学,朱熹的知识之学,自然包括对于自然界的各种对象化的知识,但其根本目的却是一种德性之学。朱熹认为,自然界生命流行,生生不已,充满了生机、生意,这都是"生理"的体现,都需要认识。通过这种认识,便能启发心中之德性。

人与万物之间,固然有主客、内外之别,在这个层面上,人是认识主体,万物是认识对象,构成认识与被认识的关系,人可以从中获得知识。但是从根本上说,这不是对物理世界的认识,而是对生命的认识。从生命的层面上说,人与万物是相通的,人虽然是万物之灵,但万物也是有生命的,人与万物是一

---

① 《大学章句》。
② 《朱子语类》卷六。
③ 《论语·述而》。

体的。故程颢曰:"天地之间,非独人为至灵,自家心,便是草木鸟兽之心也。"①只是人心不仅有灵明知觉,而且全具仁德。因此,"格物"不只是将万物作为控制、利用的对象去认识,而是认识其生命意义而关怀、爱护之。从这个意义上说,"格物"也就是"爱物"。因此,朱子曰:"古人爱物,而伐木亦有时,无一些子不到处,无一物不被其泽,盖缘是格物得尽,所以如此。"又曰:"格物须合内外始得。……目前事事物物,皆有至理,如一草一木,一禽一兽,皆有理。……自家知得万物均气同体,见生不忍见死,闻声不忍食肉,非其时,不伐一木,不杀一兽,不杀胎,不殀夭,不覆巢,此便是合内外之理。"②

"格物"而至于"爱物",可说是真正实现了仁德,也是"格物"的真正目的。这就不是一般地得到知识,获得一种权力,宰制和掠夺万物,以满足自己的欲望,而是与万物情同手足,使万物"无一物不被其泽",实现人与万物的生命和谐。这是朱子"格物说"最有价值最有意义的地方,对现代人有极大的启示作用。可是在过去的研究中,很少有人说到这层意思,只是当作通常的认识论、知识学来对待。这所谓自家与万物"均气同体",是说人与万物都是自然界的生命,是"同气相求"的关系,"气"就是代表生命的。所谓"同体",则说明人与万物同以天地之"生理"为生命本体,同受仁德的恩泽,是生命整体。所谓"合内外之理",就不是以万物为被动的物理对象而认识之,以"格物穷理"所得之知识为工具而对万物实行控制、利用和奴役,而是体认到自家心就是万物之心,自家生命与万物的生命息息相关而不可分离。人之性与物之理,都是由自然界的"生理"而来,在人为仁,在物为理。仁德是"生理"之全体实现,"实现"体现了人的主体创造性,物理只是"生理"的很有限的部分的实现。人之所以为"贵",就在于通过"格物穷理",认识到万物的生命意义,将其仁德施之于万物,消除主客、内外的界限,以仁心对待万物,这就是"合内外之理"。

二、"生意"的体验

自然界的化育流行,使得整个自然界成为一个充满勃勃生机的有情世界。宋人罗大经云:"古人观理,每于活处看。故诗曰:'鸢飞戾天,鱼跃于

---

① 《二程遗书》卷一。
② 《朱子语类》卷一五。

渊。'夫子曰：'逝者如斯夫，不舍昼夜。'又曰：'山梁雌雉，时哉时哉！'孟子曰：'观水有术，必观其澜。'又曰：'原泉混混，不舍昼夜。'明道不除窗前草，欲观其意思与自家一般，又养小鱼欲观其自得意，皆是于活处看。故曰观我生。观其生又曰复其见天地之心。学者能如是观理，胸襟不患不开阔，气象不患不和平。"①所谓活处观道，就是要体悟自然界那种生生不已的生命意向。这既是一个生命体验的过程，也是一个道德涵养的过程。所以朱子《四书集注》中认为，对于"鸢飞鱼跃"的生意体验，最后要落脚到"为人处"，这也是人们要特别"致思"的地方。因为按照"天地万物一体之仁"的精神，人与自然不仅是平等的，而且是一个生命整体。既然"天地万物本吾一体"，那么观乎自然界万物的勃勃生机，本身就是对人类自身的生命体验，即罗大经所谓"观我生"。同样，对人类自身的生命体验，反过来就是对自然界生物的生命体验。在这个过程中，作为道德主体的人，有感于自然界的勃勃生机，内心自会油然而生"爱物利物"之心。因为我与天地万物在生道上是"心相贯通"的。朱子曰："心，生道也，心乃生之道。恻隐之心，人之生道也，乃是得天之心以生，生物便是天之心。"②

朱子提出"心与理一"，并以此表述人与自然和谐统一的存在状态。朱子所说的理即理性，但它不是今人所谓的科学理性和工具理性，而是一种情感理性和价值理性。其根本目的不是将自然界视为认识对象，通过认识而控制、掠夺自然界，而是在人与自然之间确立内在的价值关系，实现人与自然的生命和谐；不是统治和征服自然界，而是尊重和关爱自然界，从中享受生命的乐趣，实现人类最理想的价值。在这种"合情合理"的生存状态中，人不仅是理性的存在，而且是情感的存在；人不仅是价值的创造者，而且是自然界"内在价值"的实现者，这种互为主体的关系是维持人与自然生态和谐的根本保证，因而是人类永续发展的根本保证。因此其实质是生态哲学的问题。

天即自然界，是万物之源。理学家二程将天即自然界上升到宇宙本体论的高度，提出"天者理也"，认为天就是理。同时又提出"天只是以生为道"。③天作为最高存在，以生命创造为其道即理，而生命创造是"生生不已"的过程。

---

① 《鹤林玉露》卷九。
② 《朱子语类》卷九五。
③ 《二程遗书》卷一一。

也就是说,天以生命创造的过程为其存在,以生命创造的原理为其依据,从根本上说,理是生命创造的原理,"生"即生命创造才是"理"的根本内容。这是一种功能化和过程化的生命学说。

为了进一步说明天地生物之"心",朱子又提出并发挥了"生意"之说。"生意"是程颢最喜欢使用的词语,"万物之生意最可观"①,以此表示自然界的生命创造活泼泼地、与自家意思一般。朱子也很喜欢使用这个词语,并做了进一步发挥,以此说明天地生物之心以及与人心的关系,即人之仁心。

朱子曰:"心须兼广大流行底意看,又须兼生意看。且如程先生言:'仁者,天地生物之心。'只天地便广大,生物便流行,生生不穷。……发明'心'字,曰:"一言以蔽之,曰'生'而已矣。'天地之大德曰生',人受天地之气而生,故此心必仁,仁则生矣"。②

程颢体贴出"理"字,而理的根本意义是"生",即"天只是以生为道",而道即是理即是心。朱子又发明"心"字,其根本意义也是"生",即"天地以生物为心而人得之以为心"。但以"生意"说明天地生物之心,进而说明仁,则更加突显了"生"的目的性和情感意义。按朱子所说,"意者心之所发",而"意"与"情"又有直接关系,"情又是意底骨子","意因有是情而后用",③就是说,意是从生命情感发出来的意向活动,有目的性意义,故曰:"情是会做底,意是去百般计较做底"。意属于意识活动,是人心所特有的,朱子用"心"字贯通天人,又用"生意"说明其意义,这实际上是说,人与自然之间,有一种生命情感和目的性的内在联系,而不是机械式的外在联系。

一方面,"天地以生物为心者也,而人物之生,又各得夫天地之心以为心者也。故语心之德,虽其总摄贯通无所不备,然一言以蔽之,则曰仁而已矣。"④就是说,人心是天地之心的实现,仁德是天地之德的实现,其间贯穿了"生意",即生命情感和目的性原则。另一方面,"仁则生矣",仁心又是完成自然界生命创造的关键,这正是仁的根本意义。人心之仁以"生物"为其职能,这也就是"为天地立心"。⑤ 正是在这个方面,突显了人的主体性与创造性,突

---

① 《二程遗书》卷一一。
② 《朱子语类》卷五。
③ 《朱子语类》卷五。
④ 《晦庵集》卷六七,《仁说》。
⑤ 《张子全书序》。

显了人在自然界的地位与作用。仁虽然来源于天地之心之德,但却是人的精神创造,所谓"实现",就是一种创造,"继善成性"是要人去完成的。总之,人既是天地之心的实现者,又是其创造者,由此构成"共生"的关系。

所谓心的"广大流行意",正说明天地"别无勾当",只是生物。"广大"是其空间形式,"流行"是其时间形式,从空间时间上解释天地之心,说明天地并不是真有一个心,天地之心,只是气之发育流行、生生不穷的生命创造过程,这就是有心而无心,即"天地以生物为心"。但所谓"生意",显然有情感、意向、目的等意义,这是无情之情,无目的的目的,也就是无心而有心,即"天地生物之心"。"生意"之说,显示了自然界是一个活生生的生命体。

朱子认为,自然界是有"生意"的,自然界的"生意"不仅是存在的,而且与人的生命息息相关。但是,要通过生命体验去体认,不只是客观认识、对象认识的问题。这就直接关系到人类如何对待自身、又如何对待自然的问题,亦即关系到人类如何生存的问题。

朱子曰:"仁,鸡雏初生,可怜意与之同。意思鲜嫩,天理著见,一段意思可爱,发出即皆是,切脉同体。……孔子教人仁,只要自寻得了后自知,非言可喻。只是天理,当其私欲解剥,天理自是完备。只从生意上说仁,其全体固是仁。……今不可于名言上理会,只是自到,便有知得。上蔡所谓饮食知味也。"①以"生意"贯通天人而说仁,从根本上说其实就是一个生命体验的问题。

"生意"即"生底意思",是不能用概念语言去说明的,"今不可于名言上理会,只是自到便有知得","如上蔡所谓'饮食知味'也",即只能在自身生命中去体认。如果只从概念上说明什么是"生",从名言上解释什么是"生意",并不能真正知道它的"意思"。要真正知道其"意思",只有如同"饮食知味"一样,"自到"后才能做到。食物只有亲口吃了,才能知道其中的味道,如同佛家禅师所说,"如人饮水,冷暖自知"。要知道自然界的"生意",也只能从自家生命中去体会,不可"坐而论道",在"名言"上打转。因为"生意"就是人类生命的本真所在。所谓"自到",就是亲自体验和实践,感同身受,这才是真知、真智慧。其所谓"私欲解剥,天理完备"之说,并不是取消人类的合理欲望,而是去掉超出生活需要而无限膨胀的个人私欲,天理即生理之仁就会全部实现。

从概念上虽然"不能说",但是还要说。这个说,实际上是情感语言,生命

---

① 《朱子语类》卷六。

语言。"天理"是什么？就是"生理"。"生理"又是什么？是生命创造之理，必有情感在其中，发出来就是"生意"。"生意"要从生命情感及其意向性、目的性上去理解，因此不能从"名言"上去说。这是生命体验的问题，不是纯粹的认识问题。他所说的"可怜"、"鲜嫩"、"可爱"等等，就是从生命体验中说出来的情感语言，这种体验随时都牵动着人的情感，是人的生命的最基本的存在方式。人类不是生活在概念中，而是生活在大自然的生命流行之中，与自然界的生命有不可分割的联系。情感交流是这种联系的重要形式，情感体验是这种联系的真实体现。从哲学上说，这是建立在生命情感之上的价值关系，绝不仅仅是主体与客体、认识与被认识、控制与被控制的关系。认识中的自然是不完全也是不真实的。

生命体验之所以重要，不仅在于这是儒学认识事理的独特的方法，更是因为这个过程本身就是一个情感熏陶和心性涵养的过程，而其目的最终则是人类对于自然界情感理性和价值理性的确立，这是在生态危机日趋严重的今天最值得深思的问题。

三、"生活"的理想

对于生生之理的理性自觉，对于生命意向的情感体验，最重要的是要实现为生活方式上的天人合一境界。天人合一境界，在朱子理学中表述为"心与理一"的境界。

朱子的"心与理一"有两个层面上的意义，从认识论的层面上说，朱熹认为心外有理，理在物中，因此提出"格物穷理"说，即要经过认识，打通人心与物理之间隔，实现人心与物理之贯通；从本体论的层面上说，朱熹认为理本来就存在于心中，是心之所以为心者，即心的本体存在。即所谓"心即理，理即心"。

境界就是心灵存在的方式和状态。境界既不是纯粹的客观认识，有明显的主观性。又不是纯粹的主观意识，有其客观性。朱子所追求的正是"心与理一"的境界，是主客观的统一。而要实现这一点，就要消除一切私心私欲，做到"圣人之心，表里洞然，无有一毫之蔽"[①]。朱子和其他理学家都以圣人气

---

① 《晦庵集》卷一五。

象、圣人境界为人生的最高理想。而所谓圣人境界,就是天人合一境界。这既有形而上的超越性一面,又不离人的现实存在。人生的最高境界就表现在日用常行之中。

朱子和其他理学家经常用"心"字来表述圣人境界。如朱子曰:"圣人之心,浑然一理。盖他心里尽包这万理,所以散出于万物万事,无不各当其理。"① 可见,人生的最高境界即"浑然一理"即"心与理一"的境界。

所谓"浑然",有两种含义。一种含义是心中无私欲障蔽而全体是理,也就是心理合一,浑然无间。这是仁者之心,即仁的境界。"仁者理即是心,心即是理。有一事来,便有一理以应之,所以无忧。"② 这就是朱子所追求的最高境界。实现了"心与理一"的境界,人就成为一个无私欲障蔽的纯粹的人,便没有了任何得失利害的考虑和计较,自然无忧,自无烦恼。不仅如此,有了这种境界,就可以从容自如地应对一切复杂烦难的事物而处之有道,即所谓"泛应曲当,用各不同。"③ 因此说境界即人的一种"心境",或看待世界的主观态度。

从实践理性的要求来说,理学家更是将境界看作为一种理想的生活方式,在处理生活问题时有实际作用。本体境界必然发而为用,在实际生活中发挥作用,包括一言一行,待人接物,处理问题,随时随地都能表现出来。有了这种境界,便有了大本大原,"自然心胸开阔,见世间事皆琐琐不足道矣。"④ 因为他超越了世俗之见,超越了营营逐利之心,亦即超越了自我,心中包容了整个世界,故能"体事而无不在"。这个"体",不只是体认之意,是身处其中,体验、体恤并实践其事。这才是境界的实际作用。所谓"天下事皆此心发见",是说天下事无一不在吾人心灵境界的关照之下呈现出来。既然天下事都在吾人心灵境界之下呈现出来,吾人自然会以身体之,从而实现其意义和价值。境界既是心灵的境界,同时也是身体的实践活动。

"浑然"的另一种含义是,"心与理一"的境界还是一个各种意义构成的整体境界,其中,主要是指真、善、美的境界。真、善、美是朱子哲学,也是整个中

---

① 《朱子语类》卷二七。
② 《朱子语类》卷二七。
③ 《朱子语类》卷二七。
④ 《朱子语类》卷一二一。

国哲学所追求的理想境界。真、善、美的境界在朱子理学中表现为诚、仁、乐三个概念所构成的相互贯通、相互融合的整体精神境界并且和生命的审美体验结合在一起。

不同于西方哲学主要是以"求真务实"为基本内涵的科学理性，朱子和儒家哲学主要是以"趋仁向善"为基本内涵的价值理性。虽然东西方文化都以追求真善美为人生最高的精神境界，但是西方文化偏重于以真统美、善，而东方文化则偏重于以善统真、美。

1. 关于"诚"的境界。孔子提出"仁"的学说，主要突显的是价值层面的意义。孟子提出"诚"的学说，主要突显了存在层面的意义。朱子认为"诚"与"仁"是"一理浑然"之境，是"仁"的价值意义和"诚"的存在意义都得到提高。若是分而言之，则是"以其实有，故谓之诚。以其体言，则有仁义礼智之实；以其用言，则有恻隐、羞恶、恭敬、是非之实。"①这是说，诚有体用之别，以其体言就是仁义礼智（总说则为仁）之实，以其用言则是恻隐、羞恶、恭敬、是非之实。即仁是诚的真实内容，诚是仁的存在基础。

朱子认为诚的基本含义是"真实，无妄"，其反面即是"虚妄、欺枉"。人人都有诚的本体存在，但只有圣人才能做到心中之天理"自然流行"从而体现诚的境界即天人合一境界。而一般人则由于人欲之私，虚妄之蔽，不能真正实现诚的境界。要实现诚的境界，就要克服人的虚伪和欺诈，而虚伪和欺诈则来自私欲。朱子认为，自欺是人最大的弊病，人而欺骗自己，则无所不欺。所以要去"妄"而实现诚的境界，就要做到毋自欺和慎独。有了诚的境界，就能排除人欲之私，虚妄之蔽，贯通天人之际，实现天人合一。

2. 关于"仁"的境界。仁是儒学的核心。在原始儒学中，仁多表现为一些具体的德性，如孟子的亲亲、仁民、爱物之类。朱子则将仁提升到本体论的高度，对仁做出新的规定："仁者，爱之理，心之德。"②即仁是爱的所以然之理，同时也是本心所具之德性。这样就实现了"心与理"的统一，即天人合一的境界。关于这里所说的"心之德。"朱子进一步解释："仁者，本心之全德。"③即"全德"是包含了其他所有的德性，混而言之为"仁"，分而言之则是仁则包含

---

① 《朱子语类》卷六。
② 《晦庵集》卷五七。
③ 《朱子语类》卷二五。

了义、礼、智其他三德。朱子经常用"天道流行"、"天理流行"说明仁的境界，这是表里如一，内外无间，接人待物，应事出世，"一视同仁"的境界。

要实现仁的境界，人需要修养，修养的要害是克去私欲。正是私欲使心与仁有了间隔，不能使心之全体呈现出仁，做起事来自然不合于仁。只要除去私欲，其心便全体是仁了。"仁与心本是一物。被私欲一隔，心便违仁去，却为二物。若私欲既无，则心与仁便不相违，合成一物。心犹镜，仁犹镜之明。镜本来明，被尘垢一蔽，遂不明。若尘垢一去，则镜明矣。"①

仁就是善，仁的境界即善的境界。仁体现的是情感理性，而善则体现的是价值理性。仁是一个生生不已的生命世界，善则是从生命的目的性而言的。人类和自然界的生命创造向着完善的目的发展，善的境界以实现生命创造及化育为其功能。所谓"善，谓化育之功"②，《周易·文言》有"元者善之长"的说法，朱子解释说："元者生物之始，天地之德莫先于此。故于时为春，于人则为仁而众善之长也。"③可见，朱子是以仁为众善之长，是各种善的源头。仁之所以为善，就在于对生命的爱，对万物的爱，使其完成生命的创造与化育，使"物各得其宜，不相妨害"。"以仁为体，则无一物不在所爱之中"④。这才是"天理流行"的真义。

朱子认为人的所有德性都是从自然界的"生意"中生发出来的，是真正的生命哲学。"生意"就是生命的"意思"。朱子以仁释生意，则有意境、境界的意思。"生意"是生命之所以为生命者，最能表述生命的目的性意义，其意义只能在生命体验中才能领会。以生意为仁，又以仁为恻隐之心（即爱），以义礼智为恻隐之心在不同方面的发用，这就说明，仁的境界是一个充满生命活力的意义世界、价值世界，这正是善之所以为善者。仁即善的境界，最终只能在人的生命活动，即现实的生存方式中体现出来。

3.关于"乐"的境界。"乐"是一种具有审美体验形式的精神境界。在朱子的审美境界中，既有表现人格美的"孔颜之乐"，也有表现艺术美的诗歌之乐，但朱子最推崇的则是"曾点之乐"，因为它反映了人与自然的和谐之美。

---

① 《朱子语类》卷三一。
② 《周易本义·系辞上传》。
③ 《周易本义·文言》。
④ 《周易本义·文言》。

"曾点之乐"典出《论语》：一次，孔子与弟子子路、曾点、冉有、公西华一起谈论各自的理想。子路、冉有、公西华三人各从事功方面谈了他们的志愿，惟曾点与众不同，说道："莫春者，春服既成。冠者五六人，童子六七人，浴乎沂，风乎午零，咏而归。"孔子喟然叹曰："吾与点也。"①此后，"吾与点也"就成为宋儒特别是朱子谈论"境界"、"气象"的最重要的话题。

朱子注曰："曾点之学，盖有见夫人欲尽处，天理流行，随处充满，无少欠阙。故其动静之际，从容如此。而其言志，则又不过即其所居之位，乐其日用之常，初无舍己为人之意。而其胸次悠然，直与天地万物上下同流。各得其所之妙，隐然自见于言外。视三子之规规于事为之末者，其气象不侔矣，故夫子叹息而深许之。"②朱子在《论语集注》中对"吾与点也"作了很长篇幅的推演发挥，以此阐述自己的生态审美思想，可见得朱子对这一问题的高度重视。

所谓"天理流行，随处充满"，就是一种天人合一的审美境界，而要实现这种境界，就必须克尽人欲，没有人欲之蔽，方能做到"心与理一"。生生之理就能流通于天人之际，人的心中随处充满一个生生不穷生意世界。用今天的语言表述就是克服工具理性，克服人类中心主义，才能实现天人合一的审美境界。

所谓"乐其日用之常，初无舍己为人之意"，表明这种生态审美境界就体现在人们的日常生活之中，而不是一个纯粹的认识论问题，更不是坐而论道的向壁空谈，即"学不得"、"不可学"。而是要从自家心灵深处去体会，并且要"着实做将去"，在生活实践中去体验，这样才有真实内容和现实的意义。

所谓"胸次悠然，直与天地万物上下同流"，说明"吾与点也"之乐是超功利的，没有任何计较和打算，是人与大自然融为一体的审美境界，完全进入到一种自由的境界，如孔子所言的"从心所欲而不逾矩"，③所谓"不思而得，不勉而中"④也。亦即张载所谓"大其心则能体天下之物，物有未体则心为有外"，"圣人尽性，不以闻见梏其心，其视天下，无一物非我"。⑤

朱子所说"天理流行"之乐，是指人与人、人与自然的整体和谐之美，曾点

---

① 《论语·先进》。
② 《论语集注》卷六。
③ 《论语·学而》。
④ 《晦庵集》卷六一。
⑤ 《张子全书》卷二。

只是"举其一事而言之"。"这道理处处都是:事父母,交朋友,都是这道理;接宾客,是接宾客的道理;动静语默,莫非道理;天地之运,春夏秋冬,莫非道理。人之一身,便是天地,只缘人为人欲隔了,自看者意思不见。如曾点,却被他超然看破这意思,夫子所以喜之。日月之盈缩,昼夜之晦明,莫非此理。"①事父母、交朋友等等,是人间之事,即人与人的关系;天地之运,春夏秋冬,是自然之事,即人与自然的关系。但都是一个道理,即"天理流行"。其实,自然界的发育流行之理,即人间的相互交往之理,是从心中流出之理即境界,而表现在"处事接物"之中。这是"自然道理流行发见,眼前触处皆是",故能"从容优裕悠然自得"②。所谓"人之一身,便是天地",就是从天人合一的境界上说。人有这种境界,不仅"触处皆乐",而且能使"万物各遂其性"③,就是顺万物之生,遂万物之性。朱子称之为"尧舜气象"④,即圣人境界。这既是善的境界,又是美的境界;既是道德义务,又是美的享受,具有生态美学的意义。

总而言之,一个人只有自觉做到"天地万物一体之仁"的"大公无私"的境界,才能与天地万物同体而生,实现天人合一。朱子"存天理,灭人欲"的命题在此得到了生态伦理的说明。

(原刊于《学术界》2010年第11期)

---

① 《朱子语类》卷四〇。
② 《朱子语类》卷四〇。
③ 《朱子语类》卷四〇。
④ 《朱子语类》卷四〇。

论朱熹的经济哲学思想

※ 朱惠莉

南宋时期,大批知识分子、农民、手工业者、商人南迁,经济重心南移,促进了知识和生产技术的大交流,加速了南方地区的开发,同时也促进了南宋生产的发展和经济的繁荣。当社会经济生活出现错综复杂的局面而又弊端日显、财政匮乏之际,朱熹不仅是一个会讲"正心诚意"而讳言功利的道学家,还针对时弊提出了自己的经济哲学思想。

一、合道义的财富观

财富究竟是什么,财富对人类意味着什么,应该怎样对待财富等,都是需要进行哲学审视和解读的问题。对于财富,先秦儒家的代表人物孔子和孟子都肯定个人对财富的欲望和追求,他们不认为财富和道德是相悖的,而主张追求财富是满足欲望的必要手段。孔子明确表示贫与贱是"人之所恶",富与贵是"人之所欲"[1]。孟子也肯定追求财富是人的本性:"富,人之所欲"[2],"人亦孰不欲富贵"[3]。他要求统治者在富国强兵的同时必须"制民之产",使百姓"仰足以事父母,俯足以畜妻子,乐岁终身饱,凶年免于死亡"[4]。

---

[1] 《论语·里仁》。
[2] 《孟子·万章上》。
[3] 《孟子·公孙丑下》。
[4] 《孟子·梁惠王上》。

朱熹继承了孔孟的思想,同样认为财富是人人所需。朱熹在《论语或问》中说道:"欲富贵而恶贫贱,人之常情,君子小人未尝不同。"①虽然朱熹肯定君子与小人对财富都有同样的诉求,但是,朱熹认为获取财富的手段必须符合道德的要求,即必须得之以道。朱熹道:"设言富若可求,则虽身为贱役以求之,亦所辞。然有命焉,非求之可得也,则安于义理而已矣,何必徒取辱哉?"②假设财富是可以追求的,即使去做贱役而求得它,也在所不辞。然而,财富、贫穷是命定的,不是去追求就能得到的,何必空取屈辱呢?虽然对财富有欲望是正当的,但是君子和小人对待财富和贫贱的态度却是不一样的:"不以其道得之,谓不当得而得之。然于富贵则不处,于贫贱则不去,君子之审富贵而安贫贱也如此。"③富贵是人人所欲求的,贵贱是人人所厌恶的,但君子对于财富和贫贱所应持的态度和标准是道和仁。如果道就是道义或道德的话,那么,得到不当富贵,则应视之如浮云,就应安于贫贱。此是君子的重要品德。所以朱熹说:"君子所以为君子,以其仁也,若贪富贵而厌贫贱,则是自离其仁,而无君子之实矣。"④君子在富贵与贫贱的取舍之间,要合乎仁的标准。

朱熹还进一步提出了"民富"(个体富裕)与"君富"(国家富裕)的关系问题。他说:"民富,则君不至独贫;民贫,则君不能独富。有若深言君民一体之意,以止公之厚敛,为人上者所宜念也。"⑤"富其君者,夺民之财耳,而夫子犹恶之。况为土地之故而杀人,使其肝脑涂地,则是率土地而食人之肉,其罪之大,虽至于死,犹不足以容之也。"⑥"财者,人之所好,自是不可独上,须推与民共之。"⑦在朱熹看来,民的贫、富与君(即国家)的贫、富是相互依赖、相互制约的关系。只有百姓富裕、安居乐业,国家才能富强;民富是君富的基础,百姓富足了,君(国家)也不会贫困。只能是水涨船高,民富而国强。如果,夺民之

---

① 朱熹:《四书或问·论语或问》卷四,上海:上海古籍出版社,合肥:安徽教育出版社,2001年。
② 邱汉生:《四书集注简论》,《论语集注·述而》,北京:中国社会科学出版社,1980年。
③ 邱汉生:《四书集注简论》,《论语集注·里仁》,北京:中国社会科学出版社,1980年。
④ 邱汉生:《四书集注简论》,《论语集注·里仁》,北京:中国社会科学出版社,1980年。
⑤ 邱汉生:《四书集注简论》,《论语集注·颜渊》,北京:中国社会科学出版社,1980年。
⑥ 邱汉生:《四书集注简论》,《孟子集注·离娄上》,北京:中国社会科学出版社,1980年。
⑦ 《朱子语类》卷一六,北京:中华书局,1986年。

财而"富其君",则犹如杀鸡取卵、竭泽而渔。

朱熹肯定人们对财富的需求,但并不以此为主要动机。道德才是判断欲望与财富的标准,道德对于欲望和财富有着绝对的主导地位。朱子在处理财富和道德的关系时,以道德为第一位,财富为第二位。朱熹说:"圣人之心,浑然天理,虽处困极,而乐亦无不在焉。其视不义之富贵,如浮云之无有,漠然无所动于其中也。"①孟子以为为政要以仁义为先,而不能谈财利。《孟子·梁惠王》记载:"孟子见梁惠王。王曰:'叟,不远千里而来,而将有以利吾国乎?'孟子对曰:'王,何必曰利,亦有仁义而已矣。王曰何以利吾国,大夫曰何以利吾家,士庶人曰何以利吾身,上下交征利,而国危矣。'"②由于孟子反对财利,竟至忽视"辟草莱,任土地"③等生产活动,而宣扬"仁义",被时人目为"迂远而阔于事情"。④朱子对此则表示赞同:"古时贤之言治,必以仁义为先,而不以功利为急,夫岂故为是迂阔无用之谈,以欺世眩俗,而甘受实祸哉!……惟以苟为一切之计而已,是申商吴李之徒,所以亡人之国而自灭其身,国虽富其民必贫,兵虽强其国必病,利虽近其为害必远。"⑤在此可以看出朱熹虽然说过:"仁人者,正其义不谋其利",⑥但并不完全反对"功利",不去谋"利",并不是不要"利",而是要以伦理道德规范来制约财利等经济问题。如果人人都以逐"利"为先,则必亡国灭身。

二、"足食之本在农"的生产观

对于财富产生的根源,朱熹将其归结为劳动生产。同当时自给自足的农业经济相适应,朱熹提出了"足食之本在农"的经济主张。"窃惟民生之本在食,足食之本在农,此自然之理也。"⑦朱熹认为"民"的生存和生产的根本在于

---

① 邱汉生:《四书集注简论》,《论语集注·尧曰》,北京:中国社会科学出版社,1980年。
② 《孟子·梁惠王》。
③ 邱汉生:《四书集注简论》,《孟子集注·离娄上》,北京:中国社会科学出版社,1980年。
④ 司马迁:《史记·孟荀列传》,北京:中华书局,1959年。
⑤ 朱熹:《晦庵先生朱文公文集》卷七五,《送张仲隆序》。
⑥ 《朱子语类》卷八三,北京:中华书局,1986年。
⑦ 朱熹:《晦庵先生朱文公文集》卷九九,《劝农文》。

"食",即人人有饭吃,没有食物,则"民"将流离失所,不能从事农业生产劳动,也就不能创造社会财富。因此,他强调必须重视农业生产。"契勘生民之本,足食为先,是以国家务农重谷,使凡州县守倅皆以劝农为职,每岁二月载酒出郊,延见父老,喻以课督子弟,竭力耕田之意。"①在农业社会,国家应该"务农重谷",这是自然的道理或规律。为了保证社会物质生产的基础,农业必居于首要地位。因此,州县官吏应以劝农为自己的重要职责,每年二月春耕之时,载酒出郊,奖励耕田。

发展农业,不仅在思想认识上要高度重视,还有赖于采取各种有针对性的措施。朱熹在担任地方官时,根据当地实际情况提出了许多行之有效的具体措施,如提倡兴修水利、开垦荒田、保护耕牛等。朱熹在福建漳州任职期间,曾奖励开垦荒田。"本州管内荒田颇多,盖缘官司有俵寄之扰,象兽有踏食之患,是致人户不敢开垦。今来朝廷推行经界,向去产钱官米各有归着,自无俵寄之扰……有欲陈请荒田之人,即仰前来陈状。切待勘会给付,永为己业,仍依条制与免三年租税。"②如果有人愿意垦荒,可向官府报请。不仅开垦出来的田业为己业,而且可免三年的租税。朱熹看到:并不是荒田无人开垦,而是存在着实际问题,只有解决具体问题,鼓励开荒,才能使土地增多,粮食增产。朱熹对于农业生产之所以如此重视,一方面,他目睹南宋财政匮乏,不发展农业,不能恢复社会经济,也不能很好地抗金实现统一中原的宏伟誓愿;另一方面,只有注重农业生产,才能解决农民衣食问题,"使其妇子合哺鼓腹,无复饥冻流移之患"。③

儒家历来重农轻商,以农业为本,以工商业为末。孟子首先骂商人为"贱丈夫",荀子认为工商业不生产财富,要求减少其从业人数。西汉儒家贤良文学派使用重本轻末观点打击桑弘羊后,重本轻末终于成为一个传统经济教条和主要的封建经济政策。朱熹虽主张"足食之本在农","农事至重,人君不可以为缓而忽之",国家应该"务农重谷",强调此乃自然之理。但他并不主张不需要工商业活动,他认为人们的社会分工是一种不可改变的天职:"况人在天地间,自农、商、工、贾等而上之,不知其几,皆其所当尽者……但必知所处之

---

① 朱熹:《晦庵先生朱文公文集》卷一〇〇,《劝农文》。
② 朱熹:《晦庵先生朱文公文集》卷一〇〇,《劝农文》。
③ 朱熹:《晦庵先生朱文公文集》卷九九,《劝农文》。

职,用天职之自然,而非出于人为。"①他反而肯定商业的存在和商业价值:"生意(经商)何尝息,本虽凋零,生意则长存。"②

朱熹重农但不轻商的思想对后世有十分积极的影响,新安理学的一个著名口号就是:洪范五福先言富,大学十章半理财。故徽人有外出经商的传统。

三、"俭奢适中"的消费观

在中外思想史上,消费从来就不是一个单纯的经济现象,人们往往并不满足于对消费现象作经济学的数量分析与事实判断,而是要进一步对其作定性分析与道德评判。人类历史上出现的消费观基本上可分为三种类型:过度节俭的消费观、适度消费观及过度消费观。人类历史上主张过度节俭或过度消费的不乏其人:前者如古希腊斯多葛学派认为,人应该保持高尚道德,并努力抑制身体的欲望;中国古代墨家也持几近禁欲主义的"节俭"观。后者如中国古代的杨朱,认为"人生苦短",应当"及时行乐";英国重商主义者巴尔本·尼古拉斯说:"对一个国家来说,富人们都贪婪而不花费,就会像一场对外战争那样危险","时髦或者衣服的变化是伟大的促进者"。③

朱熹则主张俭、奢都要合乎"中",俭、奢都以"礼"为标准的消费观念。"礼贵得中,奢易则于文,俭戚则不及而质,二者皆未合礼。然凡物之理,必先有质而后有文,则质乃礼之本也。"④奢侈则容易过于华丽,节俭就会不及而显得简朴。"过"和"不及"都失掉中,"奢俭都失中"。⑤ 失中,就是不合礼。由此,可以得知朱熹的消费标准是"奢不违礼","俭不失中"。也就是说,朱熹的消费观是要按照等级("礼")的规定来消费。他认为不同的阶层应按不同的等级标准来享受,不应超越。

根据朱熹奢不违礼,俭不失中的消费标准,他在《论语集注》中对于管仲的奢和僭礼作了评论:"愚谓孔子讥管仲之器小,其旨深矣。或人不知而疑其

---

① 《朱子语类》卷一三,北京:中华书局,1986年。
② 钱穆:《朱子新学案》,成都:巴蜀书社,1986年,第346页。
③ 托马斯·孟、巴尔本·尼古拉斯、达德利·诺思:《贸易论(三种)》,北京:商务印书馆,1997年,第121页。
④ 邱汉生:《四书集注简论》,《论语集注·八佾》,北京:中国社会科学出版社,1980年。
⑤ 邱汉生:《四书集注简论》,《论语集注·述而》,北京:中国社会科学出版社,1980年。

俭,故斥其奢以明其俭;或又疑其知礼,故又斥其僭,以明其不知礼。"①所以说管仲器量小,是因为他做了功业,"便包括不住,遂至于奢与犯礼。奢与犯礼便是那器小底影子"。②而"奢"往往与犯这"礼"相联系,譬如设屏于门,本来是"邦君"设置的,作为大夫的管仲也设置了,这既是奢又是僭礼,究其原因,"那奢底人便有骄傲底意思,须必至于过度僭上而后已"。③因此,反对尚奢,按照"礼"所规定的消费标准来享受,不奢不俭,达到"中"的标准,而不逾越,即是合乎"礼"。

针对南宋统治者的挥霍无度,他反复强调:"侈用则伤财,伤财必至于害民,故爱民必等于节用。"④当然"节用"并不是要求人们不用,"饥而欲食,渴而欲饮,则此欲岂能无"。⑤如何才能做到"节用"适"中"？朱熹提出了三项措施:一是要求统治者"正心"、"荒政"。"正心"要求统治者施仁于民,"存天理,灭人欲","荒政"是要求统治者宫省事禁,减免赋税,惠康小民。二是扫除朝廷上宫廷内外一切"浮费"和"冗费"。三是"汰浮食"、"去冗兵",减少军费开支。

对于个人的生活消费,朱熹主张安贫乐处。他在注释颜回的"一箪食,一瓢饮,在陋巷,人不堪其忧,回也不改其乐"时说:"颜子之贫如此,而处之泰然,不以害其乐,故夫子再言贤哉回也,以深叹美之。"⑥处贫泰然,才不会知不足,以不足为足,就会"乐不足",或称为"无不足"。朱熹说:"颜子之乐,非是自家有个道,至富至贵,只管把来弄后乐。见得这道理后,自然乐。故曰:见其大则心泰,心泰则无不足,无不足则富贵贫贱处之一也。"⑦这就是安贫乐处。

由上可以看到,朱熹为我们提供了礼制等级模式:在生产发展不足的情况下,这种等级模式使得社会各阶层能够按自己的身份地位适度消费,正如荀子所言:"衣服有制,宫室有度,人徒有数,丧祭械用,皆有等宜"⑧,客观上起

---

① 邱汉生:《四书集注简论》,《论语集注·八佾》,北京:中国社会科学出版社,1980年。
② 《朱子语类》卷二五,北京:中华书局,1986年。
③ 《朱子语类》卷三四,北京:中华书局,1986年。
④ 邱汉生:《四书集注简论》,《论语集注》卷一,北京:中国社会科学出版社,1980年。
⑤ 邱汉生:《四书集注简论》,《论语集注》卷三,北京:中国社会科学出版社,1980年。
⑥ 邱汉生:《四书集注简论》,《论语集注·雍也》,北京:中国社会科学出版社,1980年。
⑦ 《朱子语类》卷一三,北京:中华书局,1986年。
⑧ 《荀子·王制》。

到了一定的社会稳定作用。因此,如果剔除特定的制度内涵,那么这种适度消费的观念直至今日仍然不乏积极意义。但是,也应当注意到,在这种适度消费的特定内涵里,由于社会每一个阶层的消费都是由"礼"直至"道"安排好的,任何一个社会阶层都难以承担违礼僭道的道德代价,因而朱熹的消费观在稳定社会的同时,也极大地阻碍了因渴望消费升级而推动社会进步和人的发展的实际可能。

作为哲学家而言,显然朱熹最终关心的不是财富的问题,而是有关"人性"的问题。从这样一种人性论哲学观点出发,只能产生精神第一和道义主义的经济思想,而不是物质取向和功利主义的经济思想。在朱熹的经济哲学思想中,仁义始终是第一位的,功利只能放在后面,经济目标如获利、财富等本身不能成为活动的目的。虽然主张发展生产,但认为这些都是仁义的结果,是施仁政的结果和表现,而不是施仁政、讲仁义的目的。

(原刊于《内江师范学院学报》第 23 卷第 7 期,2008 年)

朱熹社仓法的基本内容及其社会保障作用

✻ 张品端

朱熹于乾道七年(1171年),在中国福建崇安(今武夷山市)开耀乡五夫里创办"五夫社仓",并在总结实践经验的基础上,制订了一个《社仓事目》,于淳熙八年(1181年)呈请南宋孝宗皇帝批准"行下诸路州军"。① 此后,社仓也就成为农村储粮备荒及社会救济的主要形式。朱子社仓法(后人把《社仓事目》连同"五夫社仓"经营管理办法统称"朱子社仓法")即成为一个以实物形式实行的社会保障制度。这个社仓法在中国古代社会保障方面起过积极作用,被后人誉为"先儒经济盛迹"。现在考察朱子社仓法(以下简称社仓法)仍然是一件很有意义的事。

一、创办社仓的缘起及其推广

南宋孝宗乾道四年(1168年)春夏之交,福建闽北地区发大水,这时朱熹奉祠闲居崇安县开耀乡五夫里。他"以崇安水灾,被诸司檄来,与县官议赈恤事"②。在视察灾情后,他呈文反映灾情,并感叹说:"今时肉食者,漠然无意于

---

① 朱杰人等主编:《朱子全书》第25册,上海:上海古籍出版社,合肥:安徽教育出版社,2002年,第4601页。
② 朱杰人等主编:《朱子全书》第22册,上海:上海古籍出版社,合肥:安徽教育出版社,2002年,第1963页。

民,直是难与图事"①。为了赈灾,朱熹向慈善户劝募余粮,按照平常价卖给灾民,同时上书建宁知府徐嚞,请求发放常平仓(官仓)的存粮,救济灾民,以利生产。徐嚞接纳建议,命崇安知县诸葛迁瑞,着有关司台,调派船只,运米六百斛,至崇安县兴田码头。朱熹亲率乡民,连夜将米挑回开耀乡,按丁口发放,灾情遂得缓解,"民得遂无饥乱以死,无不悦喜欢呼,声动旁邑。"②是年冬,抗灾得到丰收,百姓精选良粟,运往县仓偿还。刚继任建宁知府的王淮看到此景,高兴地说:"岁有凶穰,不可前料。后或艰食,得无复有前日之劳,其留里中而上其籍于府。"③次年,朱熹又上书新任建宁知府沈度说:"粟分贮民家,于守视出纳不便,请仿古法,为社仓以贮之。不过出捐一岁之息,宜可办。"④沈度从之,并拨给钱六万缗创建社仓。乾道七年(1171年)秋,五夫社仓在朱熹的精心筹划下建成,变常平仓赈济为社仓赈济,大利于民。

在朱熹创办五夫社仓的带动下,建阳、光泽、建宁、瓯宁、顺昌等闽北各县相继建立社仓。不久,闽北境内建社仓百余所,社仓之举可谓盛极一时。后来,社仓又不断向外推广。淳熙二年(1175年),浙东大儒吕祖谦之父,自婺州来访朱熹,住在五夫里屏山,亲眼看见社仓之惠政,返浙即着手筹划婺州(今浙江金华市)社仓。接着,又有江苏常州宜兴社仓,江西建昌军南城吴氏社仓等出现。南宋淳熙八年(1181年)以后,由于朱熹的积极倡导,孝宗皇帝的支持,社仓在全国推广,并成为农村储粮备荒的主要形式。

这里要说明一点,创办社仓并不是朱熹最早提出来的。就宋代而言,据记载:"社(义)仓创于北宋仁宗庆历元年(1041年)……置仓于州县。"⑤但建社仓于乡里,乃朱熹开其先。宋人李心传说:"朱元晦先生尝置于里社,每岁以贷乡民,至冬而取,有司不与焉。今若以义仓米,置仓于乡社,令乡人之有

---

① 朱杰人等主编:《朱子全书》第22册,上海:上海古籍出版社,合肥:安徽教育出版社,2002年,第1963页。

② 朱杰人等主编:《朱子全书》第22册,上海:上海古籍出版社,合肥:安徽教育出版社,2002年,第1963页。

③ 朱杰人等主编:《朱子全书》第24册,上海:上海古籍出版社,合肥:安徽教育出版社,2002年,第3720页。

④ 朱杰人等主编:《朱子全书》第24册,上海:上海古籍出版社,合肥:安徽教育出版社,2002年,第3721页。

⑤ 李心传:《建炎以来朝野杂记》上册,北京:中华书局,2000年,第316页。

行谊者掌立,则合先生之遗意矣。"①明嘉靖《建宁府志·古迹》亦载:"社仓,非官司所掌,其原出于乡先生、乡大夫,念饥民苟求一饱而轻犯刑辟者,于是与里人仗义协力,买田积谷,立为社仓。"

社仓民办的好处,古人也有定论。明人钟化明在《康济录》中说:"唯以本乡所出积于本乡,以百姓所余散于百姓,则村村有储,缓急有赖,周济无穷矣。"清人方承观说:"官为民计,不若民之自为计,故守以民而不守以官,城之专为备,不若乡之多为备,故贮于乡而不贮于城。"②这些评价都是非常切合实际的。

淳熙八年(1181年)十一月,朱熹向孝宗皇帝呈请实施他的《社仓事目》。同年十二月,孝宗皇帝将朱熹的《社仓事目》"颁诏行于诸府各州"。

二、社仓法的基本内容

考察朱子社仓法的基本内容有四点:其一,社仓设于乡里,官督民办。社仓分布于乡里,可就近赈济灾民,方便民众,克服了常平仓之不足。朱熹在《建宁府崇安县五夫社仓记》中明确指出:"……独常平义仓,尚有古法之遗意,然皆藏于州县,所恩不过市井惰游辈。至于深山长谷,力穑远输之民,则虽饥饿濒死,而不能及也。又其为法太密,使吏之避事畏法者,视民之殍而不肯发,往往全其封鐍,遁递相付授,至或累数十年不一訾省。一旦甚不获已,然后发之,则已化为浮埃聚壤,而不可食矣。"③社仓可以避免这类问题的发生。社仓民办虽有因宜之便,但也不能完全脱离官府的支持和监督。《社仓事目》规定:一是社米的贷放、收回,事先须报经州县批准;二是贷放和收回时,县府须派"清官"到场监视,并携带仓子、斗子,用官斗平量;三是出纳完毕,社仓主持人须将收支数额报州县备案;四是贷放过程中如有徇私舞弊,许当场举报,由官府纠办。这些规定的目的:一是州县政府能够了解仓储及赈济情况,便于宏观调控;二是为了防止各种奸弊发生。这些都说明社仓具有

---

① 朱杰人等主编:《朱子全书》第24册,上海:上海古籍出版社,合肥:安徽教育出版社,2002年,第317页。
② 赵尔巽:《清史稿》,上海:上海古籍出版社、上海书店,1986年,第469页。
③ 朱杰人等主编:《朱子全书》第24册,上海:上海古籍出版社,合肥:安徽教育出版社,2002年,第3721页。

浓厚的官督民办色彩。

其二，社仓法规定贷放收息，自行积累资金。官办常平仓米的筹集，历代多采用征收义仓税办法解决。征收义仓税，无论是按田亩还是按户等，均侵害了地主官僚的利益，往往遭到他们的反对。再者，常平仓之粮食经常被官府移作他用，名不副实。《社仓事目》规定贷放收息的办法是："每石量收息米二斗"，"或遇小歉，即蠲其息之半；大饥，即尽蠲之"。等到息增多，"更不收息，每石只收耗米三升"。① 夏借冬还，每石收息米二斗，利息并不算低，但比起出倍之息的高利贷，还是优惠得多。规定这样的利率主要是为了使仓米不断增值，以丰补歉，达到赈灾的目的。朱熹采用借常平米为本，用贷放收息，逐年积累的办法建立和发展社仓，效果良好。他在《辛丑延和奏札四》中说："臣所居建宁府崇安县开耀乡有社仓一所，系昨乾道四年，乡民艰食，本府给到常平米六百石，委臣与本乡居朝奉郎刘如愚共同赈贷。……至今十有四年，其支息米造成仓敖三间收贮，已将元米六百石纳还本府。其见管三千一百石，并是累年人户纳到息米。"② 由于有了一笔社仓米作基金，加上管理得当，"一乡四五十里之间，虽遇凶年，人不缺食"。③

其三，社仓米灾年用于赈济，平年用以扶贫。常平仓米用于灾年赈济，平年不开仓，甚至坐视米霉烂也不贷放。朱熹创办的社仓则不然，他制定的《社仓事目》规定："丰年如遇人户请贷，即开两仓。存留一仓。若遇饥歉，则开第三仓，专赈贷深山穷谷耕田之民，庶几丰荒赈贷有节。"④ 这种无论灾年、平年均行贷放，平年放贷收息，灾年减息、免息。灾年用以保障饥民必需的生活，保护生产力；平年在"新陈未接之际"贷放，赈给深山穷谷耕田之民，解决农民春夏荒之困难。这样做既可使"死米"变"活米"，发挥其扶植生产，增强抗灾能力的作用，又可使贫苦农民免遭高利贷剥削。同时，它还可使仓米年年更

---

① 朱杰人等主编：《朱子全书》第24册，上海：上海古籍出版社，合肥：安徽教育出版社，2002年，第4601页。

② 朱杰人等主编：《朱子全书》第20册，上海：上海古籍出版社，合肥：安徽教育出版社，2002年，第649页。

③ 朱杰人等主编：《朱子全书》第20册，上海：上海古籍出版社，合肥：安徽教育出版社，2002年，第649页。

④ 朱杰人等主编：《朱子全书》第25册，上海：上海古籍出版社，合肥：安徽教育出版社，2002年，第4597页。

新,不至霉烂变质。

其四,社仓依靠乡官、士人管理。在"有治人无治法"的封建社会,一般的规章制度是无足轻重的,关键在执行制度的人。如果没有清廉公正、热心公益事业的人,再好的社仓法也不能自行发挥作用。为了解决社仓的管理问题,朱熹提出"责付出等人户主执敛散"的主张,并在开耀乡五夫里社仓付诸实施。所谓"出等人户",即指乡官(为有官阶无官职的"寄禄官",如朝奉郎刘如愚等)、士人(为编入"士籍"的人,也称举子、举人)或辞官致仕的乡绅。

在朱熹看来,依靠乡官、士人主持社仓,较之单纯依靠社首、保正长利多弊少。从政治上讲,宋儒崇尚理学,大多数人有忧国忧民思想;从道德修养方面讲,宋代士大夫以"讲道德、说仁义"相标榜,都想借机为自己树立一个"有义行"的好名声,加上他们家庭富有,不会借主持社仓的机会营私舞弊,贪图蝇头小利。另外,这些乡官、士人在地方有一定威望,有一定组织号召力,为乡民所畏服;同时,他们与地方官府有一定联系,办事方便等等,这也是社首、保正长所不能比拟的。

此外,经营管理的另一个棘手问题,是借出容易收回难。"财入民手,虽贫民不能妄用;及其取也,虽富民不免后期。"为了解决这个问题,《社仓事目》规定:借贷社仓米必须由社具状结保,不具保者不贷;贷户如拖欠不还或者逃亡,由具保户"均备纳足"。这项规定可以起到贷户自我约束、互相监督,共同负责的作用,使贷出之米能及时如数还仓,不致发生"仓廪空匮,难以为继"的问题。

三、社仓法的社会保障作用

我国古代以实物形式为主的社会保障制度历史悠久,其中备受推崇的是"朱子社仓法"。它充分体现出朱熹的社会保障思想。朱子社仓法规定平年贷放收息,不断积累资金。这种用息米自身发展,荒年赈济灾民,保护生产力,进行再生产,在中国救荒史上占有极重要地位。但它同任何事物一样,朱熹的社仓法也遭到守旧势力的反对,理由是贷放收息,"舒聚敛之余谋",对农民进行榨取,有失"忠厚恳恻之意"。朱熹不拘泥儒家传统的义利观,认为如果平年不贷放使之生息,就不可能积累仓米,何谈救灾。同时,平年不贷放,会使仓"粟久储速腐,惠既狭而将不久也"①。朱熹通过社仓米的贷放收息,使之增值,积累雄厚的基金,增强抗灾自救能力。从另一方面说,它又可以用积累的息米赈给无偿还能力的孤老残幼,起到扶贫之作用。朱熹在《邵武军光泽县社仓记》中说:"夫市里之间民无盖藏,每及春夏之交,则常籴贵而食艰也。又病夫中下之家,当产子者力不能举,而至或弃杀之也,又病夫行旅之涉吾境者一有疾病,则无所于归,而或死于道路也。方以其事就邑之隐君子李君吕而谋焉。"②这种从大处着想的救灾扶贫思想是很可贵的,实践证明是可行的。

社仓法的实施,不仅减轻了封建国家财政的负担,而且改变了受灾民众单纯依靠国家拨谷救济的思想,有效地培养了农民自我保障意识。它还找到了一种以民间力量为主,兴办一种互助性质备荒仓储的办法。开耀乡实行社仓法十余年,除建仓房三间和归还所借常平米外,尚有余粮三千一百石。当时,开耀乡有人口约二千人,而能有三千多石粮食作为社仓基金,就当时而言,应该说水平是相当高了。朱熹在《常州宜兴县社仓记》中说:"始予居建之崇安,尝以民饥,请于郡守徐公嚞,得米六百斛以贷,而因以为社仓。今几三十年矣,其积至五千斛,而岁敛散之里中,遂无凶年。"③三十年不到,开耀乡五夫社仓有基金五千斛粮食。这已充分说明,开耀乡五夫社仓已经超过常规赈恤范围,向全面社会保障前进了一步,它是我国古代社会保障制度的一个新发展。

朱熹创办社仓,极力推行社仓法,其目的是发挥其社会稳定机制作用,"惠活鳏寡,塞祸乱源"④。朱熹作为一个封建社会的士大夫,具有忧国忧民思想。他为了宋王朝的长治久安和自身利益,对于因天灾人祸引发的农民频繁起义闹事深感忧惧。据统计,两宋三百余年,共出现大小农民起义闹事四万

---

① 朱杰人等主编:《朱子全书》第24册,上海:上海古籍出版社,合肥:安徽教育出版社,2002年,第3779页。

② 朱杰人等主编:《朱子全书》第24册,上海:上海古籍出版社,合肥:安徽教育出版社,2002年,第3798页。

③ 朱杰人等主编:《朱子全书》第24册,上海:上海古籍出版社,合肥:安徽教育出版社,2002年,第3808页。

④ 朱杰人等主编:《朱子全书》第24册,上海:上海古籍出版社,合肥:安徽教育出版社,2002年,第3721页。

多起。他为之作记的建阳县长滩社仓,就是在"绍兴某年,岁适大侵,奸民处处群聚,饮博啸呼,若将以踵前事者,里中大怖"①的情况下,由"里之名士"魏元履呈请常平使者主动创办的,目的是"下结人心,消其乘时作乱之意",缓和社会矛盾,防止农民流亡或暴动,维护社会稳定。

淳熙八年(1181年),浙东蝗旱,朱熹提醒孝宗皇帝说:"臣恐所当忧者不止于饥殍,而在于盗贼;蒙其害者不止于官吏,而上及于国家也。"②朱熹想通过在全国各地普遍推行社仓法,达到救灾扶贫的作用,使黎明百姓安居乐业,国家长治久安。当然,朱熹这一思想,在"人存政举,人亡政息"的封建专制社会,只能在一定时期起到一些良好作用,不可能根本解决社会稳定问题。

综上所述,朱熹的社会保障思想是通过社仓法实现的,而社仓法是在创办社仓的基础上,不断总结经验制定出来的,并吸取古代传统的社会保障思想的有益成果,既有继承,又有创新,其中有不少精辟的见解,在中国古代以实物形式的社会保障思想史上占有重要的地位,影响深远。

(原刊于《中国社会科学院研究生院学报》2009年第3期)

---

① 朱杰人等主编:《朱子全书》第24册,上海:上海古籍出版社,合肥:安徽教育出版社,2002年,第3777页。

② 朱杰人等主编:《朱子全书》第20册,上海:上海古籍出版社,合肥:安徽教育出版社,2002年,第787页。

朱熹法律思想中的法家因素

※ 陈海波

儒家思想和法家思想在中国哲学史上都占有重要地位,儒家和法家都是安邦治国之学,然而两者之间有很多不同主张。孟子说:"仁者无敌。"①商鞅说:"仁义不足以治天下"、"圣王者不贵义而贵法。"②儒家重礼,德主刑辅,出礼入刑;法家重势,不赦不宥,轻罪重罚。从秦始皇焚书灭儒,到汉武帝独尊儒术,两个学派似难相容。

秦因法家兴,但帝国的快速灭亡,法家自然也免不了连带责任。由于汉武帝独尊儒术,法家学派在汉时期似乎悄然消失了,但法家思想依然存在。

其实儒学本身也是发展求新的,汉帝国的法律也基本上是承袭秦法,汉代的儒生,对法家思想也有相当程度的吸收和认同。陆贾从历史演化的角度肯定了"法治"产生的合理性与现实性:"皋陶乃立狱制罪,悬赏设罚,异是非,明好恶,检奸邪,消佚乱。"③贾谊也不再像孟子那样把"爱"和"利"割裂开来,而是把二者有机地统一在一起:"亲爱利子谓之慈,反慈为嚣。子爱利亲谓之孝,反孝为孽。爱利出中谓之忠,反忠为倍。"④外儒内法是成就由皇帝一统天下的真正利器。但是,宋代之前,不曾有儒家学者像朱熹明言宣扬法家论调。

儒学行至宋代,出现了自称儒家正宗的大师——朱熹,朱熹批评佛老,融

---

① 《孟子》。
② 薛和、徐克谦:《先秦法学思想资料译注》,南京:江苏古籍出版社,1990年,第180页。
③ 《新语》。
④ 《新书》。

会诸家,总结儒学,追尊道统,其成就的程朱理学统系,使整个儒学深入民族的意识。人们总说朱子批判地吸收了佛家、道家思想,开创地发展了儒学思想。在朱熹的思想体系里,我们也看到了法家思想。在法律价值论、重刑治世、法律公正等方面,朱子法律思想对法家理论的吸纳不可小觑。这种转变我们直接可追溯至儒家人性论缺陷的问题上。

一、朱熹的法律价值观

在法律价值的认识上,艾永明先生在《孔子法律目的说析论——兼议孔子法律思想的核心》①中提出,孔子的法律目的是"和",孔子说:"听讼,吾犹人也,必也使无讼乎!"②道德教化最重要,对待法律要"轻法"、"去法",争讼是德教不行产生的恶果。在儒家的治国理论中,法也一向居于末流地位。到了朱子那里,"天下事大不可轻者,无过于兵刑",③将刑放在天下要务来看待。在法家理论中,"法为天下之至道",商鞅说"法者,国之权衡也",可定分止争,禁邪止奸,富国强兵,明主忠臣不可须臾忘于法。朱熹虽然离法家"法虽不善,犹愈于无法,所以一人心也……法制礼籍,所以立公义也。凡立公所以弃私也"④尚有距离,但他关于法律价值的观点,向法家的方向迈了一大步。朱熹把法看成为"公天下持平之器",强调法律对于治国的重要作用,大大提高了法的社会地位。在朱熹眼中,法律不再是刻薄寡恩的法家的专用治国主张,相反,法律符合人情民意,应该成为治国的重要途径。

治理天下是首重道德还是首重法制,是儒家和法家学说的根本分歧之所在。儒家传统非常注重教化的作用。把道德放在最重要的位置,是以儒学为主导地位的中华文明的一大特色。孟子在论王道的时候,要求齐宣王制民之产,百姓生活无忧,又提出实现王道的精神要求,说:"谨庠序之教,申之以孝悌之义,颁白者不负戴于道路矣。"⑤非常强调教化的重要。自从西汉儒家成

---

① 艾永明:《孔子法律目的说析论——兼议孔子法律思想的核心》,《江苏社会科学》2001年第3期。
② 《论语》。
③ 《朱子语类》,北京:中华书局,1986年,第2711页。
④ 《慎子》。
⑤ 《孟子》。

为正统思想以来,法律儒家化的进程加快。春秋决狱,论心定罪,其实都是把儒家思想作为最高律令。德主刑辅、礼法合一的法律建设在唐朝完成,真正实现了"一准乎礼"。先教而后诛,刑作为礼的补充手段,一直是不被提倡的。

二、朱熹追求司法的稳定、公正和信用

严格执法是法家司法思想的基本主张。法家从一开始就提出平等要求,不分贵贱等级。韩非从"公道"出发,提出了"法不阿贵"的法律原则。他认为,国家官吏的根本任务就是"公道"地执行法律,不分贵贱等级,对任何人都平等对待。他主张:"法不阿贵,绳不挠曲,法之所加,智者弗能辞,勇者弗敢争。刑过不避大臣,赏善不遗匹夫。"①

朱熹曾引用诸葛亮《出师表》中的一段话,"宫中府中,俱为一体,陟罚臧否,不宜异同。若有作奸犯科及为忠善者,宜付有司论其刑赏,以诏陛下平明之理,不宜偏私,使内外异法也",反映了对法律公平、公正的要求;而商鞅说过:"圣人不宥过,不赦刑,故奸无起。"②同时,朱熹主张赦小过,反对赎刑,只有罪当处鞭刑以下且情节轻微才可适用,反对没有限制适用赎刑,批判其不平等性。这证明了朱熹追求法律适用的平等要求,吸收了法家刑无等级的理念。儒家确立的森严的尊卑贵贱等级无处不在,"礼不下庶人,刑不上大夫"。从汉高祖七年下诏"郎中有罪耐以上,请之",到《魏律》的"八议"制度,到北朝"官当"制度,到唐律,儒家的法律面前,生而不平等就是天经地义的。恤刑,就是汉代以来为权贵犯罪轻处的政策。朱熹反对将恤刑理解为宽恤之意:"若作宽恤,如被杀者不令偿命,死者何辜?"③反对随意出人罪。

尧舜禹时"天下为公",夏商周是"普天之下,莫非王土;率土之滨,莫非王臣"。朱熹继承"公天下"思想,认为法也不应当为一人之法,法是"天下之法",含公道或公法之义,不是皇帝"一人之法"。皇帝既为天下人立法,也应与天下人同守法,"善与人同,公天下之善而不为私也"。④朱熹提出"有功者

---

① 《韩非子》。
② 陈松:《论宋代主流法律思想中的法家传统》,西南政法大学硕士学位论文,2005年。
③ 《朱子语类》,北京:中华书局,1986年,第2002页。
④ 《四书章句集注》,北京:中华书局,1983年。

必赏,有罪者必刑",①为公不可有私意,赏罚不信则禁令不行,提出法律的稳定性、公信力的要求。虽然朱熹没有达到"一断于法"的程度,但是他在追求司法的稳定、公正、信用方面,都和法家的观点保持一定程度的一致性。

三、朱熹重典治国的法律思想

儒家德主刑辅,是与轻刑主张相联系的,轻刑、恤刑正是儒家"仁"在法制领域的体现。既然德刑传统关系被推翻,那么朱熹推崇重刑也就不足为怪了。

南宋司法领域普遍存在重罪轻罚现象,朱熹就说当时"凡罪之当杀者,必多为可出之途,以候奏裁,则率多减等:当斩者配,当配者徒,当徒者杖,当杖者笞"。②他说:"今人说轻刑者,只见所犯之人为可悯,而不知被伤之人尤可念也。如劫盗杀人者,人多为之求生,殊不念死者之为无辜。是知为盗贼计,而不为良民计也。"③朱熹认为宽刑导致罪犯逍遥法外,不知被伤之人尤可念也。以宽为本的结果必然是"奸豪得志,平民既不蒙其惠,又反受其殃矣"。④

小罪大刑,重刑禁奸。法律要以严为本,对重罪犯要严惩,甚至有必要恢复肉刑,提出认为徒流之法不足以防治不够死罪的犯罪。他提出"墨、劓、剕、宫、大辟五等,肉刑之常法也",赎宥政策是不适用肉刑的。在这样的言论里,我们看到法家重刑论似曾相识燕归来。

重刑论是法家一贯推行的思想,在宋以前与儒家轻刑思想针锋相对。去奸之本,莫深于严刑。朱熹已彻底放弃儒家轻刑主张,推崇重刑思想。

四、朱熹吸收法家思想的原因

为什么自称儒学正宗的朱熹,在法律方面却明显地吸收了法家传统,表现出儒法相融的特征,是一个复杂的问题。在朱熹的体系里,存天理,灭人欲,正君心,平天下,只靠道德教化是难以达到的。儒家思想以性善作为人性

---

① 张国华:《中国法律思想史》,北京:中华书局,1981年,第318页。
② 《朱子语类》,北京:中华书局,1986年,第2712页。
③ 《朱子语类》,北京:中华书局,1986年,第2711页。
④ 徐公喜:《朱熹理学法律思想研究》,南昌:江西人民出版社,2004年,第222页。

论的基调,本身就是充满乐观的理想道德主义见解。孟子以"不忍人之心"确立了抽象性善论,说:"人之所不学而能者,其良能也;所不虑而知者,其良知也。"① 并以善之本心来确证孔子的仁学,在这样的基础上,人的本心就是向善的,是愿意学习、接受教化的。基于道德教化的自信,法律在儒家看来,只有叨陪末座之地位。

法家以性恶为出发点,人"皆挟自为心",这种自私自利、趋利避害的本性可以利用,可以用赏罚来引导。推行重刑密法也就顺理成章了。

理想主义总是在现实面前显得笨拙。宋代儒学深刻认识到利益对人的影响非"何必曰利"能解决。朱熹"存天理,灭人欲",正是看到过分贪欲给社会带来的不稳定因素,要求抑制人的非分之念。朱熹的人性分等理论最为典型。依据本然之性和气质之性理论,朱熹将人性按气禀的厚薄分为最厚、厚、薄、最薄,最薄的人存有为恶之心,包含有贪污、趋势、淫、懒、私、骄等等弱点;已然承认人有天生劣性,不可教化。

为何分等?正是因为早期儒家教化观过于理想和自信而在现实中走入困境。教化的功能并非像宣传的那样强大。孟子提出的人人皆可为尧、舜,这么高的道德标准是可以修习的,但现实是非人人皆可为舜、尧,有些人是不可教化的。分等可以走出教化困境。不同等内的人,就可以施以不同统治手段。如朱熹对四类人提出"德、礼、政、刑"来对待,"道之而不从者,有刑以一齐之"。② 这样朱熹成功完成刑、教并举的理论论证。正是原始儒家性善论的理想性,教化不力的现实性,导致其吸收法家理论。

朱熹把三纲五常说成是天命之性,是至善的道理,把儒家伦理观发展到极端化,也必然要求有极端之手段,来维护这些极端伦理价值。有人说,中国古代国策是外儒内法。但是,事实是有宋以降,已然是儒法并行,至少法家传统并没有躲躲藏藏。儒家正统温情的面纱从宋代开始已不复存在了。

朱熹对法家思想的吸纳,其实是儒家教化理论过分理想的先天不足,在现实困境求得发展的重整改变,也是维护儒家纲常的保障。而这些纲常在内忧外患的宋代又是如此迫切需要,因此朱熹毫不遮掩地宣扬法家观点也就不足为奇。

---

① 《孟子》。
② 《朱子语类》,北京:中华书局,1986年,第53页。

五、朱熹法律思想的影响

朱熹法律思想对南宋及后来统治者和知识分子都产生了深远影响。

朱熹对法律价值的观点,首先影响了最高统治者的法律观念,宋代有不少统治者对法律制度给予了充分的重视。徐道邻先生认为,"宋朝的皇帝,懂法律和尊重法律的,比中国任何其他的朝代都多。"①终宋之世,除了作为基本法律的《宋刑统》之外,编纂的综合性法典共约有二十七部,在历代王朝中名列前茅。除了综合性法典,其他重要的法律渊源还包括刑法统类、敕式、令式、条法事类等等。不但朝廷编敕,而且"一司一路一州一县,又别有敕"②。两宋时期"内外上下一事之小,一罪之微,皆先有法以待之"。③

朱熹对南宋和明清两代法律制度体系完善、发展方向和发挥的社会作用产生了深刻的影响。如朱元璋身体力行于后世的"明刑弼教"思想,则完全是借"弼教"之口实,为推行重典治国政策提供思想理论依据,重农抑商,惩治贪官,打击豪阀,严刑峻法。

朱熹重刑主张,使宋代及后来的刑罚表现出开始加重的趋势。刑法加重主要体现在两个方面,第一是刑罚种类变得更为残酷,最明显的例子是《庆元条法事类》中将凌迟纳入法定刑,还有本意减轻刑罚但由于滥用造成实际上刑法加重的刺配和重杖处死。第二方面是量刑的加重。最能证明宋代量刑加重的事实是宋代的盗贼重法、重法地法等特别法规的适用。其他的证据还有刺配的泛滥,以及宋代将窃盗罪的量刑上限提高到死刑。

虽然这些变化不能完全归于朱熹的法律观点的影响,封建社会发展到后期,巩固统治的需要,也是形成这些变化的实际环境。但是,朱熹及之后的儒家学者思想,与法家的融合已是必须和必然的了。

(原刊于《武夷学院学报》第31卷第3期,2012年6月)

---

① 徐道邻:《中国法制史论集》,台北:志文出版社,1976年,第89~90页。
② 《宋史·刑法志》。
③ 何文燕:《法律文书写作学》,长沙:中南工业大学出版社,1997年,第512页。

朱熹的核心价值观探微

❋ 林建峰

朱熹是中国历史上继孔子之后又一伟大的思想家,他的学说"致广大,尽精微,综罗百代",涉及哲学、政治、伦理、教育、法律、文艺等诸多领域,后人将他及其门下弟子的学说统称为朱子学。朱熹一生关怀政治,力主恢复大义;关注民生,主张为政以德;致力创办书院精舍,授徒讲学;重视经典注疏诠释,著书立说;融儒、释、道三家思想,集宋代理学之大成,形成了宏大而又精密的价值体系。朱子学成为自南宋以降中国社会的主体思想,它的传播对东亚文明产生了重要影响,凝聚了中国社会乃至东亚世界的价值共识。

一、修养观

儒家文化讲求修身之道,"内圣外王"是其思想体系中最核心的价值理念,"内圣"即身心的自我修炼以完善理想人格,"外王"则是道德的躬行践履以成就圣贤功业。孔子所讲的"修己以安人"便是"内圣外王"这一价值理念的集中体现。"修己"即成就"内圣"之功,通过个人身心修养以提高心灵素质、道德素养,强调道德人格的提升对于个体生命价值的终极体验以及对于社会价值创造的源流意义。"安人"便是践履"外王"之道,主张个体人格完善之后应该推己及人,通过待人接物、孝悌齐家、兼济天下等具体社会实践活动,将自我内在的人格力量外化于世俗社会的价值创造之中,通过个人的道德践履和人格感化来促进人际整体和谐与社会长足发展。

儒家关于修身之道的探讨是以人性论为基点展开论述的。孔子首开对人性问题的讨论,提出"性相近也,习相远也",认为人性在降生之初大抵相近,只是在成长过程中因周围环境的浸染而发生变化。孟子主张性善论,认为仁、义、礼、智是天赋予人的良知良能,人要通过后天的修养对固有的善性加以存养和扩充。宋儒则从理气之辨出发探讨人性,张载主张气本论,提出了天地之性与气质之性的人性二元论思想。二程从"性即理也"这一命题出发,认为人禀理以为性,完全符合社会法则与自然原则,人性未有不善。

朱熹吸收了孟子的"性善论",特别是批判地继承了张载和二程关于人性的论断,以"理气"关系为中心来阐发其人性论思想。他认为天地之间有理有气,理气并存,万物禀受天地之气成形体,禀受天地之理成本性。禀理之性为"天命之性",即本然之性,禀气之性为"气质之性",即气禀之性,气质之性是天命之性受气质熏染发生的转化形态,人性是天命之性与气质之性的统一。"天地间只是一个道理。性便是理。人之所以有善有不善,只缘气质之禀各有清浊。"① 由于性是理在人物中的体现,理的纯然善性也就决定了性的纯然本善,人具有先天的善的品质,现实生活中人有善恶之分、贤愚之别是由于气禀不同所造成的。既然人性本善,天生都禀赋着仁义礼智这些天然的善性,具备做仁人圣贤的本然之性,只是由于气禀的昏浊遮蔽了人善的本质,结果呈现出恶的现象,因此需要加强后天的修养以存养和扩充人性中本源的善,同时还要去蔽明善,变化气质。

在朱熹之前,儒家关于修身问题有很多经典的论述。《大学》提到"自天子以至于庶人,壹是皆以修身为本",明确提出修身为本的思想。《中庸》主张"为政在人,取人以身,修身以道,修道以仁",认为修身是为政的基础,是贯彻道和仁的前提。孔子主张"亲亲而仁民,仁民而爱物",提倡内在修己并博施济众,追求仁的境界。孟子继承了孔子的思想,发挥以仁义为核心的修身观,认为"仁,人之安宅也;义,人之正路也",主张内心修养向往仁爱,行中正仁义之道,这是个体心灵上安身立命之所在。朱熹认为修身应该遵循古人之道,这是一条行之有效之道。他集毕生精力理致力于《四书》的注疏与诠释,对《大学》中的基本内容以及核心价值作了精微的诠释和简明的概括。

朱熹把《大学》中的"明明德、亲民、止于至善"称为"三纲领",把"格物、致知、诚意、正心、修身、齐家、治国、平天下"称为"八条目",围绕着对"三纲八

---

① 《朱子语类》卷四。

目"的阐释表达了其修身思想。他解释到:"物格者,物理之极处无不到也。知至者,吾心之所知无不尽也。知既尽,则意可得而实矣。意既实,则心可得而正矣。修身以上,明明德之事也。齐家以下,新民之事也。"①修身以上的正心、诚意、致知、格物为"明明德"之事,属于道德修养范畴。由于人天生禀赋着聪慧敏达,只是气禀的昏浊遮蔽了智的善性,这就需要靠学习修身去拨正气质之偏,拂拭物欲之蔽以达到诚然自明的状态。齐家以下的治国、平天下为"亲民"之事,属于外在事功范畴,意指在明德之后要以诚待人,以仁爱民,个体之善应该推己及人,扩充到天下万民。至善则是"明明德"的内在修身和"亲民"的外在事功的完美结合,是个体人格修养的理想境界,修身是实现修己而安人,是内圣而外王的关键。

至于修养的工夫或方法,朱熹发展了程颐"涵养须用敬,进学在致知"的观点,其中,涵养意指培养德性本原,致知意指省察事物之理。他曾用车之两轮,鸟之两翼作比喻,认为两者之间不可偏废其一,应该齐头并进,即德性修养与学问取得之间是全面均衡、兼容并包的。他提出了"居敬穷理"的工夫修养论,"居敬"意指贯通内之存养、外之省察,属德性修养方法,"穷理"意指达到外之格物、内之致知,属知识学问工夫。

在朱熹的工夫修养方法中,他特别强调"敬"的重要性,把"居敬"提高到前所未有的高度。他讲:"'敬'字工夫,乃圣门第一义。彻头彻尾,不可顷刻间断。'敬'之一字,真圣门之纲领,存养之要法。一主乎此,更无内外精粗之间。"②朱熹认为,"敬"是圣门第一义,是身心修养、知识学问的核心,"居敬"就是要求人们在为学或修养时要常怀一颗敬畏之心,保持专心谨慎的态度,做到心意集中而不胡思乱想,心无旁骛而不受任何外物的干扰。对于"穷理",朱熹在《大学章句》解释说:"所谓致知在格物者,言欲致吾之知,在即物而穷其理也。盖人心之灵莫不有知,而天下之物莫不有理,惟于理有未穷,故其知有不尽也。"可见,朱熹认为,人具有与生俱来的智慧与聪颖,有求知的欲望和本能,人心的知识要想达到无所不尽,就必须经过即物穷理的学问工夫,通过格物去穷索宇宙万物之理,探究一切事物的本源以达到知识的不断完备。

朱熹主张"居敬"与"穷理"在德性修养和学问工夫方面的重要性,同时又

---

① 《四书章句集注·大学章句》。
② 《朱子语类》卷一二。

强调两者之间是统一的整体,反对将两者割裂开来。他认为:"学者工夫唯在居敬穷理二事。此二事互相发。能穷理,则居敬工夫日益进;能居敬,则穷理工夫日益密。"①主张居敬与穷理两者兼顾,要把居敬涵养贯穿到格物穷理之中,达到两者之间同时并进,互相发明。正所谓:"涵养中自有穷理工夫,穷其所养之理;穷理中自有涵养工夫,养其所穷之理,两项都不相离。才见成两处,便不得。"②换句话说,穷理是洞察,居敬是静养,虽为两种工夫,两种方法,但穷理中有居敬,居敬中有穷理,强调个人在修养过程中既重视尊德性,即道德的涵养,又重道问学,即经典的研究,达到居两者之间内外交养、相辅相成、自我体验、自我操持的道德修养境界。

二、知行观

在身心修养问题上,朱熹特别注重躬行践履,即通过日用伦常间的操持与笃行,把人格修养和读书求学的理念落实到具体的行动上面。他讲:"须修身齐家以下,乃可谓之笃行耳。日用之间,且更力加持守,而体察事理,勿使虚度光阴,乃是为学表里之实。近至浙中,见学者工夫议论多靠一边,殊可虑耳。"③主张读书修身需要落实到笃行上面,通过落实到具体的践履和行动上去体察事理,而切记空谈讽诵,将其束之高阁,脱离行动。朱熹又讲:"为学之实固在践履,苟徒知而不行,诚与不学无异。然欲行而未明于理,则所践履者又未知其果何事也。"④在他看来,知识的获取,学问的积累最终要落实到具体的实践上面,否则就没有实际意义,但反过来讲,如果没有足够的知识存储,缺乏明确认识的行动往往会陷入盲目的状态。这就是说,书本上学到的知识是知,身体上的践履属于行,知与行是相辅相成、相得益彰的统一体。

朱熹强调:"知与行工夫须着并到。知之愈明,则行之愈笃;行之愈笃,则知之益明。二者皆不可偏废,如人两足相先后行,便会渐渐行得到。若一边软了,便一步也进不得。"⑤知与行如同人之两腿,只有统一协调、一齐用力,才

---

① 《朱子语类》卷九。
② 《朱子语类》卷九。
③ 《朱子文集》卷五一,《答黄子耕》。
④ 《朱子文集》卷五九,《答曹元可书》。
⑤ 《朱子语类》卷一四。

能把路走好。对于每个人而言,读书做学问抑或道德修养过程中,都要坚持知行并济、协调统一,既要注重对知识的获取,又要勤于将所学知识用于实践,只有这样才会使自己获得更丰富的知识,使所获取的知识更加接近真理。这是因为,知识的获取和积累是开展实践活动的前提和向导,而具体的实践活动反过来又会加深对知识的理解和拓展。朱熹用人的眼睛和脚做比喻,对知行关系做了进一步的阐发。他讲:"知行常相须,如目无足不行,足无目不见。论先后,知为先;论轻重,行为重。"①这就是说,人若离开眼睛光靠脚走路就会迷失方向,有了眼睛有了方向感没有双腿照样寸步难行。从这些论述中,我们可以看出朱熹的知行观大体上包含着三个层面的内容,即知先行后、行重于知、行知互发。

首先,就知行先后来说,朱熹主张先知后行。他认为,个人在为学或修身养性时要先通过格物穷理获取丰富的知识积累,然后以所掌握的知识为指导去开展具体的践履行动,这样才能做出符合规范的行为来。"故圣贤教人,必以穷理为先,而力行以终之。"②也就是说,自古以来的教育都是教人先获取知识,通晓义理,然后以此引导践履,去施展自身的抱负,如果缺乏理论指导就盲目实践,便如同盲人行路一般,容易误入歧途,甚至濒临危险境地。更进一步地说,人在有知识、懂义理之后有一股行动的主动性和自觉性,"既知则自然行得,不待勉强,却是知字上重。"③在通晓义理之后的践履是一种自然的行为,即所谓的知明行笃,而且这种行为是符合普遍的自然法则和伦理道德的。

其次,就知行轻重而言,朱熹主张行重于知。他在制定《白鹿洞书院学规》时,把《中庸》中的"博学之,审问之,慎思之,明辨之,笃行之"作为治学之序,并对其作了进一步的阐发。"学、问、思、辨,四者所以穷理也。若夫笃行之事,则自修身以至处事接物,亦各有要。"④认为穷理是基础,而笃行却是关键,知识的储备和义理的通晓最终的目的是为了具体的践履,如果知理而不行,那么知变无价值无意义,知也就不等于真知,依然还是无知。"既致知,又须力行。若致知而不力行,与不知同。"⑤强调读书获取知识是始,践行书本知

---

① 《朱子语类》卷九。
② 《朱子文集》卷五四,《答郭希吕》。
③ 《朱子语类》卷一八。
④ 《朱子文集》卷七四,《白鹿洞书院揭示》。
⑤ 《朱子语类》卷一一五。

识是终,个人要把所获取的知识落实到具体的行动上面。朱熹认为,知虽易,行却难,即所谓的知易行难,"虽要致知,然不可恃。《书》曰:'知之非艰,行之惟艰。'工夫全在行上。"[①]相对于知识的获取而言,具体的实践行动更难,获取一定知识掌握一门学说也许短时间可以做到,但是要将这些知识和学说进行传播和践行就需要持之以恒的工夫了。同时,对于所掌握的知识所通晓的学说是否为真知灼见还需要靠具体的实践来检验。"欲知知之真不真,意之诚不诚,只看做不做如何。真个如此做底,便是知至、意诚。"[②]要把具体的社会践履作为检验知识的标准和尺度,因为人的认识不能脱离实践,实践能提升人的认识。

第三,知与行虽有先后轻重之别,但两者之间互相依赖,不可偏离,即行知互发。朱熹认为:"致知、力行,用功不可偏。偏过一边,则一边受病。"[③]在这里,力行不仅指将所学知识应用于实践,也指个人的身心和道德的修养问题,知行并进互发主要是指穷理和涵养的关系,旨在说明人不仅要注重文化知识的学习和掌握,理论问题探讨和研究,更要注重日常生活中勤于修身养性,提高品格。穷理和涵养,即知与行如同车之两轮,鸟之两翼一般,不仅相互依赖,不可分离,而且互相包含,并进互发。探求知识真理与修养身心品格作为成就理想人格不可或缺的两大因素,这就要求个人要通过读书穷理以获取知识,求得真知,同时也要密切关系自身的道德修养、人格涵养,只有两者之间并进互发,才能保证人往真善两个方向发展。

三、生态观

朱子学不仅关注社会人际间的道德规范和伦理法则,同时也注重探究人与自然之间的关系问题,善于以人类社会的道德伦理原则去审视人与自然的关系,包括人在自然中的地位、人对待自然的道德态度以及行为规范,建构其丰富的生态伦理思想。

"理"作为朱子哲学的逻辑起点和价值归宿,是其思想体系中的一个核心

---

① 《朱子语类》卷一三。
② 《朱子语类》卷一五。
③ 《朱子语类》卷九。

概念。"理"之于人类社会指道德原则,于宇宙世界则指自然规则,道德原则实际上是宇宙普遍法则在人类社会的特殊表现而已。与探讨社会道德原则一样,朱熹通过对"理"的阐发来思考天地间的生态伦理原则,说明人与自然关系以及人处理自然的道德规范。他把"理"纳入了自然界的范畴,认为"理"是天地万物之本源:"熹窃谓天地生物,本乎一源,人与禽兽、草木之生,莫不具有此理。"①人与自然界万事万物一般,都禀赋着天理,都遵循宇宙间的普遍法则即自然之理。

在朱熹看来,天地宇宙间亘古亘今,生生不穷,自然界本身具有内在生命力,生生之理就是生命更新之理、生命创造之理,这种普遍原则或者永恒规律不以任何意志而改变。"谓如一树,春荣夏敷,至秋乃实,至冬乃成。方其自小而大,各有生意。到冬时,疑若树无生意矣,不知却自收敛在下。每实各具生理,便见生生不穷之意。"②天地之理运行片刻不息,自然界万物生生不息,源源不绝,即使在秋冬时节,草木可能因为天气的肃杀看似飘落凋零,但是生理生气常在。天道流行,发育万物是自然界的永恒法则,人类诞生于天地宇宙间,人的性情也是从自然界中的"生理"、"生意"所禀赋和熏染的,与天之道体发育流行息息相关。同时,朱熹认为,自然界的生理和生气是天地之大德,天地万物生生不息既是生的表现,也是仁的体现。正所谓:"天地以生物为心者也,而人物之生,又各得夫天地之心以为心者也。故语心之德,虽其总摄贯通无所不备,然一言以蔽之,则曰仁而已矣。"③天地万物之所以能永恒地焕发生机就因为天地万物也有心,天地万物之心落在人的身上变成的人心,由于天地之心是粹然的,所以人心也就是至善的,它的本质是仁,表现为爱。朱熹强调:"天地以此心普及万物,人得之遂为人之心,物得之遂为物之心,草木禽兽得之遂为草木禽兽之心,只是一个天地之心尔。"④人对于天地万物应该将心比心,善存一颗仁爱之心,通过对仁爱万物来体现人之本然的善性,使人与自然共融共生、和谐共存。总而言之,天地、万物与人是一个生命整体,天人内外都是合一的,天人共事一理,万物各具一心,人与自然本是和谐统一的有

---

① 《延平答问》。
② 《朱子语类》卷六九。
③ 《朱子文集》卷六七,《仁说》。
④ 《朱子语类》卷一。

机整体,自然界的生生之理可以内化为人类的道德自觉和情感体验,同时,人类也可以从自然界中探寻生命意向和生活启示。

朱熹从理本论的角度肯定了"万物一理"的说法,同时他又提出:"天得之而为天,地得之而为地,而凡生于天地之间者,又各得之以为性。"①认为宇宙万物禀赋天理而成就其性理,但这并不意味着它们之间的具体规律和个别现象是无差别的,普遍的原则体现在具体事物上的的规范和性质也是不同的。在此之前,张载曾提出"民胞物与"来说明天地之性是人与物的共同本源,意指人要普爱众生,泛爱万物,蕴含着人类应该保护自然生态的价值理念。二程则提出"理一分殊"来说明仁爱对于不同对象在具体实施应该有所差别,以区别于墨子兼爱之说,反对墨家爱无差等的观点。朱熹在此基础上,对"民胞物与"进行了进一步的诠释,提出:"人、物并生于天地之间,其所资以为体者,皆天地之塞;其所得以为性者,皆天地之帅也。"②认为人与自然万物并生于天地之间,同得天地之理以为性,同得天地之气以为形,人与物本出同源,皆为同辈,在本质上是平等的,示意人要普爱众生,泛爱万物。但是,人与自然万物所禀之气有偏正明暗之分——在体上有偏正之殊,在性上有明暗之异。朱熹认为:"论万物之一原,则理同而气异;观万物之异体,则气犹相近而理绝不同也。"③说明万物皆是理同而气异,作为本原的天理只有一个,只是表现在不同事物上具有差异性,说明宇宙万物具有独立存在的生命价值,自然界有着各自不同的运转规律和存在方式。

通过对"民胞物与"这一思想的阐发,朱熹认为,人类社会的道德伦理和情感关怀应该推及至自然界一切有生命的物体,由亲亲、爱民扩展到爱物,由人际道德上升到生态道德。他讲到:"惟人也,得其形气之正,是以其心最灵,而有以通乎性命之全,体于并生之中,又为同类而最贵焉。"④由于气禀的关系,人得天地形气之正,为天地间最为尊贵者,在处理人与自然关系中处于主导地位,应该尊重自然,对自然负责,给予自然界以尊重和爱护。但是人与自然之间并非爱无差等,爱人与爱物应该有所不同,也就是要根据自然界的特

---

① 《朱子文集》卷七〇,《读大纪》。
② 《西铭解》。
③ 《朱子文集》卷四六。
④ 《西铭解》。

殊性,给予合理的对待,使之各顺其性,各得其宜。朱熹认为:"惟吾与也,故凡有形于天地之间者,若动若植,有情无情,莫不有以若其性,遂其宜焉,此儒者之道,所以必至于参天地,赞化育,然后为功用之全,而非有所强于外也。"①人与自然本为和谐共处,有机统一的整体,人类不仅要对天地万物一视同仁,同时也要根据它们之间的不同特性而给予真诚合理的对待。人类在处理自然关系的过程中,要认识自然之理,尊重自然规律,根据其特性合理地加以开发利用,不能任凭主观意向,任凭个人欲私对自然界肆意掠夺,妄加索取,对自然界造成破坏,应该尊重自然、保护自然,实现人与自然的和谐统一,以达到"天人合一"的理想境界。

四、民本观

儒家文化倡导积极入世,追求修身齐家,致君尧舜,具有关爱民生的传统,历来重视民生问题的探讨,民本思想源远流长。《尚书·五子之歌》云:"民惟邦本,本固邦宁",孟子的"民贵君轻"思想,荀子的"民水君舟"主张,都认为百姓的利益、民心的向背是治国安邦的根本。朱熹十九岁进士及第,二十岁授左迪功郎,从此走上仕途。曾先后担任泉州同安县主簿、知江西南康军、提举浙东常平茶盐、知福建漳州、知湖南潭州等地方官九年,并且做过短期的朝廷侍讲官。虽然从政生涯时间不长,但在为官期间,他申敕令、惩奸吏、恤民生、施德化,始终关怀政治民生,积极践行仁政道路,改变社会不良风气,治绩显赫。

朱熹不仅是儒家民本思想的忠实践行者,同时在对儒家经典"四书五经"的注释以及其他言论著作中,提出了大量有关爱民、重民、教民、富民的观点和举措。他主张"王道以得民心为本",指出:"丘民,田野之民,至微贱也。然得其心,则天下归之。天子,至尊贵也,而得其心者,不过为诸侯耳。是民为重也。"②认为田野民夫在身份上尽管是至微至贱,但是谁能够得获取民心,得到他们的拥戴,就能够夺取天下,充分说明了民为重,得民心者得天下。朱熹继承了孟子的"民贵君轻"思想,提出了"国以民为本"的论断,指出:"盖国以

---

① 《西铭解》。
② 《四书章句集注》。

民为本,社稷亦为民而立,而君之尊,又系于二者之存亡,故其轻重如此。"①他认为,民众是国家的根基,社稷也是为人民而设立的,统治者想要稳固国家政权,维护良好的社会秩序,就必须施行仁政,以诚待人,以德服人,博取民心。《孟子》中讲尧禅位于舜的典故时提到:"天子不能以天下与人。"朱熹指出:"天下者,天下之天下,非一人之私有故也。"②认为舜获取统治天下的资格是天命所赋予的,而非尧授予的,而天命在某种程度上又是民众意向的集中体现。

既然民为国之本,那么统治者应该如何获取民心维护国家政权的稳定呢?

首先是要爱民如子,与民同乐。《大学》提到:"民之所好好之,民之所恶恶之,此之谓民之父母",朱熹认为:"能絜矩而以民心为己心,则是爱民如子,而民爱之如父母矣。"③作为统治者应该爱民如子,与民众同忧同乐,厉害相通,这样民众就会如孝顺父母般敬爱他,能够如此般得民心,得百姓的拥护,政权稳固就不在话下了。朱熹讲:"民富则君不至独贫;民贫则君不能独富。有若深言君民一体之意,以止公之厚敛,为人上者所宜深念也。"④当四海升平,天下富庶之时,君主不至于独陷贫困,当天下无道,民生凋敝之时,君主绝不能独享奢华,意为统治者应该用心思考如何与老百姓同心同德,同甘共苦。他认为,历史上统治者丧失政权很大的原因是由于自身的穷奢极欲,早成百姓民不聊生,揭竿而反。朱熹讲:"盖侈用则伤财,伤财必至于害民,故爱民必先于节用。然使之不以其时,则力本者不获自尽,虽有爱人之心,而人不被其泽矣。"⑤统治者想要获取民心,取得百姓的拥护,要将百姓视如己出,为民父母,想百姓之所想,为百姓谋福利,让恩泽惠及百姓。

其次是要为民制产,施行仁政。《孟子·梁惠王》中讲到:"养生丧死无憾,王道之始也。"对此朱熹注释到:"饮食宫室所以养生,祭祀棺椁所以送死,皆民所急而不可无者。今皆有以资之,则人无所恨矣。王道以得民心为本,

---

① 《四书章句集注》。
② 《四书章句集注》。
③ 《四书章句集注·大学章句》。
④ 《四书章句集注·论语集注》。
⑤ 《四书章句集注·论语集注》。

故以此为王道之始。"①他认为,老百姓最迫切的需求就是活着能安居乐业,死后能入土为安,统治者要促进生产,发展经济,使百姓生无缺憾,死无顾虑的话,这是得民心,实行仁政的开端。中国古代社会以农立国,农业生产的发展是保障百姓基本生活,稳定社会秩序的基础,朱熹强调:"惟民生之本在食,足食之本在农,此自然之理也。"②因此,他每为官一任,治理一方都十分重视农业生产问题,大力兴修水利,保护耕牛,开垦荒地,使百姓耕者有其田,让百姓有恒产有恒心。同时,他提倡轻徭薄赋,节用爱人,主张减轻赋税以体恤民生,强调:"天下国家之大务,莫大于恤民,而恤民之实在省赋。"③认为适当的赋税作为统治者维持行政开支和政权运转是必要的,但反对过重的赋税,主张废除不合理的苛捐杂税,在行政费用支出上要节流节约,杜绝铺张浪费的奢靡之风。

第三,要教化民众,淳化风俗。朱熹认为,让百姓耕者有其田,生活有恒产是治理社会民生的起点,在物质生活得以保障之后还要注重对民众进行教化,使其自觉遵守家庭以及社会伦理道德规范,淳化社会风俗,净化社会风气,整饬社会秩序。他引用荀悦的话说:"教化之行,挽中人而进于君子之域;教化之废,推中人而堕于小人之涂。"④认为推行道德教化可以从根本上革除革除人们的为恶之心改变个人品行,提高个人修养。朱熹主张为政以德,讲求德礼教化,德即是对万物心存善念,对弱者心怀同情,礼则是睦邻友好,与人为善良好社会风俗。他认为理想的社会治理状态是"不待黜陟刑赏一一加于其身,而礼义之风、廉耻之俗已丕变矣。"⑤认为治理社会不能单凭刑罚震慑百姓,单靠刑罚百姓只会身服而心不服,貌合而神离。社会治理本质问题是治人心,应该通过道德教化、道德感化对百姓动之以情,晓之以理,引导树立向善、为善的社会价值观,使整个社会秩序向着良性发展,百姓自然就会如众星拱月般对统治者加以追随和拥护。

(原刊于《泉州师范学院学报》第33卷第5期,2015年10月)

---

① 《四书章句集注》。
② 《朱子文集》卷九九,《劝农文》。
③ 《朱子文集》卷一一,《庚子应诏封事》。
④ 《朱子语类》卷一〇八。
⑤ 《朱子文集》卷一二,《己酉拟上封事》。

朱熹对教育的贡献

※ 吴邦才　陈国代

朱熹(1130—1200)登宋高宗绍兴十八年(1148年)王佐榜进士第,随后任同安主簿、知南康军、提举浙东茶盐常平司、知漳州、荆湖南路安抚使兼知潭州,后官至秘阁修撰兼侍讲等。其自言"自蚤年入仕,而实历厘务差遣仅及五任,通计不满九考",①而"入侍经幄,仅及四旬"。② 在人生的多数时间里,朱熹主要从事教育事业,以书院为讲学阵地,在中国古代教育史上享有盛誉。

一、从政为民,立教厉俗

朱熹是在"兴文教,抑武事"的国策下成长起来的儒家大学者。他主张抗金,强调富民强国以养兵备战,终身不忘收复中原失地。入仕后,一心为公,深得高宗、孝宗、光宗、宁宗首肯。故其有言:"官无大小,凡事只是一个公。若公时,做得来也精彩。便若小官,人也望风畏服。若不公,便是宰相,做来做去,也只得个没下梢。"③这是朱熹为官的自白,也是其在官宦生涯中恪守的准则。

朱熹于绍兴年间(1153—1157)在福建同安担任县主簿,主要协助县令管理簿书、赋税等事务,即掌管出纳官物,销注簿书。同时,兼管县学事,参与学

---

① 《朱子语类》,北京:中华书局,1986年,第1044页。
② 《朱子语类》,北京:中华书局,1986年,第1057页。
③ 《朱子语类》,北京:中华书局,1986年,第2735页。

校管理，介入教学活动。他把搞好教育事业视为重要使命，故在教书讲学上甚有作为，为日后长期从事教育、培养人才奠定了坚实的基础。时人评价曰："莅职勤敏，纤细必亲。郡县长吏事倚以决，苟利于民，虽劳无惮。职兼学事，选邑之秀民充弟子员，访求名士以为表率，日与讲说圣贤修己治人之道。年方逾冠，闻其风者，已知学之有师而尊慕之。"①

朱熹于淳熙六年四月至八年闰三月（1179—1181）在江西南康任知军。这期间，重农桑、兴水利、抗旱魃、修荒政、济民生，有政绩。特别是整顿军学，修复白鹿洞书院，定教规，聘名师，招生员，置学田，聚图书，登坛讲学兴教化，大大推动书院发展，成为典范被载入史册。朱熹于淳熙八年十二月至次年九月（1181—1182）在提举浙东任上，虽然忙于抗旱救灾活动，但也两次出巡各地，雷厉风行地弹劾不作为、贪污腐化的地方官员，对整饬官吏，醇化士风，振奋民心起到表率作用。

朱熹于绍熙元年四月至次年四月（1190—1191）在福建漳州任知州，其蠲横赋、敦风俗、播儒教，有许多可圈可点之处。朱熹在衰世中用于挽救人心世道的最佳措施，就是整顿学校教育、砥砺士风。他在佛老泛滥的漳州荒远之地整顿学校，目的在于振兴儒学、推广教化，把"笃意学校，力倡儒学"作为改革漳州"俗未知礼"的方略。由此，提出"身修家齐，风俗严整，人心和平，万物顺治，隆及后世"的办学方针，推动漳州教育事业的改革与发展，为后人所乐道。

朱熹于绍熙五年五月至八月（1194年）在湖南潭州任知州兼荆湖南路安抚使，百日时间甚短，且疾病伴之，却不忘教育事业，热心于改善州、县学的办学条件。特别是兴复岳麓书院，登台讲学，各地慕名来学者甚众，影响甚大。

朱熹不仅在各地施教于民众，灌输正心诚意的理念，还冒死在奏章中提出"格君心之非"以"正君心"，要求限制皇权不使私欲膨胀，以端正治理天下的根本。朱熹常说："天下万事有大根本，而每事之中又各有要切处。所谓大根本者，固无出于人主之心术，而所谓要切处者，则必大本既立，然后可推而见也。"②朱熹批评宋高宗、秦桧推行与金议和的路线，又批评宋孝宗登基始有

---

① 黄榦：《勉斋集》，江夏黄氏家藏珍本，第384页。
② 朱杰人等主编：《朱子全书·晦庵先生朱文公文集》，上海：上海古籍出版社，合肥：安徽教育出版社，2002年，第1112页。

隆兴之北伐,因战前准备不足而败,再起与金和议之声。朱熹认为:"夫沮国家恢复之大计者,讲和之说也。坏边陲备御之常规者,讲和之说也。内怫吾民忠义之心,而外绝故国来苏之望者,讲和之说也。"朱熹对吏部侍郎陈俊卿说:"熹尝谓天下之事有本有末,正其本者,虽若迂缓而实易为力;救其末者,虽若切至而实难为功。是以昔之善论事者,必深明夫本末之所在而先正其本,本正则末之不治非所忧矣。且以今日天下之事论之,上则天心未豫而饥馑荐臻,下则民力已殚而赋敛方急,盗贼四起,人心动摇。将一二以究其弊,而求所以为图回之术,则岂可以胜言哉?然语其大患之本,则固有在矣。盖讲和之计决而三纲颓、万事隳,独断之言进而主意骄于上,国是之说行而公论郁于下,此三者,其大患之本也。然为是说者,苟不乘乎人主心术之蔽,则亦无自而入。此熹所以于前日之书不暇及他,而深以格君心之非者有望明公。盖是三说者不破,则天下之事无可为之理,而君心不正,则是三说者又岂有可破之理哉?"朱熹不但自己要正君心,还鼓动立朝的正人君子一起来格君心之非以正君心。"早悟上心,以图天下之事。"①朱熹晚年有幸进入朝廷为宁宗侍讲,便抓住机会向皇帝讲《大学》的内容,灌输儒家正心诚意的修身与治国思想。

朱熹要求人们学习儒家经典著作,把握儒家思想精髓,明辨是非善恶,放弃私欲,服从天理。朱熹认为,"天理"无非体现在宇宙事物之"所以然之故"与"所当然之则"上。"所以然之故",指的是事物之所以是这样的原因,主要体现为自然世界中的普遍规律与原则;而"所当然之则",指的是事物本来就应该是这样的情况,其主要体现为人类社会中所应当普遍遵循的伦理原则与规范。朱熹说"须知天理只是仁义礼智之总名",并举通俗易懂的例子说:"如饮食,天理也;要求美味,人欲也。"朱熹的明理灭欲之道德要求,特别指向士大夫,要求以此约束官大位显权重者。朱熹的这些主张在南宋时期被强化,是有深刻历史背景与现实意义的。古往圣贤提倡限制人欲膨胀,适用于所有的人。人类不强调个人品德修养,不克制私欲膨胀,只以个人为中心,其言行危害个人、家庭、社会、国家、环境之实证,在历史上、在现实中不胜枚举。人类社会所存在的阴暗面,皆属无节制的人欲所致之范畴。特别是在市场经济

---

① 朱杰人等主编:《朱子全书·晦庵先生朱文公文集》,上海:上海古籍出版社,合肥:安徽教育出版社,2002年,第1008页。

中的唯利是图的价值观对社会道德造成颠覆的今天,克制私欲可以为个人营造一种心灵的宁静,让人多一点"达则兼济天下,穷则独善其身"的社会责任感,以共同建设美好的和谐世界。

二、与时俱进,编著教材

学界习惯将宋代勃兴的儒学称为新儒学,北宋五子周敦颐、程颢、程颐、张载、邵雍是新儒学的主要代表人物。他们多以义理阐述孔孟思想,各自著述,未经提纯,也未形成完整系统。至南宋,东南三贤继续努力倡导与推行儒家思想,特别是朱熹致力于古人为己之学,继承和发扬了二程的义理学说,汲取周、张、邵学说的部分内容加以综合提炼,熔铸成庞大而完善的体系,建立了儒学阵营中居主流地位的程朱理学学派。朱熹长期研究儒家思想,探奥明义,对经学、史学、文学、礼乐以至自然科学均有贡献,而且广注儒家典籍,为广大士子提供最佳读本,用以抵御异端邪说。朱熹的学术研究涉足哲学、历史、文学、政治、经济、军事、天文、地理、书画、音乐、农学、医药学等领域且获得很高成就。他把历史、礼乐、兵谋、刑法、制度、地理、天文之类,归为"皆当世所须,而不可阙,皆不可以不之习"的讲学内容。但是,他侧重于哲学、文学、史学、天文历法等知识的钻研、掌握与传播,把"格物致知、诚意正心、修身齐家、治国平天下"视为"正当学问"而着力推广。

南宋是在战乱中建立起来的小朝廷,蹙处东南一隅,未足华夏版图之半壁,长期处于金、西夏、西辽、吐蕃、大理的包围之中,与金、西夏存在对立或作战的状态中;内部又处于儒学式微、道德沦丧、人欲横流、动荡不安的衰局,时刻都有倾覆之虞。朱熹虽然生活在不受战乱直接影响的武夷山下,却自觉地肩负起历史的使命,继承儒学精髓,对道德、教育、宗教、政治等诸多领域的相关问题进行细致的推究。特别是倾注40余年心血所完成的《四书章句集注》,使孔孟思想得以复明,通过大力宣扬推广,试图以此来挽救衰败的人心。

朱熹要求从教者认真地做好培根工作,一再强调少年时期读小学,要掌握最基本的为人处世的常识。朱熹认为,儒家经典中蕴藏了人类的伦理道德,要求儿童必须学习和掌握"洒扫应对进退之节,爱亲敬畏隆师之道",并编刻教科书《小学》大力推广。① 他把"备载古人事亲事长、洒扫应对之法,亦有补于学者"的内容,编入小学教材,让人自幼读儒家经典的精华,待 15 岁之后入更高一级学校读书,就能弄明白小学时期所学之事为何要如此这般的原因与道理。通过掌握更丰富的知识,懂得更深刻的道理,即能见道之大原,成为一个合乎儒家道德规范要求、能修身齐家治国平天下的人。即能分辨善恶正邪,能正确认识自身与家庭、社会、国家的关系,并能处理好人与人、自身与家庭、自身与社会、自身与国家乃至普天下的关系。这对于个人自我潜能的发挥、社会的进步、人类的和平,显然是有极大的帮助。

朱熹在实施教育过程中,把《四书》《五经》作为重要的教材使用。经过孔子整理的《五经》以及脱胎于儒家元典的《四书》,无不阐述儒家提倡并要遵循之道。在南宋之前,《五经》"本末相须,人言相发,皆不可以一日而废焉者也。"②朱熹整理出《四书》以教人,"以《大学》《语》《孟》《中庸》为入道之序,而后及诸经。以为不先乎《大学》,则无以提纲挈领,而尽《论》《孟》之精微;不参之以《论》《孟》,则无以融会贯通,而极《中庸》之旨趣。"③朱熹大力倡导进德修业的教育精神,培养了民族心理和道德品质,使当时的教育摆脱了宗教的同化,使中国至今没有成为一个宗教国家,其功厥伟。

三、家居讲学,接引后来

朱熹在福建、江西、湖南、安徽、浙江等地,凡其履迹所至,皆有讲学活动。在福建创建寒泉精舍、云谷晦庵草堂、武夷精舍、考亭竹林精舍,在江西修建白鹿洞书院,在湖南修复岳麓书院,并登坛讲学。朱熹始终把"家居讲学、接引后来"视为有益之事。同安县学讲学、南康知军讲学、武夷精舍讲学、竹林精舍讲学,无疑是其讲学的里程碑。在武夷山下寒泉精舍、武夷精舍与竹林精舍讲学为期较长,则是其讲学生涯中的黄金期。

宋代教育机构,既有传统的各级官办学校,也有民间的各类私立学校。

---

① 朱杰人等主编:《朱子全书·晦庵先生朱文公文集》,上海:上海古籍出版社,合肥:安徽教育出版社,2002年,第1174页。

② 朱杰人等主编:《朱子全书·晦庵先生朱文公文集》,上海:上海古籍出版社,合肥:安徽教育出版社,2002年,第3734页。

③ 黄榦:《勉斋集》,第404页。

官方无力支持办学,便不得不开放政策让社会力量办学。由于异族长期雄踞北方,强悍的金兵不断南下征伐、侵扰,南宋军民不断奋起抵抗,尖锐的民族矛盾成为主要矛盾。在与北方金国长期作战、对峙的局势下,以及统治集团内部相互倾轧下,民疲国衰,南宋的官学随着政治混乱、战事连绵、财政日困和统治者无暇顾及而日渐衰落。各级官学虽未中辍,且在宋孝宗统治的乾道、淳熙年间还有一定程度的发展,但已经不能有效承担起培养大批人才的重任。一些在官场失意的中小官吏和散居民间的有德有识之士,或利用已有书院旧址,或选择山林僻静处,筑庐设院,招纳生徒,切磋学问,传播文化。这样一来,私人开办和讲学的书院便承担起培养人才的重任。朱熹顺应时代的发展要求,创办学校、大力开展教学活动,成为最具影响力、最为后世景仰的教育大家。朱熹孜孜不倦地讲学,其授徒近50年,诲人不倦,培养了大批人才。门人中有来自福建、江西、安徽、浙江、江苏、湖南、四川、广东等地,至今有姓名可考的482人,多位知名者载入《宋史》,门人与私淑中有官职的占142人,从事教育活动的人也不在少数。受学群体中,不乏祖孙三代、兄弟、翁婿、师友众人同时或先后向学者。①

　　朱熹对仅教人"务记览、为辞章,以钓声名取利禄"的错误做法提出严肃批评,要求遵照古代设教育人的模式,"讲明义理以修其身,然后推己及人",②努力培养道德人才。北宋统治者在打败割据势力,基本统一国家之后,在治国策略上作了重大改变,由原来的重视"武功"转向"文治"。宋太平兴国七年(982年)太宗明确指出:"王者虽以武功克定,终须用文德致治。"由此,确立"兴文教,抑武事"的国策,随之出现重视科举,重用士人的局面。于是,有庆历、熙宁和崇宁的三次兴学热潮,全国各地广办学校,而且帝王尊孔崇儒,提倡佛道,使北宋教育进入繁盛时期。帝王尊孔崇儒又提倡佛老,美名曰以孔释老三者"迹异心同",以此来统辖人们的头脑,使得北宋大力提倡文治教育的结果是偏离了"文德致治"的轨道,使士人、儒者、官员、军人的头脑浸淫着不思作为的思想,形成了士大夫集团贪图享乐的思想。到了歌舞升平的徽宗朝后期,北方强虏挥鞭南下,铁蹄所及,如入无人之境,顿使一个王朝土崩瓦

---

　① 陈国代:《大教育家朱熹》,北京:中国社会科学出版社,2010年,第12页。
　② 朱杰人等主编:《朱子全书·晦庵先生朱文公文集》,上海:上海古籍出版社,合肥:安徽教育出版社,2002年,第3587页。

解。在朱熹看来,靖康之变的发生,是政权内部腐败所造成的,从而无法抗击外来势力侵略,一失于国策,二失于德育,三失于民心。

宋代官学服务于科举仕进,重文不重德。朱熹抨击以科举考试选拔人才为目的的官方学校教育存在的弊病,反对学校只一味强调学生的应举"及第",而忽略了道德的培养与才能的提高。认为,这种缺少德育教育所培养的人才进入政府机构,绝大多数不堪任用,甚至反成世累。朱熹是科举的受益者,对门人参加科举考试也不是一概阻挠。如古田林用中于乾道四年(1168年)六月参加在福州举行的秋试,他作诗"不用叮咛防曲学"[①]送之,希望门生不要忘记此前所从事的"为己之学",以求步入正道。

总之,朱熹读《孝经》《语》《孟》《六经》之书,学尧舜周孔之道,知三代两汉以来治乱得失之故,讲明仁义礼乐、天理人欲之辨,遵守国家之条法,长期从事教学活动,以道德修养来塑造人格,形成内容丰富的教育思想,值得后人深入研究、挖掘与借鉴。

(原刊于《海峡教育研究》2013 年第 3 期)

[①] 朱杰人等主编:《朱子全书·晦庵先生朱文公文集》,上海:上海古籍出版社,合肥:安徽教育出版社,2002 年,第 414 页。

《朱子语类》助词"将"结构及功能研究

※ 郑淑花

据武振玉研究,助词"将"最早出现的时间,"至少在《大藏经》《敦煌变文》中已经出现了",①即唐初。杨天戈研究认为,宋、元、明初是助词"将"的兴盛时期,因此选取其期 10 篇话本以分析助词"将"虚化过程。②《朱子语类》长达 230 万字,成书于上古汉语到近代汉语的转折点上,是研究南宋时期汉语语法最有价值的语料之一。本研究穷尽性考察《朱子语类》中的"将"语例,检索助词 497 例,详尽分析其结构及其功能,以期揭示当时助词"将"发展演变特点。

一、《朱子语类》助词"将"的结构

助词"将"的结构研究,学界前贤大致从语料中总结提炼,一般剔除其前的主语、状语等较远的句法成分,分析其较近的动语及补语成分。

1. 动语+将+趋向补语

此结构《朱子语类》中 467 例,我们分别从动语与趋向补语来研究此类结构的特点。

《朱子语类》中的动语皆为表示行为动作,共出现 156 个动词和动词词

---

① 武振玉:《"动+将+补"句式的历史演变》,《吉林大学社会科学学报》1991 年第 1 期,第 86~90 页。
② 杨天戈:《早期白话中助词"将"的用法及历史演变》,《语文论集》(一),北京:外语教学与研究出版社,1986 年,第 105~112 页。

组,其中词组共计19个:去做、撞行、说进、滚说、积累做、受用行、推广添、发愤做、放宽看、操持充养、操存涵养、包容因循、缠绕思念、刚决克除、居敬持养、体验扩充、玩索推广、圜转推荡、致知充扩,其关系为连动或联合关系,频率皆为1次。

［例1］若是介然之觉,一日之间,其发也无时无数,只要人识认得操持充养将去。(376)①

［例2］曾子先未曾见得个大统体,只是从事上积累做将去,后来方透彻。(1036)

以上诸例中的"操持充养"为联合关系,"放宽看"、"积累做"皆为表动作方式的连动关系。

双音节动词47个,出现语例69例。其中频率为1次36个:挨展、拔行、包笼、贬窜、超蹴、称量、成推、持守、充扩、遏捺、勾引、贯串、呼扬、践履、接续、径行、觉察、开垦、克治、扩充、离叛、力行、掳掠、履践、挪趱、劈截、认卷、收敛、顺应、推广、推寻、寻讨、循袭、诱引、展布、指点;频率为2次7个:处置、凑合、抵拒、领略、谩做、生长、收拾;频率为3次2个:积累、消磨;频率为5次1个:涵养;频率为8次1个:理会。

［例3］盖当此时只有些子未安乐,但须涵养将去,自然到圣人地位也。(964)

［例4］如万物自一阳生后,生长将去,便是刚;长极而消,便是柔。(1679)

以上用例中的"涵养将去"、"生长将去"组合成四音节结构,其意义相当于现代汉语的"涵养着"、"生长着","将"的语法功能相当于结构助词"着",与其后的"去"共同表动作的持续进行。

单音节动词共计84个,皆为行为动词,出现语例为379个。其中,频率为1次共计48个:走、撞、拶、涌、印、巽、学、写、拖、偷、通、算、守、射、扫、取、起、劈、配、挐、谩、骂、播、赖、括、进、惑、合、刮、攻、耕、割、赶、盖、发、叠、登、荡、带、答、达、促、辞、吹、充、吃、长;频率为2次共计14个:斫、捉、寻、杀、僻、排、积、化、泛、读、动、持、差、迸;频率为3次共计8个:转、移、胜、生、牵、羁、贯、分;频率为4次共计5个:应、养、流、看、格;而"解、引、捱、克、滚、挨、推、说、行、做"的出现频率分别为5、7、8、9、10、11、30、29、33、118。

---

① 该数字系王星贤点校《朱子语类》(北京:中华书局,2004年)中的页码,下同。

[例5]除是自近而推,渐渐看将去,则自然见得矣。(1204)

[例6]某常谓,鸡犬犹是外物,才放了,须去外面捉将来;若是自家心,便不用别求,才觉,便在这里。(2745)

[例7]坤以简能,坤最省事,更无劳攘,他只承受那干底生将出来。(1880)

以上诸例中的"将"皆为结构助词,从现代汉语语感分析,若删除后,未改变语义。

在"动+将+趋向补语"结构中,趋向补语共计10个,皆为趋向动词,以"去"为最,"来"次之,其余使用频率较低(详见表1)。

表1 趋向补语构成及其频率

次

构成成分	去	来	出来	出	出去	上	下	上去	下去	起
频率	429	16	11	3	3	1	1	1	1	1

由表1可知,趋向动词"去"共计出现429次,比率约为92%。

2. 动语+将+结果补语

此结构《朱子语类》中4例,动语皆为行为动词,补语皆为动词,其中"过"3例、"退"1例。

[例8]只如"莫春浴沂"数句,也只是略略地说将过。(1027)

[例9]古人只趱将退,便是赢,那曾做后世样杀人,或十五万,或四十万,某从来不信。(634)

3. 动语+将+结果补语+趋向补语

此结构《朱子语类》中6例,动语为"翻、挽、推、收"等行为动词;结果补语为"转、开阔"等动词,其中"转"共出现5次;趋向补语皆由趋向动词"来、去"充当。

[例10]只存此心,便是不放;不是将已纵出了底,依旧收将转来。(1411)

[例11]大学,只是推将开阔去。(132)

4. 形+将+趋向补语

此结构《朱子语类》中7例。形容词为"穷、懒、明、凉、假",其中"明"出现3次,其余皆1次;趋向补语皆是"去"。

[例12]只就明处渐明将去。(262)

[例13]且如而今天气渐渐地凉将去,到得立秋,便截断,这已后是秋,便是变。(1937)

[例14]如齐桓尚自白直,恁地假将去。(1449)

5. 动1＋将＋趋向补语＋动2

此结构《朱子语类》中4例。动1为"滚、打、借、取"等行为动词,动2为"说、看、读、使"等行为动词;趋向补语为"来、去",且"来"出现3次。

[例15]若恁地滚将来说,少间都说不去。(1895)

[例16]只一县一州之中有人才,自家便可取将来使,便是士。(2189)

[例17]只问人借将来读,也得。(2943)

从以上诸例可知,"将"用于两个动词之间,具有音节协调的作用。

6. 动＋将＋宾语＋趋向补语

此结构《朱子语类》中2例。动语为行为动词"捉、生",趋向补语为趋向动词"来"、"出来"。

[例18]后人读诗,便要去捉将志来,以至束缚之。(2813)

[例19]他生将物出来,便见得是能。(1880)

7. 动＋将＋处所补语＋趋向补语

此结构《朱子语类》中2例。动语为行为动词"思求、赶",趋向补语为趋向动词"去"。

[例20]盖横渠却只是一向苦思求将向前去,却欠涵泳以待其义理自形见处。(2533)

[例21]好捉倒剥去衣服,寻看他禅是在左胁下,是在右胁下？待寻得见了,好与夺下,却赶将出门去！(2973)

8. 动＋宾语＋将＋趋向补语

此结构《朱子语类》中1例。

[例22]黄伯耆者,他已差做相视官,定了不签他；他又来,须要签,又换文字将上。(2668)

9. 不＋将＋动＋宾语(趋向补语)

此结构《朱子语类》中4例。"不＋将＋动＋宾语"3例,动宾成分皆为"做事"、"为事","不＋将＋动＋趋向补语"1例,趋向补语为"来"。

[例23]他晓得礼之曲折,只是他说这是个无紧要底物事,不将为事。(2997)

[例24]文字尽多,学者愈不将做事了,只看得集注尽得。(2804)。
[例25]更是他书了,亦不将出来,据他书放那里,知他是不是!(2665)

二、《朱子语类》助词"将"结构特点

《朱子语类》助词"将"结构类型及数据统计详见表2。

表2 "将"结构及其数据统计表

结构	成分及数据						
	动语			补语			
				趋向		结果	处所
	单	双	多	单	双	单	双	双
动+将+趋向补语	379	69	19	451	16			
动+将+结果补语	3	2				5		
动+将+结果补语+趋向补语	5			5		4	1	
形+将+趋向补语	7			7				
动1+将+趋向补语+动2	4			4				
动+将+宾语+趋向补语	2			1	1			
动+将+处所补语+趋向补语	1	1		1				2
动+宾语+将+趋向补语	1			1				
不+将+动+宾语(趋向补语)	4			1				
总计	406	72	19	466	18	9	1	2

注:单、双、多,表示单音节、双音节、多音节。

从表2发现,《朱子语类》中"将"所在句法结构具有如下特点:

1)南宋助词"将"句法结构类型较丰富,但仍以"动+将+趋向补语"为主,共有9大类型,尤其是"形+将+趋向补语"、"动+将+宾语+趋向补语"、"动+将+处所补语+趋向补语"、"不+将+动+宾语"等结构出现,表明其发展至南宋,语法结构更为成熟。这与前贤研究略微不同。曹广顺关于《全唐诗》和唐人笔记小说中"将"的研究认为,唐代"动+将"结构主要有"动

+将(+宾)+趋向补语"、"动+将+宾"、"动1+将(+宾)+动2"和"动+将"4种格式。① 武振玉研究认为"处所宾语插在复合趋向补语中间是在明代出现的新的类型"。② 本研究从《朱子语类》中发现此类结构语例,却仍以"动+将+趋向补语"为常用结构,计467例,约占总数94%,而其余8类仅30例。发展至元明,"动+将(+宾)+趋向补语"结构进一步发展,且出现双宾语结构。《初刻拍案惊奇》中17例,可佐证。

[例26]我家官人正去乡试,要讨彩头,撞将你这一件秃光光不利市的物事来。③

2)词"将"的动语成分以动词或动词性词组为主,表示动作行为除"动+将+宾语+趋向补语"、"动+宾语+将+趋向补语"两类结构带宾语外,动词一般不带宾语,形容词仅7例,词种较为单一。且动语单音节词多,共406例,双音节及其多音节91例,词种为183个,表明其对动词没有严格限制,是一个较为开放的句法结构。

3)助词"将"的补语成分更为多样化,已出现了趋向、结果和处所等类型,且趋向补语为主,结果补语皆为动词,而处所补语仅为1例。趋向补语以单音节"去"为最,双音节较少;词种丰富,基本上囊括了趋向动词。发展至明清,趋向补语以双音节为主(详见表3)。

表3 《初刻拍案惊奇》补语构成一览表

例

补语	起来	出来	进来	过来	进去	上去	下来	上来	开去	开来	入来	出去	入去	去	来
频率	51	31	18	13	12	12	5	4	4	3	3	2	1	10	25

从表3可知,《初刻拍案惊奇》有203例助词"将"结构,双音节趋向补语178例,单音节35例,改变了宋时以单音节趋向为主的局面,其因在于单音节趋向动词于元明时化为双音节词。

4)《朱子语类》"将"组成的句法结构因以"动+将+补语"为主,补语以单

---

① 曹广顺:《近代汉语助词》,北京:语文出版社,1995年,第48~59页。
② 武振玉:《"动+将+补"句式的历史演变》。
③ 《初刻拍案惊奇·三十四》。

音节为主,在奇数音节390例中,三音节382例、五音节7例、七音节1例;偶数音节107例,其中四音节98例、六音节9例。且删除奇数音节的"将"大多不会改变句子的表义与结构。

[例27]若是父子重,则就父子行将去,而他有不暇计;若君臣重,则行君臣之义,而他不暇计。(1912)

三、《朱子语类》助词"将"语法功能

助词的形成过程,是一个词词义由实至虚过程,如:"将"本义为"帅"。《说文解字注》释为:帅、将二字多为互训,仪礼,周礼古文多作率,今文多作帅。毛诗"将"字故训特多。大也,送也,行也,养也,齐也,侧,愿也,请也。由此可知,"将"义较为繁复,仅《康熙字典》所作义项就近20项。由于动词虚化为助词,其虚化过程一般经由动词至副词再至助词。动词"将"本义为"率领、带领",单独作为谓语,引申为"扶持,扶助,奉养"义,且带名词或代词,后又经过虚化而为"助词"。

[例28]鄢之役,晋伐郑,荆救之。栾武子将上军,文子将下军。①
[例29]无将大车,维尘雍兮。无思百忧,只自重兮。②
[例30]君教出,行有律,吏谨将之无铍滑。③
[例31]翩翩者雏,载飞载下,集于苞栩。王事靡盬,不遑将父。④
[例28]为"率领"义,[例29]为"扶持"义,[例30]为"辅助"义,[例31]为"奉养"义。

先秦"将"已出现与同义或近义动词连用,构成"将V"和"V将"连动式结构,如"将迎"、"迎将"、"将送"、"将扶"、"扶将"、"将助"等。

[例32]其往也,舍者迎将其家,公执席,妻执巾栉,舍者避席,炀者避灶。⑤
[例33]吾宁悃悃款款,朴以忠乎,将送往劳来,斯无穷乎。⑥

---

① 《国语·晋语六》。
② 《诗经·无将大车》。
③ 《荀子·成相》。
④ 《诗经·四牡》。
⑤ 《庄子·寓言》。
⑥ 《楚辞·卜居》。

魏晋南北朝后,"V 将"式使用频率增多,从北大语料库已检索出 55 例,且"将"皆为实义动词,尚未发现一例助词。

[例 34]勤心养公姥,好自相扶将。①

[例 35]唯蒙扶将,使得视息复生望,倾侧在心,唯大神时时相存教救,是恩不小。②

唐时,"V 将"式结构进一步发展,出现"V"与"将"不同义或不近义连用结构,如:

[例 36]必须魏元忠头,何不以锯截将,无为抑我承反。③

同时,还出现"V+将+趋向动词"结构,趋向动词以"去"、"来"为最。但此时"将"语义尚处虚化初期,存在实义与虚义两解状态。宋元明是助词"将"发展中兴时期,其结构类型更为复杂多样,语法功能更多样,语义更抽象,与其前的动词紧密结合,表示动作行为的方向和状态。而至"明代中后期,动态助词'将'开始走下坡路。"④至现代汉语,助词"将"只存于某些方言中。

宋后,助词"将"的结构更为复杂化,语法属性学界有不同看法。王力认为"它恐怕只能是动词词尾,而不是处置式,因为有时候它并不表示处置。"⑤祝敏彻认为,"《朱子语类》中,有个经常用在谓语动词之后、动向补语之前的'将'字。其'将'字与动词关系很密切,有动词后缀的性质。"⑥曹广顺把"将"界定为结构助词,认为"它是近代汉语中很活跃的一个动态助词。"⑦石毓智认为"将"是一个介词,"在那时多数情况下只能理解成为一个介词,所在的格式为一个后置处置式,而且它与前置处置式具有明确的表达分工。"⑧

《朱子语类》中的"将"皆出现于动词后,使其动作性概念减弱,由表动作至表动作的趋向发展,以表示某种动作行为持续的状态,或表某种动作行为

---

① 《孔雀东南飞》。
② 《史论·太平经》。
③ 《旧唐书·酷吏传》。
④ 卢烈红:《〈古尊宿语要〉代词助词研究》,武汉:武汉大学出版社,1998 年,第 220 页。
⑤ 王力:《汉语语法史》,北京:商务印书馆,1989 年,第 226 页。
⑥ 祝敏彻:《朱子语类中的动词补语——兼谈动词后缀》,载《王力先生纪念论文集》,北京:商务印书馆,1990 年,第 248 页。
⑦ 曹广顺:《近代汉语助词》,北京:语文出版社,1995 年,第 46 页。
⑧ 石毓智:《语法化理论——基于汉语发展的历史》,上海:上海外语教育出版社,2011 年,第 222 页。

已完成或已过去的语法功能,类似于现代汉语的"了"和"过",且大量出现于假设复句之中。

[例37]但若要从自家身上做将来,须是舍其所已学,从其所未学。(2790)

[例38]若是如此做将去,无大段残暴之事,恐卒消磨他未得,盖其势易以振起也。(3195)

以上两例"将"皆表示假设"完成""做"等某种动作的持续进行,补语"来"、"去"的趋向语义更为弱化。

助词"将"也表示动作或行为的方向,其语义更为虚化,在某些语境中可将其删除,而补语的趋向性更强。

[例39]看他也只是据他一直恁地说将去,初无布置。(3312)

[例40]如天下篇首一段皆是说孔子,恰似快刀利剑斫将去,更无些子窒碍,又且句句有着落。(1540)

此外,《朱子语类》中助词"将"之前往往出现副词,如表时间副词"一直"、"一旦"、"渐渐",处所副词"外面",状态副词"循循""蓦然""便""猝猝""恁地",介词短语"从头"、"被他"、"从这里"、"就偏处"等等。或几层状语连用,如[例39][例40]中的"一直"、"直"表时间持续,与"将"一体强化其前"说"与"做"动作的持续性,其语法功能已成"进行体"或"将来进行体"标志,相当于现代汉语的"着",体态标志较为随意自由,在某些句子中,缺少它不会影响句子的独立。

[例41]刘原父才思极多,涌将出来,每作文,多法古,绝相似。(3313)

"将"与其组成的整个结构一般置于句末或句中的停顿处之前。

[例42]只如借得人家事一般,少间被人取将去,又济自家甚事!(422)

[例43]义如刀相似,其锋可以割制他物,才到面前,便割将去。(1220)

[例42]"取将去"置于句中的停顿处之前,[例43]"割将去"置于句末。置于句末的成分其语义往往受其前语词的影响而削弱了本身的表义内涵,导致了"将"语义的虚化与弱化。

四、结　论

综上,《朱子语类》助词"将"语法功能具有多样性特征,相当于现代汉语动态助词"着"、"了"、"过",但组成结构大相径庭。发展至现代汉语,助词"将"一体三功能的语法现象逐渐退出语言使用舞台。

(原刊于《福建工程学院学报》第 11 卷第 5 期,2013 年 10 月)

论朱熹"幔亭之风"的美育特征与实质

※ 兰宗荣

我国近代著名教育家蔡元培说:"美育者,应用美学理论于教育,以陶养感情为目的者也。"① 近代美育的理论是德国席勒于18世纪末在他的《美育书简》首先提出的,他希望通过审美教育获得人的精神解放。但中国古代并不缺乏美育思想。西周以后就逐步形成了"乐教"、"诗教"、"礼教"等美育形式。南宋伟大的教育家、理学家朱熹曾说:"美者,声容之盛。善者,美之实也。"② "美"是由视觉和听觉这种审美感官与外在审美对象互相作用而产生的美感或愉快,"善"的充满积实是"美"。朱熹重视美育在教育中的作用,他常常带领门生从崇安县五夫里到名胜武夷山进行优美环境的熏育,被称为"幔亭之风"。追溯"幔亭之风"的历史,探讨其美育的特征和实质,对今天的美育工作有一定的启示意义。

一、"幔亭之风"的来历

"幔亭之风"一语出自建宁知府韩元吉写的《武夷精舍记》:"夫元晦(朱熹),儒者也,方以学行其乡,善其徒,非若畸人隐士遁藏山谷,服气茹芝,以慕夫道家者流也。然秦汉以来道之不明久矣,吾夫子所谓志于道亦何事哉?夫子,圣人也,其步与趋莫不有则,至于登泰山之巅而诵言于舞雩之下,未尝不

---

① 蔡元培:《蔡元培美学文选》,北京:北京大学出版社,1983年,第174页。
② 《四书集注》,上海:世界书局,1937年,第19页。

游,胸中盖自有地,而一时弟子鼓瑟铿然。春服既成之对,乃独为圣人所予,古之君子息焉、游焉,岂以是拘拘乎?元晦既有以识之,试以告夫来学者,相与酬酢于精舍之下,俾咸自得。其视'幔亭之风',抑以为何如也。"①

以上记文是朱熹托朋友韩元吉写的。韩元吉认为朱熹武夷精舍讲学生活可以看作"幔亭之风",以与"舞雩之风"相区别。朱熹曾发出"狂奴心事只风雩"②的慨叹,把孔子、曾子的"舞雩之风"当作效仿的榜样。又说:"楼台侧畔,杨花过帘,幕中间燕子飞,只是富贵者事。做沂水舞雩意思不得,亦不是躬耕陇亩,抱膝长啸底气象,却是自家此念未断,便要主张将来做一般看了。"③幔亭峰是朱熹与门生、士友游览武夷山常看到并多次登临的地方。据宋代祝穆《武夷山记》所载:"幔亭峰在大王峰后,古记云:秦始皇二年八月十五日,武夷君与皇太姥、魏王子骞辈置酒会乡人于峰顶。"④因在平阔的幔亭峰设彩屋幔亭数百间,以各种音乐助兴大宴乡人,于是有了"幔亭招宴"及宴毕"虹桥飞断"的传说。武夷君"至汉武帝列在望秩,史称祀以乾鱼,始筑坛壝"。⑤ 在幔亭峰半腰有一浑然方正,上大下小,约莫可坐数十人的巨石,即汉祀坛所在。朱熹曾写诗云:"一曲溪边上钓船,幔亭峰影蘸晴川。"⑥又云:"幔亭欢举酒,江阁快论心。"⑦友人辛弃疾曾赠朱熹诗云:"蓬莱枉觅瑶池路,不道人间有幔亭。"⑧可见,朱熹与门生、士友们具有非常深厚的"幔亭"情结。

"舞雩之风"典故出自《论语·先进篇》。子路、曾点、冉有、公西华四位弟子侍坐于孔子之旁,孔子要他们各自说出志向。子路的坦率、冉有和公西华的谦逊,表露的都是如何安邦定国的外在事功。子路其志在使民有勇且知方;冉有其志在足民;公西华其志在做个小相。唯独曾点志向与众不同,他自得其乐地鼓着瑟,歌毕从容作答:"暮春者,春服既成,冠者五六人,童子六七人,浴乎沂,风乎舞雩,咏而归。"舞雩台,在今山东曲阜南。"雩祭"本是古人

---

① 董天工:《武夷山志》,台北:成文出版社,1974年,第611页。
② 董天工:《武夷山志》,台北:成文出版社,1974年,第275页。
③ 《晦庵先生文集》,北京:线装书局,2004年,第456页。
④ 董天工:《武夷山志》,台北:成文出版社,1974年,第453页。
⑤ 董天工:《武夷山志》,台北:成文出版社,1974年,第408页。
⑥ 董天工:《武夷山志》,台北:成文出版社,1974年,第275页。
⑦ 《晦庵先生文集》,北京:线装书局,2004年,第594页。
⑧ 董天工:《武夷山志》,台北:成文出版社,1974年,第456页。

求雨之祭,因有乐舞,乃谓"舞雩"。孔子听了曾点的表白,表示赞同。曾点所向往的就是优游自得的生活,这也就是"曾点气象"。

"气象"既指具体的自然万物的外在物象,又是具有内在意蕴的美学范畴。"曾点气象"体现的是日用之间,在在处处,莫非天理,莫非可乐。朱熹说:"曾点之学盖有以见夫人欲尽处,天理流行,随处充满,无少欠缺。故其动静之际,从容如此,而其言志则又不过即其所居之位,乐其日用之常。初无舍己为人之意,而其胸次悠然直与天地、万物、上下同流,各得其所之妙,隐然自见于外。"①子路、冉有、公西华只不过就事上理会,并无曾点潇洒,见得大意。朱熹说:"圣人见得,只当闲事,曾点把作一件大事来说。……资质明敏,洞然自见得斯道之体。"②天理流行是说先成己,自尽于一心,然后及物,则能随遇而乐。徐碧辉认为:"'曾点气象'是一种'乐活'的精神,是对日常生活的'审美点化',实质是对日常生活审美的形上超越,追求一种真正自由的精神境界。"③

但是,"曾点气象"并非十全十美。朱熹批评曾点说:"行又不掩。……狂之病处易见。……用于工夫处欠细密。……未见得其做事时如何,若只如此忽略,恐却是病,其流即庄老耳。……却不肯去做小底,终不及他儿子(指曾参)。……如曾参,却是笃实细密,工夫到。"④所以,知而不行,不只今日之患,虽圣门之徒也未免此病。而朱熹的"幔亭之风"已对"曾点气象"缺乏实干精神方面进行了克服,从而形成独特的美育特征。

二、"幔亭之风"的美育特征

"幔亭之风"是在以武夷山独特的自然与文化为背景,以朱熹的美育思想为指导,以朱熹与弟子们的美育实践为基础的前提下形成的。它具有美育价值目标的明确性、美育方法的多样性、美育精神体验的愉悦性等特征。

---

① 《四书集注》,上海:世界书局,1937年,第76页。
② 《朱子语类》,北京:中华书局,1986年,第1026~1038页。
③ 徐碧辉:《"曾点气象"与儒家的"乐活"精神——中国传统文化精神的一个维度》,《华文文学》2011年第5期,第82页。
④ 《朱子语类》,北京:中华书局,1986年,第1026~1038页。

(一)美育价值目标的明确性

成为圣贤向来是朱熹与弟子们追求的人格道德理想。朱熹说:"某十数岁时,读孟子言'圣人与我同类者',喜不可言,以为圣人亦易做。"[①]要成为圣贤就必须加强人生修养,所以,孔子说:"志于道,据于德,依于仁,游于艺。"朱子解释说:"盖学莫先于立志。志道,则心存于正而不他;据德,则道得于心而不失;依仁,则德性常用而物欲不行;游艺,则小物不遗而动息有养。学者于此,有以不失其先后之序,轻重之伦焉,则本末兼该,内外交养,日用之间,无少间隙,而涵泳从容,忽不知其入于圣贤之域矣。"[②]又说:"于其所未通者必知学以通之,而其学也则亦无不达矣,所谓学而知之,大贤也";[③]"学之至则可以为圣人。"[④]可见,"圣贤"是可学的,可遵循先后之序,轻重之伦,涵养而成。孟子认为人格美有六个由低到高的境界即善、信、美、大、圣、神。朱熹解释说:"可欲而不可恶则可谓善人;诚善于身谓信;力行其善至于充满而积实可谓美;和顺积中而英华发外,美在其中畅于四肢,发于事业则德业之盛而不可加矣谓大;大而能化使其大者泯然无复可见之迹,则不思不勉从容中道谓圣;圣之至妙,人所不能测谓神。"[⑤]因此,圣人具备大而能化之、从容中道的人格特征。朱熹"尝谓圣贤道统之传散在方册,圣经之旨不明,而道统之传始晦",[⑥]于是竭其精力,以圣贤之事为己任。

朱熹"幔亭之风"是他浙东辞官归来,在政治现实中四处碰壁后的另一种更深远的进取,更坚定了其志于道的人生追求。他在《感春赋》中道:"披尘编以三复兮,悟往哲之明训",[⑦]即反映了他想通过讲经宣道救世的愿望。他在答陈亮的信中说:"此生本不拟为时用,中间立脚不牢,容易一出取困而归。

---

① 束景南:《朱子年谱长编》,上海:华东师范大学出版社,2001年,第60页。
② 《四书集注》,上海:世界书局,1937年,第211页。
③ 朱熹:《论语或问》,朱杰人等主编:《朱子全书》第6册,上海:上海古籍出版社,合肥:安徽教育出版社,2002年,第871页。
④ 《四书集注》,上海:世界书局,1937年,第32页。
⑤ 《四书集注》,上海:世界书局,1937年,第211页。
⑥ 《宋史》,北京:中华书局,1977年,第12769页。
⑦ 《晦庵先生文集》,北京:线装书局,2004年,第560页。

自近事而言则为废斥。自初心而言则可谓爱得我所矣。"①其所钟爱的武夷精舍因与尘世相对疏离,"凡出入乎此者,非渔艇不济",②山林相对于廛市来说,本有的空间距离能让朱熹与学生们天然地获得一种心理上的疏离与精神上的超越感,更有利于圣贤理想的实现。正如清代董天工《武夷山志》所说,朱熹"自辟(武夷)精舍,令从游者诵习其中,亦惟是山闲静,远少世纷,与二三子可以专意肆力于身心问学中,非必耽玩山水之胜"。③所以朱熹说:"至乐在襟怀,山水非所娱。"④他与生徒们游娱的目的即在于养成圣贤胸怀。

(二)美育方法的多样性

"幔亭之风"美育采取的是"艺教"、"诗教"、"山水之教"、劳动等手段。

首先,"艺教"。也就是艺术教育,以此提高人们对美的理解和感受,培养对艺术的创造力和表现力。朱熹对"游于艺"的理解是:"游者,玩物适情之谓也。艺,则礼乐之文,射、御、书、数之法,皆至理所寓,而日用之不可缺者也,朝夕游焉,以博其义理之趣,则应物有余,而心亦无所放焉。"⑤朱熹在声乐、器乐、书法等艺术修养方面有很深的造诣。在武夷精舍朱熹"与其门生弟子挟书而诵,取古诗三百篇及楚人之辞,哦而歌之,萧洒啸咏";⑥朱熹的《九曲棹歌》就是他谱写的适于武夷九曲溪行船时所唱之歌,唱和者多达二十余家;朱熹《精舍》诗云:"琴书四十载,几作山中客",⑦可见他一生与琴相伴;武夷山现存朱熹摩崖题刻(不计碑刻、匾额及后人撷朱熹诗作、遗墨补刻)尚有13方。⑧这些都可反映朱熹对艺术教育的重视。

其次,"诗教"。也就是利用诗歌进行审美教育。朱熹特别重视诗教,他说:"诗,可以兴,感发志意;可以观,考见得失;可以群,和而不同;可以怨,怨而不怒。近之事父,远之事君,人伦之道,诗无不备。通过诗又可多识鸟兽草

---

① 《四书集注》,上海:世界书局,1937年,第32页。
② 董天工:《武夷山志》,台北:成文出版社,1974年,第631页。
③ 董天工:《武夷山志》,台北:成文出版社,1974年,第5页。
④ 《晦庵先生文集》,北京:线装书局,2004年,第560页。
⑤ 《四书集注》,上海:世界书局,1937年,第42页。
⑥ 董天工:《武夷山志》,台北:成文出版社,1974年,第611页。
⑦ 《晦庵先生文集》,北京:线装书局,2004年,第453页。
⑧ 黄胜科:《朱熹与武夷山摩崖题刻》,《福建史志》2005年第4期,第47页。

木之名,其绪余又足以增长见识。"①除了《诗经》外,据门人吴寿昌说:"先生每爱诵屈原《楚辞》、孔明《出师表》、渊明《归去来并诗》、并杜子美数诗而已。"②朱熹与生徒们还热衷于写诗,相互唱酬,留下了许多情景并茂且富有哲理的诗文。朱熹的《武夷精舍杂咏》组诗,士友们酬和者不少。

再者,"山水之教"。就是利用自然山水之美进行的环境熏育。武夷山是世界罕见的自然美地带,其山势磅礴雄深,九曲溪贯穿其间。两岸峰岩、丹崖翠壁,林立环拥,神剜鬼刻。山中猿鸟吟啸,竹柏丛蔚,昏旦晦明异侯,四季草木敷华,是返归自然,脱俗绝尘的理想场所。武夷名胜有山可游,有九曲溪可泛舟,"其深处可泳"。③朱熹说:"那个满山清黄碧绿,无非这太极";④"鸢飞鱼跃,道体随处发见。"⑤只有接近大自然,才能发现这些美。所以,韩元吉说:"吾友朱元晦居于五夫里,去武夷一舍而近。若其外圃,暇则游焉。淳熙十年(1183年),元晦既辞使节于江东,遂赋祠官之禄,则又曰:'吾今营其地,果尽有山中之乐矣。'盖其游益数,留必数日,盖山之乐,悉为元晦之私也。"⑥

最后,以劳动创造美。淳熙十年(1183年)四月,朱熹带领学生们于九曲溪之五曲隐屏峰下建成武夷精舍,"取道士之庐犹半也。诛锄茅草,仅得数亩,面势幽清,奇石佳木,拱揖映带,若阴相而遗我者。使弟子辈具畚锸、集瓦木,相率成之。元晦躬画其处,中以为堂,旁以为斋,高以为亭,密以为室,讲书、肄业、琴歌、酒赋,莫不在是。"⑦朱熹阻却友人福建安抚使赵汝愚为其谋划用官钱、官役营建武夷精舍的打算。他在致答赵汝愚信中说:"此是私家斋舍,不当思烦官司。"⑧这些无不体现朱熹与门徒实干的精神,正如马克思所说:"劳动创造了美。"精舍建成后,"始来居之四方士友来者甚众,莫不叹其佳胜"。⑨

---

① 《四书集注》,上海:世界书局,1937年,第121页。
② 《朱子语类》,北京:中华书局,1986年,第1026~1038页。
③ 董天工:《武夷山志》,台北:成文出版社,1974年,第610页。
④ 《朱子语类》,北京:中华书局,1986年,第2674页。
⑤ 《朱子语类》,北京:中华书局,1986年,第2387页。
⑥ 董天工:《武夷山志》,台北:成文出版社,1974年,第610页。
⑦ 董天工:《武夷山志》,台北:成文出版社,1974年,第611页。
⑧ 束景南:《朱子年谱长编》,上海:华东师范大学出版社,2001年,第765页。
⑨ 董天工:《武夷山志》,台北:成文出版社,1974年,第631页。

（三）美育精神体验的愉悦性

儒家道德境界中强调的自由精神以自得其乐为根本特色。追求自由、快乐也就成了朱熹的美育思维模式。朱熹常常引古为喻，强调"古者教必以乐"。[①]"幔亭之风"所产生的快乐有"读书之乐乐无穷、读书之乐乐融陶"[②]的求知之乐；有师徒士友之间相互唱酬交心之乐；有欣赏奇异山水、悠游林泉的审美体验之乐；有由于崇高的道德人格战胜了外在的恶劣环境带来的精神自由的快乐；还有悟道后对"理"豁然贯通时带有超经验意味美感的快乐。朱熹说："与万物为一，无所窒碍，胸中泰然，岂有不乐！"[③]在山水审美过程中，审美主体惟有保持脱俗的审美心态，方能真正领略宇宙生机。朱熹说："洗心咏太素，讯景窥灵诠。"[④]他认为旅游者通过洗尽心中的俗念，歌咏天地，观察自然景物，可以窥见大自然神秘的真理。从而达到"悠然与神谋"[⑤]的大彻大悟。他说："凡天地万物之理，皆具足于吾身，则乐莫大焉。"[⑥]

朱熹与门人士友们在武夷精舍的游息是自由快乐的。朱熹在给陈亮的诗中说："武夷九曲之中比缚得小屋三数间可以游息，春间尝一到，留止旬余。溪山回合，云烟开敛，旦暮万状，信非人境也。"[⑦]这里的有"隐求室"可以栖息；有"止宿寮"以延宾友；有"石门坞"以俟学者之群居；有"观善斋"以便学者相观而善；有"寒栖馆"以居道流；有钓矶可垂钓；有茶灶可烹茶；有渔艇可捕鱼；有晚对亭、铁笛亭可赏景等等。[⑧] 自由而趣味地生活始终是人类最绚烂的不变梦想。曹诗图认为："诗意地栖居是旅游的理想追求，其实质是人对生命自由和谐的追求；旅游的本质则是人对生命自由和谐的追求或异地身心自由的体验。……旅游的层次高低（如俗游、雅游、神游）也是根据'身心自由体验'

---

① 《朱子语类》，北京：中华书局，1986年，第1534页。
② 朱熹：《四时读书乐》，朱杰人等主编：《朱子全书》第26册，上海：上海古籍出版社，合肥：安徽教育出版社，2002年，第595页。
③ 《朱子语类》，北京：中华书局，1986年，第127页。
④ 《晦庵先生文集》，北京：线装书局，2004年，第566页。
⑤ 张立文：《朱熹评传》，南京：南京大学出版社，1998年，第355页。
⑥ 《朱子语类》，北京：中华书局，1986年，第796页。
⑦ 《晦庵先生文集》，北京：线装书局，2004年，第453页。
⑧ 董天工：《武夷山志》，台北：成文出版社，1974年，第632页。

的程度划分的。自由是旅游的内在本质,旅游是自由的实践形式。'自由'对于旅游而言具有本源性、本然性、规定性的意义。"①朱熹说过,武夷精舍夏天过热,冬天过冷,这两个季节并不适合居住。因此,他与弟子们在武夷精舍的周期性游息就是一种"诗意栖居",是一种"身心自由"的旅游生活体验。它使平淡的生活被审美地"点化"了,从而赋予人生以新的意义。

山水可以"比德",就是自然景物的某些特征可以象征、比附人的道德情操,能引起旅游者精神上的共鸣和感应,思想上的净化与升华。孔子曾说:"知者乐水,仁者乐山。"这就在"智者"、"仁者"与自然山水之间"找到了某种样态上、特性上的沟通或联结点,而构成了一种相互对应的关系"。今人李泽厚在其《论语今读》中认为:"'乐山'、'乐水'是一种'人的自然化';'人的自然化'使人恢复和发展被社会或群体所扭曲、损伤的人的各种自然素质和能力,使自己的身体、心灵与整个自然融为一体,尽管有时它只可能是短时间的,但对体验生命本身极具意义。"②这是一种审美的生活态度和精神体验。朱熹自号武夷精舍的"仁智堂主",他在《仁智堂》中道:"吾惭仁智心,偶自爱山水",表达的正是一种"仁智涵一心,肆乐寄山水"的情怀。③ 虽然武夷精舍物质生活非常贫乏,师生平时吃的是粗陋的"脱粟饭",到茄子成熟时,便"用姜醯浸三四枚共食",④但与体道的精神之乐相比可以忽略不计。"乐"的最高境界即是悦志悦神,达到与天地万物上下同流的"天人合一"境界。"乐"境的达成能感人心灵,改变其性情,满足其精神,易使人从容中道。

三、"幔亭之风"的美育实质和意义

"幔亭之风"的美育特征是由其本质所决定。"幔亭之风"的美育实质就是以践履为基础的圣贤人格的情感教育。"幔亭之风"是朱熹与生徒们以武夷山诗意栖居为背景反映出来的、追求自得其乐和自由精神的圣贤气象。这种气象孕育出一种"仁之精神、和之意蕴、乐之情怀、重生意圆融和乐之大美,

---

① 曹诗图、韩国威:《以海德格尔的基础存在论与诗意栖居观解读旅游本质》,《理论月刊》2012年第6期,第155~156页。
② 李泽厚:《论语今读》,合肥:安徽文艺出版社,1998年,第161页。
③ 董天工:《武夷山志》,台北:成文出版社,1974年,第631~632页。
④ 束景南:《朱子大传》,北京:商务印书馆,2003年,第570页。

一种充满崇高精神、神圣性质的阳刚之美"。① 正如朱熹的《天柱峰》诗云："屹然天一柱,雄镇斡维东。只说乾坤大,谁知立极功。"②天柱峰即现在的大王峰,就在幔亭峰旁。朱熹汇纳群流,综罗百代,集理学之大成,其思想余波影响南宋社会以来至今。这又何尝不是一根"天柱"呢?钱穆认为朱熹、吕祖谦在《近思录》中提出的"圣贤气象"是宋代理学家一绝大新发明。而"幔亭之风"正是这种"圣贤气象"的现身说法,是对"曾点气象"的理性超越。"曾点气象"与"幔亭之风"分别代表着儒家发展的两个重要阶段,两者虽时空遥隔,却有着相似的氛围与情感。九曲溪与沂水,汉祀坛与舞雩台,朱熹师徒与曾子师徒,呈现出一种对应的关系。如果说"曾点气象"还只是曾点的一种理想生活,那么朱熹的"幔亭之风"已强化了落实的功夫,已走进了鲜活的现实世界。在武夷精舍期间,朱熹与学生们的生活是惬意的,表现的正是一种俯仰自得、心安体舒、从容洒落、自由和乐的精神状态,这些情感是对其现实生活的形上超越,从而具有美育价值。

"幔亭之风"的影响是深远的,凡朱熹书院讲学无不体现这种气象,而且其流风余韵被弟子们继承。例如,弟子、女婿黄榦在建阳潭溪书院聚徒讲学,元人刘应李《潭溪精舍记》称其:"恒讲道于云谷,是盖脱尘氛而造化俱游矣。讲读暇时,览风景以怡情,视形胜之何居。以莒潭山川灵异,云气出没,非俗地伍也。可以乐吾道,集吾侪,终吾生,以徜徉者也。"③这与朱熹的武夷精舍旨趣并无二致。在当今中国的语境里,社会的进步和人的全面发展为圣贤人格的讨论包括审美体验、精神陶冶等各种广义的追求,提供更为广阔的空间。重新讨论朱熹"幔亭之风"的自得其乐和践履精神,有助于寻找失落的情感,有助于自由精神的回归。标举这种美育方式可以引导学生发现美、认识和追求美,并可以促进学生的德、智、体、美、劳全方位发展。这对实现我们教育的培养目标,提升我们的文化软实力是很有裨益的。

(原刊于《湖州师范学院学报》2013年第1期,中国人民大学《复印报刊资料·美学》2013年第7期)

---

① 邹其昌:《朱熹"气象"审美论》,《江汉大学学报(人文科学版)》2003年第3期,第42页。
② 董天工:《武夷山志》,台北:成文出版社,1974年,第397页。
③ 潘立勇:《朱子理学美学》,北京:东方出版社,1999年,第369页。

才子风流与儒者气象
——柳永与朱熹文化人格比较

※ 程 荣

有宋一代,武夷山人文荟萃,碧水丹山不仅孕育出风流才子柳永,还滋养出辉映当时、泽及后代的一代大儒朱熹。柳永(987—1057)出生于北宋盛世的崇安县五夫里,在家乡度过他的少年时代,青年时期离开崇安就再也没有回来;朱熹(1130—1200)出生于南剑尤溪,14岁丧父,居五夫里,师事武夷三先生,中举后除几年外出做官,一生绝大部分时间在武夷山度过。柳永和朱熹,一个是北宋盛世困顿科场的"白衣卿相",一个是南宋衰微之际传道民间的学术素王,他们皆仕途偃蹇,而死后地位却截然不同:朱熹被历代统治者逐渐神化为圣人,朱子之学也被认定为官方学说;而柳永,由于历代文人围绕其词雅俗之争对其人品、词品颇有微词,一直是见弃于正统文化之外的浪子形象。

两人在生命格调和精神风貌方面迥异其趣,代表了中国士人文化人格截然不同的两方面,影响着历代文人士大夫的行为方式、精神追求和生命底蕴。南怀瑾在《易经杂说》中认为:"人生最大的哲学是在'存亡'、'进退'、'得失'这六个字。"[①]从出处行藏作为切入点可以很好地考察、比较其文化人格的不同。

---

① 南怀瑾:《易经杂说》,上海:复旦大学出版社,2002年,第270页。

一、薄于操行的风流浪子与克己自律的道学家

柳永和朱熹皆有世代奉儒守官的家学背景,少年时皆颖悟好学,在理智上都信奉修齐治平、积极济世的儒家思想。但柳永的儒家思想更多世俗功利色彩,在长期的封建统治中,原始儒学已经蜕化为士人藉以通过科举而进入仕途的敲门砖,成为实现功利目的的工具,柳永也未脱樊篱,少年时即作《劝学文》自勉:"学则庶人之子为公卿,不学则公卿之子为庶人。"[①]其内心深处一直有无法割舍的仕宦情结,代表了封建社会一般读书人的普遍愿望。

青年时代的柳永离开家乡来到汴京,立刻被繁华的都市文化所吸引,接受了新兴市民阶层的享乐思想,"日与獧子纵游娼馆酒楼间,无复检约。"[②]并很快投入艳情词创作,成为风靡词坛的都市流行歌词作者。柳永在歌坛上赢得了无限风光,却也为以后的仕途埋下了隐患,第一次进士考试即被仁宗以"薄于操行"之由而黜落。世俗功利欲望受挫后必然产生强烈的逆反,自视甚高的柳永《鹤冲天》高唱:"忍把浮名,换了浅斟低唱。"自称"奉旨填词"的白衣卿相,走向正统文化的对立面。"白衣卿相"一词足见柳永思想深处的矛盾:既不甘作一介平民久居人下,渴望高官厚禄,又怨恨统治者埋没人才而自甘堕落。作为负气带性之人的一种反抗,柳永更加放纵地投身于绮罗香泽、声色享乐之中,走向及时行乐和玩味感官刺激的享乐主义。从此,在他的处世心态和人生哲学里,具有社会责任感和历史感的儒家积极入世精神消退成为潜在的思想,而彰显一种佯狂、玩世不恭的叛逆行径,一种非中庸的极端形态,通过自我堕落,以对通行价值观的挑战姿态来表现其对生存状态的不满,成为徘徊于正统文化之外的边缘人。

柳永将生命的砝码移向了男女私情,更无顾忌地投入词的创作,表现出潇洒自如的生命格调。与儒者比较,文人注重生命情调,词人更重感性经验,尤其是情感体验,成为其生命存在的基本方式。词更适于表现人性的真实存在,充满世俗生活气息,本来就志短情长,"不再以紧张的政治观念或者沉重

[①] 曾枣庄、刘琳:《全宋文》卷五八〇,成都:巴蜀书社,1991年,第236页。
[②] 严有翼:《艺苑雌黄》,见郭绍虞:《宋诗话辑佚》,北京:中华书局,1980年,第579页。

的理性原则压抑自我的生命自由和感性享乐。"①词放弃传统写作模式对于道德和教化的守护,抒写的是感性生命的忧伤与欢乐,甚至可以写正统文学不宜言说的男女色欲之大防。柳永为世所诟病皆因其"好为俳体,词多媟黩"②。柳词重感性,沉醉于感官的放纵和欲望的满足中,展现的是真实、活泼的人性,带有明显的肯定自我、张扬个性的倾向。

柳永的人生态度和词作具有明显的离经叛道性质,带有追求个人适意和精神自由而反社会、反权威、反主流价值的倾向,统治者发现传统儒家道德戒律在柳永身上已失去约束力,进而有可能使儒家那一套的纲常名教失去维系社会稳定的力量,因此封建统治阶层和士大夫将柳永作为"小有才而无德"的鉴戒,视之为传统道德的破坏者而深恶痛绝。可以说柳永是风流才子的典型,是正统儒家的叛臣逆子,具有有悖于士大夫传统文化品格的另类人格。

不同于柳永的追求感官享乐和爱情体验,儒者追求道德理想。朱熹对文学也很在行,但自命二程道学传人、追求德性圆满自足的儒者立场,常使他有感于作文害道,认为诗人的生活多崇尚感觉,作诗须有情感体验,难免流为人欲之私,因此放弃了当文人的念头,立志做读书穷理的儒者。从朱熹开始文人与儒者之间逐渐形成很深的夙怨:"文人多视理学家为迂阔不通人情的腐儒,泥古不化而空谈性理;儒者多认为文人是不拘礼节的轻薄之士,难免有蔑视权威而犯上作乱之嫌。"③在以醇儒自居的理学家看来,一切有悖于传统伦理道德理性规范的言行都属于"玩物丧志"的表现,朱熹就曾批评欧阳修、苏轼等人:"大概皆以文人自立,平时读书做考究古今治乱兴衰底事,要作文章,都不曾向身上做工夫。平日只是以吟诗饮酒戏谑度日。"④朱熹对柳永只字未提,或许是不屑一顾,因为朱熹是极力反对时文俗曲的,而柳永艳情词是典型的时文俗曲。而朱熹的老师刘子翚对柳永却评价极高:"屯田词,考功诗,白水之白钟此奇。钩章棘句凌万象,逸兴高情俱一时"⑤认为柳永是武夷山后生俊秀效仿的榜样。刘子翚是诗人中的理学家,其理学思想既有家学渊源,也

---

① 颜翔林:《宋代词话的美学研究》,长沙:湖南师范大学出版社,2003年,第46页。
② 冯煦:《蒿庵论词》,见唐圭璋:《词话丛编》,北京:中华书局,1986年,第3585页。
③ 张毅:《苏轼与朱熹》,天津:天津教育出版社,2007年,第26页。
④ 《朱子语类》卷一三〇,北京:中华书局,1994年,第3096页。
⑤ 《莱孙歌》,见杨国学:《屏山集校注与研究》,北京:中国书籍出版社,2012年,第163页。

有对名重一时的胡安国、杨时等理学家的师承,可见在刘子翚理学家和文人并非决然对立无法相融。朱熹参与了《屏山集》祖本的校编,还撰写了《屏山集原跋》,不可能不知其师对柳永的评价,之所以不作评价大概出于朱熹向来对吟诗作词的矛盾心理,或许是出于对其师刘子翚的尊重。

朱熹一生清贫,过着晦居山林的淡泊生活,清心寡欲,甘于读书穷理和思想改造之苦,探求圣人之道,执着地把"立德"视为人生第一要义,立身严谨,其言行举止不仅有不苟言笑、严于律己的严肃,也有嫉恶如仇、正义凛然的庄重。朱熹弟子黄榦在《朱子行状》中说,朱熹常常终日俨然,端坐一室,晚睡早起,连走路都是整步徐行,"其色庄,其言厉,其行舒而恭,其坐端而直",事事表现出整齐严肃的态度,生活近乎刻板。朱熹在为自己画像作的《写照铭》这样形容自己:"端尔躬,肃尔容。检于外,一其中。力于始,遂共终。操有要,保无穷。"他确实做到了立身端正、自我检点、坚持操守,甚至到了苛刻的地步。晚年曾亲自抄录程颐所言非礼勿视、勿听、勿言、勿动的"四箴"贴在墙上,作为修身养性的座右铭。

朱熹主张"存天理,灭人欲",反对亲近女色,怕溺于情而伤害义理。《宿梅溪胡氏客馆观壁间题诗自警》诗云:"世路无如人欲险,几人到此误平生。"从奏劾风流贪官唐仲友一案中可以看出朱熹对人欲泛滥的深恶痛绝和对端人正士品行和良好社会风化的崇尚。他是从事道德教化的布道者,贯穿朱子一生的正心诚意之说、知行统一精神和体现他教育思想的《朱子家书》、白鹿洞书院学规等,无不体现了儒家文化中的道德伦理精髓。

作为以"醇儒"自居的理学家,朱熹具有强烈的道学忧患意识,于南宋社会危机中发现了封建社会的精神危机和思想危机,认为国家的衰落、政治的腐败与社会人心的道德堕落和信仰危机紧密相连,所以将二程理学作为拯救南宋衰败的精神力量,试图通过振兴儒学教育来改变世道人心。朱熹为弘扬儒家失落的实践理性,深入到文化思想的深层结构,由传统儒学注重纲常伦理的政教意蕴转移到如何做人的心性修养上,建立起一种实践的儒家仁学,使传统儒学成为士人格物致知、正心诚意的内在道德需求,把儒学作为读书人安身立命的根据,要人畏天命、畏圣人之言,注重操持涵养心性,以培养严肃整齐的道德人格。他的五经学和四书学标志儒学思辨化历史进程的完成,树立了为适应大一统王权政治需要的儒家正统学说的思想权威。"绍道统,立人极,为万世宗师"①,是要有赖于内在的道德自律和养心存性。严肃、庄重的理性精神使朱熹具有持敬、克己工夫,于内始终保持道德的自律,于外事事都要符合理的法度和规范,往往克制自我情感欲望而入世苦行,因此必然带有否定自我、压抑个性的倾向。

柳永和朱熹,一个是薄于操行的风流浪子,一个是克己自律的道学家;一个偏重感性的情感体验和审美超越,易流于浅薄轻浮,一个偏重于严肃、庄重的理性反思,易流于艰奥深沉;一个代表了人类文化中满足欲望的享乐要求,一个代表了克制欲望的道德要求。他们的矛盾,既反映了中国古代文人士大夫两种对立的典型文化人格,也反映了人类文化内部的深刻矛盾。

二、歌功颂德的干谒者与狷介刚直的道学诤臣

柳永和朱熹的文化人格可以从他们对功名和最高统治者的态度上进行比较。

柳永屡试不第,表面佯狂,骨子里却放不下功名利禄,曾多次寻找机会干谒权贵以求引荐,可以说,柳永是北宋创作干谒词第一人也是最多的一个。据《后山诗话》记载:"柳三变游东都南北二巷,作新乐府,骫骳从俗,天下咏之,遂传禁中。仁宗颇好其词,每对酒,必使侍妓歌之再三。三变闻之,作宫词号'醉蓬莱',因内官达后宫,且求其助。仁宗闻而觉之,自是不复歌其词矣。会改京官,乃以无行黜之。后改名永,仕至屯田员外郎。"②为得到赏识和重用,柳永可谓费尽心机,不仅向内官请求援引,也曾干谒当朝宰相晏殊,不料被晏殊数落了几句,说他没有作为官员应有的文化品格,只好尴尬地无言而退。柳永很多词"能道嘉祐中太平气象",真实地再现了北宋繁华富庶的盛世图景,但不可否认一些作品有粉饰太平、歌功颂德之嫌。如《玉楼春》有三首写皇家庆典,皆是谀美应景之作。柳永还有意创作了不少投献之作,如《送征衣》《御街行》(燔柴烟断星河曙)、《永遇乐》(薰风解愠),据薛瑞生《乐章集校注》考证,都是为宋仁宗祝寿而作。又有《早梅芳》词是投献给杭州知府孙沔的,《一寸金》(井络天开)为投献益州太守蒋堂所作,《永遇乐》(天阁英游)

---

① 黄榦:《朱子行状》。
② 胡仔:《苕溪渔隐词话》,见唐圭璋:《词话丛编》,北京:中华书局,1986年,第163页。

为投献苏州太守而作,大都刻意歌颂主人的事功人品,含蓄地表达了希望主人纳贤好客、提携自己的愿望。这些应酬文字都暴露了柳永强烈的功名意识、摆脱低微社会地位的渴望。及第被黜,自尊心、自信心受到打击,既愤愤不平,又不失时机到处干谒请托,进而形成依附人格和从众心理,随俗浮沉,足见其人格的矛盾性。

但柳永毕竟不同于功名利禄之徒,干谒求官主要是为了实现他少年时代的儒家理想,作为文人他还是有一定的操守。他不时在词中表达对这种奔波竞走生涯的冷静反思和厌恶:"九衢尘里,衣冠冒炎暑。"①黄氏在《蓼园词评》里评说:"趋炎附热、势利薰灼、狗苟蝇营之辈,可以'九衢尘里,衣冠冒炎暑'二语尽之。耆卿好为词曲,未第时,已传播四方……是耆卿虽才士,想亦不喜奔竞者,故所言若此。此词实令触热者读之,如冷水浇背矣。意不过为'衣冠冒炎暑'五字下针砭,而凌空结撰,成一篇奇文。"②在经受上层社会的冷眼、饱受羁旅奔波之苦后,柳永清醒地认识到"名缰利锁"对生命的剥离,思想上还有作为文人独立的人格和自尊,但传统和现实的压力迫使他无法割舍功名,因此柳永的人格是矛盾的。

由于柳永长期困顿科场、流连情场,景祐元年(1034年)50岁进士及第后,至多只做了屯田员外郎这类小官,终其一生无政绩可考。柳永只是北宋盛世一个风流才子的典型,在政治、学术上几乎无所建树。

与柳永人格的游离不同,朱熹具有一种顺境退守、逆境进取的道学性格,难进易退,不肯唱颂歌,却专好唱丧曲,天生有一副逞强好辩的性格。

这种狷介刚直的道学性格首先表现在对最高统治者的态度上。南宋衰微之际,统治者战和不定,由于隆兴北伐的失败,朝廷笼罩着苟安主和退守的氛围。朱熹一变多年来上状辞免的态度,慨然入京奏事,总结北伐失败的原因,指出当时国家根本之忧不在边境而在庙堂,对奸邪误国、近习小人的结党弄权进行严厉的批评。历经人世忧患的朱熹称得上是封建衰世以倡道救世为己任的匡世之才,他的三大政治主张是由安民—治官—正君构成的更革弊政体系,施仁政、宽民力、打击贪官近习和要皇帝正心诚意的政治思想,无疑是对大病沉疴的南宋社会所下的一贴救世良方。朱熹不断地犯颜直谏,其庚

---

① 薛瑞生:《乐章集校注》,北京:中华书局,1994年,第158页。
② 唐圭璋:《词话丛编》,北京:中华书局,1986年,第3061页。

子封事、延和奏事对皇帝赵眘提出了尖锐的批评,戊申封事洋洋万余言:"可以称得上南渡以来第一篇奏疏文字,是朱熹生平对南宋社会的一次登峰造极的全面解剖,也是理学家用正心诚意之学解决社会迫切现实问题的著名的范例。……在愤激慷慨与理智冷静交织的陈词中,搏动着哲人的明智博大与庸人的昏聩渺小,帝王放臣的忠肝披露与道学铮骨的桀骜犯上,衰世大厦将倾的忧焚如火与拯民水火的真诚呼喊。"①"这些放肆无忌的攻击是需要有极大的近于迂气的胆量的。"②

朱熹是强毅威严、雷厉风行的治才,更是体恤民情、拯民水火的仁者。朱熹一生出仕的时间并不长,却不断在现实中实践理学拯人心、挽世道的力量。综观朱熹一生政绩,他治世刚决,敢于向腐败的官僚制度开刀,打击豪强、贪官、滑吏向来不手软,有着非凡的政绩。朱熹不仅有"法治"一手,还有"礼治"、"文治"的一手,不愧为革除弊政的改革家。由于各种邪恶势力的阻挠,朱熹的改革大都付之东流,但在一定程度上取得了移风易俗、振厉士风、震慑贪官酷吏的成效,表现出一代儒宗直面现实、积极进取的实践精神。

昏君、庸相、叛臣、近习权幸、主和派,构成南宋小朝廷反道学的政治核心,对朱熹等道学家频频施以残酷的打击,但朱熹铮铮傲骨,从未屈服。他一次次触怒最高统治者,一次次被迫请辞归隐于武夷山。归隐后朱熹毫不退缩,不断反思和批判封建文化,埋头铸造理学之剑。垂暮之年,朱熹被新君赵扩召请入都成为帝王师,入侍经筵仅四十六日,因提出防止帝王独断与近习预权之法,招致这位表面上从善如流、有志行道的"贤君"的憎恶,赵扩借助外戚与近习剪除道学清议势力,将朱熹打入伪籍并斥为逆党之魁。晚年的朱熹在文化专制的炼狱中备受煎熬,但精神上没有停止求索,转而投入《楚辞集注》和文学创作、文学思想的新的探索中,将世上疮痍化为笔底波澜,最终怀着"吾道不孤"的信念在党禁的阴影中去世。"这也许是他那个苟安腐朽的封建衰世社会在他身上逆反塑造出来的一种特殊进取心态和性格。"③

朱熹的道学性格还表现在对自己思想进行自我反省、在论辩中不断辨析兼取他人思想的怀疑与求实精神。朱熹一生孜孜不倦同形形色色的人与学

---

① 束景南:《朱子大传》,北京:商务印书馆,2003 年,第 761 页。
② 束景南:《朱子大传》,北京:商务印书馆,2003 年,第 233 页。
③ 束景南:《朱子大传》,北京:商务印书馆,2003 年,第 775 页。

派进行无休止的讲学论战,其理学思想是在与各种不同论见不断论战的过程中逐渐形成的,论战成了进行传统反思和现实批判的独特方式。著名的有寒泉之会、鹅湖之会、三衢之会、白鹿洞之会、与浙东学派的角逐、与陈亮等人的义利王霸之辩、与陆九渊的太极论战等,每一次论战都给朱熹思想上带来一次升华,先后完成了对生平学问的三次总结,建立了离经叛道的新经学体系和人本主义的四书学体系,最终集理学之大成。这种特殊的人格就是张载所说的"为天地立心,为生民立命,为去圣继绝学,为万世开太平"的道学人格,是一种体道弘道的崇高人格。

有意味的是,柳永作为传统儒学的叛臣逆子,却经常歌功颂德、粉饰太平;朱熹作为克己自律的旷世大儒,却屡屡犯颜直谏,时时不忘革除弊政,极力挽救封建衰世。二人皆触及最高统治者敏感的神经而不被接纳。

三、进退失据的词人与淡泊自守的晦翁

柳永和朱熹都饱经忧患,但化解人生忧患的方式迥然不同。

柳永热衷功名,一生大部分时间都在奔波求仕,直到中年,在仕途上仍毫无进展,内心非常失望:"干名利禄终无益。"①失意时沮丧、愤激,得意时又忘乎所以,如进士及第后所作《透碧霄》言语夸饰,颇露志得意满之情。入仕后久困选调,"游宦成羁旅"的困顿奔波生涯又使他陷入更大的仕宦与归隐的矛盾冲突中,产生对功名的怀疑:"驱驱行役,冉冉光阴,蝇头利禄,蜗角功名,毕竟成何事,漫相高。"②并油然而生一种人生无常的感受。他认识到传统价值观对人性的剥离,在很多羁旅词中表达对"名宦拘检"的动荡人生的厌倦,更倾向顺应人的自然本性去生活。柳永幼时居住的武夷山是道教名山,受道家影响很深,有记载称其道骨仙风。精神上无所托庇的空虚迫使他对隐逸生活充满向往:"一船风月,会须归去老渔樵。"试图遁入道家寻找精神避难所。

然而柳永抵挡不住繁华市井和歌妓舞女的诱惑,将人生的天平倾向了爱情和市井,以爱情的温馨和市井的放纵对抗上流社会的拒斥,弥补功名无望的憾恨,走出了一条不同于传统大隐、中隐、小隐的归隐之路,即以爱情为归

---

① 《轮台子》,见薛瑞生:《乐章集校注》,北京:中华书局,1994年,第163页。
② 《凤归云》,见薛瑞生:《乐章集校注》,北京:中华书局,1994年,第205页。

隐的方式,追求世俗物欲、情欲的感官享受成为他解脱人生苦闷的主要方式。

柳永在仕途与爱情的追求中表现出明显的进退去就之间的矛盾,往往陷入轩冕与山林不可得兼、个体需求与人生责任不能统一的矛盾之中。这种思想矛盾与宋代乃至整个中国古代文人士大夫标榜的"进则尽节,退则乐天"的人格理想不同,他受世俗束缚太多而无法做到进退自如。他所体会到的理性世界是有限的,始终无法解决思想深处厌倦现实与执着人生的矛盾,"他只是一个懂得爱情、珍惜爱情,懂得享受生活与温情的世俗才子,不是超凡入圣的圣人,他的道行被滚滚红尘、被和着胭脂的眼泪湮没,不能'以天地胸怀来处理人间事务',达不到'以道家精神来从事儒家的业绩'的'天地境界'(冯友兰《新原人》)。他还达不到哲人的层次,不能以哲人的思辨精神来看待人生,不能以圣贤的勇力和智慧独立承担人世的艰难。"[①]其道骨仙风只是一种外在的风度与表象,灵魂深处缺乏真正超然自适的精神。"他所追求的全是外向的,是'有待'……所以,柳永的一生是两边都落空了。当年他听歌看舞的这种感情生活落空了,用世的志意也落空了。"[②]由于局限于个人的荣辱得失和感官享乐,他的艳情词和羁旅词充分展示出升平时代失意士人既向往功名利禄又渴望官能享受而不可兼得的矛盾苦闷心态,进退失据,往往陷入求仕而事业无成、求爱而情感无依的两难困境之中,始终无法战胜自我,做自己心灵的主宰。因此,柳永是软弱的,只能作为封建社会俗艳文化的代表而见斥于正统文化之外。

朱熹一生官多禄少,屡起屡扑,纵观其一生,始终坚定不移地坚持了积极济世的道学家淡泊自守的另一面。朱熹不仅有二程理学的头脑,还有一个浸透佛老的灵魂,把佛老作为解决人生问题的一种方法和途径。朱熹对道教和道家思想学说有十分深入的了解,有着长达十余年出入佛老的心路历程。青年时在建阳云谷隐居即自号"晦庵",准备隐遁山林自晦终老,从壮年建筑寒泉精舍、武夷精舍到晚年卜居考亭、沧州精舍,始终埋头著述讲学,过着寂寞清寒的生活,行为上是真正的隐士。旷世大儒的声誉给朱熹带来很多次做官的机会,但朱熹并不贪恋富贵显达,多次受朝廷征召皆上书请辞。他一生大部分时间过着晦居山林的淡然生活,清心寡欲,以著述讲学为独善其身的

---

① 程荣:《柳永的两难处境与儒道思想》,《武夷学院学报》2016年第6期。
② 叶嘉莹:《唐宋词十七讲》,北京:北京大学出版社,2007年,第250页。

方式。

　　儒者的道骨仙风常常隐藏在其灵魂深处,时隐时现,难以捉摸,不像文人那样任性直言、直截了当地表现出来。朱熹学道不过是"在人生境界和精神修养方面吸收佛道的生存智慧以超越自我,使儒学重新起到全面指导中国人的社会生活和精神生活的作用,成为士人的安身立命之本。"①哲人的思辨精神使他超越于佛道而援佛道入儒,顺应了宋代思想文化发展的历史潮流而成为一代理学宗师,成为传统文化的最大代表。与魏晋名士徜徉山水是为了逃避现实不同,朱熹对现实有着清醒的批判意识,敢于直面现实,与衰朽的上层统治者作艰苦的抗争。"吾道付沧洲"②并不是去做功成名就的隐逸高士,而是要做传道民间的学术素王,他不能身在朝廷建功济世,却可以退居山林倡道拯心。朱熹始终未尝忘怀尘世苍生,"退居山林讲学著述不过是他历来在现实中四处碰壁后的另一种更深远的进取"。③ 一旦时机成熟,便立刻出山,努力在实践中"见儒者之效"和"反振民功"。

　　朱熹从容地进退于仕宦与归隐之间,"达亦不足贵,穷亦不足悲",始终是自己的主宰,从未象柳永那样心为形役,既享受了山水林泉的宁静恬适、超然无碍,又无个体价值的失落感,用则进,废则退,每次在现实中四处碰壁后更是收敛身心、韬光养晦,力戒躁进之病,做一个平和、冲淡、闲适的真正的"晦翁"。

　　朱熹是真正的"'人中之龙',一个身备阳刚正气的一代儒宗,进退于兼济天下与独善其身之间,有一个置之钓台捺不住、写之云台捉不住的傲魂,不为统治者所屈,不为衰世所用,也不为俗人所理解。"④正如他称赞周敦颐那样,"风月无边,庭草交翠"⑤,朱熹胸次浩然,具有一种"超然于个人名利富贵等私欲束缚而与天地合德的快乐……一种经过持敬存养的长期修炼后所具有的德性圆满而内心充实的心境。"⑥这就是所谓能洞悉天地万物本体而胸中洒落、天人合一的圣贤气象,是千百年来读书人梦寐以求的圣贤境界,惟有朱熹

---

① 束景南:《朱子大传》,北京:商务印书馆,2003年,第86页。
② 《水调歌头》,《朱子文集》卷一〇。
③ 束景南:《朱子大传》,北京:商务印书馆,2003年,第561页。
④ 束景南:《朱子大传》,北京:商务印书馆,2003年,第913页。
⑤ 《濂溪象赞》。
⑥ 束景南:《朱子大传》,北京:商务印书馆,2003年,第39页。

等极少数人达到了这一境界。

结　论

  柳永是北宋升平时代商品经济发展、市民阶层崛起导致人欲膨胀并进而影响文人阶层所产生的风流才子的代表,而朱熹是南宋封建衰世内外交困、文化道德全面衰退时期试图以理学为武器对封建文化做一次全面总结和振兴的旷世大儒。柳永重感性体验,以审美活动为生命的最高形式,柳词蕴含着封建社会见斥于正统文化之外的浪子才人对生活的体会和特殊的文化心理,放浪有余而严肃不足,因而政治上难有作为。柳永经历了由儒家积极入世思想转入享乐主义再转入对道家出世思想的向往,且一直在矛盾中徘徊的过程,作为封建传统文化的另类——风流才子形象为中下层文人和市民阶层所喜爱,成为俗艳文化的代表。朱熹是读书穷理的儒者,是道德教化的布道者,经历的是一个出入佛老而归宗于儒学的蜕变过程,重视的是理性,以道德人格的涵养作为拯救封建衰世精神危机和思想危机的利剑,严肃有余而豁达不足,他建立起的理学文化大厦成为封建社会后期的精神支柱,因而成为传统文化的最大代表和后世景仰的圣人。柳永词心放旷,追求个人价值和审美价值;朱熹道心为微,强调伦理价值和群体价值。两人代表了中国士人截然不同的文化人格和精神追求,反映了传统文化中个性价值和群体价值的深刻矛盾,在这矛盾不断的对立统一和扬弃过程中影响了中国士人的文化人格。

（原刊于《武夷学院学报》第33卷第4期,2014年8月）

《朱子全书》之《晦庵先生朱文公文集》异文校勘商榷

※ 陈 平

  由朱杰人、严佐之等先生主编,刘永翔、朱幼文先生校点,上海古籍出版社、安徽教育出版社2002年联合出版的《朱子全书》之《晦庵先生朱文公文集》(以下简称《文集》)取得了很高的学术成就,为人们研读该《文集》提供了便利。但笔者发现该校点本也有若干以不误为误,错改底本者,现整理出来,望能对《晦庵先生朱文公文集》的完善和阅读有所助益。

一、夏—厦

  《文集》卷一"白鹿洞赋":"尹悉心以纲纪,吏竭蹙而奔趋。士释经而敦事,工殚巧而献图。曾日月之几何,屹夏屋之渠渠。"
  校勘记:"夏屋",原作[1]"厦屋",据浙本改。(263)[2]
  按:淳熙本亦作"厦屋"。"夏"为"大"义。"夏屋之渠渠"典出《诗·秦风·权舆》:"于我乎,夏屋渠渠;今也每食无余。"毛传:"夏,大也。"《尔雅·释诂上》:"夏,大也。"《方言》卷一:"夏,大也。自关而西,秦晋之间,凡物之壮大者

---

[1] 该校点本以四部丛刊影印的明嘉靖十一年张大轮、胡岳校刻本《晦庵先生朱文公文集》为底本(文中简称"四部丛刊本"),校以上海图书馆所藏宋刻元明递修本《晦庵先生朱文公文集》(简称"闽本")、国家图书馆所藏宋刻元明递修本《晦庵先生朱文公文集》(简称"浙本")、北京大学图书馆所藏明天顺四年贺沈、胡缉所刊《晦庵先生朱文公文集》(简称"天顺本")、影印台北故宫博物院所藏淳熙末闽中坊刻本《晦庵先生文集》(简称"淳熙本")。
[2] 括号内数字是该"校勘记"在《朱子全书》之《晦庵先生朱文公文集》中的页码,下同。

而爱伟之谓之夏。"

"夏"后作"廈"①。《说文解字·广部》新附："廈,屋也。"清郑珍《说文新附考·廈》："古止作'夏'……盖'夏'有大义,故大屋谓之夏屋。俗加'广',以别'华夏'字。"《集韵·马韵》："廈,大屋。"汉扬雄《太玄·强》："大廈微。"范望注："廈,屋也。"晋左思《魏都赋》："廈屋一揆,华屏齐荣。"宋苏轼《灵壁张氏园亭记》："华堂廈屋有吴、蜀之巧。"

"厦"为"廈"的异体字。《正字通·厂部》："厦,俗廈字。"《康熙字典·厂部》："厦,《集韵》所嫁切,沙去声。旁屋也。或作庍。《韵会》作廈。"《礼记·檀弓上》："昔者夫子言之曰:'吾见封之若堂者矣,见若坊者矣,见若覆夏屋者矣,见若斧者矣。'从若斧者焉,马鬣封之谓也。"《后汉书·崔骃传》："夫广厦成而茂木畅远求存而良马縶。"

可见,"夏""厦(廈)"是古今字,《附释文互注礼部韵略·马韵》:"廈,大屋,通作夏。"四部丛刊本和淳熙本作"廈屋"亦无误。

二、宄—究

《文集》卷九十五上"少师保信军节度使魏国公致仕赠太保张公行状上":"诏书曰:'卿以小宗伯之职赞天营之事,乃能总合诸师,来赴行在之急,俾奸宄不敢辄肆。威声既振,妖孽宵奔,致朝廷于安平无事之地,卿之功大矣。宜勿复辞。'"

校勘记:"宄"原作"究",据天顺本改。(4392)

按:文中奸宄是指作乱或盗窃的坏人。"宄""究"为异体字。明梅鼎祚编《东汉文纪》卷三十二"酸枣令刘熊碑":"仁恩如冬日,威猛烈炎夏。贪究革情,清脩劝慕,德惠潜流,邕芳旁布。"《隶辨·上声·五旨》:"究,刘熊碑'贪究革情'《隶释》云:'以究为宄。'""宄""究"异体字还可以从《龙龛手镜》的版本异文间得以证明。《龙龛手镜·宀部》:"安(古)究(正),居水反。"而《龙龛手镜·宀部》(高丽本)则为:"安(古)宄(正),居水反。"

在古代文献中,用"奸究"表示"违法作乱的人",其例不少。例如,《宋名

---

① 为避免与其他字形相混,此"廈"及下文的"鑑""蕙"三个具有区别意义的繁体字保持原字形不简化。

臣言行录别集上》卷七"吕本中":"今江南二浙科须实繁,闾里告病,尤当戒谨,倘有水旱乏绝之虞,奸究窃发未审,何以待之?"清舒赫德《钦定剿捕临清逆匪纪略》卷八"何煟奏言本月二十五日接奉":"况徐绩在山东不能经理地方,察诘奸究,致有邪教纠众滋扰之事,其罪已无可宽。"清朱轼《史传三编·名臣传·刘蕡》:"然不能择贤而任之,以致失其操柄,纪纲日紊,国祚日衰,奸究日强,黎元日困。"可见,四部丛刊本"究"字不误,无烦改作。

三、鉴—监

《文集》卷九十三"左司张公墓志铭":"公力争不能止,至是复以命公,而诏问所以经画状,且曰:'鉴前失,毋伤民。'公即条奏曰:'前事之失,民以陛下为不知,故独归其怨于有司。'"

校勘记:"鉴",原作"监",据浙本、天顺本改。(4313)

按:"监"。甲骨文做 ,金文做 ,《说文解字·卧部》:"监,临下也。从卧,衉省声。 ,古文监,从言。"唐兰《殷墟文字记》:"监,像一人立于盆侧,有自监其容之意。"① 郭沫若《两周金文辞大系考释·吴王夫差监》:"(古人)以水为监,则当有器以盛水,故监字正象人立于皿旁而垂视之形,此监之本义也。临水正容为监,盛水正容之器亦为监。"② 可知"监"本义为用盆水照视容颜,也指用来照视自己形象的器具。汉贾谊《新书·胎教》:"明监所以照形也,往古所以知今也。"晋陆云《喜齐赋》:"天监作照,幽明毕觌。"《书·酒诰》:"人无于水监,当于民监。"孔传:"视水见己形,视民行事见吉凶。"《新唐书·魏征传》:"夫监形之美恶,必就止水。""监"由具体的照形,引申为抽象的借鉴、参考义。《书·召诰》:"我不可不监于有夏,亦不可不监于有殷。"《论语·八佾》:"周监于二代,郁郁乎文哉!"宋司马光《进〈资治通鉴〉表》:"监前世之兴衰,考当今之得失。"

"监"后来为其他引申义所专用,"照形""照形的器具""借鉴"等义便另加义符"金"写作"鑑"。林义光《文源》:"监即鑑之本字,上世未制铜镜时,以水

---

① 唐兰:《殷墟文字记》,北京大学,1934年,第100页。
② 郭沫若:《郭沫若全集·考古编》卷八,北京:科学出版社,2002年,第337页。

为鑑。"①《周礼·天官·凌人》:"春始治鑑。"唐陆德明释文:"鑑,本或作监。"《广雅·释器》:"鑑,谓之镜。"《广韵·鉴韵》:"鑑,镜也。"《庄子·德充符》:"鑑明则尘垢不止,止则不明也。"成玄英疏:"鑑,镜也。"《广雅·释诂三》:"鑑,照也。"《左传·襄公二十八年》:"献车于季武子,美泽可以鑑。"杜预注:"光鑑形也。"《广韵·鉴韵》:"鑑,诫也。亦作监。"《正字通·金部》:"考观古今成败为法戒者,皆曰鑑。"《墨子·非命下》:"为鑑不远,在彼殷王。"

"鉴"为"鑑"的异体字。《广韵·鉴韵》:"鉴,同鑑。"《诗·邶风·柏舟》:"我心匪鉴,不可以茹。"《南史·后妃传序》:"梁武拨乱反正,深鉴奢逸。"《朱子语类》卷四〇:"盖子路所言却是实地,二子却鉴他子路为夫子所哂,故退后说。"

《晦庵先生朱文公文集·左司张公墓志铭》中"鉴前失",义即把前人或以前的失败作为借鉴。"监""鉴(鑑)"是古今字,四部丛刊本"监"字不误,无烦改作。

四、葱珑—樅巃

《文集》卷一"白鹿洞赋":"山葱珑而绕舍,水汨潏而循除。谅昔人之乐此,羌异世而同符。"

校勘记:"葱珑",《记疑》云:疑当作"樅巃"。(263)

按:文中"葱瓏"修饰"山",意思应是指云气、雾气聚集朦胧,这符合原文"绕"的动作特征,并与下句水声"汨潏"相对应。又如宋陈与义《登海山楼》:"人间路浩浩,海上春蒙蒙。远游为两眸,岂惜劳我躬。仙人欲吾语,薄暮山葱珑。海清无蜃气,彼固蓬莱宫。"宋方岳《夏日珠溪赋》:"土甘蔬亦香,小摘空蒙蒙。革革有鸣禽,留我幽花丛,木屑落飞谈,烟霏晚葱珑。"

"葱珑"是叠韵连绵词,"连绵词的词义由两个音节组成的语言来体现,那么记录连绵词的汉字只要与词的语音相同即可。由于汉字同音的很多,所以连绵词的书面形式很不统一。"② 因此,"葱珑"的写法形式多样。

有"葱茏"。唐元稹《会真诗》:"遥天初缥缈,低树渐葱茏。"宋范成大《浣

---

① 林义光:《文源》,上海:中西书局,2012年,第214页。
② 张世禄:《古代汉语教程》,上海:复旦大学出版社,2011年,第79页。

溪沙》词:"催下珠帘护绮丛,花枝红裹烛枝红,烛光花影夜葱茏。"明唐寅《题自画山水诗》之七:"乱山杂雾晓葱茏,遥见悬鱼是梵宫。""葱茏"亦作"蔥茏"。"葱""蔥"异体字,《说文解字·艸部》:"蔥,菜也。从艸,囱声。"《集韵·东韵》:"蔥,古作葱。"唐白居易《晓上天津桥闲望偶逢卢郎中张员外携酒同倾》:"上阳宫里晓锺后,天津桥头残月前。空濛境疑非下界,飘飘身似在寥天。星河隐映初生日,楼阁蔥茏半出烟。此处相逢倾一盏,始知地上有神仙。"清高士奇《金鳌退食笔记·西苑侍直恭纪十首》:"林沼蔥茏带晓烟,湖光一片漾清涟。残霞半映金堤柳,灵雨先滋玉井莲。"

有"葱茏"("蔥茏")的逆序词"茏葱"("茏蔥")。"茏葱"如:明陆深《念奴娇·叠寿答桂洲》:"神仙宰相,原来同是人杰。同朝瑞霭茏葱,蓬莱阆苑,青鸟翩翩发。"清毛奇龄《奉和扈从登封应制四首》:"钩陈罗列动星文,佳气茏葱绕圣君。骑接百灵巌曲稔,龙躔三观岭头分。""茏蔥"如:清汤倓《匡庐山赋》:"圣灯则照耀迷途,石门则茏蔥野雾。"

有"珑璁"。唐李贺《十二月乐词·九月》:"鸡人罢唱晓珑璁,鸦啼金井下疏桐。"宋周邦彦《塞翁吟》词:"暗叶啼风雨,窗外晓色珑璁。"明沈受先《三元记·祝寿》:"南极星光,东风扇煖,华堂瑞霭珑璁。"

有"巃嵷"。明唐寅《题画》诗:"山意巃嵷酿早寒,数家茅屋是渔滩。"明袁宗道《游百丈泉》诗:"青嶂岩嶤赴郢东,寒泉飞处郁巃嵷。"

有"巃嵷"的逆序词"嵷巃"。《楚辞·淮南小山〈招隐士〉》:"山气嵷巃兮石嵯峨,谿谷崭巖兮水曾波。"洪兴祖补注引五臣注:"嵷巃,云气貌。"唐玄奘《大唐西域记·乌铩国》:"山气嵷巃,触石兴云。"

有"巄嵷"。晋蔡洪《围棋赋》:"屈则尺蠖,舒则龙翻。崔嵬云起,巄嵷浪传。"明栗应麟《遊五龙庙》:"绝巘龙祠紫翠中,褰帷拂晓入巄嵷。三山海气蒸初日,万壑松涛走半空。"

叠韵连绵词"嵷巃"表示"云气、雾气聚集朦胧"义,有多种写法,原文作"葱瓏"是其中的一种写法,无烦改作。

五、窉—官

(1)《文集》卷三十四"答吕伯恭":"今方粗支,然尚未敢出门户也。未论其他,观此气象,岂复更堪远窉?今亦无可奈何,且一面呼迓兵,为舆病独往之计。"

校勘记:"宦",原作"官",据浙本改。(1517)

(2)《文集》卷九十三"江君清卿墓志铭":"父同产有适人而老且贫者,迎养周给,以立其家,始终不懈。乡人有死于远宦者,为之纠合亲故,还其丧而乏之。"

校勘记:"宦",原作"官",据闽本、浙本改。(4311)

按:两例中的"远宦"都是指在远方做官。又如:唐钱起《送沈少府还江宁》诗:"远宦碧云外,此行佳兴牵。"明冯梦龙《洒雪堂·团圆证梦》:"兄弟,我因念你孤身远宦,特来看你。"

"远官"原指地方官,《国语·晋语四》:"异姓之能,掌其远官。"韦昭注:"远官,县鄙。"因为"地方官"往往远离京城,"远官"后引申出"在远处做官"义,又如:清叶梦珠《阅世编·赋税》:"抑或有奸民冒立官儒户名,而本人实未知者有之;或远官远馆,而所托匪人,侵蚀误欠者有之。"

在《文集》中"宦""官"二词以同义词异文形式出现的次数非常多,然而"校勘记"大都以为误而改之。

又如:仕宦—仕官

(3)《文集》卷三十七"与庆国卓夫人":"且闻尊意欲为经营干官差遣,不知然否?熹则窃以为不可。近世人家子弟多因为此坏却心性,一生仕宦费力。"

校勘记:"宦",原作"官",据浙本改。(1656)

(4)《文集》卷九十二"宣教郎方君墓志铭":"然不一岁,竟亦以公事免。君不戚戚,归家日治具,召宾友饮酒赋诗以相娱乐。后虽以恩得还旧秩,而君已无复仕宦意矣。"

校勘记:"宦",原作"官",据闽本、浙本、天顺本改。(4275)

"仕宦""仕官"均有"出仕;为官"义,其古籍文献用例颇多。"仕宦"如:《史记·鲁仲连邹阳列传》:"鲁仲连者,齐人也。好奇伟俶傥之画策,而不肯仕宦任职,好持高节。游于赵。"宋陆游《老学庵笔记》卷五:"谚谓:'三世仕宦,方解着衣喫饭。'""仕官"如:《汉书·疏广传》:"今仕官至二千石,宦成名立,如此不去,惧有后悔。"明归有光《谕祭山西巡抚都察院右副都御史毛鹏文》:"惟尔初由俊造,荐服仕官,遗惠爱于桐乡,肃纪法于栢府。"

又如:从宦—从官

(5)《文集》卷二十五"与吕伯恭书":"到家未几,忽闻除命,出于望外,不知所为。然向年所叨异恩,已是朝廷愍劳惠养之意,况今又两三年,精力益衰,岂复尚堪从宦?不免复以此意恳辞,当以力请必得为期耳。"

校勘记:"宦",原作"官",据淳熙本、浙本补版改。(1138)

(6)《文集》卷九十三"江君清卿墓志铭":"呜呼!君家比三世,以儒学起家从宦,而皆不大显,至君而学益明,行益修,人曰是必且为世用而有以大其门矣,而又不位不年以没于地,于是人莫不以是疑于造物之理而为君惜之。"

校勘记:"宦",原作"官",据浙本改。(4311)

"从宦""从官"均有"做官"义。"从宦"例又如:南朝梁刘勰《文心雕龙·时序》:"伟长从宦于青土。"宋苏轼《上神宗皇帝书》:"士大夫捐亲戚,弃坟墓,以从宦于四方者,宣力之余,亦欲取乐,此人之至情也。""从官"例又如:《宋名臣奏议》卷四十二富弼"上神宗苍诏论彗星·手劄子":"臣未致仕前虽有旧疾,筋力粗可驱策尚不能从官。今致仕已数年,衰老益甚,退伏草野未尝与人相接。"《续资治通鉴长编》卷三百四"神宗":"括自小官不数年至翰林院学士,不能终始一心尽事君之节,乃阴附大臣,倾害政事,斥逐未久遽复从官,中外固已疑骇。"《汉语大词典》"从官"条失收"做官"义,可据补。

对于同样的"宦""官"异文,《文集》"校勘记"大都改"官"为"宦",但也有只出异同校,不改字的,校改原则不统一。如:

(7)《文集》卷九十四"宣教郎致仕陈公墓志铭":"起居晨夜,必以身率之,其勤约人所不堪,而君处之裕如也。已而诸子举进士有名,仲子孔硕登科,从官所莅多可纪。人意其绳约少宽,而君训饬弥厉,未尝假以言色。"

校勘记:"官",浙本作"宦"。(4349)

可见,"宦""官"为同义词,以它们为语素的词语"远宦"与"远官"、"仕宦"与"仕官"、"从宦"与"从官"也分别都是同义词。《文集》中"宦""官"同义异文数量不少,以上仅举数例。"校勘记"将"宦"在四部丛刊本中的异文"官"当作讹误校改,不妥。

六、告—言

《文集》卷六十五"尧典":"咨,嗟也。嗟叹而告之也。"

校勘记:"告"原作"言",据浙本、天顺本改。(3199)

按:"言"也有告诉、告知义,如:《礼记·哀公问》:"其顺之,然后言其丧筭。"郑玄注:"言,语也。"孔颖达疏:"民既从顺,然后示语其丧纪节数以教之。"《韩非子·内储说上》:"赵令人因申子于韩请兵,将以攻魏,申子欲言之君。"

可见,此处"告""言"为同义词,用"言"亦可。

(原刊于《绵阳师范学院学报》第 35 卷第 7 期,2016 年 7 月)

朱熹《小学》与童蒙教育体系的构建

※ 陈兴华

朱熹十分重视童蒙教化的独特作用。他将编撰蒙书作为其实现童蒙教化的重要途径。一方面，通过教材编撰，使他的教化理念"物化"为童蒙教化的规范文本；另一方面，藉由蒙书的使用与推广使理学教化普及化和民间化，从而推动社会秩序的重建。下文将以朱熹蒙书《小学》为例进行分析。

一、从《小学》看朱熹童蒙教化的使命

（一）《小学》的要目

《小学》全书六卷，分内外两篇。内篇有四个纲目，分别为立教、明伦、敬身、稽古。外篇两部分：一是嘉言，二是善行。内篇以选录先秦史迹、孔孟之言和《列女传》《内则》《曲礼》《学记》《王制》《尚书》《周礼》《弟子职》《乐记》《少仪》等儒家经书为主，重在说理，为全书之正篇。外篇是贤德之士的嘉言善行，重在实证，为全书之附篇。

内篇中的"立教"卷主要是对父母、塾师等施教者而言，大都选自孔孟之言和《礼记》等篇，阐述古之教化内容和方式方法。"明伦"卷分以"父子之亲、君臣之义、夫妇之别、长幼之序、朋友之交"五目，详细阐发"三纲五常"的儒家伦理原则。"敬身"卷分为"心术之要"、"威仪之则"、"衣服之制"、"饮食之节"，对童蒙个人内在修养进行了规范。"稽古"卷是内篇中的实例故事，主要记载先秦时圣人贤者已行之迹。

外篇的"嘉言"卷从"广立教"、"广明伦"和"广敬身"三目,采摭汉以后包括诸多宋代贤者的良言以明训童蒙,不仅告知童蒙该如何做,也告诉教化童蒙的方式方法。"善行"卷从"实立教"、"实明伦"、"实敬身"三目,广泛列举古之贤人志士躬身践履的事例,为童蒙积极以身力行提供范例,从"嘉言"到"善行",也体现了朱熹的知行相须、致知力行的理念。

《小学》一书最重要的部分乃是内篇中的明伦和敬身。而在这二者之中,则又以明伦更为重要。① 立教的目的是为了明伦,敬身也是为了明伦。"立教"、"明伦"、"敬身"、"稽古"、"嘉言"和"善行"六卷,构成了一个逻辑严谨的教化体系。前三篇从施教者如何立教到学习者如何修己外达,形成了一个理论解释框架,后三篇紧扣立教、明伦和敬身主旨,着重以具体例证来说明义理。这样的编排逻辑,体现了古人为学之序,凸显了理性与情感的结合、认知与践履的结合、抽象与具体的结合的重要作用,使儒家的道德价值观化为人伦日用的言行规范,开创了严密的童蒙教化内容体系,由此逐步拉开理学伦理在民间的普及化序幕。

(二)《小学》的价值诉求

关于《小学》一书之撰作,朱熹在《小学原序》中说到:"古者小学,教人以洒扫应对进退之节……今其全书虽不可见,而杂出于传记者亦多。读者往往直以古今异宜而莫之行,殊不知其无古今之异者,固示始不可行也。今颇搜辑以为此书,授之童蒙,资其讲习,庶几有补于风化之万一云尔。"②从中可以看出,朱熹编撰《小学》的一个重要目的是针对当时启蒙教化典籍不全、无适宜教材可用的情况,致力于为童蒙教化提供读本,对儒家教化作个补缺,以便继圣贤遗志及三代之风,用圣人教人之"定本",教童蒙正心、敬身、明伦,以摆脱利欲纷争、价值观混乱、道丧学绝的局面。正如朱熹本人所云:"后生初学,且看《小学》书,那个是做人的样子。"③另一方面,朱熹鉴于儒家四书、五经的

---

① 《小学》,朱杰人等主编:《朱子全书》第13册,上海:上海古籍出版社,合肥:安徽教育出版社,2002年,第381页。

② 《小学》,朱杰人等主编:《朱子全书》第13册,上海:上海古籍出版社,合肥:安徽教育出版社,2002年,第393页。

③ 《小学》,朱杰人等主编:《朱子全书》第13册,上海:上海古籍出版社,合肥:安徽教育出版社,2002年,第381页。

义理精深、古奥,不利于知性未开的儿童学习,故而在教化内容选取、类目编排和体例上下足了功夫,以切合童蒙教化的需要。

值得注意的是,《小学》的教化对象不仅仅是童蒙,还包括需要弥补学识的成年人、童蒙父母、教师等人。当一些"磋过"小学教育的成人向朱熹请教时,他建议读《小学》,以"补填前日欠缺",从而"栽种后来根株"。

《小学》书中为童蒙、学习者划定了伦理道德规范的边界,也为教育者指明了启蒙的要目和方法。由此可见,朱熹编撰《小学》的价值诉求与使命一方面在于教化童蒙,另一方面体现了朱熹力求扩大教化的社会基础,普及他的义理学说的意图。《小学》起着教化奠基的作用,明儒施璜对此作了精辟的论述,他曾说:"《五经》以《四书》为阶梯,《四书》以《近思录》为阶梯,《近思录》以《小学》为阶梯,此《小学》一书所以为万世养正之全书,培大学之基本也。"①这样,《小学》一书成为通往儒学大典的奠基之作,还往往被封建知识阶层视作一部可随时检照性理修养的律己宝册。朱熹本人也曾言:"修身大法,《小学》书尽备矣。"②

二、朱熹童蒙教化的行动

(一)事:朱熹童蒙教化行动的逻辑起点

朱熹集《小学》书,就是"使学者得以先正其操履行",让学习者在具体的事务性道德实践中培养节操,修身正心,养成圣人之基。朱熹说:"古者初年入小学,只是教之以事,如礼乐射御书数及孝弟忠信之事。"③"小学是事,如事君、事父、事兄、处友等事,只是教他依此规矩做去。"④并认为,"小学之事,知之浅而行之小者也",在教化内容选择上应"教人以洒扫应对进退之节,爱亲

---

① 《小学》,朱杰人等主编:《朱子全书》第13册,上海:上海古籍出版社,合肥:安徽教育出版社,2002年,第382~383页。
② 《小学》,朱杰人等主编:《朱子全书》第13册,上海:上海古籍出版社,合肥:安徽教育出版社,2002年,第488页。
③ 《朱子语类》第1册,北京:中华书局,1986年,第124页。
④ 《朱子语类》第1册,北京:中华书局,1986年,第125页。

敬长隆师亲友之道。"① 可见，在朱熹看来，童蒙教化即在于授以礼、乐、射、书、数之文，践行心术之要、威仪之则、衣服之制、饮食之节的内涵，通过对伦理道德规范的效仿和反复训练，从而为"大学"进行格物致知的道德践行创造良好的道德心理基础。

以"事"为逻辑起点，也体现了宋代儒学的时代转向，即从精英伦理走向大众伦理，从静态的儒学走向动态的儒学的转向，也有如陈来先生所言的从"作为哲学的儒学"向"作为文化的儒学"的转向。儒学不再是一种单纯的学术思想存在，而且是社会化、制度化、世俗化的整合的文化形态存在。吾淳先生甚至认为："直至宋代，中国社会的伦理始以真正基层伦理亦即家族或宗族伦理的形式出现，具有了普遍性的意义。"② 以朱熹为代表的理学家以自己的实际行动，"上面影响政治，下面注意农村社会"，③影响着时代的进程，把精神、思想层面的理学伦理转化为文化、生活层面的行动规则，从本体论的抽象思辨转化为方法论的具体操作，形成一套生活型伦理教化行为体系。

"圣贤千言万语，教人且从近处做去"。④ 这种基于孩童认知规律的教以"眼前事"的教化原则，使得儒家行为伦理规范和孝亲敬长等道德观念在童蒙世界中获得了合理性、合法性和可操作性，从而增强其主动履行儒家道德伦理规范的可能性和自觉性，也使日用人伦"敬"的情感在童蒙中油然生发。"夫《小学》大旨，前贤论之甚详，余括其要而言之，不离乎'敬'之一字。"⑤"持敬"被朱熹视为心性修养的根本工夫，是体认与践行天理的最基本的方法论，是"圣门第一义"。这样，"事"与"敬"二者即构成了相辅相成的关系，即由"事"生"敬"，并"持敬"从"事"，童蒙感怀自主自律的畏谨之心，在洒扫应对进退之"事"中，养成专一、笃定的人生态度，居敬持志，涵养义理。

---

① 《小学》，朱杰人等主编：《朱子全书》第 13 册，上海：上海古籍出版社，合肥：安徽教育出版社，2002 年，第 393 页。

② 吾淳：《中国社会的伦理生活——主要关于儒家伦理可能性问题的研究》，北京：中华书局，2007 年，第 186 页。

③ 钱穆：《国史大纲》下册，北京：商务印书馆，1997 年，第 812 页。

④ 《朱子语类》第 1 册，北京：中华书局，1986 年，第 131 页。

⑤ 《小学》，朱杰人等主编：《朱子全书》第 13 册，上海：上海古籍出版社，合肥：安徽教育出版社，2002 年，第 49 页。

（二）学、教：童蒙教化的两个行动面向

《小学》"立教"开篇即引用《中庸》中子思的话说："'天命之谓性，率性之谓道，修道之谓教。'则天明，遵圣法，述此篇，俾为师者知所以教，而弟子知所以学。"①"学"与"教"，被朱熹摆在了重要的位置。朱熹认为人性是由天命之性和气质之性共同构成的。天命之性是本然之性，现实的人性只是气质之性，天命之性必须通过气质之性来实现。变化气质的主要途径就是教化，而教化即是一个由学和教构成的一个双向性的活动。

"学"才能变化气质，彰显人性中的天命之性。"修道之谓教"，朱熹等理学家认为：有学而无教，就能知其性与天道的人，那是圣人，大凡世人都需通过学来修齐治平。教，就是使世人"学其学焉者"的实践行动。"教"的广泛性，在南宋时代，使得理学家十分关注教化的普及性问题。②《小学》专辟一卷"立教"，在"稽古"、"嘉言"、"善行"三卷也分别设置"立教"、"广立教"、"实立教"，讨论童蒙教化原理与行动，让施教者懂得教化之道，教化之则。

在"学"与"教"的双向行动中，朱熹认识到童蒙知性未开，所以在编撰《小学》中非常重视考虑童蒙的认知特点、能力和兴趣。朱熹在与其弟子刘清之探讨《小学》编撰问题的书信中，曾书云："文章尤不可泛，如《离骚》忠洁之志固亦可尚，然只正经一篇已自多了。《叙古蒙求》亦太多，兼奥涩难读，恐非启蒙之具。却是古乐府及杜子美诗意思好，可取者多。"③又引用程颐的话说："教人未见意趣，必不乐学。"④

从《小学》编撰形式来看，其所集古圣格言至论，均为只言片语，短小简约。清雍正帝胤禛评价《小学》说："其言约，其理该。"⑤而且，《小学》每一语录

---

① 《小学》，朱杰人等主编：《朱子全书》第13册，上海：上海古籍出版社，合肥：安徽教育出版社，2002年，第395页。

② 梁君：《由思想而行动——南宋理学家伦理实践研究》，上海师范大学博士学位论文，2012年，第64页。

③ 《小学》，朱杰人等主编：《朱子全书》第13册，上海：上海古籍出版社，合肥：安徽教育出版社，2002年，第380页。

④ 《小学》，朱杰人等主编：《朱子全书》第13册，上海：上海古籍出版社，合肥：安徽教育出版社，2002年，第434页。

⑤ 《小学》，朱杰人等主编：《朱子全书》第13册，上海：上海古籍出版社，合肥：安徽教育出版社，2002年，第491页。

皆相对独立,并列呈现。这样的编排不仅符合蒙幼抽象逻辑思维未完成性的特点,便于其接受、学习与记诵。而且,由于当时塾师水平参差不齐,如此的语言表达和逻辑结构处理,也降低了塾师等施教者讲授的难度,有利于《小学》在各阶层中的传播。

三、朱熹童蒙教化的载体

(一)诗、礼、乐:童蒙教化的方式载体

《小学》辑孔子言曰:"兴于诗,立于礼,成于乐。"① 诗、礼、乐是教化的基础,兴、立、成是个体从初始立身到教化影响他人的过程。在"稽古"卷中,朱熹引用孔子教育自己的孩子学诗、礼的典故来教化后人。他认为学《诗》,事理通达,而心气和平,故能言。学《礼》则品节详明,而德性坚定,故能立。关于乐教,《小学》一书也多处辑录了《乐记》的相关言论,在"立教"卷中记载了舜曾令夔(舜臣名)去典乐以教化子民的典故。习于乐有以存养其善心,以至于义精仁熟,而自和顺于道德。

在这三者教化之中,朱熹更强调的是礼对童蒙的教化作用。他对周敦颐《通书》中的"礼,理也;乐,和也……故礼先而乐后"的观点表示赞同,将"'礼'作为象征三代治道合一的最佳范畴"。② 朱熹认为有了礼的立才有社会的和谐,乐才获得存在的基础。

朱熹重视礼对童蒙的教化意义,亦出于礼的独特本质。朱熹在《四书章句集注·论语集注》说到:"礼者,天理之节文,人事之仪则也。""礼即事即理"的理论建构,使"礼"成为天理在现实人伦关系里的"着实处"。通过"由理入礼"的过渡,使天理化为具体可"事"的仪礼规范,用以教化童蒙,从而"由礼明理",藉以《小学》通俗化、浅近化的转换,实现理学伦理精神的现世普及和民间渗透。故而,《小学》全书,论礼之处,不胜枚举,有家礼、宗族礼、饮酒礼、君

---

① 《小学》,朱杰人等主编:《朱子全书》第13册,上海:上海古籍出版社,合肥:安徽教育出版社,2002年,第397页。

② 梁君:《由思想而行动——南宋理学家伦理实践研究》,上海师范大学博士学位论文,2012年,第51页。

臣礼、亲友礼、士相见礼等。所辑六卷,离不开"礼"的布施。明人伦、广立教、稽先古、集嘉言、推善行,亦在于建立"礼"的教化理论体系与道德实践指南。《小学》因此也既被视作启蒙读物又被奉为儒家经典,对当时及后世产生了极深的影响。

(二)家庭、学校、社会:童蒙教化的空间载体

宋代"右文"的文教政策、发达的教育事业以及社会发展的切实需要,为朱熹童蒙教化的渗透与普及提供了良好的外围环境,从而建立层次分明的教化体系。

1. 家庭教化

朱熹从5岁至14岁时是受业于家中的,并在其父亲朱松过世后,深受"武夷三先生"家庭式的开化启蒙。因此,朱熹十分重视家庭、家族教化对孩童成长的影响。在"明伦"中,朱熹从侍奉父母、洒扫应对、进退之节、衣着打扮、卫生清洁等方面,都作了明确要求。构筑了一道立身修身、谨尊孝悌的人伦道德之基。

朱熹重视家庭教化,也与宋代家庭教化在童蒙教化中的普遍性和有效性相关联。如欧阳修"四岁而孤,母郑,守节自誓,亲诲之学,家贫,而以荻画地学书。幼敏悟过人,读书辄成诵。及冠,嶷然有声。"[①]又如,苏轼"生十年,父洵游学四方,母程氏亲授以书,闻古今成败,辄能语其要"。[②] 这些在私塾和家塾之外,由家长亲自担任教师的家传私学,对孩童的启蒙发挥着重要作用。

朱熹也十分重视家训、家礼的教化价值,《小学》多处引用了《颜氏家训》《杨文公家训》以及诸葛武侯《戒子书》的内容进行教化。朱熹本人也作了《家训》,倡导家庭亲睦、人际和谐、重德修身。作为家训的延伸,族训、族规也广泛存在于宋朝社会。抚州金溪的陆九渊陆氏家族,每晨兴,家长率众子弟致恭于祖祢祠堂,聚揖于厅。弟子有过,家长会众子弟,责而训之。不改,则挞之。晨揖,击鼓三叠,子弟一人唱云:"听听听听听听听,劳我以生天理定。若还惰懒必饥寒,莫到饥寒方怨命。虚空自有神明听。"又唱云:"听听听听听听

---

① 《宋史》,北京:中华书局,1977年,第10375页。
② 《小学》,朱杰人等主编:《朱子全书》第13册,上海:上海古籍出版社,合肥:安徽教育出版社,2002年,第10801页。

听,衣食生身天付定。酒肉贪多折人寿,经营太甚违天命。定定定定定定定。"①朱熹正是感受到这种家庭和家族内部规约的力量,故而不惜余力推广,亦采摘古礼之精要,借鉴司马光的《居家杂仪》,采用通俗化的语言汇编而成《家礼》一书,作为对宗族子弟日常行为的规范文本,借此为童蒙修身立命创造第一环境。

2. 学校教化

宋代经过三次大规模兴学,建立了数量庞大的多性质、多类型的学校教化机构,从而呈现出"学校之设遍天下,而海内文治彬彬"②的景象。在童蒙教化机构建设方面,宋朝统治者将原属于中央一级的国子监小学推行到州县,大大推动了小学的发展。崇宁元年(1102年),宋徽宗下令,地方州县都可设置小学,"天下州县并置学校,州置教授二员,县亦置小学"。③

北宋小学教化的兴盛延续至南宋。据南宋耐德翁的《都城纪胜·三教外地》记载:"都城(临安,今浙江杭州)内外,自有文武两学,宗学(包含了诸王宫小学、宗学小学、内小学)、京学、县学之外,其余乡校、家塾、舍馆、书会,每一里巷,须一二所。弦诵之声,往往相闻。"④

宋代蓬勃发展的童蒙教化事业为《小学》中所倡导的教化使命起到了有效的传播作用。不仅如此,在这个文教兴昌的时代背景下,作为理学家的朱熹也不甘寂寞。朱熹重视后天教化对人的影响,认为教化除了能"变化气质"之外,还能改变社会风气。他欲以《小学》书作为启蒙教化的教材,并随着此书的推广和使用,对良善社会风化的形成起着补助作用。因而,朱熹也非常重视童蒙教化机构的建设。特别对义学(或义塾)、家塾、族塾、村塾、冬学在内的各种民间教化机构积极支持。朱熹从政期间,每到一处,总以明教化、正风俗为先务,积极兴办书院,规劝当地父老遣子入学。从政所至,兴学校,明教化,四方学者毕至。⑤

3. 乡里教化

朱熹非常重视将理学传播的空间由基于血缘之家族向基于地缘之乡里

---

① 罗大经:《鹤林玉露》,北京:中华书局,1983年,第324页。
② 《宋史》,北京:中华书局,1977年,第3604页。
③ 乔卫平:《中国教育制度通史》第三卷,济南:山东教育出版社,2000年,第198页。
④ 孟宪承:《中国古代教育史资料》,上海:华东师范大学出版社,2010年,第168页。
⑤ 苗春德:《宋代教育》,郑州:河南大学出版社,1992年,第400~411页。

进行扩展,一方面为童蒙教化创造一个良好的外部大环境,另一方面,将童蒙教化内容与思想进一步渗透与普及乡里,获得更大的生存空间。乡里教化的推行主要依赖乡约、谕俗文、乡饮酒及堂会、民间话本及文艺活动、禁毁淫祠、旌表名贤等方式手段。

朱熹尤其重视乡约民规的秩序整合力量。为此,他将乡约条目辑入其《小学》。他在答刘清之关于《小学》编撰问题时说:"末卷益以周、程、张子教人大略及《乡约》《杂仪》之类别为下篇。"①在书中引用了《吕氏乡约》,并曾编订《增损吕氏乡约》。朱熹希望借乡约民规,以约定俗成的方式在一定地域提倡和推广理学伦理规范和行为准则,劝善惩恶、广教化、敦风俗,使理学伦理得以在民间自发自觉地蔓延开来,营造出儒家理想世界里的和谐有序的乡风,从而为童蒙心性的发展提供一个理想的外部大环境,使"圣贤坯璞"得到更好的雕饰。

(三)印本书:童蒙教化的传播载体

教化思想与内容必须借助一定的技术和媒介来传播。宋朝雕版印刷术的广泛使用,使印本书取代了落后的手抄书,成为南宋教化传播系统的主要传播媒体,在传递空间和传播速度上大大推进。作为文献家和积极从事刻书的朱熹,充分利用了宋朝印刷业的发展来推广其启蒙教化文本。

《小学》成书于淳熙十四年(1187年),这一时期,正是雕版印刷技术兴盛并广泛应用于文化领域的重要阶段,这就为《小学》的传播和推广提供了技术依托。宋代版印事业空前繁荣的一个表现就是从中央到地方涌现了众多的刻书机构和个人。官刻、私刻交互分布,在宋代形成了一个庞大的刻书出版网络。② 在北宋雕印事业的基础之上,南宋版印技术得到广泛的普及和应用。朱熹晚年所生活的福建建阳,成为当时版印事业的核心区域之一,号称"图书

---

① 朱杰人等主编:《朱子全书》第21册,上海:上海古籍出版社,合肥:安徽教育出版社,2002年,第1548页。

② 于兆军:《版印传媒与两宋文学的传播及嬗变》,河南大学博士学位论文,2014年,第41页。

之府"。① 朱熹也说:"建阳版本书籍行四方者,无远不至。"②张栻及南宋"中兴四大诗人"尤袤、杨万里、范成大、陆游等人,在地方做官时都刻印过不少精美的图书,③陆游曾说:"近世士大夫所至,喜刻书版。"④朱熹就是在这样的大环境下推广和传播其所编撰的童蒙教化读本的。朱熹热衷于出版刻书,其刻本的种数达三十几种之多,闽、浙、赣、湘,宦迹所在,均有刻书,其中就包括《小学》。朱熹曾在武夷精舍刻印《小学》六卷,封面作"武夷精舍小学之书",这是我国有文字可考的最早使用封面的图书。不仅如此,朱熹在建阳崇化书坊还拥有专门的刻书工场,即书库,由其婿刘学古、季子朱在打点,门人林择之担任部分发行工作。朱熹刻印书籍,除了传播其思想学说,也从中赚一点"文字钱"以弥补其俸禄之不足。⑤

由于朱熹作为一代大儒的身份和社会影响,《小学》一书问世之后,备受推崇,知名的文人学者纷纷给它作笺释注解,官家、私人不断刻印,版本之多,印制之精工,凌驾乎一切蒙书之上。⑥ 这样,在南宋开明的文教政策、兴盛的学校教育以及朝廷大力推行图书传播的背景下,由于朱熹个人的刊刻和极力推广,以及刻书出版的群体规模效应的影响,《小学》一书得以流行于社会各个领域。私塾、乡校、官学都把《小学》奉为启蒙经典教材,上至朝廷下至士林,无不推崇。不仅在南宋,后世也广为流传,并呈现出多种刻本,有元刻本、明刻本等,甚至被传播到日本、韩国等国家。例如在韩国,世宗曾亲命宫廷铸字刻印《小学》定本,以广流布。⑦ 在朝鲜,甚至把《小学》作为殉葬品,足可见《小学》的深远影响。

---

① 于兆军:《版印传媒与两宋文学的传播及嬗变》,河南大学博士学位论文,2014年,第58页。
② 朱熹:《建宁府建阳县学藏书记》,朱杰人等主编:《朱子全书》第24册,上海:上海古籍出版社,合肥:安徽教育出版社,2002年,第3745页。
③ 朱熹:《建宁府建阳县学藏书记》,朱杰人等主编:《朱子全书》第24册,上海:上海古籍出版社,合肥:安徽教育出版社,2002年,第63页。
④ 陆游:《跋历代陵名》,《陆游集》第5册,北京:中华书局,1976年,第2232页。
⑤ 方彦寿:《朱熹刻书事迹考》,《福建学刊》1995年第1期,第75~77页。
⑥ 张志公:《传统语文教育初探》,上海:上海教育出版社,1962年,第42页。
⑦ 《小学》,朱杰人等主编:《朱子全书》第13册,上海:上海古籍出版社,合肥:安徽教育出版社,2002年,第383页。

四、结　语

　　通过对《小学》的分析我们可以看出，朱熹童蒙教化体系内在包含了价值目的、内容选择、实践逻辑、教化和传播载体等要素，是内容与形式、目的与手段的有机整体。朱熹把童蒙教化看作是"圣功"，为此，他整合了家庭、学校和社会等教化主体和空间系统，为儿童启蒙创造了良好的内、外部环境。同时，朱熹通过编撰蒙书、归纳读书法、由理入礼等方式手段精心组织和利用教化中介系统，为教化者、童蒙提供了一套理学伦理框架下的实践指南、制度规范与行为准则。

（原刊于《教育评论》2016年第1期）

《仪礼经传通解》与儒家社会秩序的构建
——基于社会学思考的朱子文献建设

❋ 陈国代

礼是按照道德理性的要求而制定的典章制度、行为规范的总称,在中国文化中具有特殊的地位与作用,是古代中国人文精神的集中表现。一般而言,礼是在古代知识阶层以及上层社会流行的,对人际交往和行为方式具有很强的约束性。朱子看出礼不仅对个体有内在的约束作用,对群体也有外在的规范作用,故而努力建设礼学文化,把形而上的"理"通过形而下的"礼",贯彻到实际生活中,达成社会有秩序化,从而推进人类社会文明。

一、朱子编纂《仪礼经传通解》的动机与目的

就中国早期礼学文献而言,主要有《仪礼》《周礼》和《礼记》三种著作。《仪礼》成书最早,由孔子搜集整理成册,是西周、春秋时期各国礼仪制度的资料汇编,记述了古代冠、婚、丧、祭、乡、射、朝、聘等各项礼仪内容。《周礼》是周公遗典,通过记述各种职官的名称及其职掌内容,展开对社会政治制度的构想,蕴含着实现治国理政的大道。《仪礼传记》之《传》是子夏作,《记》是子夏以后的人所作,但都出于孔门之徒。东汉末著名学者郑玄(127—200)为之作注,其后合称为《三礼》。唐代则把三部《礼》都立为经,提高了文献的地位。南宋理学家朱子(1130—1200)认为《三礼》实则同为一经,[①]是中国礼制和礼学的渊薮,奠定了中华礼仪之邦的基本格局,有必要对诸多礼书内容进行整

---

① 《朱子语类》卷八三,北京:中华书局,1986年,第2176页。

合处理,使之成为一个严密的系统,以便人们研读、检视与执行。

朱子看到南宋社会因"王安石变乱旧制"所带来的"人逾法度"、奸佞肆行、小人得志、社会腐败、人心堕落的恶果,与孔子看到春秋战国时期"礼崩乐坏"、诸侯逾制、群雄肆杀的社会问题差不多。长期以来,礼乐废坏,礼书流传不全,古礼繁缛不宜时用,而世儒解释经义不精,学礼者多迂阔,所传谬误多多,无法正确指导人们行为。如南宋绍兴初高抑崇担任礼官,主持制定乡饮酒礼的礼仪,仪制极乖陋,却在浙江明州地区流行,还由朝廷颁行天下要人遵照执行。朱子以其舍本求末,不曾看《仪礼》,只取《礼记》中《乡饮酒义》的文字铺排,不可取。然而这样劣等的礼书,"似乎编入《国史实录》,果然是贻笑千古者也"。①掌管朝廷礼仪活动的礼官都不曾看《仪礼》,更遑论其他学者。要改变这种状况,就必须从源头做起,在回归古典学问的背景下,重新整顿礼书,修纂一部完整的、切实可行的礼学文本,作为教化民众的理论指导依据。

朱子以知南康军的身份在淳熙七年(1180年)三月修成白鹿洞书院后,上状文申乞颁降《礼书》与增修《礼书》,②想利用官方资源与力量修礼书,以便在全国实施,但孝宗皇帝和朝中当政者,没有深谋远虑,弃之而不顾。大约过了十年,朱子知漳州时便有"欲定作一书,先以《仪礼》篇目置于前,而附《礼记》于后"③的修书想法,要继续发挥周公制礼、孔子编礼的作用,建立一套完整的礼制理论体系。

朱子认为,以礼教化民众,维护社会稳定与推进人类进步,属于"天理"范畴。朱子著作中阐述"天理"的文字特别多,归纳起来,"天理"至少包含如下三个层面的含义:其一是自然规律,其二是人伦关系,其三是社会秩序。朱子把"礼学"当作"理学"的组成部分,说"圣人制礼,无一节是强人","礼学是一大事,不可不讲"。④乃因"礼者,天理节文之自然,人之所当行者",⑤而人类始终离不得"天理",不仅不能忽略不讲,而是要天天讲,时时讲。朱子强调《论语》所言"礼之用和为贵",把形上之天理,通过具体的礼仪、礼节贯彻到现实

---

① 《朱子语类》卷八七,北京:中华书局,1986年,第2266页。
② 《晦庵先生朱文公文集》卷二〇,《乞颁降礼书状》《乞增修礼书状》。
③ 《朱子语类》卷八四,北京:中华书局,1986年,第2186页。
④ 《晦庵先生朱文公文集》卷五九,《答陈才卿八》,朱杰人等主编:《朱子全书》第22册,上海:上海古籍出版社,合肥:安徽教育出版社,2002年,第2848页。
⑤ 《朱子语类》卷二二,北京:中华书局,1986年,第514页。

生活中,做到"礼下庶人",使华夏子民明白《礼》之所以示教,乃"毋不敬"也,要人们正心诚意不做作。"'齐之以礼'者,是使之知其冠婚丧祭之仪,尊卑小大之别,教人知所趋。"①可以看出,朱子的礼学文献建设,动机是"兴起废坠",目的是"使士知实学"。也可以说,朱子站在文化历史的高峰,标举"天理"而进行文献建设,恢复古礼,终极目标是为"兴起国家",推动人类社会的文明进程。这是朱子礼学建设的出发点,也是朱熹全部学说的归宿。

朱子要修纂大型礼书作为官学教材,纠王安石急功近利、弃本逐末的学术误导,给出切实可行的礼学文本,引人上正轨,改善社会状况。就文献建设而言,朱子整理与编纂礼学文本,不仅秉承周公、孔子的思想,也注入自己重建社会秩序的礼制思想,而不是做简单的条目整理与文字修饰的工作。朱子"尝要取《三礼》编成一书,事多蹉过。若有朋友,只两年工夫可成。"②其构想是"《礼经》要须编成门类,如冠、昏、丧、祭,及他杂碎礼数,皆须分门类编出,考其异同,而订其当否,方见得",但在精力已大不如从前旺盛时,感到做起来又没有那么简单,甚至想打退堂鼓,"姑存与后人"③整理。因此,修纂大型礼书没有及时付诸实施,直到六十岁时仍念念不忘,说:"礼乐废坏二千余年,若以大数观之,亦未为远,然已都无稽考处。后来须有一个大大底人出来,尽数拆洗一番,但未知远近在几时。"④可见朱子内心也曾矛盾过、挣扎过、担忧过、期待过。"尽数拆洗",意味着重新开始,至少包含像汉武帝、唐太宗一样对社会秩序的重整⑤和大儒对礼学文本的重建。南宋学者如林,学养到达圣贤境界的"大大底人",非朱子莫属,事实也确实如此。要承担重建礼制社会秩序,表明朱子具有鲜明的文化自觉性和强大的社会责任心,追步孔子,承续道统,做有"德"无"位"的"素王"伟业。绍熙五年(1194 年)八月中旬,朱子除焕章阁待制兼侍讲,闰十月十一日,朱子向二十六岁的新帝讲儒家经典《大学》,入史院工作,以荣任帝王师的身份上札乞修三《礼》。⑥朱子在札子中回顾既往就有编纂大型礼书的计划与基础,带领门徒已经做了前期工作,目的是要挽回

---

① 《朱子语类》卷二三,北京:中华书局,1986 年,第 549 页。
② 《朱子语类》卷九三,北京:中华书局,1986 年,第 2363 页。
③ 《朱子语类》卷八三,北京:中华书局,1986 年,第 2176 页。
④ 《朱子语类》卷八四,北京:中华书局,1986 年,第 2177 页。
⑤ 《朱子语类》卷一三四,北京:中华书局,1986 年,第 3209 页。
⑥ 束景南:《朱熹年谱长编》,上海:华东师范大学出版社,2001 年,第 1184 页。

"六艺之文厄于秦火"的损失,想借助国家财力物力完成礼书编修工程。然而,札子投进去十天,没有批复下来。而等来的结果却是:"侍讲朱熹以上疏忤韩侂胄罢。"①闰十月戊寅(21日),朱子就被迫离开朝廷,结束46天经筵侍讲的生涯。朱子失望地回到建阳考亭书院,只能退而求其次,自己组织人马继续完成礼书的伟大构想。至庆元二年(1196年)夏,朱子分别委任弟子黄榦、吴必大、吕祖俭、李如圭撰修。②大致先后参加编修《礼书》者有吕祖俭、路荣、潘友恭、余正甫、黄榦、蔡元定、吴必大、李如圭、刘砥、赵师夏、赵师恭、应恕、詹体仁、叶贺孙、杨楫、廖德明、杨方、杨简、刘光祖、刘起晦、孙枝、杨复、甘节等人,其中余正甫识度与朱子异,③而自作主张去独编礼书。这些人分布于闽浙赣各文化重镇,成为新儒学传播的骨干。按朱子要求,福建以建阳为中心,由黄榦、刘砥、刘砺负责;江西以庐陵为中心,由吴必大、李如圭负责;浙江分为四路:金华由吕祖俭负责,四明由孙枝负责,永嘉由叶贺孙负责,黄岩由赵师夏负责,共同修撰《礼书》。④这个名单由《晦庵先生朱文公文集》中诸多书札中整理而出,与《朱子语类》卷八十四至卷九十一所载的学礼门生有许多交叉性,可见其可信度。

这也表明,朱子作为新儒学领袖,打破区域限制、学派界限,将学有造诣的人招致麾下,充分发挥他们的聪明才智,共同完成这部皇皇巨著。可以看出,《仪礼经传通解》是以朱子为核心的集体劳动的结晶。诸多朱子门人在文献建设的千秋伟业中默默地做了大量的工作,既有功于朱门,也有功于中华文化。

二、《仪礼经传通解》文本的建构

朱子要"补六艺之阙",使之完璧,并非虚言。原本《仪礼》全书有五十六篇,由于种种原因亡阙,难以尽见,所传十七篇多是士礼,而如天子诸侯丧祭之礼散佚。好在古文《仪礼》五十六篇藏在孔子旧宅,至汉代鲁共王刘余坏孔

---

① 《宋史》卷三七,《本纪第三十七》,北京:中华书局,1985年,,第717页。
② 束景南:《朱熹年谱长编》,上海:华东师范大学出版社,2001年,第1249页。
③ 《朱子语类》卷八四,北京:中华书局,1986年,第2187页。
④ 束景南:《朱熹年谱长编》,上海:华东师范大学出版社,2001年,第1253页。

壁时才外露,河间献王刘德始得之并献给朝廷,但当时君臣间不识蝌蚪文,不晓文义,只得藏在秘府,没有刊行,仅有郑玄等少数学问家有机会接触和引用。郑玄等人也只解其中的"十七篇",不解另外的三十九篇,后来更少有人研究,遂至无人传播。至北宋才有所改变,如司马光对《仪礼》进行化裁作《书仪》,吕大临集诸家之说补《仪礼》,陆佃作《礼象》,福建则有陈祥道、王普、刘藻、任文荐等人以明礼见称于时,其中"王侍郎普,礼学律历皆极精深。盖其所著皆据本而言,非出私臆。某细考其书,皆有来历,可行。考订精确,极不易得。"①朱子经过文本比对,认为诸家之说各有优劣,说:"陆农师《礼象》,陈用之《礼书》,亦该博,陈底似胜陆底。"②这是因为"陆氏《礼象图》中多有杜撰处"。③朱子礼学文献建设,无疑受到诸多前辈著述活动的启发。

　　淳熙八年(1181年)夏秋之间,朱子与吕祖谦书信往来讨论《礼》学,形成以《仪礼》为经、《礼记》为传的思想。这个思想的形成,日本学者上山春平先生认为"可以追溯至淳熙二年朱子与吕伯恭在寒泉精舍会面之时"④。这种文献学格局,与朱子知漳州时"《仪礼》,礼之根本,而《礼记》乃其枝叶"的论断相一致。后来赵几道问朱子:"《礼》合如何修?"回答说"《礼》非全书,而《礼记》尤杂。今合取《仪礼》为正,然后取《礼记》诸书之说以类相从,更取诸儒剖击之说各附其下,庶便搜阅。"⑤《朱子语类》卷一一三中也有记载:"编丧、祭礼,当依先生指授,以《仪礼》为经,《戴记》为传,《周礼》作旁证。"朱子对前期所说作了肯定回答,又补充说:"和《通典》也须看,就中却又议论更革处。"⑥编写礼书,基本上是遵循以《仪礼》为经、以《礼记》为传、《周礼》为纲的原则,将西周以来散乱的礼文献资料汇集在一起。朱子最初构想是按《仪礼附记》上、下篇、《礼记》的框架编写。这样处理,也是建立在对吕祖谦门人路芾、潘友恭的礼书编排的反思上。朱子淳熙十四年九月回答潘友恭的一封书信里说:

　　《礼记》如此编甚好……《仪礼附记》,似合只依德章本子,盖免得拆

---

① 《朱子语类》卷八四,北京:中华书局,1986年,第2183页。
② 《朱子语类》卷八七,北京:中华书局,1986年,第2226页。
③ 《朱子语类》卷八九,北京:中华书局,1986年,第2283页。
④ 上山春平:《朱子〈家礼〉与〈仪礼经传通解〉》,载吴震、吾妻重二主编《思想与文献——日本学者宋明儒学研究》,上海:华东师范大学出版社,2010年,第173页。
⑤ 《朱子语类》卷八三,北京:中华书局,1986年,第2176页。
⑥ 《朱子语类》卷一一三,北京:中华书局,1986年,第2739页。

碑《记》文本篇。如要逐段参照，即于章末结云："右第几章。"《仪礼》即云："《记》某篇第几章当附此。"《礼记》即云："当附《仪礼》某篇第几章。"又如此《大戴礼》亦合收入，可附《仪礼》者附之，不可者分入五类。如《管子·弟子职》篇，亦合附入《曲礼》类，其他经传类书说礼文者并合编集，别为一书。《周礼》即以祭礼、宾客、师田、丧纪之属事别为门，自为一书。如此，即礼书大备。①

"德章本子"指的是淳熙十二年路芾所修礼书稿本。朱子不满意路芾和潘友恭遵从吕祖谦的编写路数，而给出如上的框架，且要将当时所能见到的文献搜罗殆尽，对内容作取舍安排，而"不多取《国语》杂书迂僻蔓衍之说"，②令《仪礼》中大节三百条、小目三千条的内容更加充实而饱满，文字表述则择善而入，其中也要求厘正诸如《礼记·大传》与《丧小记》原有错误之处。

朱子正式编纂《仪礼经传通解》是从庆元二年开始的，经过诸人辑佚、编写、修改，礼书规模达到如下文本形态：

家礼：士冠礼、冠义、士昏礼、昏义、内则、内治、五宗、亲属记。

乡礼：士相见礼、士相见义、投壶、乡饮酒礼、乡饮酒义、乡射礼、乡射义。

学礼：学制、学义、弟子职、少仪、曲礼、臣礼、钟律、钟律义、诗乐、礼乐记、书数、学记、大学、中庸、保傅传、践阼、五学。

邦国礼：燕礼、燕礼义、大射礼、大射义、聘礼、聘义、公食大夫礼、公食大夫义、诸侯相朝礼、诸侯相朝义。

王朝礼：觐礼、朝事义、历数、卜筮（缺）、夏小正、月令、乐制、乐记、王制（甲分土、乙制国、丙王礼、丁王事、戊设官、己建侯、庚名器上、辛名器下、壬师田、癸刑辟）。

丧礼：丧服、士丧礼（上、下）、士虞礼、丧大记（上、下）、卒哭祔练祥禫记（吉祭忌日附）、补服、丧服变除、丧服制度、丧服义、丧通礼、丧变礼、吊礼、丧礼义、丧服图式目录。

祭礼：特牲馈食礼、少牢馈食礼、有司彻、诸侯迁庙、诸侯衅庙、祭法、天

---

① 《晦庵先生朱文公文集》卷五〇、《答潘恭叔》八，朱杰人等主编：《朱子全书》第22册，上海：上海古籍出版社，合肥：安徽教育出版社，2002年，第2313页。

② 《晦庵先生朱文公文集》卷七一、《偶读漫记》，朱杰人等主编：《朱子全书》第24册，上海：上海古籍出版社，合肥：安徽教育出版社，2002年，第3423页。

神、地示、百神、宗庙、因事之祭、祭统、祭物、祭义。

这个文本架构不仅保留了传世的《仪礼》十七篇,还辑补扩增了不少内容。这些内容来自于经书、史书和杂书的不同文献。经书类有《仪礼》《周礼》《礼记》《尚书》《诗经》《孝经》《尔雅》《论语》《孟子》等;史书类有《春秋》三传、《国语》《战国策》《吕氏春秋》《史记》《资治通鉴》等;杂书类有《大戴礼》《孔子家语》《白虎通》《孔丛子》《尚书大传》《周书》《说苑》《列女传》等。

最终超过原本《仪礼》规模的《仪礼经传通解》共66卷,分别由朱子、黄榦和杨复先后主持完成审定,陆续刊印。最先于嘉定十年(1217年)在南康道院首次刊印者37卷,自《士冠礼》至《诸侯相朝义》为23卷,经由朱子审定者,称《仪礼经传通解》,自《觐礼》至《王制·癸·刑辟》为14卷,未及审定者,权称为《仪礼集传集注》,以示区别。《丧服》至《祭义》,则称《仪礼经传通解续》29卷,于嘉定十六年刊印,其中由朱子门人黄榦主持完成审定15卷,仍未完成者14卷,则由杨复继续主持审定以至最后完成。到了绍定四年(1231年),终于出齐全书66卷的审定本。从谋编礼书,至出齐审定本,前后整整半个世纪。

就《仪礼经传通解》编修而言,朱子按内在逻辑进行编排成七大板块,加以综合考察,并进行文本诠释,使之具有"当代之典"的文献意义。四库馆臣说:"虽编纂不出一手,而端绪相因,规模不异。古礼之梗概节目,亦略备于是矣。"[①]史官说"五代之衰乱甚矣,其礼文仪注往往多草创,不能备一代之典",其间官私纂修礼书,多不切用,而"朱熹讲明详备,尝欲取《仪礼》《周官》《二戴记》为本,编次朝廷公卿大夫士民之礼,尽取汉、晋而下及唐诸儒之说,考订辨正,以为当代之典",[②]是中肯的。《仪礼经传通解》具有编修时间跨度长、参与人员多、文本规模大、涵盖面广的特点,既是汇集古代礼制记载的集大成之作,也是朱子礼学思想最主要、最集中的代表性著作。朱子让古代礼经在当下发挥作用,无疑是开启礼学研究的新范式,是有意义的文献建设。

---

① 《四库全书总目提要》,北京:中华书局,1965年,第179页。
② 《宋史》卷九八,《志》第五十一,北京:中华书局,1985年,第2421~2424页。

三、构建理想社会秩序的儒家智慧

朱子认为,儒家思想、政治主张、社会秩序等,都与礼密不可分。礼具有礼仪和礼义两个层面,礼仪讲的是"做事",礼义讲的是"道理",哲学含义是体用一源。朱子作《仪礼经传通解》,是从"士"的一生成长与社会活动乃至生命终结的角度入手,对包含朝廷公卿大夫士民之礼在内的礼学文献资料进行整合,为家、乡、学校、邦国、王朝分别提供了对应之礼,供人参习,实际就是教人如何做事,以及应当据以为做事的道理,无疑为礼学注入了新的人本主义理学精神的活力与生命。

礼不仅贯穿人的一生,也是贯穿中国传统社会的一条主线。用礼治国,无出周朝,首推周公。文献记载,"成王在丰,天下已安,周之官政未次序,于是周公作《周官》,官别其宜,作《立政》,以便百姓。百姓说。"①《尚书大传·康诰》中也讲到"周公居摄三年,制礼作乐",其中所作之礼,后人多以为是《周礼》,实则《周官》。王莽建立新朝,始改《周官》为《周礼》,并宣称这是周公居摄时所制订的典章制度。后来《周礼》与《周官》多混称互见。如北宋变法领袖王安石把《周官》当做《周礼》,看出其中存在着一个包罗万象的系统,能以之实现公共利益,②作《周礼义》而为官学教材。《周官》是由《天官冢宰》《地官司徒》《春官宗伯》《夏官司马》《秋官司寇》和《冬官司空》六篇《经》,和后人所作四篇《传》组成。朱子认为此书"乃制治立法、设官分职之书,于天下事无不该摄",是一部通过官制来展示治国思想的著作,讲述设官的原则、官员的职守、官职之间的制约等等,而"礼典固在其中,而非专为礼设也",③具有制度包含礼典的关系。

朱子认为,周公德厚威重功高,以叔父身份精心辅佐成王治国,赢得民心,稳定天下,最为可法。朱子说:"《周礼》一书,周公所以立下许多条贯,皆

---

① 司马迁:《史记》卷三三,《周鲁公世家第三》,北京:中华书局,1985年,第1522页。
② 包弼德撰,方笑一译:《王安石与〈周礼〉》,《历史文献研究》第33辑,上海:华东师范大学出版社,2014年,第65页。
③ 朱熹:《仪礼经传通解·篇第目录》,朱杰人等主编:《朱子全书》第2册,上海:上海古籍出版社,合肥:安徽教育出版社,2002年,第28页。

是广大心中流出。"①在淳熙十五年就向孝宗皇帝推荐,说:"臣窃见《周礼·天官·冢宰》一篇,乃周公辅导成王、垂法后世,用意最深切处。欲知三代人主正心诚意之学,于此考之,可见其实,伏乞圣照。"②朱子认为周公首先提出以德治国的政治主张,吸收黄帝、尧、舜以来的六代官政的精华而制订一套社会管理制度,又建立一套良好的人的行为规范,来巩固周王朝的社会秩序。朱子认为,周制法度严密,是一种理想的社会政治制度的象征,是尧舜禹汤文武周公之道所在,是广大精密的圣人一代大法,因而倍加推崇,把它当做纲领性典章,吸收其中规范人的行为之礼,将"《春官》所领五礼之目约之",③提炼精华,有机地融入《仪礼经传通解》。"朱熹的《礼》学,一方面是要从学术上以《仪礼》为经,建立一个融会三《礼》的统一体系;另一方面是要从政治上以《周礼》为纲,建立一个社会政治制度的理想体系,从而把《礼》学也纳入他的理学体系中。"④正因为此,朱子把社会制度与传统礼典关系做了妥善处理,礼才能超越地缘和血统,成为维系中华民族团结的强大纽带。

人类生存和发展的基本保证来自于社会秩序的稳定,古往今来,已成共识。儒家把纷繁复杂的社会角色归纳为夫妇、父子、兄弟、君臣、朋友五种伦常关系。因此,确认社会秩序很大程度上体现在社会伦理秩序,处理好伦理秩序,其他诸如政治秩序、经济秩序、劳动秩序、社会日常生活秩序等,就容易得手。大家知道,赵匡胤顺应时势,发动陈桥兵变,逼周恭帝禅让帝位,建立宋王朝。赵光义是赵匡胤的胞弟,直接登极继承兄位,而不是扶持侄儿登上皇帝宝座。于君臣之义而言,赵氏兄弟皆破伦常。同样,朱子从宋光宗与宋孝宗的父子矛盾中,找到"政治日昏,孝养日息"⑤根本原因,就在于父子两人在立储与传位上的根本分歧,也就是君臣大义与父子关系没有理顺,才导致一场孝道危机,并引发庆元党禁的政治危机。

通常情况下,社会秩序要靠两种方法来维持,一是要靠法律惩处,二是要

---

① 《朱子语类》卷三三,北京:中华书局,1986年,第850页。
② 《晦庵先生朱文公文集》卷一一,《戊申封事》,朱杰人等主编:《朱子全书》第14册,上海:上海古籍出版社,合肥:安徽教育出版社,2002年,第593页。
③ 朱熹:《仪礼经传通解·篇第目录》,朱杰人等主编:《朱子全书》第2册,上海:上海古籍出版社,合肥:安徽教育出版社,2002年,第28页。
④ 束景南:《朱熹研究》,北京:人民出版社,2008年,第322页。
⑤ 《宋史》卷三六,《本纪第三十六》,北京:中华书局,1985年,第710页。

靠道德教育。儒家是礼制主义者,所有的重要理念都是通过礼来体现的,社会秩序的建立与维持,自然也就少不了对礼的依靠。儒家也是教化主义者,十分在意社会伦理秩序问题。大家知道,有夫妇,才有父子;有父子,才有兄弟;然后才有君臣、朋友。儒家规定处理伦常关系的原则是:夫妇有别,父子有亲,长幼有序,君臣有义,朋友有信。这一系列原则都是通过"礼"来展现的,而不是靠"法"来强制的。朱子恢复古礼,维护儒家社会秩序,把社会秩序纳入礼制的范畴,通过"礼"的具体仪式理顺"五常"关系,把形而上的"天理",通过形而下的"礼仪",贯彻到人类日常生活中。

自古以来,中国就有以伦理、道德为基础的法律,用来约束人的社会行为。儒家提倡道德礼治,反对专任刑罚,兼顾法制与德治,认为法的作用在于"已然之后",属于惩戒性;礼的作用在于"未然之先",属于防范性。"道之以政,齐之以刑",与"道之以德,齐之以礼",是治国的两条途径,朱子和孔子一样主张后者。儒家"修齐治平"学说的诞生与普化,实际就参与了社会秩序的维护,且作用不逊于单纯的法律。魏晋南北朝时期,政府"以礼入法",法律与伦理道德,在很大程度上开始合一,当今中国用于调整民事关系的基本法律——《中华人民共和国民法通则》,也是基于此认识而设立的。

儒家的智慧在于礼的制度化,始终以"礼"来统贯全局,在人际交往中,通过尊重对方,来得到对方的尊重,如此处理社会各阶层的复杂关系,使得人类社会始终保持相对的稳定状态。即便是朝代更迭,政权易手,格局打破,社会重组,秩序再建,礼的作用依然存在并发挥作用。正因为天理的恒定存在,中华民族讲"礼",才使得几千年来历经坎坷,始终没有灭亡,并得以延续下来。

总之,朱子与孔子、周公思想一脉相承,重视礼制文化建设,建构起庞大的礼学体系,目的在于规范人的行为,使"礼治"成为一种"软法",以维护社会秩序。尽管终宋一代,朱子礼学思想未见朝廷全面而有效推行,但其经世致用的思想主张却被中外后儒所重视与吸收。韩国学者认为,朝鲜时代有五百年的社会稳定,便是受益于朱子理学思想。[①] 由此看出,包括《仪礼经传通解》在内的礼书,是人类建设和谐社会的重要资源。

(原刊于徐公喜主编《礼学视域下的朱子学》,南昌:江西人民出版社,2016年)

---

① 彭林:《儒家礼乐文明讲演录》,桂林:广西师范大学出版社,2008年,第27页。

道学的团体化

——宋儒结党,明儒结社

❋ 衷鑫恣

一、道学的团体化传统

  以下是发生于宋明两代的三次"党锢"(对反对党的镇压):北宋"元佑奸党碑",录97人;南宋庆元"伪学逆党",籍59人;晚明天启的东林"点将录",点108人。某种意义上,这就是政敌们制作的"党员名册"。这些"党",都是持异议的士大夫集团,且都是理学阶段的儒士集团。

  宋儒是不惮于结党的,宋代党争也于历代最频繁。欧阳修作《朋党论》,从儒家义理系统出发,论证君子有党,是宋代士大夫党派政治的宣言。朱熹对此有充分的自觉,屡称"吾党",[①]宣扬"以吾党致力于吾道"。朱子不是不知道,"君子矜而不争,群而不党",[②]然而"无党"犹如"大同",是一种理想,在君子小人杂处的现实政治中,择友与站队是难免的。因此朱子严厉斥责无条件的无党论:"若其不分黑白,不辨是非,而猥言'无党',是大乱之道。"[③]

  东汉与两宋都是养士(培养优容士大夫)的美好时光,士大夫之交游与互相标榜也相当一致。史家述桓灵党锢前的东汉交游之盛:

[①] 朱子《晦庵集》中,"吾党"凡33见,加上"吾徒"等同义语,更不止此数。
[②] 《论语·卫灵公》。
[③] 《朱子语类》卷一三二。

前太尉黄琼(86—164)之卒也,四方名士来会其葬者六七千人。郭泰(128—169)初到洛阳,时人莫识。陈留符融一见嗟异,因以介于河南尹李膺(110—169),膺与为友。后归太原乡里,诸儒送之河上,车数千辆,太学诸生三万余人。郭泰、贾彪为其冠,与李膺、陈蕃(?—168)、王畅(?—169)更相褒重。学中语曰:"天下楷模李元礼,不畏强御陈仲举,天下俊秀王叔茂。"于是中外承风,竞以臧否相尚。自公卿以下,莫不畏其贬抑,屣履到门。

朱熹之世,与此相近。如会葬,王懋竑《朱子年谱》"庆元六年(1200年)冬十月壬申"条:

(朱熹)葬于建阳县唐石里之大林谷。会葬者几千人。

此事发生在党禁之恐怖气氛中。此前,当朱熹之卒,尚有言者奏言"伪徒会送伪师朱某之葬",乞严行约束。陈荣捷《朱子门人》统计亲炙者有629人。会葬者既大逸此数,且并非所有门人皆到,可知朱子的影响不是"学术小圈子"一语能够概括。又如太学生之与名士结为共同体,有孙逢吉之例媲美之。绍熙二年(1191年),孙逢吉(庆元党锢中曾论救朱熹)论劾结交近幸的官僚,光宗不从,他坚决求去,离开临安时,"两学之士数百人出祖关外"①。宋代太学规模不及东汉,难以动辄万人,但两学之士数百人送行因谏诤去国的孙逢吉,是带着强烈的政治态度的,意义非凡。鉴于两宋太学生参政之活跃,有理由怀疑,朱熹的会葬也有大量太学生参与。

又,庆元二年(1196年),受朱熹案牵连,蔡元定发配道州,徒步上路,朱熹"与尝所游百余人,会别萧寺"②。要知道,庆元二年、三年是党事汹涌之际。树倒猢狲散是常有的,朱熹也遇到过。他落职罢祠后,往日从游之巽懦者,有些也是"变异衣冠,狎游市肆,以自别其非党"③。但竟也有那么多"不散"的,甘冒风险,围在已是布衣的朱熹身边,这就是一种有别于利益共同体的信仰共同体了。所谓利益共同体,南宋的职业官僚集团就是,明末的阉党也是。当然,相比信仰共同体/利益共同体这样的概念范畴,欧阳修依义利之辨划分的君子之党/小人之党用在这里也许更贴切;"利益共同体"与"小人之党"同

---

① 楼钥:《攻愧集》卷九,《孙公神道碑》。
② 《道命录》卷七上。
③ 《道命录》卷七下。

义,但"信仰共同体"却不一定是"君子之党"。需要辨明的是,即使是南宋理学集团这个"君子之党",有朱熹、张栻、吕祖谦、叶适这些君子,其成员却也不是个个君子。大量依附者,正如反对党的奏文所言,是名利之徒:说利,是因为道学也有得势之时;说名,是因为道学家本以道德为标榜,以名为重。这些投机分子的存在,也与东汉类似。汉末徐幹《中论》卷下《谴交》篇谴责俗士之交:

> 桓灵之世,其甚者也,自公卿大夫,州牧郡守,王事不恤,宾客为务,冠盖填门,儒服塞道。……详察其为也,非欲忧国恤民,谋道讲德也,徒营己治私,求势逐利而已。有策民于朝,而称门生于富贵之家者,比屋有之,为之师而无以教,弟子亦不受业。然其于事也,至于怀大夫之容,而袭婢妾之态。

如清初士人多以党争为宋明灭亡之由,徐幹也有一概否定士人交结为党之意,落脚点是以党群为私利之门。其确否,兹不论,我们只想借徐幹的观察得知,郭泰、李膺等的附合者中一定也存在大量渔利之徒。实际上,投机者被大量吸引,正是党势形成的表现。反过来,投机者成批离去,则是党势不再的表现。

大体上,汉末之太学党(姑且这么叫),南宋中期之理学党,明末之东林党,最初都是由于达到了规模效应的清议行为而引发权力不安与弹压。它们自有政坛人物为之扶植,但更需要精神领袖为号召,这些领袖纯靠道德学问为魅力,政治上往往不得意。太学生领袖郭泰,终生不仕;理学之魁朱熹,立朝仅四十日;东林书院主盟顾宪成,讲学是在被革职之后。他们身在江湖,但心系天下治乱。这些精神领袖的存在,完美地演绎了儒家道尊于势的传统。郭泰时的精神动力叫做名教,标榜名节;朱熹、顾宪成时的精神动力叫做道学(或理学),标榜道德;道学未尝不是名教。这些往往由异己的政治力量逼出来的党,也不是没有"施政纲领"。统说是先王之治、三代之治;分说的话,太学党的纲领首在五经(汉儒一般相信,孔子以《春秋》为大汉立法),理学党首在四书(如《大学》三纲领八条目)。这对应不同的理论形态:汉儒的五经政治学,立足后天经验(典章文物),是综合型的,是史学;宋儒的四书(加周易)政治学,立足先天理念(天理良知),是分析型的,是哲学。

不管怎么说,无论太学党,还是理学党,还是东林党,党净(有党有净)是一样的。这不是巧合,因为它们都只是继承了孔子开创的私学干政模式。有人也许会说,郭泰游太学,不能称之为私学活动。殊不知,桓灵之际,太学基本上已成士族的自治领(好似黄宗羲《明夷待访录》设想的那种"学校"),不受皇帝与宦官控制,于是灵帝才有光和元年(178年)的"鸿都门学"之设,以抗衡太学。其时之太学,名为官学,实为私学。孔子的言论著述,固然对后世影响巨大,但其有教无类、弟子环绕、周游弘道的生平事业,对后世儒者更是亲切的感召。一句话,宋明道学讲学成党,从整个儒学史来看,继承性毕竟是第一位的。其讲学交游、标榜品题,与东汉相当,故受禁锢也相似。只有孔子之党,因远处秦制建立之前,故未遭难。而秦制一旦建立,儒学也就迎来第一次大祸,即焚书坑儒。

二、宋儒结党,明儒结社

现在来说说程朱道学与阳明道学在团体化上的差异。有两个词,政党化、社团化,二者同中有异。政党化意味着主动参与权力制衡或斗争,社团化则无。套到余英时先生所阐发的宋儒"致君行道"、明儒"觉民行道"的两条路线之分,可以说,宋儒是自觉结党的(政党化),明儒只做到自觉结社(社团化)。鉴于明朝敌视士人的政治氛围,王阳明一门的弘道独辟蹊径,绕着政治走,虽然同样大力讲学授徒,自成团体,其表达却是很内敛的。学界的相关研究已多,[①]这里补充一点关于服饰的,以见程朱党性的张扬,与阳明学派的不敢示人以党性。

宋代反道学者攻击道学时,往往提到道学者独特的着装——宽衣、博带、缁冠、幅巾、黑履等等——也就是朱熹《家礼》力图复活的周礼"深衣"制度。南宋初年言者称伊川之徒"幅巾大袖,高视阔步",可见朱熹之前的道学群体已因服饰之故而被当成另类。邵伯温《邵氏闻见录》卷十九载:"司马温公依《礼记》做深衣、冠簪、幅巾、缙带。"[②]这些为朱熹所直接继承。但他继承程颐多少,则有疑问。古代服饰中确有名"程子巾"(实为冠)者,但程颐是否推广过格外醒目的幅巾,尚无更多史料可资佐证。至于朱熹,则毫无疑问为道学

---

① 如余英时先生的一些经典论述。
② 司马光传世画像中有一副就带幅巾。见吾妻重二著,吴震、郭海良等译:《朱子〈家礼〉实证研究》,上海:华东师范大学出版社,2012年,书末附图一。

人士设计了十分独特的服饰。《道命录》卷七下"言者论伪徒会送伪师朱某之葬乞严行约束"载一位言官的反感之语：

> 臣闻此徒盛炽之时，宽衣博带，高谈阔论，或沉默不言，则其口似瘖，或蹁跹不趋，则其步似蹇，冠以知天时，儒者事也，彼独婆娑其巾帻，而为不正之冠，履以知地形，儒者事也，彼独华巧其綦絇，而为不正之履。

所谓"婆娑其巾帻"、"华巧其綦絇"，不是空穴来风，它们是吻合朱子《家礼》的设计的。① 朱熹闲居时，每天"未明而起，深衣幅巾方履，拜家庙以及先圣"。② 这位言官的话所透露的重要信息是，朱熹门人也广泛接受这套服饰。着装的制式化，是道学团体化的强烈表示。

如说道学家刻意求新，那肯定是错的。他们所做的，实为复古——真的复古。司马光是要复原《礼记》中的衣冠制度，朱熹《家礼》又是基于司马光的《书仪》以及三礼。这套东西在宋代之所以格格不入，是因为如宋人沈括所说，"中国衣冠自北齐以来，乃全用胡服。窄袖、绯绿短衣、长靿靴、有蹀躞带，皆胡服也"。③ 起码到汉末，以儒服为主体的中华衣冠都还是常见的，所以上引徐幹文中才有"冠盖填门，儒服塞道"之语。宋代已不是这个样子，所以人们以儒服为怪。朱熹等人所为，是要复兴久已失传的一个东西。这又是宋儒承接汉儒的地方，不同的是，宋儒要面临诧异的目光。

同样是在礼乐崩坏之时，孔子之党已经有了因衣冠不合俗而被嘲弄的先例。《礼记·儒行》："丘少居鲁，衣逢掖之衣；长居宋，冠章甫之冠。"鲁哀公见孔子，先问："夫子之服，其儒服与？"郑玄注："哀公馆孔子，见其服与士大夫异，又与庶人不同，疑为儒服而问之。"孔颖达疏里说："哀公意不在儒，欲侮笑其服。"孔子的话似乎告诉我们，他的衣冠是殷周衣冠旧制。鲁哀公不之识，以为异类。他见面不问儒行，反对古怪的儒服大起兴趣，从心理学上讲，乃由于一般人的注意力可以轻易被视觉冲击所吸引。孔子的遭遇，就是后来朱熹等人的遭遇；不同的是，孔子尚未遇到党禁。前面之所以说"孔子之党"，是因为"儒服"确是孔门通服，非孔子独服。这可从子路初"冠雄鸡、佩豭豚"，后

---

① 吾妻重二著，吴震、郭海良等译：《朱子〈家礼〉实证研究》，上海：华东师范大学出版社，2012年，第210~213页。
② 黄榦：《朱子行状》。
③ 《梦溪笔谈》。

"儒服委质",请为孔子弟子一事①推知。

几百上千人,主张统一,着装统一,已足以令人侧目,何况其服装上不与朝廷正装同,下与百姓杂服异。越直观而具象的变动,越引人注目,如不能被接受,即生争执。对一个干政团体来说,单纯这条简直已足以取祸。然而纵有绍兴党禁的先例,道学新领袖朱熹还是坚持独特的道学着装;他有着强烈的"法服"意识②,认定服装也有服统。前面说到,朱熹落职罢祠后,有部分从游者遂"变异衣冠,狎游市肆",以自别其非党③。这清晰地透露,服饰成为当时划分党内党外的标记。

需要特别强调的是,朱熹戮力衣装形制,动机原不在制造彼我鸿沟,树旗以立门户,而是儒家制礼作乐传统下的一个具体作为。礼乐理想上须覆盖天下人,所以本于礼经的法服是要推广到从天子到庶人的所有人的。换句话说,变革朝野服色(例如,消除朝服中的胡服元素),原在理学党的政治理想之内。

构成鲜明对比的是,王学一门在衣冠要求上极端低调,也相应地在制礼作乐这一环上表现逊色。明嘉靖至万历期间,从世宗、严嵩,到神宗、张居正,指责王阳明及其门人朋友者不一而足,却从未提到他们有"奇装异服"。这只能是因为他们本来在服饰上就中规中矩。

考阳明门下,唯王艮颇有意于古礼。《心斋年谱》载,王艮三十七岁:"按《礼经》制五常冠、深衣、绦绖、笏板,行则规圆矩方,坐则焚香默识。"这与程朱学人的做派相类,与流于放荡的泰州后学反而迥异。三十八岁:"入豫章城,服所制冠服,观者环绕市道。"后来又依孔子车制自创蒲轮,行至都下,"冠服言动,不与人同,都人以怪魁目之。"④ 可见,与朱熹一样,王艮不惮于违俗,并因而被人视为异类。然而王艮在王门是孤独的。在豫章,阳明门人问阳明:王艮"异服者与?"阳明曰:"彼法服也。舍斯人,吾将谁友?"阳明的回答说明,他了解儒家法服之事,且能包容王艮的骇俗之举。而整个对话透露,当时王门包括阳明本人都不穿古儒服(法服)。换句话说,阳明是知而不为。即使是阳明对王艮的支持,其实也有限。当王艮的"乖张"震惊京城后,阳明也坐不

---

① 《史记·仲尼弟子列传》。
② 《朱子语类》卷九一。
③ 《道命录》卷七下。
④ 黄宗羲:《明儒学案·泰州学案一》。

住了,所以才有"亦移书责之",谓王艮"行事太奇"之事。归根结底,他是害怕带来他认为不必要的政治麻烦。我们知道,被贬龙场(1506年)后,阳明就刻意保持低调。①何况王艮去北京在1523年,而1522年十月刚发生过给事中章侨、御史梁世骠请禁心学之事。阳明、心斋的年谱都提到,阳明事后裁抑王艮。但裁抑到何等程度,王艮最后有无改换服装,我们不知道。朱舜水回答日本人问明朝深衣,说:"仅见《家礼》耳。明朝如丘文庄(丘濬,1420—1495)亦尝服之,然广东远不可见。王阳明门人亦服之,然久而不可见。"吾妻重二猜测,朱舜水提到的王阳明门人就是王艮。②不管王艮是否坚持穿深衣,他都是极少数的特例,而且是被压抑的特例。

小中见大,阳明对儒家服制的不作为,背后是阳明学对整个儒家礼制的淡漠。阳明本人在南赣等地推行过吕氏乡约,固然是礼乐教化的一种,但此外好像没有其他的了。从学术史的角度,阳明学对礼学的贡献也的确乏善可陈。明清鼎革之际,遗民往往批评明末士风浮薄,拙于践履;特别地,在学术领域,有心性之清谈,无经世之实学。③阳明学对这些现象要负主要责任。

嘉靖大礼议是明代涉及礼乐制作的极重大事件,阳明一门对它的态度很能说明问题。礼议焦点是,嘉靖帝以藩王(兴献王)之子入继大统,则其宗庙所奉祀的"皇考"将是本生父,还是前任皇帝?换句话说,是血缘关系重要,还是继承关系重要,特别是对作为天下楷模的天子来说?依据儒家宗法,血缘不是那么重要,嘉靖帝好比过继,不应当再以本生父为尊。宋英宗与明世宗有类似情况,而且也发生过经年不息的"濮议之争"。感情上谁都更爱亲生父母,宋英宗也是坚持尊本生父,并取得了最后胜利。然而儒家公论无不以英宗破坏宗法为非。想不到历史重演,明世宗仍是坚持尊本生父,而且一意孤行,也取得最后胜利。然而后果是很严重的。明世宗血腥镇压反对派(以"左顺门"一案为尤),藉此愈发专断,士大夫愈发不敢有异议。《明史》即以世宗

---

① 参阅余英时:《明代理学与政治文化发微》,载氏著《宋明理学与政治文化》,桂林:广西师范大学出版社,2006年,第32~36页。

② 吾妻重二著,吴震、郭海良等译:《朱子〈家礼〉实证研究》,上海:华东师范大学出版社,2012年,第215页。

③ 参阅杨念群:《"何处是江南"——清朝正统观的确立和士林精神世界的变异》(北京:三联书店,2010年),第二章《礼制秩序的重建与"士""君"关系的重整》。礼学是很重要的实学。

为明朝纲纪沦坏的起点:"明自世宗而后,纲纪日以凌夷,神宗末年,废坏极矣。"①

在这样攸关制度化儒家的生命的事件中,当时已德高望重的王阳明其态度如何?首先,他没有参与礼仪,在公共领域对大礼仪全程缄默。其次,据学者任文利勾稽,他私下的真实意见,与世宗及世宗支持者一致。②这样的态度,固然与阳明相对偏向人情的哲学有关(世宗尊本生父的理由,就是孝子的自然之情)。这里,理论上可对他的缄默做两种理解,一是纯粹不想惹麻烦,二是变相支持世宗的主张。根据我们对阳明的整体把握,前者的可能性更大。若然,那就是对儒家典章实际运用的极端不作为。然而就算是第二种(其实几乎不可能),等于他有意借世宗之手调整儒家礼制,是一种积极作为,那么至少从后果来看,也是很有问题的。章太炎评价:

>大礼议起,文成(王守仁)未殁也,门下唯邹谦之以抵论下诏狱谪官,而下材如席书、方献夫、霍韬、黄绾争以其术为佞,其是非勿论,要之谀诏面谀,导其君以专,快意刑诛,肆为契薄。且制礼之化,流为斋醮,糜财于营造,决策于鬼神,而国威愈挫。明之亡,世宗兆之,而议礼诸臣导之,则比于昌狂者愈下,学术虽美,不能无为佞臣资,此亦文成之蔽也。③

责备不可谓不严。④儒学不反对变革礼乐,只是如《中庸》所言,此事惟许之"圣王"。阳明门下的席书、方献夫、霍韬、黄绾是不是佞臣,且不论,但主导礼仪的张璁、桂萼,无疑是奉承希旨之辈。特别地,世宗本人的专断,快意刑诛,中年后的耽于仙术,绝是事实。无论世宗还是他的执政集团都够不上"圣王"资格,而阳明却把制礼作乐的权柄完全交给了他们,以致祸患无穷。

阳明小心翼翼地避免冲撞现有的政治与社会秩序。总结起来,朱子之政党是努力复兴礼乐,即在衣装细节上也不惜抵牾权力集团及社会习俗的惯常审美;王子之社团是努力回避礼乐,即在衣装细节上也不敢与人不同。王学

---

① 《明史》卷二十一,《熹宗本纪》赞。
② 任文利:《治道的历史之维——明代政治世界中的儒家》,第三章《大礼议与王阳明》,北京:中央编译出版社,2014年。
③ 章炳麟:《王文成公全书题辞》卷四十一,《王阳明全集》,上海:上海古籍出版社,1992年,第1630页。
④ 据上揭任文利研究,阳明的及门弟子中与世宗唱反调的倒不止邹守益一个,另有二三人(但分量轻)。

少招嫌,少被讥,不亦宜乎？外在行为中规中矩,减少社会及政治的异样目光,能达到保护自由讲学的目的。既如此,自然就不是建党干政这一路。

问题是,没办法或不愿意结党的阳明一派为何最后仍被打击？简单说,是因为唐甄说的"聚众讲学,其始虽无党心,其渐必成党势"①。各种资料都显示,王门的讲学规模胜过宋儒。这样的话,即使全然在野,终将发展为不可忽视的力量,何况其中本有大量士子与朝廷命官。如内阁首辅徐阶（1503—1583）,就是嘉靖末隆庆初讲学大盛的第一推手。单论团体纯粹在基层膨胀,从而引起政权警惕,阳明后学中也有迹可寻。那就是泰州门下的颜山农一脉。王世贞《嘉隆江湖大侠》载：

> 嘉隆之际,讲学之盛行于海内,而至其弊也,借讲学而为豪侠之具,复借豪侠而恣贪横之私,其术本不足动人,而失志不逞之徒相与鼓吹羽翼,聚散闪倏,几令人有黄巾、五斗之忧。盖自东越（阳明）之变泰州,犹未大坏,而泰州之变为颜山农,则鱼馁肉烂,不可复支。

这段批评的话透露的一个事实是,颜山农的讲学活动已经"令人有黄巾、五斗之忧",弦外之音是,易引发自下而上的动乱。这是儒家发展出的民间宗教新模式,虽然还是社团,却是令当政者害怕的特殊社团,其颠覆政权的风险比政坛朋党有过之无不及。颜山农终因行事"张皇",被政客以他事下狱。② 万历年间,首辅张居正下令禁学,毁天下书院,"凡讲学受祸者不啻千计",颜山农门人何心隐也是在此间被捕,死于狱中。③ 尽力与政治保持距离的王守仁,想必没有料到这些结局。

（原刊于张品端主编《朱子文化和宋明理学》,厦门大学出版社,2016年）

---

① 《潜书》下篇下,《除党》。
② :黄宗羲《明儒学案·泰州学案一》。
③ 邹元标:《梁夫山传》。

佛教"理事圆融"与理学"理一分殊"对比研究

※ 黎晓铃

"理一分殊"是理学最为重要的观念之一。而此命题与佛教华严宗的"理事圆融"有着不可分割的联系。理学的"理一分殊"与佛教华严宗的"理事圆融"究竟有何相似、相异及特别之处,是本文试图探讨和解决的问题。

一、西方二元论的弊端

无论是朱子理学的"理一分殊"或是佛教华严宗的"理事圆融",探讨的都可以理解为形而上的"理"与形而下的"事"之间的关系。对此,西方哲人其实也一直很感兴趣。然而,西方学者所得出的结论却与东方完全不同。比如古希腊时期最重要的思想家柏拉图就认为世界由"理念世界"和"现象世界"所组成。理念的世界是真实的存在,永恒不变,而人类感官所接触到的这个现实的世界,只不过是理念世界的微弱的影子,它由现象所组成,而每种现象是因时空等因素而表现出暂时变动等特征。也就是说,现象世界就是形而下、无常的俗世,而理念世界就是形而上、永恒超脱的雅世。然而,在西方哲人的眼中,理念世界与现象世界是对立为二的。不论苏格拉底也好,柏拉图也好,亚里斯多德也好,都是在整个宇宙的结构中划了一道中分线,中分线以上的形而上(界),在中分线以下的形而下(界)。而这一道鸿沟产生了之后,他们就很难把这个形而上同形而下的世界给联系起来。

肯定一个神圣的世界,并向往与追求,这本身是人类进步的好现象。然而,倘若将上下层世界对立起来就会产生很多严重的弊端。试想,假若一切受过教育的人,都抛弃了下层世界而变做雅人、雅士,都变成艺术家或至高的道德人格以及真理的追求者。那么,对于下层世界的黑暗、罪恶、痛苦、烦恼又将要交给谁呢?如此,只会导致下层的世界越来越堕落,而上层世界越来越飘渺了。虽然在后来,这种对哲学的追求转变成了以拯救世俗为目标的宗教。然而,由于二元对立的问题还没有解决,宗教对待世俗的态度必然是傲慢的。宗教根本瞧不起世俗,而世俗世界却有太多巨细、复杂、困难的问题需要人们认真耐心地一一应对。对于这些,宗教都不屑于面对,那么宗教必然没有真正应对现实世界的能力。因此这样的宗教只是导致更多的人逃避现实而已。

除此之外,此二元对立论还有可能导致更严重的后果,即产生极端恐怖主义思想。这些恐怖分子渴望极端自由的思想,然而在现实世界里面,并没有他的存身之地,于是他想毁掉别人,甚至把一切的他人全都毁掉,最后只剩下他自己而形成一个罪大恶极的人。因为唯有如此,他的精神才能够得到自由。

那么,是否可以在二元之间搭建一座桥梁将二者融合在一起呢?后来的西方哲学家们想尽了各种方法,可是结果不是偏向唯实论就是偏向唯心论,没有人能够彻底解决这个问题。以致到了当代,人们纷纷又陷入了以物质看齐而忽视信仰的另一个极端。

然而,在古老的东方,思想家们早已就二元融合的问题给出了系统的理论论证。这些论证就体现在佛教的"理事圆融"与理学的"理一分殊"之中。

二、佛教华严的"理事圆融"

佛教在中国的发展过程也就是由二元对立到二元融合的过程。

佛教的小乘思想就是典型的二元对立思想。小乘佛学思想强调现世一切皆苦,现世是罪恶、黑暗、痛苦、无知的领域。因此,小乘佛学便认为最高的理想世界不在此生此世,而要另求一个他生他世。小乘佛学只知道痛恨这个世界、诅咒这个世界,表现在他的生活领域上没有自力、没有自由、不能自在,处处感到受到拘束、胁迫、不自由、不自在。因此,他所悬挂的价值理想,不能够启发他生命本身的力量,去达成他理想的实现。而这样的世界观,与中国人的文化理想是相当不一致的。因而佛教在中国的发展过程中,逐渐由介绍小乘转而发展大乘。

根据华严宗的判教方法,在大乘里还发展形成大乘空宗(大乘始教)、大乘有宗(大乘终教)、大乘顿教以及大乘圆教。具体而言,大乘反对空无所有的断灭空,强调以"空空"来纠正顽空的错误,意思是我们谈空的时候,要把那个空也要空掉,这样才不会堕落于断灭空中。可是双离必定两失,讲到最后还是没有寄托,没有一物足以信赖。

于是,佛教中又出现了要透过大乘始教的说法而畅谈"事理圆融"的大乘终教。大乘终教提出,若要讲空,则为不碍有的空,若要讲有,则是不碍空的有。由于有不自有,空不自空,空有二见必须要达到自在圆融而不相碍,然后便能融化成亦空亦有,非空非有。至此在大乘终教中提出了二元融合的问题,这种二元融合的问题在佛教中被称为中道的哲学。

怎样将亦空亦有、非空非有的二元融合的中道形成一个系统的理论呢?佛教各宗派又展开了热烈的讨论。比如在法相唯识宗里,说明世界缘起问题的,为了避免小乘佛学里面的业感缘起,而提出另一个出发点,即缘起于善恶纠缠在一起的"如来藏藏识"。然而此时的佛教又进入了一个矛盾的境地:讲"空宗"时,空宗会有堕入顽空的危险;讲"有宗"时,又不得不承认有宗里面又会夹杂许多不纯洁的成分。

紧接着在中国又出现了"诸法寂灭相,不可以言宣"的大乘顿教。大乘顿教强调"言语道断,心处行灭",所以顿悟则必须走到"语观双绝门"的路途上来。然而,标榜不立文字的禅宗,有一部分人沦落成了随心所欲的狂禅,还有一部分人也堕入种种更加难以理解的文字障里面去了。因此从华严宗的立场看来,大乘顿教还未透彻,没有真正讲到圆融,依然未能达到圆教自在无碍的境地。

那么,华严宗是怎样论证圆教自在无碍的境地呢?当所有的人都在探讨业感缘起或是染净交织的阿赖耶识缘起的时候,华严初祖杜顺大师提出了法界缘起。此法界为一真法界,是真实不虚、如常不变的真如,即佛教的法身,也就是二元论里形而上却真实存在、永恒不变的理。因此这个法界缘起的哲学思想上面,并不是割裂的、分析的一套观念,而是综合的、统贯的一套观念。换句话说,它并不是凭借一个有限的概念、有限的范畴来说明整个的世界,而是把哲学上面最初的起点,容纳到"无穷"思想体系里面,看出无穷性的美满,然后从那个地方找出一个可以解释世界,解释人生的起点——那就是佛性、法性的起点。这个理与事不是分割为二的,而是由理而诞生了事,因此事事都包含着理。

为了更好地说明这个问题,杜顺大师还提出了"真空观"、"理事无碍观"、"周遍含容观"法界三观这样的概念。所谓"真空观",首先肯定真实不虚、如常不变的一真法界在其哲学体系中起点和统贯地位。但是,永恒之理与无常之事又该如何消除对立性呢?面对这一问题,杜顺大师除了真空观以外,还引用了第二观"理事无碍观"来对治。杜顺认为,由于事源于理,虽然理事不同,但是理事绝不是对立的二件事,理与事之间的矛盾性是可以去除掉的。因此,杜顺引用了梵文里面的一个名词,即"无碍"。因为理和事虽然事两种重要的范畴,但它们可以折衷,可以和谐而不冲突。也就是说虽然是两个"相反",但是也是"相成"的;因为是"相成",所以说可以两相调和而无碍,这个关系互相沟通之后就变成了"理事无碍观"。至于第三观就是"周遍含容观",因为我们已经把二元对立因素的矛盾性给点化掉后,变成为不再是"相反"而是"相成"。进而在"相成"的里面,便产生了广大的和谐作用,事和事的和谐,理和理的和谐;而且在这广大的和谐里面,彼此间丝毫没有任何事和理的差别与矛盾感及对立感。因此在这一种情况之下,我们可以说当你站在理的立场可以忘掉事,站在事的立场可以忘掉理,因为理同事、事同理都已经圆融和谐到像水乳交融的状态。在水乳交融的状态里面,我们自然不会再有任何的矛盾感,所以对于理并不执着于理,对于事也不执着于事。这样子以来,一方面我们可以穷究到最高的精神领域,但是我们不必停留,马上又可以返回到现实世界的底层,而且是能来去自如。同时对于内外、主客之间的隔阂均能化消。因此,在杜顺大师的"周遍含容观"里面,我们可以通彻上下,贯通内外、左右、主客,我们的精神领域可以随时随地对流无碍,而不再停滞于某一种境界里面。

后来的华严祖师们,便由杜顺大师的法界三观,再把世界的秘密展开来,变成四种基本形式的法界:第一种叫"理法界";第二种是"事法界";第三种是是就"关系"的立场,使理事沟通起来而成为和谐,叫做"理事无碍法界";第四种是"事事无碍法界"。其中最麻烦的就是处理现实世界上面的各种事情,因为在这一方面是森罗万象的差别事项,在它们中间很难把它们贯通起来。但是在华严宗的思想领域内,它能把这种无碍的观念发展到普遍的哲学原理之中。如此,我们可以说在理性世界上面能够适合应用,在现实世界领域也能使用,在理事融贯的境界里面还可以用。因此华严宗的哲学一发展到第四代的澄观大师时,便特别重视事事无碍法界。他将前面的缘起论、法界三观、四法界这三方面的哲学理论再扩充成为一套根本的本体论,叫做"十玄门",又叫"十玄缘起",引用很深微奥妙的道理来说明何以理性会具有无限的应用,任何事情都可以根据理性而加以彻底的说明。这样子表现出来的就是所谓的总相、别相、同相、成相、坏相的"六相圆融"的思想,然后在那里便形成广大的和谐性。可以说,当我们把华严宗变成哲学智慧来说,它是具有一套完整的理论体系,可以用来说明宇宙人生是怎么样形成的,以及我们到底应该采取什么样的基本观点来做不同的说明。而且在不同的说明层次里面,我们要来说明理法界、事法界、理事无碍法界、事事无碍法界,到底这四法界是如何形成的,它们中间的关系如果能给予彻底的了解之后,那么最后将能形成一个非常完美的世界典型。①

三、理学中的"理一分殊"

理学则是通过"理一分殊"的理论将传统原本只是指导人们应该如何处世的儒学上升到富含思辨论证的哲学范畴,从而使儒学从由外向内死板的约束转向了由内向外理所应当的自觉。可以说,正是由于"理一分殊"这一缜密的理论体系,使儒学成为了融思辨与实用的理学。而理学也因此受到朝廷的推崇,被钦定为宋至清代600余年间官方的正统哲学思想。

理学中"理一分殊"这一名词的出现源于程颐对其弟子杨时的答疑解惑。杨时在读张载所作之《西铭》时,提出了"疑其近于兼爱"的疑问。原来作为理学的主要奠基者之一的张载认为"知人而不知天"是秦汉以来儒家学者的"大弊"②。而孟子则认为人人都可通过充分扩充自己生而即具的心之"善端",来挺立自己德性人格,与天相契一体,达至"上下与天地同流"的境界。人要想成其为人,就必须与天相契,从这个意义上来说,天具有了超越性,成为人之

---

① 方东美:《华严宗哲学(上)》,北京:中华书局,2012年,第276~277页。
② 张载:《张载集》,北京:中华书局,1978年,第386页。

所以为人的根据。为使儒家学者"心于天道",①明白人之所以为人的形上根据,张载撰写了体现乾父坤母、民胞物与的生命流行的宇宙图景之《西铭》。然而敏锐的杨时却发现在民胞物与的一片和谐之中,似乎同墨家的兼爱说一样都犯了"言体而不及用"的错误。在杨时看来,墨家兼爱虽然也属"仁者事",说出了应该遍爱他人、他物的道理,但因"不及用"缺失了"仁之方"。也就是说,杨时怀疑张载强调民胞物与的同时是否忽视了不同的人与事之间的差别,望其师能够指点一套可在现实人生中可以实施儒学之义的为学工夫,以推明《西铭》提出的"民胞物与"理想对现实人生的指导作用。

针对杨时的质疑,程颐答复如下:

《西铭》之论,则未然。横渠立言,诚有过者,乃在《正蒙》。《西铭》之为书,推理以存义,扩前圣所未发,与孟子性善养气之论同功,(注:二者亦前圣所未发)岂墨氏之比哉?《西铭》明理一而分殊,墨氏则二本而无分。(注:老幼及人,理一也。爱无差等,本二也。)分殊之蔽,私胜而失仁;无分之罪,兼爱而无义。分立而推理一,以止私胜之流,仁之方也。无别而迷兼爱,至于无父之极,义之贼也。子比而同之,过矣。且谓言体而不及用。彼欲使人推而行之,本为用也,反谓不及,不亦异乎?②

在这里,程颐首揭"理一而分殊"这一术语。程颐指出,墨子无分别的兼爱是因为在他的思想体系中有两个本体,一是形而上纯善的本体,二是形而下、善恶交杂、错综复杂的事也被毫无区别地视为本体。因此墨子只能善恶不分、无差别地兼爱了。然而张载的民胞物与则与墨子不同。因为张载只承认形而上这一纯善的本体,形而下的只能称为事而非本体。然而纯善的本体与形而下的事却并非毫无关联。因为形而下的事事虽然各自不同,然而形而上的理却毫无保留地贯注在一切不同的事之中。正是因为理就如同血液一样贯注在所有民众与所有事物之中,所以张载提出民胞物与。为此程颐还进一步解释到,如果只强调事事的分殊,那么人们对待不同的人和事的态度就会很冷漠甚至很残酷;可是如果事事又不加以区分,又会像墨子一样善恶不分、无差别地兼爱了。张载认为道学的理一分殊,一方面强调分殊之中要想尽办法

---

① 张载自述创作《西铭》的心迹为:"只欲学者心于天道,若语道则不须如是言。"(张载:《张载集》,北京:中华书局,1978年,第313页)
② 程颢、程颐:《二程集》,北京:中华书局,1981年,第609页。

推进到理一的境界,由此就能激发人们内心仁爱从而避免唯我独尊、自私自利,而这也是仁爱得以推行的原因;另一方面则又强调虽然事事之中都贯注着一理,但是事事毕竟是不同的,不能无差别地对待,从而避免如同墨子一样因兼爱到无义的程度。因此程颐对杨时说,你将道学中的民胞物与与墨子的兼爱等同起来是错误的。因为墨子的兼爱只看到了本体却没有看到用处的不同。墨子希望通过兼爱推行到每个人的身上,但是却错误地将本体无差别地用在了用处,这样反而起不到推行真正纯善本体的效果,正是因为如此,道学与墨学是有很大差别的。

由此我们可以得知,只承认一个形而上的本体,并且认为形而上的本体是贯注在每一个形而下的人与事上这样的理事关系,是华严宗与理学所共同深深认可的。正是在共同理事关系的指导下,华严宗与理学都共同强调要将形而上的理与形而下的事相反相成地联系起来。然而,让人不解的是,二者在理事关系上观点是如此一致,为何理学家们依然将佛教视为劲敌,且个个都展示出不把佛教消灭誓不罢休的姿态呢?

四、华严"理事圆融"与理学"理一分殊"之区别

在如何理解一理和万理的关系中,程颐承认了华严宗与理学的相似性。据《遗书》所载:

> 问:"某尝读《华严经》,第一真空绝相观,第二事理无碍观,第三事事无碍观,譬如镜灯之类,包含万象,无有穷尽,此理如何?"曰:"只为释氏要周遮,一言以蔽之,不过曰万理归于一理也。"①

当有人提到佛教华严宗的义理,并让程颐给予评价时,程颐答道"万理归于一理",可见程颐也是理解华严的理事观的。然而,当人们继续问程颐"未知所以破它处"时,程颐却这样答道:

> 曰:"亦未得道他不是。百家诸子个个谈仁谈义,只为他归宿处不是,只是个自私。为轮回生死,却为释氏之辞善遁,才穷着他,便道我不为这个,到了写在册子上,怎生遁得?且指他浅近处,只烧一文香,便道我有无穷福利,怀却这个心,怎生事神明?释氏言成住坏空,便是不知

---

① 程颢、程颐:《二程集》,北京:中华书局,1981年,第609页。

道。只有成坏,无住空。且如草木初生既成,生尽便枯坏也。他以谓如木之生,生长既足却自住,然后却渐渐毁坏。天下之物,无有住者。婴儿一生,长一日便是减一日,何尝得住?然而气体日渐长大,长的自长,减的自减,自不相干也。"

问释氏理障之说。曰:"释氏有此说,谓既明此理,而又执持是理,故为障。此错看了理字也。天下只有一个理,既明此理,夫复何障?若以理为障,则是己与理为二。今之学禅者,平居高谈性命之际,至于世事,往往直有都不晓者,此只是实无所得也。"①

程颐说,虽然佛教也谈仁谈义,但是它导致的结果与儒学不同。程颐认为,佛教以生死轮回的论断吸引人们信佛,这样,人们信佛的初衷就不对,其导致的结果最终依旧只能是自私。程颐说,释氏之辞善遁,说如果这样问佛僧,佛僧会回答,我的目的并不在于此。然而程颐认为,佛书上清清楚楚地写到生死轮回,佛教是无法回避的。程颐又说,佛教中还有烧一柱香就能得无穷福利的说法,这样明显是投机取巧,根本无法真正提升人们的素质,更不用说达到本体一样神明的境界。程颐还指出,佛教中提到"成、住、坏、空",程颐认为,事实上只有成、坏,没有住、空。又有人问到,佛教有一种视理为障的说法,不知程颐如何看待。程颐认为,释氏虽然知道理,却又执着于这个理,所以才将这个理视为障。其实是释氏看错了这个理。程颐说,天下只有一个理,又怎么会成为障碍呢?如果将理视为障碍,那就是将自己与理分为二,而不是合一了。最后,程颐得出了一个结论,认为释氏虽然在平日里高谈性命之学,但是事实上对于世事却毫无了解。因此,程颐认为,佛教理论只能高谈阔论,实际上却不能从中获得有益于人们实际生活的东西。

这样看来,程颐对佛教的批判似乎分析得很合理。然而,实际上,佛教却并不是程颐所说的这样简单。上文已经提到,中国佛教由小乘发展到大乘直到华严,是经过不断地深入反思与努力调适而形成的。不能因为小乘的错误而否认大乘及华严的理论。除此之外,佛教在中国的发展也是极其复杂的。大乘佛教强调普度众生,就是要给一切根机的人都予以说法的机会,因此大乘佛教用了很多权宜的方法,目的是让不同层次的人都有机会亲近佛教。而且在亲近佛教之后,佛教还要用各式各样非常复杂的方法,想尽办法让不同

---

① 程颢、程颐:《二程集》,北京:中华书局,1981年,第609页。

根机的人最终都能够迁善改过，达到共同提升的目的。还必须一提的是，佛教中本就鱼龙混杂，若将含混在佛教中不成熟的人和事来概括佛教，这样对待佛教似乎未免也有失公允。

然而，由于佛教强调"圆融"，华严宗在一理通于万事的理论指导下，一再强调理与事、事与事之间完全可以互相贯通从而上升到理一的境界。因此佛教更相信所有一切都可以通过圆融的方式统一起来，即错的也可以变为对的，没有绝对的对错之分。所以即使大乘佛教与小乘佛教的世界观完全相反，可是大乘佛教却并没有完全否认小乘，而是努力通过十分圆融的方式，让小乘也转为大乘。

而理学家们则认为"理不患其不一，所难者分殊耳"，因而更重视"分殊"理论的建设与论证。比如"理气论"，朱熹在吸收前人思想精华之后，就借助古代一个重要的哲学范畴"气"，用以说明理派生万物，而万物却不同的发展过程。朱熹认为，理如果离开气就无安顿处，天理必须安顿在人的形气之中。然而"气"是形而下的范畴，它不仅使原本统一的理分别成了不同的事，更使纯善的天理因形而下气之污染而构成不同层次的事。因此，理学家们紧紧抓住了气所造成的不同层次，一再强调伦理道德的重要性。朱熹指出：

> 《西铭》本不是说孝，只是说事天，但推事亲之心以事天耳。……盖事亲却未免有正有不正处。若天道纯然，则无正不正之处，只是推此心以奉事之耳。[①]

由此可见，朱子认为可以通过事天之理来证明事亲之理。因为天道纯然，无正不正之处，所以事亲及事君之理也同样不需要过多加以考虑，因为这就是天理。这正是因为如此，纲常伦理成为了理所应当之事，理学家们认为，这是维护社会秩序必然的途径。

五、小　结

在探讨理学"理一分殊"与佛教华严"理事无碍"关系的过程中，有人认为，理学家们是受到华严的理事关系才启发出了"理一分殊"；而站在中国传统文化本位论的人们则相信，华严理论也是源于中国传统思想。笔者认为，

---

① 《朱子语类》，北京：中华书局，1994年，第2522页。

其实对于这一逻辑思想的来源没有必要过多纠结其来源。因为印度本有"梵我如一"之说法，而中国《易经》中也早有"一阴一阳谓之道，继之者善也，成之者性也"这样的理论源头。可以说华严、理学的理事观是中印文化交流的结晶。然而，华严宗的事事无碍，是站在宗教的立场，所解决是每个人的终极信仰问题，在承认事事之差别的基础上，通过理一的认识，从而达到共同提升之理想。而理学则是站在统治者的立场上，通过理一而分殊证实差别的客观性，从而要求人们各安其职、各守其份，最终达成社会和谐的愿望。可以说，华严依然更重视理一，而理学则更重视分殊。然而遗憾的是，本可以殊途同归的二者却并没有很好地统一起来。如何将理一与分殊真正地圆融无碍地统一起来，是古人留给今人的宝贵理论，也是一个今人还必须认真探究的重大课题。

（原刊于《中国佛学》2017年第1期）

论朱熹旅游思想的四要义

✻ 兰宗荣

朱熹（1130—1200），字元晦，号紫阳，是南宋著名的理学家、教育家、诗人、文学家、旅行家，世称朱子，是孔子、孟子以来最杰出的弘扬儒学的大师。朱熹平生酷爱山水，有着极深的山水情结，他曾说："平生山水心，真作货食饕。"①朱熹虽箪瓢屡空，然天机活泼，常寄情于山水文字，对山水的游赏构成了他人生和精神生活的重要内容。据南宋人赵季仁云："朱文公每经行处，闻有佳山水，虽迂途数十里，必往游焉。携樽酒，一古银杯，大几容半升，时引一杯，登览竟日，未尝厌倦。"②他喜住山水佳处，数迁其居，又爱游历访古，南康记庐山，潭州记衡岳，建州记武夷、云谷，福州记石鼓、乌石，涉足名山、古刹、书院、精舍、贤墓，无不流连题咏。他不仅写诗题词，还撰书楹联匾额、碑碣、摩崖。曹诗图教授说："旅游哲学是对旅游现象的哲学反思或批判性反省，是人们对于旅游现象的盲点问题的探讨和本质问题的追问，是对旅游学科知识的概括与总结，是对旅游的抽象的、深层的、宏观的理性思考，是指导人们进行旅游活动的智慧和艺术。"③朱熹从自身的情感体验出发，对旅游有许多深刻而独到的见解，其游观哲思对当代旅游者的旅游境界的提升有着重要的意义。本文拟从"玩物适情"、"从容潜玩"、"俯仰自得"、"以游以居"等四个方面

---

① 《晦庵先生文集》，朱杰人等主编：《朱子全书》第 20 册，上海：上海古籍出版社，合肥：安徽教育出版社，2002 年，第 385 页。
② 罗大经：《鹤林玉露》，北京：中华书局，1983 年，第 281～282 页。
③ 曹诗图：《旅游哲学引论》，天津：南开大学出版社，2008 年，第 1 页。

探讨朱熹对旅游现象及旅游体验的哲理思考。

一、"玩物适情"是旅游者生命自觉的本质要求

朱熹说："游者,玩物适情之谓也。"①意思是说旅游就是旅游者通过品玩事物来调适性情的活动。旅游者基于外物的吸引,通过对旅游意义的自我发现,会意识到旅游成为内在的一种需要,由此产生了旅游的冲动。而旅游中如何玩物适情,决定着旅游的性质、面貌和发展方向。

"适"作为旅游中品玩事物的工夫,要求旅游者对旅游活动适度把握。《说文解字》解释:"适,之往也。"段玉裁注:"往,自发动言之;适,自所到言之……女子嫁曰适人。"②"之"且"宜"就是"适"。《辞源》中"适"的第四条解释:"适合,恰好。"第五条解释:"满足,安适。"③在这里,"适"相当于《中庸》所说的无过无不及之"中";又相当于朱熹《周易本义》所云:"时止则止,时行则行"之"行止",就是要达到"适宜"、"恰好"、"满足"、"安适"。现实生活中有些旅游者沉溺于游玩而不能自拔,就是没有把握好"适"之度,没有随时处中。朱熹说:"既君子,又须时中;彼既小人矣,又无忌惮。……时中便是那无过不及之'中'。"④朱熹的旅游是以"志于道"为基础的,反对无节制地逸游,逸游不仅不能玩物适情,反而变成了玩物丧志。有门人"问:'山居颇适,读书罢,临水登山,觉得甚乐。'(朱熹)曰:'只任闲散不可,须是读书。'"⑤朱熹认为"那个优游和缓,须是做得八分九分成了,方使得优游和缓。"⑥可见,朱熹所谓的"适"是在一定道德准则下的自我满足,而不是智思和情欲向外无限的驰骋。"适"的体验可分为递进的几个层次:身适、心适、身心兼适、忘适之适。这些都与人的身心有关。朱熹诗文中的"可观"、"快赏心"、"心安体舒"、"优游可忘年"及"乐而忘死"就是代表了不同的"适"的体验层次。

---

① 《论语集注》,朱杰人等主编:《朱子全书》第6册,上海:上海古籍出版社,合肥:安徽教育出版社,2002年,第121页。
② 许慎、段玉裁:《说文解字注》,上海:上海古籍出版社,1981年,第71页。
③ 《辞源》,商务印书馆,1980年,第3083页。
④ 《朱子语类》,北京:中华书局,1986年,第840页。
⑤ 《朱子语类》,北京:中华书局,1986年,第2740页。
⑥ 《朱子语类》,北京:中华书局,1986年,第2920页。

性情学说历来为儒家所重视,旅游所适之情即是"七情",朱熹说:"为情者七,曰喜怒哀惧爱恶欲。"①在朱熹看来,"适"就是要事事循天理,发而皆中节,"当喜时,也须喜;当怒时,也须怒;当哀时,也须哀;当乐时,也须乐"。② 这就叫"率性",也叫"道"。所以,旅游有时会有游山玩水、交游唱酬之喜乐,也会有伤时忧国、怀乡思亲之感叹。朱熹强调适情主要目的在复性。他认为人生来就有天地之性与气质之性。天地之性是性之本,是天理在人身上的体现,是纯善的。而气质之性是人受生之后形成的。七情交错袭来,情的迷惑就使人的本性隐匿了起来,气质之性就会有善有恶,就会不完善。朱熹认为,人性皆善,而其类有善恶之殊者,气习之染也。故君子有教,则人皆可以复于善。他说:"君子所以学者,为能变化气质而已。德胜气质,则愚者可进于明,柔者可进于强。"③而适情正是这种变化气质,复其善性的需要。旅游中的真、善、美是人所同欲的。朱熹说:"善者人所同欲……《易》曰:'美在其中,而畅于四肢。'"④人禀七情,因物斯感。感物吟志,莫非自然。旅游之所以能适情,在于它通过接触自然和社会,变换生活环境,有助于促成德性的养成与提升;在于通过品玩事物,体验它的某些自然属性和特征的审美结果,从而引起旅游者精神上的感应和共鸣,思想上的净化与升华,这就是朱熹所说的"感而遂通",从而就会产生喜乐之情。

总之,旅游是人类的集体潜意识,就常理而论,似乎没有人会拒绝旅游的。心安体舒是每个旅游者期许的目标。旅游者的旅游内容、品味方式、审美境界虽表现各异,但其核心始终是围绕着"适情"展开的。玩物适情也就是要求人们在身心欲求得以合乎限度地满足之后,在当下的旅游境遇中调节个人的情感。"玩物适情"可以说是旅游者生命自觉的本质要求。惟其"适"而有度,方能体验悦耳悦目、悦心悦意、悦志悦神的不同审美境界。

---

① 《朱子语类》,北京:中华书局,1986年,第1296页。
② 《朱子语类》,北京:中华书局,1986年,第1239页。
③ 《中庸章句集注》,朱杰人等主编:《朱子全书》第6册,上海:上海古籍出版社,合肥:安徽教育出版社,2002年,第49页。
④ 《朱子语类》,北京:中华书局,1986年,第1470页。

二、"从容潜玩"是旅游者深层体验的审美方法

朱熹说:"游者,从容潜玩之意。"①旅游实际上就是放下生活中的种种牵挂而进行的一种异地休闲活动。而旅游者唯有"从容",才能安逸舒缓,自由自在,正如朱熹的《次韵宿密庵》诗中云:"它年应共说,此日自由身。"②旅游者唯有"潜玩",旅游体验才能意味深长。"从容潜玩"成为旅游者深层体验的审美方法。

旅游者要"从容"就要求时间上处于"休闲"的状态。休闲就是指在与谋生无关的时间内以各种"玩"的方式求得身心的放松与调节,达到体能恢复、生命保健、身心愉悦目的的一种业余生活。查《辞源》并无"休闲"一词,编《辞源》一书时中国休闲旅游尚未兴起,没有引起编者的注意。然而"休闲"一词却早已多次出现在朱熹的诗文中。如,朱熹的《社日诸人集西冈》诗云:"今朝幸休闲,追逐聊嘻嘻。笑语欢成旧,尽醉靡归期。"③又有《奉和公济留周宾》诗云:"鳣堂偶休闲,杂黍聊从容。不辞腰脚劳,共上西南峰。"④两诗中所反映的完全是一种从容悠游的生活,与当下的休闲并无本质的不同。而且朱熹的休闲思想已达到很高的境界,他在《次卜掌书落成白鹿佳句》诗中说:"深源定自闲中得,妙用元从乐处生。"⑤认为人们只有处在休闲状态下才能获得自身思想境界的精进,奇妙的作用原来都产生于内心的快乐之处。

"潜玩"在于玩的深度,属于休闲审美的工夫,目标是要在玩味中发现真、善、美。审美是人类感知世界的一种特殊形式。朱熹曾说:"美者,声容之盛。

---

① 《朱子语类》,北京:中华书局,1986年,第871页。
② 《晦庵先生文集》,朱杰人等主编:《朱子全书》第20册,上海:上海古籍出版社,合肥:安徽教育出版社,2002年,第422页。
③ 《晦庵先生文集》,朱杰人等主编:《朱子全书》第20册,上海:上海古籍出版社,合肥:安徽教育出版社,2002年,第230页。
④ 《晦庵先生文集》,朱杰人等主编:《朱子全书》第20册,上海:上海古籍出版社,合肥:安徽教育出版社,2002年,第431页。
⑤ 《晦庵先生文集》,朱杰人等主编:《朱子全书》第20册,上海:上海古籍出版社,合肥:安徽教育出版社,2002年,第473页。

善者,美之实也。"①世界并不缺少真、善、美,往往只是缺少发现真、善、美的慧眼,因为"美"需要"审"而得来。朱熹认为从大自然的"鸢飞鱼跃"中,可以随处发现道体,这就需要深度玩味,随事省察,即物推明。而这一过程,不能一蹴而就,朱熹说:"须敬守此心,不可急迫,当栽培深厚。栽,只如种得一物在此。但涵养持守之功继继不已,是谓栽培深厚。如此而优游涵泳于其间,则浃洽而有以自得矣。苟急迫求之,则此心已自躁迫纷乱,只是私己而已,终不能优游涵泳以达于道。"②朱熹正是在走近山水、即物察识、观想万物、优游涵泳中逐渐完善其理学思想体系。

"潜玩"也在于时间的投入和玩的广度。通过壮游观理能促进博学。张、黄两位画者在聚星亭绘画,观者皆叹其工。二先生请朱熹记其事。朱熹在《赠画者张黄二先生》建议两位画者:"远游以广其见闻,精思以开其胸臆,则其所就当不止此。"③朱熹强调说:"今也须如僧家行脚,接四方之贤士,察四方之事情,览山川之形势,观古今兴亡治乱得失之迹,这道理方见得周遍。'士而怀居,不足以为士矣!'不是块然守定这物事在一室,关门独坐便了,便可以为圣贤。"④旅游之所以能广其见闻,在于旅游活动本身为旅游者提供了许多即物穷理、格物致知的机会。朱熹说:"只是玩味久之,便见天高地下,万物散殊,而礼制行矣;流而不息,合同而化,而乐兴焉。天有四时,春夏秋冬,风雨霜露,无非教也;地载神气,风霆流形,庶物露生,无非教也。"⑤英国哲学家培根(1561—1626)在《论游历》一文中也曾写道:"游历在年轻人是教育一部分;在年长的人是经验的一部分。"⑥清代学者魏源感慨时人"只知游山乐,不知游山学",进而提出"游山学"理论。可见旅游对人生教育的重要性。

旅游体验是旅游者伴随着旅游活动特有的心理与行为,因人而异。朱熹非常重视旅游体验,他说:"不专在静处做工夫,动作亦当体验。"⑦又说:"惟致

---

① 《论语集注》,朱杰人等主编:《朱子全书》第 6 册,上海:上海古籍出版社,合肥:安徽教育出版社,2002 年,第 92 页。
② 《朱子语类》,北京:中华书局,1986 年,第 205 页。
③ 《晦庵先生文集》,朱杰人等主编:《朱子全书》第 24 册,上海:上海古籍出版社,合肥:安徽教育出版社,2002 年,第 3687 页。
④ 《朱子语类》,北京:中华书局,1986 年,第 2832 页。
⑤ 《朱子语类》,北京:中华书局,1986 年,第 1536 页。
⑥ 邹本涛:《旅游文化学》,北京:中国旅游出版社,2012 年,第 288 页。
⑦ 《朱子语类》,北京:中华书局,1986 年,第 2778 页。

知,则无一事之不尽,无一物之不知。以心验之,以身体之,逐一理会过,方坚实。"①现代很多旅游者往往只是"以身体之",而缺乏"以心验之"。旅游体验之所以重要,不仅在于旅游体验是旅游者感悟世界的独特方法,更重要的是旅游体验本身还是一个情感培养和心性涵养的过程,最终目的则是旅游者对于旅游景观的价值理性和情感理性的确立。观察世界万事万物,本身就是对人类自身的生命体验。在这个过程中,作为道德主体的旅游者,会有感于世界的生机,内心自然会油然而生"利物爱物"之仁心,从而实现物我相通,心与理一。

三、"俯仰自得"是旅游者身心修养的主要目的

朱熹说:"礼云乐云,御射数书,俯仰自得,心安体舒,是之谓游……呜呼游乎,非有得于内,孰能如此其从容而有余乎!"②自得之学是儒家力倡的正学,它以主体的体验来获得认知,在学习中有所发现、有所创新。旅游者只有实现了一举一动自得其乐,处于心安体舒的自由从容境界,才称得上实现了旅游过程中身心修养的目标。老师李侗曾对朱熹说:"若反身而诚,清通和乐之象见,即是自得处。"③要实现旅游的"清通和乐"气象就必须做到以下几点:

首先,要抛弃世俗的私心杂念,仁心常在。朱熹在《王嘉叟所藏画二首》曾道:"洗心咏太素,讯景窥灵诠。"④又说:"乐天安土,无入而不自得,天人事理,洞然无毫发之间。苟有一毫之私,则无以窥此境之妙。"⑤朱熹认为只有抛开世俗功利之心,没有人欲混杂,歌咏大自然,才能从观察到的景物中窥探到大自然的奥秘,才能洞察世界天人之理而举手投足间无不自得,这也是圣贤人格要求的境界。有德才能自得,朱熹说:"'据于德'。德者,得也,便是我自得底,不是徒恁地知得便住了。说到德,便是成就这道,方有可据处。但'据

---

① 《朱子语类》,北京:中华书局,1986年,第300页。
② 《晦庵先生文集》,朱杰人等主编:《朱子全书》第24册,上海:上海古籍出版社,合肥:安徽教育出版社,2002年,第3988页。
③ 《李延平集》,上海:商务印书馆,1935年,第25页。
④ 《晦庵先生文集》,朱杰人等主编:《朱子全书》第20册,上海:上海古籍出版社,合肥:安徽教育出版社,2002年,第260页。
⑤ 《朱子语类》,北京:中华书局,1986年,第889页。

于德',固是有得于心,是甚次第,然亦恐怕有走作时节。其所存主处,须是'依于仁',自得于心,不可得而离矣。"①因此,朱熹强调仁心常在,作为自得的基础。

其次,对物态义理要经常玩味,以求感悟融会而达到自得洒落。朱熹认为:"只深造以道,便是要自得之,须是时复玩味,庶几忽然感悟,到得义理与践履处融会,方是自得。"②而且"须要自得言外之意始得。须是看得那物事有精神,方好。"③自得与洒落是连在一起的。遇事若能无毫发固滞,便是洒落。朱熹在《延平答问》中引用李侗的话说:"大率须见洒然处,然后为得。"④人若具备洒落的精神境界必会影响其言行。

再者,通过游艺之学达到身心兼适,与万物和谐。《中庸》认为,"和"是"天下之达道"。而要达到身心兼适,与万物和谐只有自得于己者才能达成。因此,朱熹重视游艺之学在"自得"中所发挥的作用。有人问:"玩物适情,安得为善?"朱熹回答说:"'游于艺'一句是三字,公却只说得一字。"⑤"艺"即指儒家的六艺:礼、乐、御、射、书、数。六艺都是日用常行的技艺,旅游出行几乎都与它们有关。涵泳于六艺之中会对自身的能力、德性的提高有所帮助。朱熹说:"游艺,则小物不遗而动息有养。学者于此……本末兼该,内外交养,日用之间,无少间隙,而涵泳从容,忽不自知其入于圣贤之域矣。"⑥正如潘立勇教授所说:"能玩之悠然适情,游之从容得理,感官的愉悦和心灵的道义相生并长,无一丝一毫的间隔,使人玩之游之,不着意图美而自美,不刻意求善而自善。"⑦游艺之学既有形而上的自由洒落的超越性一面,又不离人的日用常行的现实存在。它反映了人自我身心及其与社会之间的和谐之美。

最后,要体悟旅游的快乐。朱熹引用程颢的话说:"笃信好学,未如自得

---

① 《朱子语类》,北京:中华书局,1986年,第868页。
② 《朱子语类》,北京:中华书局,1986年,第2631页。
③ 《朱子语类》,北京:中华书局,1986年,第2755页。
④ 《李延平集》,上海:商务印书馆,1935年,第10页。
⑤ 《朱子语类》,北京:中华书局,1986年,第871页。
⑥ 《论语集注》,朱杰人等主编:《朱子全书》第6册,上海:上海古籍出版社,合肥:安徽教育出版社,2002年,第122页。
⑦ 潘立勇:《朱熹美育思想初探》,《孔子研究》1989年第1期。

之乐。好之者,如游他人园圃;乐之者,则已物耳。"①私欲克尽,故乐。朱熹说:"与万物为一,无所窒碍,胸中泰然,岂有不乐。"②凡天地万物之理,皆具足于一身,天下之至乐莫大于此。"乐"就是人们以至诚立身行事、体道、明道时带有超经验意味的美感。"乐"能感发人的心灵,改变人的性情,使人自觉地接受和实行仁道。在朱熹的旅游审美境界中,既有表现人格美的"孔颜之乐",也有表现艺术美的诗歌之乐,但朱子最推崇的则是自得于中,而不为外物所累的"曾点之乐"。朱熹的"幔亭之风"恰是曾点洒落气象在南宋武夷山一带的进一步发展。这种气象在朱子理学中表现为诚、乐、仁三个概念所构成的相互融合、相互贯通的整体精神境界,并且和生命的审美体验结合在一起。

四、"以游以居"是旅游者诗意栖居的理想方式

玩物适情的理性自觉,从容潜玩的休闲审美方法,俯仰自得的旅游目标,其终极关怀要实现为乐生的旅游生活方式。朱熹说:"俯仰自得,心安体舒,是之谓游,以游以居。"③又说:"居,只是常常守得,常常做去……居,守也……居,如人之居屋,只住在这里面,便是居。"④"以游以居"意思是说要坚守把玩物适情、从容潜玩、俯仰自得的诗意性旅游艺术作为一种生活的常态。朱熹认为有诗意方活,"须是看他诗人意思好处是如何,不好处是如何。看他风土,看他风俗,又看他人情、物态……好底意思是如此,不好底是如彼。好底意思,令自家善意油然感动而兴起。看他不好底,自家心下如着枪相似。如此看,方得诗意。"⑤

为了便于游息,朱熹重视对游栖之所的诗意选择。他在《将游云谷约同行者》诗中云:"跻险择幽栖,搴萝结茅屋",⑥他选择在建阳云谷山构建晦庵草

---

① 《朱子语类》,北京:中华书局,1986年,第814页。
② 《朱子语类》,北京:中华书局,1986年,第2816页。
③ 《晦庵先生文集》,朱杰人等主编:《朱子全书》第24册,上海:上海古籍出版社,合肥:安徽教育出版社,2002年,第3988页。
④ 《朱子语类》,北京:中华书局,1986年,第1714页。
⑤ 《朱子语类》,北京:中华书局,1986年,第2082页。
⑥ 《晦庵先生文集》,朱杰人等主编:《朱子全书》第20册,上海:上海古籍出版社,合肥:安徽教育出版社,2002年,第436页。

堂以便游息。他又利用南康知军公暇之余频频游庐山,并捐俸修复卧龙庵和白鹿洞书院。他又在武夷山筑武夷精舍以供游息。他写信给好友陈亮说:"武夷九曲之中比缚得小屋三数间可以游息,春间尝一到,留止旬余。溪山回合,云烟开敛,旦暮万状,信非人境也。"①这里有"隐求室"可以栖息;有"止宿寮"以延宾友;有"石门坞"以俟学者之群居;有"观善斋"以便学者相观而善;有"寒栖馆"以居道流;有钓矶可垂钓;有茶灶可烹茶;有渔艇可捕鱼;有晚对亭、铁笛亭可赏景等等。②武夷精舍夏天过热,冬天过冷,这两个季节并不适合居住。因此,朱熹与弟子们在武夷精舍的周期性游息就是一种"诗意栖居",是一种"身心自由"的旅游生活体验。它使平淡的崇安五夫家居生活被审美地"点化"了,从而赋予人生以新的意义。这种诗意栖居的惬意生活迎来了他诗歌创作和著书立说的高潮。

朱熹的旅游活动本身也充满诗意。他观山临水养成了以诗文纪游的习惯。他认识到:"诗,可以兴,感发志意;可以观,考见得失;可以群,和而不同;可以怨,怨而不怒。近之事父,远之事君,人伦之道,诗无不备。通过诗又可多识鸟兽草木之名,其绪余又足以增长见识。"③可见,诗对朱熹旅游生活的重要性。朱熹在《福岩读张湖南旧诗》中说:"已有经行到处诗。"④他所存的1200多首诗大都是在外出旅游中完成的。朱熹早在19岁赴临安科举考试时写的《远游篇》诗中吟道:"愿子驰坚车,躐险摧其刚。峨峨既不至,琐琐谁能当。朝登南极道,暮宿临太行。睥睨即万里,超忽凌八荒。无为蟄蟄者,终日守空堂。"⑤全诗写得悲壮激昂,表现了朱熹年轻气盛,想游历四方的远大抱负和豪兴。旅途原本是非常辛苦的事情,由于朱熹采取诗意审美的态度,也就忘记

---

① 《晦庵先生文集》,朱杰人等主编:《朱子全书》第21册,上海:上海古籍出版社,合肥:安徽教育出版社,2002年,第1579页。

② 兰宗荣:《朱熹的"幔亭之风"的美育实质及其影响》,《湖州师范学院学报》2013年第1期。

③ 《论语集注》,朱杰人等主编:《朱子全书》第6册,上海:上海古籍出版社,合肥:安徽教育出版社,2002年,第221页。

④ 《晦庵先生文集》,朱杰人等主编:《朱子全书》第20册,上海:上海古籍出版社,合肥:安徽教育出版社,2002年,第383页。

⑤ 《晦庵先生文集》,朱杰人等主编:《朱子全书》第20册,上海:上海古籍出版社,合肥:安徽教育出版社,2002年,第224页。

了疲劳,正如他在《游芦峰分韵得尽字》中所云:"我行独忘疲,泉石有招引。"①

自由、趣味、快乐地生活始终是人类不变的最绚烂的理想。哲学家海德格尔借诠释荷尔德林《人,诗意的栖居》一诗来解读存在主义。"筑居"只不过是人为了生存于世而劳碌奔忙,"栖居"是以神性尺度规范自身,以神性光芒映射永恒。人、大地、世界共同处于一个无限的宇宙系统,三者本来就是平等、相互制约的关系,因此不能用平常的语言逻辑对他们进行规定,只能运用"诗",它们之间的关系与其说是相互认识,倒不如说是"领悟"与"体验"。曹诗图教授认为:"诗意地栖居是旅游的理想追求,其实质是人对生命自由和谐的追求。"②

五、结　　语

"玩物适情"是旅游者生命自觉的本质要求;"从容潜玩"是旅游者深层体验的审美方法;"俯仰自得"是旅游者身心修养的主要目标;"以游以居"是旅游者诗意栖居的理想方式。这四者构成了朱熹旅游思想的实质性要旨,分别回答了旅游的本质、旅游的方法、旅游的目标以及旅游与人生关系的问题。这些旅游哲思寄寓了朱熹现实的旅游情怀,陈荣捷先生指出:"朱子教学,是其最快乐处。闲情逸趣,则在旅游与诗酒之兴。"③朱熹将旅游现象上升到理论层面,因此,称得上是一位真正的旅行家。南宋叶绍翁在《四朝闻见录》中说朱熹有山水风流是很有道理的。只是朱熹的理学家和教育家的身份遮盖了他作为一位"旅行家"的光辉,正如钱穆先生曾说:"朱子旷代巨儒,其学所涉,博大精深,古今无匹俦。以理学名高,其余遂为所掩。"④在朱熹看来,"旅"即羁旅,是为了实现某一目的在空间上离开惯常的生活环境,从甲地到乙地的行进过程;"游"则显得更具有文化意味,即通过外出游览,深入品味事物来

---

① 《晦庵先生文集》,朱杰人等主编:《朱子全书》第 20 册,上海:上海古籍出版社,合肥:安徽教育出版社,2002 年,第 435 页。
② 曹诗图、韩国威:《以海德格尔的基础存在论与诗意栖居观解读旅游本质》,《理论月刊》2012 年第 6 期。
③ 陈荣捷:《朱熹》,台北:学生书局,1982 年,第 151 页。
④ 钱穆:《附朱子韩文考异》,钱穆《朱子新学案》第 5 册,台北:三民书局,1971 年,第 228 页。

调适性情,以达到俯仰自得、心安体舒的目的。诗意性游居的审美生活是一种理想的生活状态,它可以发挥旅游怡情、涵养、体道、乐生的功能,有助于旅游者升华旅游与人生的意义,从而更好地实现旅游者自我身心之间、旅游者与社会及与自然之间的和谐。

(原刊于《福建师范大学学报》2017 年第 2 期)

朱熹"和"思想及其当代意义

※ 程利田

一、朱熹"和"的思想

朱熹的政治志向是治国平天下,而人格追求是圣人之人格,为此,他非常注重"和"。朱熹"和"思想,主要着眼于如下几方面:

第一,个人身心和谐、人格和谐。朱熹说:"学者大要立志,才学,便要做圣人是也。"①为什么要立志学做圣人?朱熹认为,是因为圣人身上具备"仁德"和"人伦"的至上品格,"圣人万善皆备,有一毫之失,此不足为圣人";②圣人还具有知识、才力等智者的品格,"圣贤无所不通,无所不能,那个事理会不得?所以圣人教人要博学";③圣人还具有"治者"、"王者"的风范,"天只生得许多人物,与你许多道理。然天却自做不得,所以生得圣人为之修道之教,以教化百姓,所谓'裁成天地之道,辅相天地之宜'是也。盖天做不得底,却须圣人为他做也。"④总之,圣人具备仁义礼智信五德,其身心是和谐的,其志趣是纯洁高尚的;圣人和谐人格的最高境界是"中和"。所以,朱熹主张:人人都要

---

① 《朱子语类》,北京:中华书局,2004年,第134页。
② 《朱子语类》,北京:中华书局,2004年,第232页。
③ 《朱子语类》,北京:中华书局,2004年,第2380~2381页。
④ 《朱子语类》,北京:中华书局,2004年,第259页。

以"修身为本",刻苦修炼,努力成圣,"圣人与我同类",使自己的身心和谐、人格和谐。

第二,人际关系和谐、群体社会和谐。朱熹说:"和以处众曰群。"①又说:"人和,得民心之和。"②人们处世要以"和"为纲,"和为贵"。人格和谐是人际关系和谐、群体社会和谐的最基本的前提和保障,而人际关系和谐又是人与社会健康发展的必要前提,是人类战胜困难与邪恶的保证,是完成理想大业的必须具备的客观环境。人际关系和谐,就是人心和谐一致即同心一致。要使人际关系和谐一致,朱熹认为必须"贵德重礼"和"明职分履道义"。"贵德"是重视伦理道德,加强伦理道德的修养,提升人们的道德素养和人格,人人都是文明的人;"重礼"是重视礼仪、法律、制度,就是用礼仪、法律、制度来规范、统一人们的言行,人人都讲礼仪、讲法律、守秩序、守规矩,人人都是懂法守法有规矩的人。朱熹在《论语集注》中引程子话说:"礼胜则离,故礼之用,和为贵,先王之道以斯为美,而小大由之。乐胜则流,故有所不行者,知和而和,不以礼节之,亦不可行";又引范氏话说:"凡礼之体主于敬,而其用则以和为贵。敬者,礼之所以立也;和者,乐之所由生也",又说:"敬与和,亦只是一事。敬则和,和则自然敬。"③可见,"贵德"与"重礼"的目的都在于促使人们互相尊敬,从而使人与人的关系趋于和谐,进而达到群体社会和谐。"明职分履道义",强调人人都要懂得履行自己的职责与义务,以促进人际关系和谐、群体社会和谐。朱熹说:"为人君,止于仁;为人臣,止于敬;为人子,止于孝;为人父,止于慈;与国人交,止于信。"④又说:"为君当知为君之道,不可不使臣以礼;为臣当尽为臣之道,不可不事君以忠。君臣上下两尽其道,天下其有不治者哉?"⑤人人都"贵德重礼",都"明职分履道义",那么人人就都具有了君子心诚之德——中庸。朱熹说:"中庸者""惟君子惟能体之,小人反是。君子之所以为中庸者,以其有君子之德,而又能随时以处中也。小人之所以反中庸者,以其有小人之心,而又无所忌惮也。君子知其在我,故能戒谨不睹,恐惧不

---

① 《四书集注》,北京:北京古籍出版社,2004年,第181页。
② 《四书集注》,北京:北京古籍出版社,2004年,第250页。
③ 《朱子语类》,北京:中华书局,2004年,第519页。
④ 《朱子语类》,北京:中华书局,2004年,第2845页。
⑤ 《朱子语类》,北京:中华书局,2004年,第625页。

闻,而无时不中。小人不知有此,则肆欲妄行,而无所忌惮矣。"①贵德重礼,诚实无妄,戒谨处中,则为君子;无德无礼,虚伪妄行,肆无忌惮,则为小人。朱熹教人贵德重礼、明职分履道义、心诚处中而做君子,不要反是而做小人。人人都为君子,人与人的关系能不和谐吗?群体社会能不和谐吗?

第三,人与宇宙自然的和谐。在人与宇宙自然的关系上,朱熹强调"天人合一",即强调人与宇宙自然要和谐一致。朱熹说:"天地万物本吾一体。"②又说:"天人本只一理"、"天即人,人即天。"③朱熹明确指出:天人万物一体、天人万物一理,天人是合一的。什么是天人万物一体、一理?朱熹认为,"中"为天下之大本,"和"为天下之达道。大本为"道之体也",达道为"道之用也"。依此而行,便可"极其中而天地位矣。"这就是万物一体、一理的道理。如此者,便能天地位,万物育,与天地同流、万物一体一理了。因此,人们的生产生活活动就必须遵循天地自然规律,"圣人法天"、"天者,理势之当然也"、"顺得这势,尽得这道理"。若不顺天而获罪于天,那必被天惩罚。因此,人类不仅必须爱护自然,爱护万物,而且还要不断地调整生产生活方式以适应自然规律,不断承担起修复被人类破坏了的自然环境的任务,以使生态环境得到平衡。朱熹说:"'赞天地之化育。'人在天地中间,虽只是一理,然天人所为,各自有分,人做得底,却有天做不得底。如天能生物,而耕种必用人;水能润物,而灌溉必用人;火能焙物,而薪炊必用人。裁成辅相,须是人做,非赞助而何?""至于尽物,则鸟兽虫鱼,草木动植,皆有以处之,使其各得其宜。"④人物各自有分,各得其所,各成其宜。人类爱护自然万物,遵循自然规律,使人类文化与自然保持和谐统一,人类与自然万物共生共长共荣,"这才真正是人类生存的本质"。朱熹说:"天地万物本吾一体,吾之心正,则天地之心亦正矣;吾之气顺,而天地之气亦顺矣。"⑤天人万物一体、天人万物一理,天即人,人即天,人类就要与宇宙自然沟通,我之心正,则天地之心亦正,我之气顺,则天地之气亦顺,就可保持天人平衡、天人和谐,万物也就生长发育,欣欣向荣。"惟天下至诚,为能尽其性;能尽其性,则能尽人之性;能尽人之性,则能尽物之性;能

---

① 《四书集注》,北京:北京古籍出版社,2004年,第24页。
② 《四书集注》,北京:北京古籍出版社,2004年,第25页。
③ 《朱子语类》,北京:中华书局,2004年,第387页。
④ 《朱子语类》,北京:中华书局,2004年,第1569~1570页。
⑤ 《四书集注》,北京:北京古籍出版社,2004年,第136页。

尽物之性,则可以赞天地之化育,则可以与天地参矣。"①

第四,人类和睦、世界和谐、天下太平。朱熹说:"仁者爱之理。"②人有了仁爱之心,就能"立人""达人"即"己欲立而立人,己欲达而达人"。有"仁爱"之心的人,就会讲推己及人,向众人施行仁爱,而且还能宽容待人,与人为善。就会做到朱熹在《中庸章句》中说的那样:"己之所不欲,则勿以施之于人。"这就是"忠恕"之道。朱熹说:"尽己之谓忠,推己之谓恕。或曰:'中心为忠,如心为恕',于义亦通。"③又说:"问'如心为恕'。曰:'如此也比自家心推将去。仁之与恕,只争些子。自然底是仁,比而推之便是恕。'"④忠,尽心尽力,忠实厚道,忠诚坚定,诚信有加;恕,己心如人心,将心比心,推己及人,对人宽容。施行"忠恕"之道,宽容待人,与人为善,忠于民众,忠于人类,把仁爱推向天下众人,使人类和睦、世界和谐、天下太平。

朱熹又说:"中庸者,不偏不倚、无过不及而平常之理,乃天命所当然,精微之极致也";"然'中庸'之'中',实兼'中和'之义"。⑤ "中"是天下一切情感和道理的根本,"和"是天下一切事物的普遍原则。面对事物的矛盾和道德价值的冲突,采取"中庸"、"中和"的方式来处理,即在坚持根本、坚持原则的基础上,进行平等对话,协商讨论,交换意见,互相理解,互相宽容,统一认识,达到共识,使事物向和平和谐的方向发展,即向最好的方向发展:"乾道变化,各正性命,保合太和,乃利贞。"⑥在处理国与国即国际关系上,采用"中庸"、"中和"方式来处理,既坚持了原则又化解了矛盾,使人类处于和睦与友谊之中,国与国和平共处、共同发展,世界和谐、天下太平。

从上所述,我们认为,朱熹的"和"思想包含四个层次:一是个人道德和谐、身心和谐,即人自身和谐。朱熹强调要学做圣人,进行道德修养,使个人的身心和谐、人格和谐。二是人际关系和谐,即人与人和谐。朱熹一向把"贵德重礼"、"明职分履道义"作为人们保持人际关系和谐的崇高道德观念。因为"贵德重礼"、"明职分履道义"能使人们具有君子心诚之德——中庸。人人

---

① 吴兆基、武春华:《中国古典文化精华》,长春:时代文艺出版社,2001年,第53页。
② 《朱子语类》,北京:中华书局,2004年,第464页。
③ 《四书集注》,北京:北京古籍出版社,2004年,第345页。
④ 《朱子语类》,北京:中华书局,2004年,第689页。
⑤ 《四书集注》,北京:北京古籍出版社,2004年,第678页。
⑥ 佚名:《中国古典文化精华》,长春:吉林文史出版社,2002年,第1页。

都是君子,人与人的关系就会和谐,社会就自然安定、和谐了。三是人与自然、人与宇宙万物的整体性和谐,即人与宇宙自然的整体和谐。朱熹强调"万物一体"、"万物一理"和仁者"爱物";还强调"中和"为万物一体之大本、达道,把"中和"的德性升华为与天地万物一体、一理的整体和谐的宇宙观。四是人与群体社会的和谐,人类和睦、世界和谐、天下太平,即社会和谐、世界和谐。朱熹强调推行"忠恕之道"、"中庸之道",把仁爱推向所有社会成员,使社会为"天下为公,选贤与能,讲信修睦"、"人不独亲其亲,不独子其子。使老有所终,壮有所用,幼有所长,鳏寡孤独废疾者皆有所养"的"大同"社会、和谐社会,[①]使世界"百姓昭明,协和万邦"、[②]"保合大和万国咸宁",[③]人类和睦、世界和谐、天下太平。这也是梁漱溟先生在《中国文化要义》里说的:"中国古人却正有见于人类生命之和谐。——人自身是和谐的;人与人是和谐的;以人为中心的整个宇宙是和谐的。"这实质上是提倡以"不同"为前提而保持"多元和谐"的"大和"即"太和"——最高境界的和谐社会、和谐世界的多元和谐观。总之,朱熹的"和"思想是把《大学》中的"格物致知,诚意正心,修身齐家,治国平天下"具体化、通俗化,以化民成俗、修己治人,使孩童、成人、老人、妇女、各种阶级阶层、各色人等在日用言行、起居生活都遵守着一定的道德规范,使社会和谐有序、百姓安居乐业、万物欣欣向荣。所以,朱熹"和"思想是儒家一贯提倡的道德和谐、整体和谐、群体社会和谐、世界和谐的辩证和谐观,是一种积极有为的"仁爱和谐"观。

二、朱熹"和"思想的当代意义

朱熹"和"思想是我国传统和谐文化的重要组成部分。它在中国封建社会后期为封建统治者赢得民心、稳定社会、巩固政权、发展经济、繁荣文化起了重要作用,它对促进各民族之间的和睦相处和友好交融、维系多民族的团结和国家的统一也作出了重要贡献。它在当代对我国乃至人类的发展仍然具有极其重要的意义。

[①] 寻国宾:《解读五经经典》,北京:中国和平出版社,2008年,第107页。
[②] 寻国宾:《解读五经经典》,北京:中国和平出版社,2008年,第44页。
[③] 佚名:《中国古典文化精华》,长春:吉林文史出版社,2002年,第1页。

第一,弘扬朱熹"和"思想,加强人的道德修养,提高人的精神境界。改革开放,我国的科学发达了,生产力提高了,经济高速发展了,人们的物质生活越来越富裕了。人们的精神世界本来应该凭借经济的发展、生活的富裕而越来越充实、高尚,但是有的人却因此而失去了人生方向,把追逐财富、追逐物欲看成是人生的唯一目的,并由此而自私自利、奢华无度、贪污腐败、滥用职权、损害公民利益等等。如何解决这个问题呢?朱熹的人的身心和谐、人格和谐的"和"思想给了我们启示,就是我们在对财富进行合理追求的同时,更要加强对人生意义的追求,更要不断加强道德修养,清除身上的恶念与邪欲,恢复善的本性,不断提升人的精神境界,做到毛泽东同志说的"一个高尚的人,一个纯粹的人,一个有道德的人,一个脱离了低级趣味的人,一个有益于人民的人"。①

第二,弘扬朱熹"和"思想,坚持以"人和"为核心的伦理观这一和谐文化的根基,提倡"贵德重礼",遵守社会公德,"明职分履道义",明晓职责履行义务,坚持原则,宽容待人,互相帮助,与人为善的精神,使人际关系和谐,进而促进社会各阶级、各阶层、各民族相互理解、相互提携,共同构建各尽所能、各得其所、和睦相处、多元共存、协调发展的和谐社会。

第三,弘扬朱熹"和"思想,在政治生活中提倡民主协商。政治民主是国家文明的主要体现。我国实行的政治制度是社会主义民主制度。在政治生活中,朱熹主张"公议",君民共同公议朝政,这可以充分发挥臣民的作用,既可以避免君主专制主义的出现,也有利于纠弊,以实现开明政治。朱熹同孔孟先儒一样也主张"君子不党"、"和而不同"。朱熹教人贵德重礼、明职分履道义、心诚处中而做君子,不要反是做小人,也就是"君子不党"、"和而不同"。"不党"就是不拉帮结派,不结党营私,不搞阴谋鬼计。"不党"就不会有不同的利益冲突,不同力量之间也容易沟通。"不党"就会公正无私、公平合理。"和而不同"就是重视和尊重不同意见,不同的意见之间可以通过协商,求同存异,共同发挥作用,形成合力。可见,朱熹政治生活上也是要求和谐的。但是,因为时代条件、社会制度和阶级地位的局限,朱熹所主张的政治生活的和谐和所希望的开明政治是不会实现的。不过朱熹政治生活中的"和"思想,对我们今天的坚持政治民主制度,提倡民主协商的政治生活却提供了丰富的思

---

① 《毛泽东选集》第二卷,北京:人民出版社,1991年,第660页。

想资源和智力资源。

第四,弘扬朱熹"和"思想,弘扬"大同"的崇高和合目标这一和谐文化旨归,在台海关系上坚持"一国两制,和平统一"的方针,坚持"寄希望于台湾人民"的方针,坚持两岸人民"平等协商,互利双赢"的原则,推进祖国的和平统一。台湾自古就是中国的领土。近20多年来,台海两岸人民经济文化交往日益密切,同胞情谊日益加深,祖国早日和平统一的愿望也日益强烈,但是少数台独分子挑拨两岸关系、推行"两个中国"、制造国家分裂的活动也变本加厉。因此,在发展两岸关系、促进祖国统一大业的进程中,我们既要坚决揭露、打击台独分裂阴谋,又要弘扬朱熹"和"思想,弘扬"大同"的崇高和合目标这一和谐文化旨归,使两岸人民理性了解仁爱和谐、"和为贵"、"和而不同"的大道理,懂得台海两岸"和则两利,分则两伤"的利害关系,坚持"一国两制,和平统一"的方针,坚持"寄希望于台湾人民"的方针,坚持两岸人民"平等协商,互利双赢"的原则,推进祖国的和平统一。

第五,弘扬朱熹"和"思想,坚持"尚中贵和"这一和谐文化的本质,扩大国际合作,促进人类和睦,构建和谐世界,维护世界和平。中国自改革开放以来,在各个方面都取得了辉煌的成就,综合国力有了极大的增强,在国际事务中的影响力和发言权也有极大的增强。对此,世界大多数国家是肯定和欢迎的,但也有一些持偏见的国家表示忧虑,国际上的右翼反华势力和西方文明中心主义论者趁机大肆散布"文明冲突论"、"中国威胁论",企图遏制、制裁、分裂中国。因此,我们必须弘扬朱熹"和"思想,坚持"尚中贵和"这一和谐文化的本质,与世界各国和西方文化及各种宗教文化平等对话,协商讨论,交流互补,求同存异,反对霸权,反对恐怖活动,和平共处,互利共赢,扩大国际合作,建立友好伙伴关系,促进人类和睦,构建和谐世界,维护世界和平。

第六,弘扬朱熹"和"思想,在人与宇宙自然关系上,坚持"天人合一"的价值追求这一和谐文化的内核,提倡参赞化育。朱熹从来不认为人类和天地万物是互不联系、各自孤立的,也不认为天地万物是人类控制和改造的对象,而是认为万物和人类都是由天地生成的。因此,人类不仅与天地万物有着密切的联系,而且人类还是属于自然生命系统的一部分。人类在天地万物中既是最灵最贵的又是充满仁德的,因此就有责任帮助天地化育万物,关护万物,使万物各正性命,使万物和人类一起和谐生存、生长、繁荣。如果将"人定胜天"推向极致,那么不仅万物不能生存,而且人类也会陷入生存的困境。这种思想既考虑到了人类要依靠自然界提供生存和发展的条件,又考虑到了人类有责任帮助万物生存和发展,因此是正确的。我们要弘扬朱熹"和"思想,坚持"天人合一"的价值追求这一和谐文化的内核,与宇宙自然和谐,保护生态平衡,优化生活环境,提高生存生活质量。

(原刊于《武夷学院学报》第 27 卷第 3 期,2008 年 6 月)

论朱熹的人事管理思想

❋ 高建富　王中华

传统中国人事管理的主要对象是官吏。① 完备的人事管理制度和法规，以及丰富的人事管理思想和独特的价值背景构成了传统中国人事管理文化的内涵。作为一个"致广大、尽精微，综罗百代"②的思想家，朱熹的思想体系宏大、条理缜密，涉及哲学、伦理、政治、教育、宗教、科学等诸多领域，人事管理思想是他政治思想的一个组成部分。朱熹一生仕途曲折，直接从政时间很短，但是跨度却很长。③ 其间，朱熹以一个儒者关心现实政治的社会责任心和一个思想家特有的敏锐观察力，对当时的官吏管理提出自己一系列的看法和主张，其间有不少真知灼见，很值得我们探讨和汲取。

一、用人与选才标准

（一）用人的重要性

朱熹非常强调用人在国家治理中的重要性。众所周知，朱熹乃至整个理

---

① 林新奇：《中国人事管理史》，北京：中国社会科学出版社，2004年，第3页。
② 《宋元学案·晦翁学案》。
③ 朱熹从22岁担任福建泉州同安主簿开始入仕，到70岁致仕，前后历时50年。

学对"君主"提出了很高的要求,①但同时也非常强调官吏队伍的作用。朱熹反复强调说:"夫天下之治固必出于一人,而天下之事则有非一人所能独任者";②"盖天下之事,决非一人之聪明才力所能独运"。③可见,治理天下大事并非君主一人所能独运,还要靠他人的聪明才智。

当有学生问"今日之治,当以何为先?"的时候,朱熹回答说:"只是要得人。"④看来,朱熹认为治理天下的第一要务在于"得人",即"用人得当"。如果用人得当,天下自然治平:"相得人,则百官各得其职;择一户部尚书,则钱穀何患不治?而刑部得人,则狱事亦清平矣。"⑤不仅如此,朱熹甚至认为用人比制度和立法更为重要。他说:"大抵立法必有弊,未有无弊之法,其要只在得人。若是个人,则法虽不善,亦占分数多了;若非其人,则有善法,亦何益于事!"⑥在朱熹看来,任何立法都有利、有弊,关键在于用人,如果用人不当,即使有完善的立法也无益于事。⑦

现代管理学侧重于制度建设,主张用制度管人,但制度是人制定的,它的执行、督察也在于人。朱熹"只在得人"的思想,反映了他高度重视管理主体的管理思想,也是中国儒家传统管理思想的体现,对于今天管理制度的完善仍有重要的启迪。

(二)选才的标准

"君子"与"贤者"历来就是儒家治天下的理想人格,"亲贤臣,远小人"自然成了传统中国清明政治必须具备的人事任用原则。朱熹也认为,"古今治

---

① 程颐认为,王者应为天下之"义主",朱熹也认为"刚明智勇、出人意表之君方能立天下之事"(《朱子语类》卷七九),所以天子"必是天生圣哲为之"(《朱子语类》卷四)。显然,他们将君主视为仁德的完美化身。
② 《晦庵先生朱文公文集》,第640页。
③ 《晦庵先生朱文公文集》,第1258页。
④ 《朱子语类》,北京:中华书局,1986年,第2682页。
⑤ 《朱子语类》,北京:中华书局,1986年,第3224页。
⑥ 《朱子语类》,北京:中华书局,1986年,第2680页。
⑦ 在谈及《唐鉴》(宋范祖禹撰,共24卷)中关于唐朝租庸调制和杨炎两税法的评论时,朱熹认为范祖禹"在于得人不在乎法"的观点"有激,便不平正"(《朱子语类》卷一三四)。可见,朱熹在强调用人的重要性同时,也不赞同完全忽视立法的作用的片面观点。

乱,不过进君子,退小人,爱人利物之类",①"治天下莫过于亲贤"。②

不能否认"君子"和"贤者"这些理想人格都带有浓厚的德化色彩,但也不能据此认为儒家管理思想不重视管理者的实际能力,因为"君子"和"贤者"本身就含有"有德之人"和"有才之人"两层含义。③ 所以"德才兼备"才是传统中国人事任用的理想标准。尽管现实社会的人总是多样的,如朱熹也说"世固有有才而无德者,亦有有德而短于才者",④这些人能否举用,不同的时代有不同的选择。但在朱熹看来,"有德而有才,方见于用,如有德而无才,则不为用",⑤"古者人有才德,即举用"。⑥ 可见,朱熹主张"德才兼备"的同时,还特别强调"有才"的重要性,明确提出"有德而无才"不能举用。

问题的关键是什么样的"人"才算是"有才之人"。朱熹明确说:"有能、有为是有才之人。"⑦显然,这里突出了管理者的实际能力和作为。除此之外,大量散见于《朱子语类》的观点,表明了朱熹判定官吏"有才"与否的基本标准。第一,要有大局观,全面地看问题。朱熹说:"大臣虑四方,若位居宰相也须虑周于四方,始得。如今宰相思量得一边,便全然掉却那一边,如人为一家之长,一家上下也须常常都计挂在自家心下,始得。"⑧第二,要有见识、有度量。如:"今日人材,须是得个有见识,又有度量,人便容受得。"⑨第三,敢做敢当。"世间有才底人,若能损那有余、勉其不足时节,却做得事,却出来担当得事。"⑩第四,晓事、懂得分寸。"今所难者,是难得晓事底人。若晓事底人,历练多,事才至面前,他都晓得依那事分寸而施以应之,人自然畏服。"⑪

在朱熹看来,所谓的"才",主要是指"有能、有位"、"虑四方"、"有见识、有度量"、"担当得事"、"晓事、晓得分寸"等。可见,朱熹判断官吏是否"有才"的

---

① 《朱子语类》,北京:中华书局,1986年,第238页。
② 《朱子语类》,北京:中华书局,1986年,第1455页。
③ 朱熹赞同程颐"君子者,才德出众之名"(《朱子语类》卷三五)的观点。
④ 《朱子语类》,北京:中华书局,1986年,第1135页。
⑤ 《朱子语类》,北京:中华书局,1986年,第925页。
⑥ 《朱子语类》,北京:中华书局,1986年,第2496页。
⑦ 《朱子语类》,北京:中华书局,1986年,第2047页。
⑧ 《朱子语类》,北京:中华书局,1986年,第2733页。
⑨ 《朱子语类》,北京:中华书局,1986年,第2685页。
⑩ 《朱子语类》,北京:中华书局,1986年,第2685页。
⑪ 《朱子语类》,北京:中华书局,1986年,第2689页。

依据主要是实际执政的能力,这把握了一个官吏基本的为政素质,表明朱熹虽然为政时间较短,却有丰富的执政经验和深层次的思考。这些思考是对传统儒学中"君子"、"贤者"理想人格的具体诠释,丰富了传统中国"德才兼备"人才标准的内容,对现代管理人才的选拔和培养也有重要的参考意义。作为一个管理者,文凭、资历固然重要,但真正体现管理水平的还是管理者实际行政能力的高低,这是不能忽视的。

二、管理体制改革

按照朱熹的理想,国家治理中使用"德才兼备"的人才,就可以达到既"正君而善俗"、"修政而立事"之目的。① 而要达到这一目的,就必须对人事管理体制进行改革。朱熹对现职官吏的制度管理的主张,主要体现在以下几个方面:

(一)改革选人机制

南宋对官吏的选拔任用基本沿袭北宋之制,通过科举、恩荫、吏进等途径选拔的仕人,还要经过皇帝特旨除授、中书堂除、吏部差注等途径才能成为真正的职事官。一些重要官职由皇帝直接任命,中央和地方各级官员则主要由丞相②和吏部考察任命,其中大部分中下级官员及其下属,甚至他们的私仆都必须经过吏部的"差注"。

朱熹对此提出了异议:"天下之大,百官之众,皆总于吏部","其姓名亦岂难记","何暇论其人之材否?"③因此,他提出了改革的设想:"宰相择长官,长官却择其寮","朝廷只当择监司、太守,自余职幕县官,容他各辟所知","精选一个吏部尚书,使得尽搜罗天下人才,诸部官长得自辟属官,却要过中书吏部

---

① 朱熹说:"贤,有德者,使之在位则足以正君而善俗;能,有才者,使之在职则足以修政而立事。"(《四书章句集注·孟子集注》卷三)

② 南宋高宗建炎三年(1129年),合并中书、门下二省为中书门下省,分别改尚书左、右仆射同中书门下平章事为左相和右相。孝宗乾道八年(1172年),又改称为左丞相和右丞相。参看张希清:《宋朝典章制度》,长春:吉林文史出版社,2001年,第41页。

③ 《朱子语类》,北京:中华书局,1986年,第2730页。

尚书考察。"①也就是说，由朝廷直接任命各部长官、地方监司和太守，其余的幕僚和县官则由这些长官推荐选任，并且所推荐之人还要经过中书吏部尚书考察。为防止这些"诸部官长"任人唯亲，朱熹又明确提出允许他们"只举一二人"，所以就"不敢以大假非才者进"。② 如果各级长官所选的人员不当，则进一步追究长官的责任。朱熹说："监司荐人，后犯赃犯罪，须与镌三五资；正郎则降为员郎，员郎则降为承议郎以下。若已为侍从或无职名可镌，则镌其俸，或一功不与奏荐。"③

朱熹所提出的由各级官长"自择属官"的主张，实际上是一种"分级管理、分级负责"的人事管理思路，有利于改变当时行政管理中用人不当的弊端，从而利于达到"随材拟职"、"得人"之目的，同时也体现了朱熹在管理体制上关于集权与分权问题的思考。虽然他的这些主张与当时中央集权的政治需要不相符合，没有受到朝廷的重视，但他针对当时弊端而提出的人事管理新思路，是当时人事管理思想的重要突破。如何把握集权与分权的度，既有利于开阔人才选拔的视野，有不失去对选拔机制的控制，至今一直是人事管理学和人事组织部门研究的重要课题。

(二)精简机构，裁撤冗员

众所周知，机构臃肿和官员大量过剩是有宋一代的政治难题，针对这一问题，朱熹主张坚决裁撤。他说："本朝建官重三迭四，多少劳扰！此须大有为后痛更革之。"④同时，朱熹更倾向于在各个职位上罢黜冗员："只管说官冗，何不于任子上更减"；"就今日之官，罢其冗员，存其当存者亦自善"。⑤ 在罢、存之间，关键是考察官员是否有治绩，"有治绩，则优而进之；不胜其任，则绌而退之"。⑥ 可见在官员进退问题上，朱熹强调的是管理的效果和官员的实际能力，这与他在人才判定标准上的"有能、有为"观点是一致的。机构臃肿、人

---

① 《朱子语类》，北京：中华书局，1986年，第2729页。
② 《朱子语类》，北京：中华书局，1986年，第2730页。
③ 《朱子语类》，北京：中华书局，1986年，第2732页。
④ 《朱子语类》，北京：中华书局，1986年，第2730页。
⑤ 《朱子语类》，北京：中华书局，1986年，第2732页。朱熹还提出了具体的裁撤方案，在此不再赘述。
⑥ 《晦庵先生朱文公文集》，第608页。

浮于事历来都是人事管理中的一大痼疾,有宋一代尤为突出,朱熹不仅看到这一问题,而且提出裁撤冗员的具体思路,无论在当时,还是在今天都是有积极意义的。

(三)强化对官吏权力的制约

对官员的管理,很重要的一点就是对管理者的监督,使之用权得当。朱熹针对当时的行政管理体制,提出官制改革的主张,其中包含了对官吏权力进行制约和制衡的思想。

宋代地方政体实行州(府、军、监)与县二级制,同时在州之上又设立作为朝廷派出机构监察辖区的路,各路一般设立安抚司、转运司、提点刑狱司、提举常平司等,但各司都直接隶属中央,它们之间互不统属,甚至官署治所也不再同一个地方。州、府长官可以直接上奏朝廷,不必一一经过路级官员。因此,路级地方机构始终没有形成一个自成体系的地方行政机构。①

朱熹认为上述措施确实起到了"向之所患,今皆无忧"②的效果,但是却造成了"州县之权太轻,卒有变故,更支撑不住"③的"内重外轻"之局。针对"路级"官僚机构互不统属、辖权分散的政治管理体制,朱熹提出集中"路级"机构职权,"每路只置一人,复刺史之职,正其名曰按察使,令举刺州县官吏",在刺史之下设"判官数员以佐之",分别负责财赋、刑狱、农田等等,"路级"地方机构由分散变成一个实体性的行政区域。但为了防止刺史事权的膨胀,需要"略重判官之权","许判官自径申御史台、尚书省,以分刺史之权"。这样,既可以在一定程度上集中地方事权,同时又能实现机构内部的相互制约与平衡,用朱熹的话说就是既可以"重权归一",又使得刺史"亦不敢妄作矣"。④

发端于汉代的人事回避制度,是传统中国"人治"体制下防止官吏徇私舞弊、制约官吏权力的一种方式。朱熹主张坚决贯彻人事回避制度,特别是亲戚关系回避。他说:"为税官,若是父兄宗族舟舡过,只得禀白州府,请别委官检税,岂可直接放去!所以祖宗立法,许相回避。"⑤

---

① 张希清:《宋朝典章制度》,长春:吉林文史出版社,2001年,第57~73页。
② 《朱子语类》,北京:中华书局,1986年,第2707页。
③ 《朱子语类》,北京:中华书局,1986年,第2681页。
④ 《朱子语类》,北京:中华书局,1986年,第2731页。
⑤ 《朱子语类》,北京:中华书局,1986年,第3736页。

尽管朱熹制约官吏权利的主张尚处于不自觉的萌芽状态,但在当时条件下不能不说是一种突破,对今天的管理体制改革也有重要的意义。权力不能没有监督和制约,一旦失去监督和制约,就可能导致腐败现象的滋生和蔓延。

三、官吏的价值观建设

儒家思想一贯强调"修身",在治世思路上,遵循"修身、齐家、治国、平天下"的"内圣外王"之道。本质上,这是一个由内及外、由我及人、由近及远的管理哲学思路。

朱熹当然非常重视"修身"对于治理天下的重要性,他反复强调"修身"是治理天下的根本,"治天下,当以正心诚意为本"。[①]"修身"当然是为了明识"义理","若得胸中义理明……世间识义理之人夕夕,则何患政治之不举耶"。[②] 显然,朱熹强调了管理者主体明识"义理"——价值观对政治管理的重要性。概而言之,朱熹在官吏价值观建设层面所提出的主要"义理"是"公天下"理论。

在注释《孟子·万章》的时候,朱熹提出"天下者,天下之天下,非一人之私有"[③]的立论。长期以来,学者们注意到这是理学家们用"公天下"理论来限制君主"家天下"的行为,但事实上在朱熹看来,它并不仅仅是限制君主行为的一种立论,而是对所有人都成立的一种价值观念。朱熹说:"天之明,命有生之所同得,非有我之得私也。是以君子之心,豁然大公,其视天下无一物而非吾心之所当爱,无一事而非吾职之所当为。"[④]如果君子明白天下大公的义理,有了"豁然大公"之心,则天下无一物非我心之所当爱,无一事非我职所当为。

正因为如此,朱熹认为"官无大小,凡事只是一个公",[⑤]甚至"治愈大则愈难,为监司不如做郡,做郡不如做县。盖这里有仁爱心,便隔这一重,要做件

[①]《晦庵先生朱文公文集》,第588页。
[②]《朱子语类》,北京:中华书局,1986年,第237页。
[③]《四书章句集注》,北京:中华书局,1983年,第307页。
[④]《四书或问》,第9页。
[⑤]《朱子语类》,北京:中华书局,1986年,第2735页。

事,他不为,做便无缘得及民。"①既然"公"意味着"豁然大公"而无所不爱,那么官职就没有大小之分,以"公"而论,管理的区域越小越容易接近人民,越容易将管理者的"仁爱"之心惠及于民。显然,这是"公天下"价值观在政治管理中的体现,也是"公天下"理论与传统儒家仁学思想相结合的必然逻辑结果。同样道理,正是出于"天下大公"之心,士大夫行使职责的时候才能明白"所处之职乃天职之自然,而非出于人为,则各司其职以办其事者,不出于勉强不得已之意矣",②"为守令第一是民事为重";③在选拔人才的时候,才能以"天下大公之心","将一切私底意尽屏去,所用之人非贤,即别搜求正人用之"。④

众所周知,管理主体的思想道德建设,是人事管理工作中至关重要的课题。朱熹重视管理者价值观建设的思想,具有重要的现实意义。他从"公天下"的"义理"出发,得出"官无大小"、"为监司不如做郡,做郡不如做县"的结论,是儒家"仁者爱人"基本治世理念的体现,反映了民本治世思想的根本出发点。对于今天的行政管理现实来讲,朱熹的这些思想主张,不仅丰富了管理思想道德建设的内容,而且引发了对官本位思维方式的反思,凸显了现代社会加强官员价值观建设的重要性。

在理学的集大成者朱熹看来,国家治理的成败,最终取决于人(即管理者,包括君主和各级官吏)的好与坏。所以朱熹人事管理思想非常强调社会管理的主体——人的重要性,从官吏的选拔到任用,从制度层面到价值观层面,无不紧紧围绕管理者展开,这也正是儒家思想占主导地位的中国传统管理思想的基本特征。由"内圣"达至于"外王",是儒家治世思想的基本模式。治理天下的理想状态,决定了儒家对管理者的理想要求。长期以来,主流观念一直认为,儒家对人的要求违背现代自由价值观念,只与专制社会相适应。但是国内外政治现实却告诉人们,如果没有价值观层次的建设,所谓的现代民主制度一样会变成专制的工具和腐败的温床,中国传统思想中依然有现代社会所需的基本管理思想和价值观念。

当然,上述朱熹的人事管理思想并不完善,也不能套用,但其间一些可贵的思想因子应引起人们的重视。当人们把管理学的目光集中于西学的时候,

---

① 《朱子语类》,北京:中华书局,1986年,第2733页。
② 《朱子语类》,北京:中华书局,1986年,第235页。
③ 《朱子语类》,北京:中华书局,1986年,第2733页。
④ 《朱子语类》,北京:中华书局,1986年,第2679页。

不妨关注一下中国传统文化遗产,其中依然闪耀着思想的亮点,也许会给我们带来新的启迪和发现。正如专门研究人事管理的学者所言:"现代管理科学中人事管理的许多原理,几乎都可以从中国历史上找到依据。"①

(原刊于《三明学院学报》第 27 卷第 1 期,2010 年 2 月)

---

① 林新奇:《中国人事管理史》,北京:中国社会科学出版社,2004 年,第 16 页。

朱熹的道德教育思想及其当代价值

※ 姚进生

在南宋社会那种宋金政权对垒、民族矛盾尖锐、道德价值体系几乎崩溃的时代背景下,朱熹把儒家伦理道德上升为天理,以心性论为基础,构建了道德教育的形上学,使道德教育具有本体论的依据。朱熹重视和发挥受教育者的主观能动性,强调内在道德自觉的重要性,认为人的道德实践不仅仅体现在行为上遵从应有的道德规范,而且是人的内在本性的要求。朱熹的道德教育思想,成为中华传统文化价值观的重要组成部分。我们深入研究和发掘朱熹的道德教育思想中的"积极因素",能为我们今天解决社会道德领域中存在的突出问题提供有益的借鉴。

一、朱熹道德教育思想的哲学依据

朱子理学作为宋末元明清时期的官方哲学,其道德哲学渗透到社会的方方面面。朱熹道德教育思想的哲学依据,可从朱熹的理气论、心性论两方面进行探讨。

(一)朱熹在理一元论哲学的前提下,把儒家伦理道德上升为天理,构建了道德教育的形上学

朱熹哲学的最高范畴是"理",即"天理"。"理"不仅是宇宙万物的本体,而且是人类社会最高的道德原则。他说:"宇宙之间,一理而已。天得之而为天,地得之而为地;而凡生于天地之间者,又各得之以为性。……自未始有物

之前,以至人消物尽之后,终则复始,始复有终,又未尝有顷刻之停也。"①在朱熹那里,理是永恒的宇宙本体,人与物因其理各得其性。理既是宇宙本体而主宰万物,又是宇宙本体而派生万物。他用"理一分殊"来概括"一理"与"万理"的关系。他说:"万物皆有此理,理皆同出一源。……物物各具此理,而物物各异其用,然莫非一理之流行也。"②可见,在朱熹看来,天理只有一个,而天理存在于万物之中,通过分殊表现出来。

在此基础上,朱熹把仁义礼智等道德原则统一于天理,认为仁义礼智合而言之,是天理之总名,分而言之,则是组成天理的件数。他说:"天理既浑然,然所谓之理,则便是个有条理底名字。故其中所谓仁义礼智四者,合下便各有一个道理,不相混杂。以其未发,莫见端绪,不可以一理名,是以谓之浑然。非是浑然里面都无分别,而仁义礼智都是后来旋次生出四件有形有状之物也。须知天理只是仁义礼智之总名,仁义礼智便是天理之件数。"③可见,天理浑然是总称,仁义礼智是分名,是天理中的具体条理。在这里,朱熹对仁义礼智的理解和阐述,已不满足于道德伦理思想在日常生活中的辅助性作用和服从性地位,在关注社会人生的基础上,站在宇宙本体的角度来审视道德伦理。

朱熹还把理与万物的规律联系起来,认为理又是物"则",事事物物皆各有其"则"。他指出:"天之生物,……是虽其分之殊,而其理则未尝不同;但以其分之殊,则其理之在是者不能不异。"④"未尝不同"的理即是宇宙的本体,其"不能不异"的理就是事物的"则"。各个万物都具有本体之理与规律之理的两重属性。对于事物的规律之理,人们只能顺应,不能违背,"固是有理,如舟只可行于水,车只可行之于陆"。⑤ 他还说:"水之润下,火之炎上,木之曲直,金之从革,土之稼穑都是性,都有理。人若用之,又著顺它理,始得,若把金来削做木用,把木来熔做金用,便无此理。"⑥从上述可知,"理"不仅是宇宙万物的本体,而且是仁义礼智的总称,又是物则(即事物的规律)。朱熹在其理一

---

① 朱熹:《读大记》,载《朱熹集》卷七〇,成都:四川教育出版社,1996年,第3656页。
② 《朱子语类》卷一八,北京:中华书局,1986年,第398页。
③ 朱熹:《答何叔京》,载《朱熹集》卷四〇,成都:四川教育出版社,1996年,第1885页。
④ 朱熹:《答余方叔》,载《朱熹集》卷五九,成都:四川教育出版社,1996年,第3067页。
⑤ 《朱子语类》卷四,北京:中华书局,1986年,第61页。
⑥ 《朱子语类》卷一八,北京:中华书局,1986年,第2484页。

元论的前提下,构建了道德伦理的形上学,使道德教育具有了本体论的依据。

(二)朱熹以心性论为基础,强调教育在人的道德品质形成中的作用,为道德教育思想提供了哲学依据

朱熹的心性论是其理学思想体系的核心内容。他以"理"、"气"为逻辑起点,对人的心性问题做了深入地探讨。朱熹说:"气不可谓之性命,但性命因此而立耳,故论天命之性则专指理言,论气质之性则以理与气杂而言之,非以气为性命也。"①他认为,天理为人所禀受,安顿在人身上,就是所谓天命之性,其内涵是仁义礼智等道德原则,它是至善的;气质之性在道德内涵上既包括道德理性,又包括感性欲求,是天理和人欲的综合体。现实中的人性总是天命之性与气质之性的统一。天地之性是人之所以为人的普遍本质,气质之性则是作为个人特殊本性,是普遍本性在个体上的特殊表现形式。朱熹把人性分为天命之性(即本然之性)与气质之性(即气禀之性)。其"天命之性与气质之性"说,强调人可改变气质,即通过道德修养,纠正气质之偏,复其性善之本,实现道德教化任务。他在给宁宗皇帝讲授《大学》时指出,古代圣王设小学、大学以教子弟,都是为了"去其气质之偏,物欲之弊,以复其性,以尽其伦"。②可见,朱熹对道德修养功夫的重视,其性气关系理论最终是为道德修养作论证的。

朱熹提出了著名的"心统性情"说。他认为,"心"是认识和道德意识的主体,无论是人的知觉思维,还是行为活动,都是在心的支配下实现的。"心统性情"思想主要有两层涵义:一是心兼性情,指的是心兼动静、体用、已发、未发,即把性情各自的属性都涵摄于心中;二是心主宰性情,即心统御管摄性与情,人的理智之心对于人的本性和人的情感是具有把握和控制能力的。朱熹主张把未发已发、存养与省察结合起来,即通过心的主宰,把性与情统一起来。他说:"未发已发,只是一件功夫,无时不涵养,无时不省察。"③强调心主宰性情两端,把平时(静、体、未发)的道德修养与遇事(动、用、已发)按道德原则办事,互相沟通,使之均不离心的统御。在这里,朱熹强调必须发挥理智之

---

① 朱熹:《答郑子上》,载《朱熹集》卷五六,成都:四川教育出版社,1996年,第2872页。
② 朱熹:《经筵讲义》,载朱杰人等主编:《朱子全书》第20册,上海:上海古籍出版社,合肥:安徽教育出版社,2002年,第692页。
③ 《朱子语类》卷六二,北京:中华书局,1986年,第1514页。

心的主观能动性,以认识和保持内在的道德理性。

朱熹还从人的知觉之心按其知觉的来源和内容不同,把心分为"道心"与"人心"。他说:"只是这一个心,知觉从耳目之欲上去,便是人心;知觉从义理上去,便是道心。"①道心,即指以义理为内容的与天理有关的心,仁义礼智之义理为善,道心亦为善;人心,即指原于耳目之欲的心,人生有欲,饥食渴饮"圣人不能无",②"人心"有"可为善,可为不善"。③ 因而,朱熹主张人心需要用道心加以限制,才能避免人欲横流,人为学的目的就是要使"人心"服从于"道心"。

朱熹的"心性论"强调了人是性气结合的产物,通过道德修养,可纠正气质之偏,复其性善之本。同时,朱熹主张心统性情,从某种程度上肯定了教育在人的道德品质形成中的作用,强调了人人都有培养、教育而成为圣贤人格的可能。这种从先天"气质之性"到后天"变化气质"的教育培养,充分表明了教化成善的可能性。这就为朱熹的道德教育思想提供了哲学的理论依据。

二、朱熹道德教育思想及其展开

朱熹在其道德哲学的基础上,形成了独具特色的道德教育思想。朱熹认为,宇宙的本体的"理"乃是至善无恶的。换句话说,"至善"乃是世界本源的存在状态,这不仅为他的道德教育实践提供了客观的可能性,也为其道德教育理论的展开提供了一条中心线索,因而朱熹的整个道德教育思想理论体系始终围绕对"至善"的追求而展开的。朱熹的道德教育思想突出了伦理本位,极重视个人道德修养的完善,并为此提供了系统的明确的方法论。出于其政治上"内圣外王"的理想,他将这种修养的过程归纳为"格物、致知、诚意、正心、修身、齐家、治国、平天下"这样一个递进过程,而其中最根本和核心的是修身。这是朱熹道德教育过程中的一个最为显著特色。他重视和发挥受教育者的主观能动性,实现由外在道德教育到内在的道德自觉,这也是朱熹道德教育思想主体价值所在。下面从三个方面对朱熹的道德教育思想及其展

---

① 《朱子语类》卷七八,北京:中华书局,1986年,第2009页。
② 《朱子语类》卷七八,北京:中华书局,1986年,第2011页。
③ 《朱子语类》卷七八,北京:中华书局,1986年,第2013页。

开做些分析。

(一)培养理想的人格是朱熹道德教育的根本目的

朱熹把培养"讲明义理以修其身"的"贤君""忠臣""孝子"作为道德教育的根本任务。他说:"熹窃观古昔圣贤所以教人为学之意,莫非使之讲明义理,以修其身,然后推己及人,非徒欲其务记览,为词章,以钓声名,取利禄而已也。"①又说:"故圣贤教人为学,非是使人缀辑语言、造作文辞、为科名爵禄之计,须是格物、致知、诚意、正心、修身而推之以至于齐家治国,可以平治天下,方是正当学问。"②他认为,教育不是"钓声名取利禄""科名爵禄之计",而是要培养"讲明义理以修其身"的齐家治国平天下的人才。所以,朱熹在《白鹿洞书院揭示》中,提出了"父子有亲,君臣有义,夫妇有别,长幼有序,朋友有信"的五教之目;"言忠信,行笃敬,惩忿窒欲,迁善改过"的修身之要;"正其义,不谋其利。明其道,不计其功"的处事之要;及"己所不欲,勿施于人;行有不得,反求诸己"的接物之要。并认为"学者学此而已"。③ 这里所说的"五教之目"、"修身之要"、"处事之要"、"接物之要"都是"讲明义理以修其身"。从其具体内容看,所谓"义理",是指"三纲五常"之类的纲常名教,也就是朱熹哲学中所说的"天理"的基本内容。所谓"修其身",就是要求人们按照"天理"的要求"迁善改过"。朱熹所设计的最高层次的理想人格是所谓"圣人"人格和达到"仁"的道德境界,他具备"仁"的道德品质。仁的含义是"爱",如朱熹所谓"爱亲仁民爱物,无非仁也",④这种爱是对他人、对万物的无私之爱,是一种"廓然大公"的境界。所以,朱熹又常常把"仁"与"公"相提并论,如他说:"仁是爱底道理,公是仁底道理。故公则仁,仁则爱。"⑤他认为,只有无私才能做到"仁",有私心就不能做到"仁"。这就是说,要想达到"仁"的境界,就必须清除私欲,因为"仁"的境界就是一种大公无私的境界。一个真正做到大公无私的人也就是一个真正的"圣人"了,就能"讲明义理",当人君就可成为"贤君",当人臣就可成为"忠臣",当人子就可成为"孝子","然后推己及人",就能实现

---

① 朱熹:《白鹿洞书院揭示》,载《朱子全书·朱文公文集》卷七四,第3587页。
② 朱熹:《玉山讲义》,载《朱子全书·朱文公文集》卷七四,第3588页。
③ 朱熹:《白鹿洞书院揭示》,载《朱子全书·朱文公文集》卷七四,第3586页。
④ 《朱子语类》卷四,北京:中华书局,1986年。
⑤ 朱熹:《答程正思》,载《朱熹集》卷五十,成都:四川教育出版社,1996年,第2452页。

"修身、齐家、治国、平天下"之大道。

(二)"变化气质"是道德教育的价值和功能

如前所述,朱熹将"性"区分为"天命之性"与"气质之性"。他认为,一切现实的人性已不全是"性之本体",即性的本然状态了。这个受到气禀污染、并对每个人直接发生作用的现实人性就是"气质之性"。它反映出既有理的作用,也有气的作用,是道德理性与感性欲求的交错综合。所以,朱熹又提出了"变化气质"的主张。他认为,教育的作用在于改变人的"气质之性",通过后天的道德修养工夫,把"气质之性"中恶的杂质(如人欲)清除掉,人性的本然状态,即天命之性就能完全显现出来了。这样,人也就达到了至善的道德境界,实现了最高的理想人格。可见,道德教育的作用(功能)和意义(价值)则是要通过变化"气质之性"这一具体的实践活动过程而体现出来的。"变化气质"的过程也就是"复其性"的过程,也就是实现"圣人"人格的基本手段。朱熹还指出,灭除人欲,就能存得天理。这样,灭人欲与存天理就成为道德教育、道德修养过程中互相制约的两个方面。其中一方的削弱也就意味着另一方的增强。如朱熹所说:"资禀既偏,又有所蔽,须是痛加工夫,'人一己百,人十己千',然后方能及亚于生知者,及进而不已,则成功一也。"[①]这是说,人们虽然受气质之蔽,但只要"痛加工夫",做到"人一己百,人十己千",也就能达到去蔽复明的目的。

(三)修养论是朱熹道德教育的重要方法和功夫

在论述朱熹的道德本体论时,我们涉及到了朱熹的道德教育思想。朱熹认为,本体与功夫,两者相互统一,相辅相成。与道德本体论相一致,朱熹构建了以修养论为核心的道德教育方法,主要有以下几个方面:

1. 主敬涵养

朱熹倡导"主敬涵养"的修养方法,在宋明理学中有很大影响,是朱子学修养论的核心思想,也是其治心的重要功夫。"主敬涵养"说,主要由"静养动察,敬贯动静"思想组成。朱熹所谓的"主敬"就是要做到内无妄思、外无妄动。这是道德修养和教育的最重要也是最基本的要求。朱熹认为,心有未动

---

① 《朱子语类》卷四,北京:中华书局,1986年,第66页。

和已动,即未发和已发两种状态。也就是说,心有未发之静时,也有已发之动时。由于心通贯动静,故道德教育主要是治心,重在倡导人们的内心自觉,启示人们进行道德品质的自我体察,使人形成道德自觉和自律,做到静时涵养于未发,动时察之已发。朱熹的所谓"涵养",是针对人气之心持敬而养之,其主旨是要涵养出心知理明。他认为,这种未发的主敬修养工夫不仅可以涵养德性,而且可以为格物致知准备充分的主体条件。

2. 格物正心

朱熹以《大学》所提出的"格物、致知、诚意、正心、修身、齐家、治国、平天下"八条目中的格物、正心为基础,强调道德教育。他认为格物就是穷尽事物之理,致知就是推致其知以至其极。他说:"是以大学始教,必使学者即凡天下之物,莫不因其已知之理而益穷之,以求至乎其极。至于用力之久,而一旦豁然贯通焉。则众物之表里精粗无不到,而吾心之全体大用无不明矣。此谓物格,此谓知之至也。"①在这里,朱熹告诉人们,道义之理要通过事物之理的明了来获得,只有先学事物之理,而后才能获得"吾心之全体",为"正心"打下坚实基础。而其强调的"用力之久",则是说认知有个过程,要持之以恒不断学习探究方可获得。所以道德教育最终目的在于复明天赋之理,前面的格物只是一种准备的基础,后者才是要达到的终极目标。

3. 致知力行

朱熹认为,德性最终要转化为具体的道德实践才有价值。他特别重视道德践行,在道德修养和教育上十分强调"致知力行"。他说:"致知力行,论其先后,固然以知为先,然论其轻重,则当以力行为重。"②可见,朱熹是把致知与力行视为完整的认识过程中不可分割的两个方面。知与行既有区分,又是统一的,而且是相依而进的。由此,他提出了"知行相须互发"的思想,"知之愈明,则行之愈笃;行志愈笃,则知之益明。二者皆不可偏废……若一边软了,便一步也进不得。"③这就是说,从知到行,不仅需要正确的认识,还需将正确的认识渗入到灵魂,化为人的灵魂的一部分。所谓的"重在践行",就是要进行道德意志的锻炼。道德教育的过程也是引导人们进行"致知力行"、"重在

---

① 朱熹:《大学章句序》,载《四书章句集注》,北京:中华书局,1983年,第7页。
② 朱熹:《答程正思》,载《朱熹集》卷五〇,成都:四川教育出版社,1996年,第2452页。
③ 《朱子语类》卷一四,北京:中华书局,1986年,第281页。

践行"的过程。这也是朱熹道德教育的重要环节。

4. 循序渐进

在道德教育上,朱熹认为要先"小学"后"大学"。在道德教育的初级阶段,主要是对道德规则和道德规范的认识。这是小学阶段。小学阶段要注重人的道德行为训练,"教之以洒扫、应对、进退之节,礼乐、射御、书数之文"。① 在小学阶段取得了道德感性认识,道德理解能力不断增强的基础上,就要进入大学阶段。这时应对人注重进行道德理论的培养,以获得理性道德认知,即所谓"尽夫天理之极,而无一毫人欲之私也"。② 朱熹在其道德教育实践中,还依据儒家经典的内容,适应小学和大学两极学生年龄特征和人由浅入深的认识规律,编写了《童蒙须知》《小学》《近思录》《四书集注》和《经筵讲义》等教材,成为我国古代德育教材建设史上的创举。

三、朱熹道德教育思想的当代价值

正如没有一种思想能够全然地超越时代而普遍适用于任何时代一样,朱熹的道德教育思想也存在明显的时代局限性。我们对朱熹道德教育思想必须以科学的态度,实事求是地分析,批判其糟粕,继承其合理的思想,并加以创新,为当代中国教育事业的发展服务。我们主要从下面三个方面,略论朱熹道德教育思想的当代意义。

(一)对朱熹道德哲学继承创新,构建符合于当代社会发展的中国特色社会道德理论体系

朱熹通过对道德伦理的宇宙本体论证,将标示世界万物之所以然和所当然的"理"确立为最高价值原则和行为准则,从而为道德认识和道德践行提供了一个超越的、客观的标准,而不至于陷入道德的相对主义、实用主义和任何主观随意性。他的探索思路对我们今天的社会道德建设是很有意义的。当前,我国社会道德领域存在一些突出问题。诸如一些部门出现诚信缺失,道德失范现象;一些地方发生了道德冷漠、丧失良知现象;一些领域出现见利忘

---

① 朱熹:《大学章句序》,载《四书章句集注》,北京:中华书局,1983年,第1页。
② 朱熹:《大学章句序》,载《四书章句集注》,北京:中华书局,1983年,第3页。

义,制假售假的事件,等等。这些都一次次冲击着道德底线,挑战公众良知,在人民群众中造成很大意见。产生这些问题的主要原因,有发展过程中的问题,有制度、机制、法制和社会管理方面的问题,但很重要一点是我们道德理论建设上的问题。也就是说,当前我国社会多元价值观、中西新旧各种理论交错,导致了社会现实中是非模糊,善恶不明,荣辱错位,我们的思想道德理论建设还远远没跟上经济社会发展的步伐。朱熹对道德本体论的探索思路启示我们,要从哲学高度探讨道德本质问题,认识道德的特点和道德标准的普遍性和客观性,着力构建符合新时期发展要求的中国特色社会主义道德思想体系,以充分发挥道德的价值导向功能和促进作用。

(二)对朱熹在道德教育思想中注重塑造完美人格的思想加以继承和发扬,有助于我们培养理想的一代新人才

朱熹在道德教育中,非常注重塑造一种高尚的人格,其目标是要追求一种理想的人生境界。他所要培养的个体人格的特点是:追求个人与社会的和谐,个人立身、处世注重气节、操守,要求自重、自尊,严于律己,宽以待人;主张每一个人都应致力于自我完善,而反对任何形式的放纵自我。这种"自律型"人格模式比现代西方流行的以个人为中心,以"自我"为本位的"自由型"人格模式,在今天具有更深刻的现实意义。特别是朱熹把培育个体完美的人格,看作是教育的第一要义,对我们今天教育工作,正确处理德育、智育的关系,克服重智育,轻德育的不良倾向,为当代教育提供一种智德双修的教育方针,是大有帮助的。

(三)对朱熹的道德修养思想进行吸收改造,为我们今天的道德建设提供可资的借鉴

如前所述,朱熹在道德修养论中充分肯定和强调道德意识和道德自律在个人乃至集体道德形成中的作用,对于今天学校在德育过程中较多注重他律而轻视自律的教育方法是大有裨益的。又如,朱熹在道德教育过程中一再强调"知行相须互发"的思想,并把它作为一个重要的道德修养方法加以提倡,这对当今从事道德教育和道德修养是大有帮助的。再如,朱熹强调为学和道德修养须遵循由近及远、由浅及深的循序渐进的方法,对反省我们今天学校教育的德育方法,在一定程度上存在"小学讲理想信念,中学讲文明礼仪,大学讲卫生安全"的本末倒置的目标设定有启发意义。

综上所述,我们对待朱熹道德教育思想,要在现代审视和反思的过程中,使其与现代社会发展的实践相结合,从而使朱熹道德教育思想中的积极因素,在当代建设中国特色的社会主义教育事业发展中发挥应有的作用。

(原刊于《中共福建省委党校学报》2013年第9期)

朱熹生态伦理思想
及其对构建当代生态文明的启示

❋ 姚进生

追求人与自然和谐是中国几千年来传统文化的主流。宋代理学集大成者朱熹在汲取前人思想的基础上,形成了自己独特的生态伦理思想,这是我们构建现代生态伦理学的重要思想来源之一,它对我国当代生态文化的构建尤其是高校的生态文明教育有着重要的启示和积极的意义。

一、朱熹的生态哲学及其生态伦理思想

宋代理学伦理观的一个重要表现,就是将人与人、人与社会间的道德原则向人际关系以外的人与万物间拓展。北宋理学家张载说:"乾称父,坤称母,予兹藐焉,乃浑然中处。故天地之塞吾其体,天地之帅吾其性,民吾同胞,物吾与也。"①他的这个"乾称父,坤称母"、"民吾同胞,物吾与也"的伦理道德命题,确定了同处天地之间的一切人皆是兄弟同胞,万物与人也是同一性体的泛人伦理关系。程颢提出,"仁者,浑然与物同体",②将人与万物浑然融为一体。他又提出"万物无一失所,便是天理时中。"③就是说,在"天理"之下,人与万物各有其所。南宋朱熹在总结前人思想的基础上,形成了自己独具特色的生态伦理思想。

---

① 张载:《西铭》,载《张载集》,北京:中华书局,1978年,第62页。
② 程颢、程颐:《程氏遗书》,上海:上海古籍出版社,2000年,第66页。
③ 程颢、程颐:《程氏遗书》,上海古籍出版社,2000年,第128页。

（一）朱熹确立了"天地万物一理"的生态哲学观

天理论是朱熹理学思想体系的核心思想。他以理为宇宙本体，把儒家伦理与宇宙本体统一于天理，这是朱熹天理论哲学的实质与核心。在"理一元论"哲学的前提下，朱熹对其生态哲学的内涵与属性作了具体的论述。他说："天地之间，万物之众，其理本一，而其分未尝不殊也。"[①]又说："盖天人一物，内外一理，流通贯彻，初无间隔。"[②]朱熹这种本体论意义上共有的"理一"，强调的是人与宇宙万物之间保持一个共生共存的"理一"。在朱熹看来，人作为自然界之派生物，体现了自然界的一般规律即天地宇宙的生生之理，人与自然界必须保持一种动态的平衡。人要实现自然天地的生生之理，必须实现并完善自己的人性，才能回归到自然界的本体之存在，也即天之所以为天，人之所以为人，只有一"理"，"理会得"天人一理，才能达到人与自然和谐之目的。

朱熹"万物一理"的生态哲学，进一步发展了儒家"天人合一"、"万物一体"的思想。由"天人合一"发展为"万物一体"，再发展到"万物一理"，这是将人与自然、万物都融为一体，已经不再仅仅讲天与人的关系，而是把天、人与"理"相联系，以"理"作为最高的范畴。正因为"万物一理"才能够实现《中庸》所说："万物并育而不相害，道并行而不相悖"，把人与自然、万物的发展变化看作是相辅相成的和谐、平衡运动。朱熹的"万物一理"思想成为宋明理学生态平衡的理论基础。

宋代理学家的生态哲学要求人主动地实现与天地相贯通，做到"为天地立心"，使万物尽性，最终达到"与天地万物为一体"、"天地万物一理"的精神境界。

（二）朱熹肯定了人在人与自然协调发展中的主观能动作用

朱熹不仅看到了自然界的价值，同时也看到了人类的主观能动性。他说："人之始生，得于天；既生此人，则天又在人矣。"[③]朱熹认为，人是运用自然规律、自然法则的主动者，而不是被动者，人与自然的协调发展，并不是无主

[①]《四书集注》，北京：中国书店，1994年，第271页。
[②]《朱子语类》卷一七，北京：中华书局，1986年，第387页。
[③]《朱子语类》卷一七，北京：中华书局，1986年，第387页。

体的发展,而是以人类为主体的人与自然的协调发展。人要实现自然天地的生生之理,达到"己于天为一"的万物与我同体的境界,即"万物与我为一,自然其乐无涯"①的和乐的理想世界,就必须实现并完成自己的人性,这样才能回归到自然界本体之存在。朱熹这一思想也是对儒学创始人孔子主张通过人的努力,达到"天人合一"的思想的传承与发扬。孔子说:"不怨天,不尤人,下学而上达,知我者其天乎。"②可见,朱熹和孔子一样,在对待人与天的和谐问题上,都具有主体意向性思维方式,都肯定了人在实现人与自然协调发展的主观能动作用。

(三)朱熹提出"以事亲之道以事天地"、"视万物如己之侪辈"的生态伦理观

朱熹这一生态伦理观是对张载《西铭》思想的阐发。朱熹注《西铭》,概括其主题曰:"此篇论乾坤大父母,人物皆己之兄弟一辈,而人当尽事亲之道以事天地。"在《西铭解》中,他诠释"民吾同胞,物吾与也"之"吾与"为"则其视之也,亦如己之侪辈","物吾与也"是人对万物要"若其性,遂其宜"。③ 这种普爱众生,泛爱万物的思想,亦是对孟子"亲亲而仁民,仁民而爱物"思想的继承和发展。朱熹说:"盖骨肉之亲,本同一气,又非但若人之同类而已。故古人必由亲亲推之,然后及于仁民;又推其余,然后及于爱物,皆由近以及远,自易以及难。"④在朱熹看来,人类道德要由"亲亲"推展到"仁民",再由"仁民"扩展到"爱物",即从人际之间("亲亲"、"仁民")向人与自然之间(爱物)推及,并且是"由近以及远"、"自易以及难"的道德实践。这说明,朱熹和张载一样不但重视人际道德,而且把道德扩展到宇宙万物,从而提出了"视万物如己之侪辈"、"以事亲之道以事天地"的生态伦理。朱熹把宇宙间所有物类视作人类伙伴的"爱物"思想,为人类平等对待自然,人与自然和谐相处提供了重要的理论依据。他的这一思想既可以满足人类基本最自然的血缘亲情之需要,又突出了普遍的人类之爱,更使爱心超越了人类社会的畛域,扩展到无限广大的天

---

① 《朱子语类》卷六〇,北京:中华书局,1986年,第1436页。
② 《四书集注》,北京:中国书店,1994年,第142页。
③ 朱熹:《西铭解》,朱杰人等主编:《朱子全书》第13册,上海:上海古籍出版社,合肥:安徽教育出版社,2002年,第142页。
④ 《四书集注》,北京:中国书店,1994年,第189页。

地万物,用爱心将人与万物连为一体。这是一种十分难得、境界极高的生态伦理思想。

朱熹的这一思想,在他晚年教学时还经常重复着讲。他的门人徐寓所录朱熹61岁语:"《西铭》只是说事天,但推事亲之心以事天耳。"①叶贺孙所录朱熹62岁语:"《西铭》大要在'天地之塞吾其体,天地之帅吾其性'两句。'塞'是说气……自一家言之,父母是一家之父母;自天下言之,天地是天下之父母;通是一气,初无间隔。'民吾同胞,物吾与也',万物虽皆天地所生,而人独得天地之正气,故人为最灵,故民吾同胞,物则亦我之侪辈……大抵即事亲以明事天。"②这就说明,朱熹将人际道德向生态道德拓展,是其一贯的主张。

二、朱熹的生态价值观及其"中和"的辩证思维

生态价值观念,是指人在实践和认识活动中形成的对生态环境的价值评价、价值取向,亦称生态价值意识。古往今来,始终存在二种对立的观点:一种认为自然界的水、空气、土壤、矿藏、森林等都是大自然对人类无偿的馈赠,是取之不尽、用之不竭的天然资源,只有使用价值,而没有自身的价值;另一种观点则认为地球上所蕴藏的资源也是有限量的,并不是取之不尽、用之不竭的,生态环境不仅有使用价值,而且本身也有其价值,使用资源需付出代价,损害资源要加以补偿,才能使环境的生态不失衡,使资源得以永续利用。在这一问题上,朱熹显然属于后者。

(一)朱熹提出了"取之有时,用之有节"的生态道德观

如前所述,朱熹由人际间的"亲亲"、"仁民"的道德规范推及出人与自然之间的"爱物"的生态伦理原则。但是,人们应如何贯彻与施行"爱物"这一生态伦理原则呢?朱熹根据动植物依时(季节)变化而发育成长的生态规律,提出了"取之有时,用之有节"的生态道德观,他说:"物,谓禽兽草木,爱,谓取之有时,用之有节。"③朱熹认为,"爱物"就是人类要从尊重自然,善待自然的伦

---

① 《朱子语类》卷九八,北京:中华书局,1986年,第2523页。
② 《朱子语类》卷九八,北京:中华书局,1986年,第2520页。
③ 《四书集注》,北京:中国书店,1994年,第337页。

理立场出发，树立对自然"取之有时，用之有节"的生态道德观。在使用和开发自然资源的价值取向上，人们既要考虑人类的价值和利益，也要考虑到自然的承受能力，从而在二者之间达到一种平衡。不能以满足人们的物质欲望，而肆无忌惮地占有和掠夺自然资源。人若能以"仁民爱物"、"民胞物与"的胸怀，以"万物一体"的境界对待自然，那么利用和开发自然就是"爱物"所能允许的，即符合"取之有时、用之有节"价值取向的，正所谓"爱，谓取之有时，用之有节"。可见，朱熹的"取之有时，用之有节"的生态道德观与其所主张的人与自然"其理本一"，和谐共生为核心价值取向的生态哲学观是完全一致的。

（二）朱熹提出"物各得其宜，不相妨害"的生态价值观

朱熹依其"理一分殊"思想，在强调天人本只一理时，还认为"天人所为，各自有分"，①人与万物各有其所。在整个自然界和社会中任何一人、任何一物均有其各自独立的生命价值和生命意义。他说："元者万物之始，天地之德莫先于此，故于时为春，于人则为仁，而众善之长也。……利者，生物之遂，物各得其宜，不相妨害，故于时为秋，于人则为义，而得其分之和。"②这里的"物各得宜，不相妨害"就是承认自然界的万事万物各自存在的合理性，要求彼此尊重各自的生存权利。朱熹又说："天之生物，有血气知觉者，人兽是也；无血气知觉者而但有生气者，草木是也；有生气已绝而但有形质臭味者，枯槁是也。是虽其分之殊，而其理则未尚不同；但以其分之殊，则其理之在是者不能不异。"③朱熹把人与动物、植物视为同出一理，"同得天地之理以为性，同得天地之气以为形"、"天人本只一理"。然而，朱熹又认为，人与动物、植物各有其所，各有其分之殊。这种"物各得其宜，不相妨害"的思想，包涵了尊重生命和善待自然的观念。

（三）朱熹提出了"中和"的生态辩证观

如何才能做到使自然资源能被人们永续利用呢？朱熹提出了"中和"的

---

① 《朱子语类》，卷六四，北京：中华书局，1986年，第1570页。
② 朱熹著，苏勇校注：《周易本义》，北京：北京大学出版社，1992年，第162页。
③ 《朱文公文集》卷五九，载《朱子全书》第23册，第2854页。

生态辩证思想。他说:"中和在我,天人无间,而天地之所以位,万物之所以育,其不外是矣。"①《中庸》亦言:"中也者,天下之大本也;和也者,天下之达道也。致中和,天地位焉,万物育焉。""中和"是"天地万物之理"的"大本"、"大道",平常性而又不易性,上下贯通的不偏,充分反映《中庸》"万物并育而不相害,道并行而不相悖"的意义。可见,朱熹认为"中"是天地万物生长发育的一种常态,人们对待自然的行为,要符合这种常态,才不会违背天理。

"中"的最终目的是"和","和"不是单纯的"和谐",而是"和而不同",是在"不同"的基础上的和谐,是多样性的统一。而多样性又是世界的基本特征,地球上人和所有生物是以多样性为持续生存条件的,要使自然生态系统实现"和"的状态,就既要保持生态系统中物种多样性和适量,又要使万物各得其宜,真正做到朱熹所说"万物并育于其间而不相害,四时日月,错行代明而不相悖。"②朱熹的"中和"观念,从另一角度进一步表明了人们在对待自然的价值取向上,既要考虑人类的价值和利益,也要考虑到自然的承受能力,从而在二者之中达到一种所谓"中和"的平衡境界。

"中和"就是天人和谐,这是朱熹和谐理念的最高境界。"中和"的路径也是由内在心性和谐而达至宇宙的和谐。只要人能够行使"中和"之道,天人关系就能和谐,保持各自的地位,获得正常的发展,实现"天人合一"的理想境界。

三、朱熹生态伦理思想对构建当代生态文化的启示

生态文化是指反映"自然—人—社会"复合生态系统之间和谐协调、共生共荣、共同发展的一种社会文化,是生态文明的重要组成部分,在我国构建生态文化是社会主义生态文明建设的一项重要的基础性的任务。

从当前我国社会的现实与表征来看,我国的生态环境和生态安全形势不容乐观,诸如天然林锐减、草原大面积退化、水土流失和土地沙化严重、水资源短缺、水和大气污染严重、耕地面积减少和质量下降、环境安全和粮食安全受到挑战等问题尚未得到根本的治理而转变。这和我们较长时期以来存在

---

① 《朱文公文集》卷六七,载《朱子全书》第 23 册,第 3265 页。
② 《四书集注》,北京:中国书店,1994 年,第 36 页。

的传统的经济增长方式、粗放式发展模式和制度法规不健全有着直接和间接的关系。但究其深层次的原因,都和执政管理者,社会民众的生态意识淡薄,生态伦理价值观失范,生态文明教育不力等有着内在的联系。因此,化解生态危机,协调人与自然的关系,首先应该实现伦理价值的转变和社会文化的转型,要以生态文明的伦理观替代工业文明的伦理观。要围绕生态文化建设,弘扬人与自然和谐相处的价值观,形成尊重、热爱和保护自然的文化氛围,发挥文化的潜移默化的影响和作用。

从构建生态文化的角来看,朱熹的生态伦理思想对当代社会主要有如下几点启示与价值。

(一)朱熹的生态哲学为构建当代生态伦理学提供了重要思想资源

朱熹提出了"天地万物一理"的哲学思维模式,强调人与宇宙万物之间保持一个共生共存的"理一",宇宙间无论是植物还是动物都有自己的内在价值和生存权利。在万物之中,人既是禀承天地之秀气而成为万物之灵,人也应自觉地把人际之间的"亲亲"、"仁民"的道德规范向人与自然之间的"爱物"推及,"以事亲之道事天地"。朱熹这一思想包涵了把世界看做是"自然—人—社会"复合生态系统,从哲学层面上揭示万物相联、包容共生、和谐共融、价值共享、平等相宜等现代生态伦理思想和生态文化的本质要求,它已成为构建现代生态伦理学的重要思想来源和理论基石之一。

现代生态伦理学创始人、美国著名学者莱奥波尔特的大地伦理学也是把人与万物看成一大地,把人类之爱由社会领域扩展到整个大地。他在《大地伦理学》中指出,"大地伦理学只是扩大了社会的边界,包括土壤、水域、植物和动物,或者它的集合——大地"。其思想和朱熹的思想如出一辙。1991年,世界自然保护同盟、联合国环境规划署和世界野生动物基金会在题为《保护地球——可持续生存的战略》报告中指出,为了改善人类的生存条件,我们的生活方式必须满足两项要求:一项是努力使一种道德标准——一种进行持续生活的道德标准得到广泛的传播和深刻的支持,并将其转化为行动;另一项是将保护和发展结合起来进行自然资源保护,将我们的行动限制在地球的承受能力之内,以便使各地的人能享受到健康和安定的生活。报告认为,"关心地球是每个人的事情",并且"人类现在和将来都有义务关心他人和其他生命,这是一项道德原则"。① 这些提法和朱熹提出的"以事亲之道以事天地"、对自然"取之有时,用之有节"的生态道德原则是何等相似。这就不难理解,美国当代生态伦理学权威、国际环境协会主席罗拉多教授由衷地赞赏:"建构当代生态伦理学的契机和出路在中国传统哲学思想中。"显而易见,朱熹生态哲学和生态伦理思想对当代世界生态伦理学的影响和意义是不言而喻的,这也是中国传统哲学智慧对世界的贡献之一。

(二)朱熹的生态伦理思想为当前我国生态道德教育提供了有益的借鉴

生态道德教育是构建我国生态文化乃至整个生态文明建设的基础。朱熹的生态价值观肯定了人在实现人与自然协调发展中的主观能动性,强调了生态道德教育在实现人与自然和谐相处中的重要作用,并重视生态道德教育中的情感体验和道德实践,指出了它是一个"由近以及远、自易以及难"的道德实践过程。这就告诉我们,在我国当代生态文化建设中,必须高度重视生态道德教育这一基础性的工作。必须遵循"由近以及远、自易以及难"的道德实践原则。

目前我国的生态道德教育,存在以下两个方面的问题:一是在环境教育中,重视环境知识和环境法规教育,而忽视生态道德教育,尤其是忽视了对人们的道德意识和道德责任的培养;二是在生态道德教育中,忽视生态道德教育内容的设计和生态道德教育方法手段的创新,尤其缺乏生态道德情感体验和道德实践活动载体的建构与活动的全程指导。在生态道德体验与实践上,各部门很少能把"植树节"、"环境日"以及"保护母亲河"、"观鸟爱鸟"等活动作为生态道德体验和实践活动真正有效地开展起来。只有让大家都参与生态道德体验和实践活动,才能深刻领悟生态现象,反思生态问题,增强生态保护意识,形成生态道德责任感。实践性原则是生态道德教育的一项根本原则。朱熹的"由近以及远,自易以及难"的道德实践原则告诉我们,开展道德实践活动还必须"从我做起,从现在做起,从小事做起",让人们自觉地投身到保护环境、热爱自然、珍惜生命、节约资源、合理消费等各项道德实践活动中去,以实现生态道德文明素质向生态文明行为的转化。

(原刊于《福建论坛·人文社会科学版》2013年第11期)

---

① 世界自然保护同盟等著,国家环境保护外事办公室译:《保护地球——可持续生存战略》,北京:中国环境科学出版社,1992年,第7页。

朱子理学工夫论研究的现代意义

※ 黄柏翰

一、前　　言

朱子学说的影响力曾在华人社会盛行八百余年，至今仍是研究中国哲学不可绕过的重要思想家。然而，朱子学的研究具有什么样的现代意义？朱子的理论与思想是否仍适用于现代社会呢？对于这个问题，笔者是持肯定态度的。笔者认为朱子理学具有一种实用理性主义①的性格，适切地表达和规范了人类社会中相当重要的伦常关系与道德准则，其精神不仅通过中国历史漫长岁月的考验，许多重要元素仍符合现代社会的需求。特别是理学工夫论中所体现出的人格目标与心性修养，不仅志向高明，而且论述平实、融贯在日常生活之中，具有儒家入世、积极的实用理性主义精神。

当代的朱子学研究，如果只是一种历史学说的研究，那就有点可惜了。现今的社会氛围和时代思潮，会为朱子学的研究注入一些时代的共感与需求，而形成新的问题意识。有些规范与教条可能会随着时间而改变，但其核

---

① "实用理性主义"是笔者对于儒家文化精神的一种概括性说明。儒家具有强烈的道德信念，其信念是奠基在理性思辨以及一些具体的心理感受之基础上，不喜欢谈论空泛的哲理或不可感知的神秘体验，具有理性主义的一面。另一方面，儒家是强调实践的学问，尤其是人伦关系的具体实践，一切学问的价值取向也以道德理想的实现作为最终目标，在价值取向上表现出关乎日常人伦的实用性格。

心价值却是不会变的,例如对于人性良善本质的信念与追求。这是儒学最为深刻,最为吸引人的核心要素。儒学所提出的道德理念,不但曾经感动过历朝历代的中国知识分子,这种感召力也会是跨越时代、跨越地域的。

人们有探索并充实精神世界的需求,儒学的深刻处在于贴近人性,从一些人们可普遍感知的心理感受当中,指出切合实际的价值与信念。儒学的理论不诉诸于激烈的道德情感,或者寄托在非理性的宗教解释,它是一种理性的认识;它也不是空泛的哲理讨论,是可以落实于生活的实践工夫。这是因为它对于内在的精神世界有高度的认识与操持。历经了时代的发展与不同学理的融入,在朱子的手上达到一个高峰。朱子提出了更为系统性的理论解释,也总结了许多具体可行的实践方法。在今日看来,朱子的理学工夫论仍然是相当贴切的,因此本文就以工夫论作为题目提出一些个人的看法与各位探讨。

二、儒家实用理性主义的性格

(一)人类具有扣问生命价值与人生意义的渴求

人之异于动物的独特之处在于他具有寻求价值与意义的渴求,以及创造价值与意义的能力。美国心理学家马斯洛(1908—1970)把人类的需求分成五种层次:生理需求、安全需求、社交需求、尊重需求与自我实现的需求。[①] 其中,自我实现的需求一直被视为一个重要的需求,这个需求就是价值感与意义感的追求。价值感与意义感的问题不是科技文明所能解答的问题,这个问题一般都是放在哲学部门进行讨论。孔孟和朱子的学说之所以深刻,就在于他们解答了这个问题,正所谓"天不生仲尼,则万古如长夜。"

儒家的人性论就是对于人的意义与价值进行思辨和抉择,并确立了良善之性做为人之所以为人的独特本性。孟子提出小大之辩,主张面对不当的欲望和内心良知的冲突时,应该听从良知的声音(从其大体而摒弃小体),从诸多面向的人类天性之中确立了理性思辨与道德信念的价值。大体是心之官,

---

① Abraham Maslow,"A Theory of Human Motivation",*Psychological Review*,Vol. 50,No. 4 (July 1943),pp. 370-396.

小体是耳目口鼻之官,在小大之辩的问题上要能够先立其大,以理性思辨与道德信念作为行为的准则,而不是盲目服从生理或心理的直觉反射。这个立其大的动作,就是要把重要的价值取向先确定下来,这样在面对良知与欲望的冲突时,才能够有一个明确的取舍,人的价值也能从中彰显。

这个问题公都子和孟子曾经有过一段经典的对话,讨论同样是人,在这个问题上为什么会有个别差异呢:

公都子问曰:"钩是人也,或为大人,或为小人,何也?"

孟子曰:"从其大体为大人,从其小体为小人。"

曰:"钩是人也,或从其大体,或从其小体,何也?"

曰:"耳目之官不思,而蔽于物。物交物,则引之而已矣。心之官则思,思则得之,不思则不得也。此天之所于我者。先立乎其大者,则其小者弗能夺也。此为大人而已矣。"[①]

事实上,作为良知的大体与作为耳目之官的小体,都是人性本具的一些客观存在。人心既有清明的时候,也有利欲熏心的时候,问题在于为什么要从其大而不从其小呢?从大不从小,展现出孟子的价值抉择,这是一种理性思辨之后的自我抉择。此处也反映出儒家所谈的"人性",是价值意义上的"人性",是经过拣择,能够反映出价值与意义的人性,而不是那个实然面向上所谓的"人性"。孟子的论述之所以容易被人接受,除了贴切的比喻之外,主要还是因为他强调出较为深刻的问题意识,以及经得起理性检验的合理说法。

除了温饱与短暂的心理快乐之外,人们总是会去寻找人生的价值与意义,相较于其他的需求,这是一个更为深刻的问题。除此之外,社会的运作也需要一种能够被普遍接受与遵循的道德公约,作为共同的价值与标准。对于价值与意义的解答,能够对我们的生活做出较好的指导并建立规范,这不仅在个人的层面有这个需要,就社会层面而言,也有同样的需求。

(二)奠基于共同心理感受的理性论述

先秦儒家将人性的光明面挑选出来,作为人生追求的信念,以及评价行为的价值标准,这是先秦儒家对生命价值与生命意义的解答。在这个面向上,我们可说儒家是中国人的宗教。然而,儒家却又和宗教不同,儒家的信念

---

① 《孟子·告子上》。

是奠基在理性思辨上的,不诉诸于超越的神或者不能普遍感知的神秘经验。儒家也和纯粹的哲学思辨不同,他的观察与说明经常是具体的、实在的心理活动,不是抽象的玄思,因此特别亲切易懂;此外,儒学是强调实践之学,要求能够融贯于日常生活、是可用个人生命去实践的理想与信念,并非以单纯的思辨为满足。

孟子提出的四端之心,是一种具体而微的心理感受,符合人们的普遍经验:

> 所以谓人皆有不忍人之心者,今人乍见孺子将入于井,皆有怵惕恻隐之心;非所以内交于孺子之父母也,非所以要誉于乡党朋友也,非恶其声而然也。由是观之,无恻隐之心,非人也;无羞恶之心,非人也;无辞让之心,非人也;无是非之心,非人也。恻隐之心,仁之端也;羞恶之心,义之端也;辞让之心,礼之端也;是非之心,智之端也。人之有四端也,犹其有四体也。①

孟子从这种可以共同感知的普遍经验中提出四端之心的解释,这是一种对于内心情感活动的觉察与反省,具有心理学式的理性精神。孟子所举出的例子总是那么贴切易懂,让人容易接受。

(三)将外在的社会规约转化为主动的道德信念

孟子所说的这种内在感受,是一种非关乎名利的直觉与冲动,我们可以把它称为是一种道德直觉。道德直觉促使人们不得不这么做,这是道德行为的内在动因。行为的产生,不是被动、强迫的,也不是为了其他的目的,是出于一种主动性,这才是一个伦理学意义上所谓的"道德行为"。

孔子答宰我"三年之丧"的论述也同样地表现出理性主义性格,以及内在的道德主动性。

> 宰我问:"三年之丧,期已久矣。君子三年不为礼,礼必坏;三年不为乐,乐必崩。旧谷既没,新谷既升,钻燧改火,期可已矣。"子曰:"食夫稻,衣夫锦,于女安乎?"曰:"安。""女安!则为之!夫君子之居丧,食旨不甘,闻乐不乐,居处不安,故不为也。今女安,则为之!"宰我出。子曰:"予之不仁也!子生三年,然后免于父母之怀。夫三年之丧,天下之通丧

---

① 《孟子·公孙丑上》。

也。予也有三年之爱于父母乎？"①

孔子以"女安乎？"这样一个心理的直觉感受，作为解释是否服从外在社会规约（守丧）的理由；并以"子生三年，然后免于父母之怀"的道理，说明三年之丧的合理性。把传统礼制的合理性奠基在亲子之爱这种普遍又日常的心理基础上，将原本是外在的、强制性的社会规范，转化为主动的、内在的追求，而成为一个比道德规约更具有约束效力的道德信念。同时，这样的说明与解释也是大家比较能普遍接受的。

孔子不是把人的情感和观念引向外在的崇拜对象，或者是不能共同感知的神秘经验，他以亲子之亲和社会中各种人际关系作为基础而提出解释。作为行为准则的理由是出于主动的、也是满足现实生活需要的，既能满足个人情感，又能兼顾整体社群的利益与稳定，这是一种儒家式的实用理性主义的性格。也正是这种性格，形塑了中国人的精神样貌与文化基调——讲求情理结合与人我和谐的道德标准。

三、朱子对于先秦儒学的补充与工夫论的提出

儒学经过了历代的传承与发展，到了朱子手里，融合了包括道家与佛家在内的不同观点，将儒学做了进一步的整理，这是中国文化的一个高峰。延续着先秦儒学理性、平实的特点，朱子理学在理论上进行了更加系统性的论述，提出了细致周密的本体论，以及更为详备的工夫论。

（一）朱子学说的系统性

朱子学说有着比较系统性的理论陈述。例如，在关于人性的讨论上，朱子会系统性的展开并说明，而不是停留在内心的直观感受上。朱子说："大凡天之生物，各付一性。性非有物，只是一个道理之在我者耳。故性之所以为体，只是仁义礼智信五字，天下道理不出于此。"②其中，"性非有物，只是一个

---

① 《论语·阳货》。
② 朱熹：《玉山讲义》，载朱杰人等主编：《朱子全书》第24册，上海：上海古籍出版社，合肥：安徽教育出版社，2002年，第3588页。

道理之在我者耳。"① 这是把"人性"这个问题分成两个层面来解释。朱子说明了儒家所举出的"人性",并非实然存在面向上所谓的"人性"②,而是一种透过精神自省而感悟的道理,是价值意义上所谓的"人性"。这种判别正是伦理学讨论上所谓的实然与应然的区别,③显现出理论化、系统化的特征。

接着,朱子把原本较为笼统的人性说,系统性地展开成"仁、义、礼、智、信"五个面向,还分别从"体"、"用"两个层面来说。信是真实无妄的意思,同时也意指仁、义、礼、智是人的真切与实在的感受。在体的面向来说,仁是温和慈爱的道理、义是断制裁割的道理、礼是恭敬撙节的道理、智是明辨是非的道理,这四种素质都是真实无妄的,都是人的天性的一部分;在用的面向里,仁的表现是恻隐之心、义是羞恶之心、礼是辞让之心、智是是非之心。④ 这样的系统化特征具有哲学上的思辨精神,也增加了理论的解释力。

我们拿来和孔子论三年之丧的文献做比较。孔子以"女安乎"这样一个诉诸于个人体验的直觉感受作为解释,虽然具体而简洁,但是面对像宰我这样的学生,宰我认为自己并没有不安心的地方,孔子也只能说"女安!则为之",而没有进一步的论证。这种直觉的感受,朱子将它展开成一个系统性的说明。"信"之一字表示这种直觉感受的真实性与实在性,以及道理的客观性。如同孟子所谓的"人之有四端,犹其有四体也",这是一种客观、实然的存在,不会因为自己是否感知到(或者是否愿意承认)而影响其存在的真实性。

---

① 朱熹:《玉山讲义》,载朱杰人等主编:《朱子全书》第 24 册,上海:上海古籍出版社,合肥:安徽教育出版社,2002 年,第 3588 页。

② 例如,"人性是贪婪的"、"人性的弱点"、"人性的光明面"等心理学范畴讨论下所谓的"人性",这是无关乎善恶的人类心理属性,具有多种可能的特征。

③ 实然(is)和应然(ought)的区别是休谟(David Hume, 1711—1776)提出的创见。实然指的是客观存在的事件,应然则是人们对此事件的评断。实然与应然之间并不存在逻辑上的蕴涵关系,故不能合理地由实然的前提推导出应然的结论。休谟的这种区分提醒后来的哲学家,价值判断的根源不在事件中,而座落在人的内心。善与恶是一根源于内心的价值判断,蓄意谋杀这件事之所以为恶,并不是事件本身为恶,而是人将这件事判断为恶。以蓄意谋杀为例,休谟区分了事件本身和判断者,事件本身是一"实然"(is)的事实,价值判断则是关乎"应然"(ought)的,来自于判断者的内心。自休谟以后,伦理学家都知道,由实然的陈述无法直接推导出应然的价值判断。相关的讨论可见 David Hume, *The Treatise of Human Nature* (Oxford: Oxford University Press, 1978), pp. 468-469。

④ 朱熹:《玉山讲义》,载朱杰人等主编:《朱子全书》第 24 册,上海:上海古籍出版社,合肥:安徽教育出版社,2002 年,第 3588~3589 页。

这种天性具有有仁、义、礼、智不同面相,而从体上来说,则是一种客观的道理。

我们之所以不安,是因为我们有羞恶之心,明辨是非之心,这让我们在做出不当行为时,或多或少地感受自己行为的偏颇。然而,这样的感受,为什么有时候会有因人而异,或者因时而异的不同?怎样才能保持客观公正,并时刻警醒?这就进入到工夫论的问题了。

(二)理学工夫论与心性修为的实践

朱子学不同于哲学之处在于,朱子的学说是一种在实践当中产生的体悟。如果说,朱子的心性论具有哲学般的理论系统特征,那么,工夫论则具有宗教般的修持色彩。[①]

工夫论体现了儒家修身成仁的核心价值,一般被归类到伦理学的研究范畴。然而,完全用西方伦理学的思路与方法对工夫论进行理解是行不通的。[②] 工夫论是一种在生活当中实践而产生的智慧,其实是有点接近康德所说的"实践理性",但是又和"实践理性"不同。康德"实践理性"是一个相对于"理论理性"而提出的概念,"理论理性"是认识功能,而"实践理性"关乎意志的作用。但是,这两种理性的认识都可以透过知识的理解而达成,但是工夫论的理解预设了身心的体验,并非全然能够透过知识讨论而理解的命题。工夫论的理解是一种在实践当中产生的感悟,这和知识的理解是两种本质上全然不同的思维方式。

工夫论浸润了佛、道思想,具有浓厚的修行意涵,是一种具有东亚地域文化特征的修身理论。在现今以西学训练为主的学术典范下,这是一种相当不同于西方的思考方式。这并非只是文化差异的问题,能够凭借着知识的理解而达成,还有赖一定的心性修为才能掌握。

---

① 杨儒宾:"'工夫'或'工夫论'是传统中国哲学的语汇,放在当代学术分类下考虑,它的范围接近于哲学部门所谓的道德哲学或伦理学,也接近于宗教学的'灵修'领域。"杨儒宾、祝平次编:《儒学的气论与工夫论》,上海:华东师范大学出版社,2008年,第1页。

② 杨儒宾先生指出,学术典范的转移让儒学研究面临"横材入灶,扞格难合"的问题。将理学的研究放置到哲学部门下讨论,"理学的实践方面落空了,当理学的'宗旨'转代为哲学的'命题'时,从传统儒学的价值体系来看,买椟还珠的情况就产生了。"杨儒宾、祝平次编:《儒学的气论与工夫论》,上海:华东师范大学出版社,2008年,第1页。

我们可从《朱子语类》卷一三七朱子对于战国汉唐诸子文章的品评中,看出心地修持对于为学把握的重要性。朱子认为,荀子言性恶,是因为荀子在工夫处做得较粗,因此"不识道理"。"如天下之物,有黑有白,此是黑,彼是白,又何须辩?荀扬不惟说性不是,从头到底皆不识。"提到韩愈时说:"于大体处见得,而于作用施为处却不晓。"①从下列朱子批评韩愈的句子中可以看到,对于道理不能够看得真切明白,是因为没有能够在心性修为上下工夫:

> [韩愈]只是空见得个本原如此,下面工夫都空疏,更无物事撑住衬簟,所以于用处不甚可人意。缘他费工夫去作文,所以读书者,只为作文用。自朝至暮,自少至老,只是火急去弄文章;而于经纶实务不曾究心,所以作用不得。每日只是招引得几个诗酒秀才和尚度日。有些工夫,只了得去磨练文章,所以无工夫来做这边事。兼他说,我这个便是圣贤事业了,自不知其非。②

韩愈在《原性》中提出"五性说",以"仁、义、礼、智、信"说明"性"的问题,而为朱子所赏识。但是朱子认为韩愈只是识得大纲,至于精微之处说得并不深入、不透彻。③ 原因正是韩愈为学主要用功在文章上,并没有在心性上下工夫,对于心性问题并非真正识得,因此,不若孟子那般说得活活泼泼、精细明白。④ 心性的认识是需要在身心修养上下工夫的,否则聪明才智如荀子及韩愈,也不能理解个中奥义。至于批评韩愈为学"只是火急去弄文章",不也提醒了当代的儒学研究,除了论文的研究与撰写,是否真的能够把握住为学的

---

① 《朱子语类》卷一三七,载朱杰人等主编:《朱子全书》第18册,上海:上海古籍出版社,合肥:安徽教育出版社,2002年,第4236页。
② 《朱子语类》卷一三七,载朱杰人等主编:《朱子全书》第18册,上海:上海古籍出版社,合肥:安徽教育出版社,2002年,第4237页。这段话虽是批评了韩愈的问题,但是朱子对于韩愈的综合评价并不低,这可从朱子对于韩愈的大量研究以及《梅溪王先生文集序》当中对于韩愈等"五君子"的正面评价当中得知。
③ "韩退之,欧阳永叔所谓扶持正学,不杂释老者也。然到得紧要处,更处置不行,更说不去。便说得来也拙,不分晓。缘他不曾去穷理,只是学作文,所以如此。"《朱子语类》卷一三七,第4262页)
④ 问:"韩文公说,人之'所以为性者五',是他实见得到后如此说耶?惟复是偶然说得着?"曰:"看它文集中说,多是闲过日月,初不见他做工夫处。想只是才高,偶然见得如此。及至说到精微处,又却差了。"因言:"惟是孟子说义理,说得来精细明白,活泼泼地。"(《朱子语类》卷一三七,第4257~4258页)

意义与目的。

若不识得,则不能在要紧处把握,往往成为无头学问,不切中用,哪能够打动人心、切合时代需求。韩愈谓杨荀"大醇而小疵",程伊川认为韩愈"责人甚恕"。可是朱子却认为韩愈"不是责人恕,乃是看人不破"。韩愈若懂得"在自己上下工夫,立得本。本立则条理分明,不待辨。""须是有是物而后可践履。今于头段处既错,又如何践履？天下事从其是。"①

学问指导实践,实践又帮助学问的理解,两者是相辅相成的。对于心性之学,若不能践履之、玩味之,则不能捉得此物藏在怀袖间,自然不能看得细致明白,也不能如孟子那般说得活活泼泼、真切而生动。

(三)工夫论的可操作性

对于很多人来说,心性是抽象的、不可捉摸的,所谓心性修为既无从理解,亦无从下手。也可能有这类疑问:"心性修为所为何事？是否人好、心好即是？"其实朱子所言之"性",并不单纯满足于道德行为的说明与解释,而是一种对于人生道理的通彻理解。

朱子曾经从山上的海底化石当中推论出海洋隆起成为陆地的自然科学理论。虽然远在八百多年前,但是朱子是相当具有科学实证精神的。对于外在物理法则,现代科学可以给出客观、理性的分析；但是对于内在的精神世界,科学是否也同样能够给出令人满意的答案？朱子的心性论,其实就是对于内在精神世界的理性认知,他所提出的工夫论,则是根据这份认知而做出的经验总结。工夫论是心性修为的实践方法,当中积累的经验法则,可以帮助我们从中学习到认识自己的方法,并将受到欲念污染的心恢复本来的清净面貌。

朱子以"去人欲"作为为学工夫的入手处和目标:

> 尧舜之生,所受之性亦是如是耳,但以其气禀清明,自无物欲之蔽,故为尧舜,初非有所增益于性分之外也。故学者知性善,则知尧之圣非是强为；识得尧舜做处,则便识得性善底规模样子。而凡吾日用之间,所

---

① 《朱子语类》卷一三七,载朱杰人等主编:《朱子全书》第18册,上海:上海古籍出版社,合肥:安徽教育出版社,2002年,第4236页。

以去人欲,天理者,皆吾分内当然之事,其势至顺而无难。①
因为气禀清浊的不同,人与人之间在气质与习气上存在着个别差异。明白了人的本性以及气禀清浊的差异,若能去除物欲之蔽,而天理就能自然显现,遂有"复性"的需求。

"复性"是理学工夫论追求的主要目标,亦即回复人的本来之性、人的天性。在"复其初"的历程中,需藉助有意识的工夫修为,将内在人格进行修炼与转化,进而体证本来面目。这是一个在实践当中逐步体悟的过程,因此不下工夫是不能有所体悟的。但是,若只知有工夫而不知本来之性,这样的工夫是空泛支离的。两者的关系是相辅相成的,对于本来之性要先有所理解,工夫才有下手之处,而这个理解,也会随着实践而有所证悟、有所增进。

所谓在心性上下工夫、在自己身上下工夫,就是强调了返回自己的内在精神层面下工夫,而且是非关乎外在名利愿望的满足。透过主静无欲的修养方法能够保持认知心灵的清明无蔽,排除非理性的情感绊缚,养成客观的认知态度。这个操持方法朱子其实是相当言简意赅的,不像佛教那般层次分明而复杂。朱子提出"主敬"的说法作为"静"的说明和补充。朱子"静"的概念,其中预设了濂溪"诚"的思想,这是理学工夫论不同于佛老静坐理论的地方。"诚"表现于外则显现出"敬"的思想与行为。在恭敬之中,可以对行为起到提点和约束的作用,而具有较好的操作性。

工夫论的作用在于,在静心澄虑之中,对于内在的精神与外在的事物会有一个客观清楚的认知。正确的认知是我们行动、判断的基础。

四、儒学与现代社会的关系

从汉武帝"罢黜百家,独尊儒术"开始,儒学曾经是两千多年以来中国传统社会的正统和主流思想。在二十世纪的历史剧变下,中国人对于传统儒学开始产生许多正反不同的评价,儒学研究出现了"百家争鸣"的情况。这些评价常常反映出一种时代的焦虑与不确定的心理。儒家的精神会在现代文明当中逐渐退却,被扫进历史吗?或者儒学会像某些乐观者所言,将成为二十

---

① 朱熹:《玉山讲义》,载朱杰人等主编:《朱子全书》第 24 册,上海:上海古籍出版社,合肥:安徽教育出版社,2002 年,第 3590~3591 页。

一世纪的文明解药,带领全人类走出工具理性的思维?又或者儒学研究将展现出其他我们意想不到的面貌?

(一)儒学研究在当代社会的现况与反思

潘朝阳先生曾对台湾当代新儒学的研究提出这样的描述:

> 台湾当代新儒学数十年来大体上只在学院中作为一种学术和思想而存在……整体儒家理想似乎尚未落实在台湾的社会和政治土壤中着根,尤其是从传统农耕社会转型为全球化工商业社会的都会文明型态之台湾,当代台湾儒学似乎像是漂浮于土地之上的飞尘,与人民之生活世界之间实际上存在着明显的鸿沟。①

这段描述相当符合当代儒学研究的景况。儒学研究在现代社会中,已经和一般人的生活越离越远,不再起着启迪心灵的作用,被视为一种文化史的研究。一般人对于儒学研究的漠视,其实也不能完全归咎于民族自信心的丧失而产生的文化不自信,最根本的原因还是儒学研究是否能够切中时代的需求。

儒学之所以能在中国社会长存,是因为他切合传统社会的需要。若希望儒学能够继续延续,首先,它必须是符合时代需要的。因此,我们需要的是一个冷静、客观的学理研究,重新用当代的眼光对传统儒学进行理解,并在不带任何预设的前提下,理性地认识儒学的特质。

民族的不自信或者过度自信,常使得当代儒学研究面临了能否客观公正的考验。多元文化的社会情境和学术研究典范的转移则是当今儒学研究最大的困难所在。多元文化的涌入,以及学院中西学思辨方法的基础训练,这让中西文化的融合或消长成为一个很自然的景况。现在的社会情境不比从前,现代人所接受的文化熏陶也和过去的传统儒家不一样,人们总会自觉或不自觉地受到过去经验和先备知识②的影响,这些因素让我们看待传统学术的角度和眼光都不一样了。

---

① 潘朝阳:《战后台湾儒家研究的几个侧面:问题及其意义》,载黄俊杰主编:《东亚儒学研究的回顾与展望》,台北:台大出版中心,2005年,第446页。

② 先备知识(prior knowledge)是指过去知识的总和,也可以理解为背景知识。例如,我们在阅读的过程中,把书本上的文字和其所代表的意义链接起来,其实就是文字和先备知识的链接。在这个过程中,原本储存在大脑中的知识和经验被重新唤起,结合文本内容对文本进行解读。

结合当代的文化脉络与学术思潮,对儒学进行重新诠释,这是一种新型态的儒学研究,当代新儒家是其中的典型代表。对于这类型的研究,有些学者提出的看法很具有参考性:

> "五四"以后,出现了以保守主义自居的新儒家,其对儒家价值的肯定,不过就在于能从中引出西方那套普世价值来,至少,两种价值是不相矛盾的。可见,对新儒家来说,儒家价值的现实性,不过仅此而已。现在,当代的新儒家应该更向前推进一步,即重新强调自身价值的普世性,乃至数千年中国道路对于人类的普遍意义。①

他们认为,"儒家的基本价值"虽然是一个见仁见智的问题,但不应等同于西方那套主流价值,即自由、民主为代表的所谓普世价值。否则,儒家在我们这个时代的必要性何在?企图从儒家传统中引申出西方那套普世价值来,其实是降低了儒家的地位,更不能解释数千年中国道路的特殊性。②

笔者认为,新儒家的研究是有其时代意义的。如果儒家所提出的义理是正确的,那么,在不同的理论体系当中,它将经得起多方的检证或考验。在不同理论的交互参照当中,自然能展现出儒学的理念的普世价值。这就像月映万川的道理一样,不同的人来看,都能够根据自己的理解而感觉到合理,这也是儒学可以在中国社会被普遍接受的原因。这不也是一种"理一而分殊"吗?

西方学术研究的标准,已经成为了现代学术研究的典范,这是一个现实存在的问题。以新的学术方法进行儒学的重新整理,应该不是一件坏事。在佛教传入中国之后,儒学并没有被取代,反而在朱子手中变得更加深刻。历史的进程,证明了儒学的生命力!然而,以西方的学术典范进行儒学研究,确实面临了"横材入灶,扞格难合"的景况。例如,前面提过的工夫论的理解预设了身心修持,不同于西方的理解方式的问题。如何能够保留儒学的核心内涵,而不致于发生买椟还珠的遗憾,是一个值得我们深思的问题。

(二)关于普世性的省思

有些学者认为儒家维护了封建秩序,满足统治阶层的利益而受到统治者

---

① 曾亦、郭晓东编著:《何谓普世?谁之价值?》,上海:华东师范大学出版社,2013年,第2页。

② 曾亦、郭晓东编著:《何谓普世?谁之价值?》,上海:华东师范大学出版社,2013年,第1页。

的推崇，才站上传统学术的统治地位。在这个问题上笔者有不同的看法。儒学之所以被中国社会长久地奉行，是因为他切合了中国社会的需要，而成为一种能被普遍认可的道理。朱子也并非只是单纯的学术整理，而是进一步加深了核心的问题意识，所以能够打动人、说服人。笔者认为这是儒学能够一直居于学术正统地位的主要原因。

一个道德信念能够在历史的考验中被大家长久地遵循，并非单一的个人或者政治集团所能左右。儒学确实有助于社会稳定，在政治上是有利的，但不能以某个层面的作用来作为它能被普遍接受的原因。在历朝历代的政治变迁中，儒家所代表的道德信念，始终是中国社会内隐的道德罗盘。从历代的诗歌、散文等作品中，可以看到中国人对于道德理想人格的追求与歌颂，常常表现出一种令人动容的真挚的情感。这些，难道是政治力的干预所能产生的吗？从社会层面来看，儒家的主张保障了整体社群的最大利益。他不只是为了满足统治阶级的利益，而是在五伦的基础上，调和了每一个人的需求，这是大家都能共同接受的主要原因。从个人的角度分析，它满足了深层的人心需求、价值与意义的问题。再者，它说得合情合理、适切中肯，所以才能够打动人心。

儒家对于人性本质的掌握，从根本上解释了人的价值与意义，这样的说明是跨跨越不同社会、不同时代的。儒家所强调的"仁心之发用"，这一道理使我们明白："个人不能只考虑个人自己"——这是社会伦理的基础；"企业不能只考虑企业自己"——这是企业伦理的基础；"人类不能只考虑人类自己"——这是环境伦理的基础，这些考虑都是"仁心发用"的结果。

一个社会要能够长久合理地运作，必须要建立许多共同的制度与规范。这些外在的规范要能内化为社群成员的内在道德标准，才能具有持久并且有效的约束力。要建立出一套经得起理性的省察、合乎整体社群最大利益，并让所有人都满意的道德理论并不容易，往往需要千百年的时间逐渐磨合而成。儒家以五伦为基础的道德理论是情、理结合的，其信念与标准不仅使个人情感得到满足，也最大化了整体社群的利益，这是使得不同阶层的人都能共同接受的基础。许多规范与教条会随着时代的不同而改变，但是这种实用理性主义的精神却一直是中国文化的骨干，融合了其他文化而不曾消失，历经了中国社会千百年来的实践与雕琢，历久而弥新。

(三)工夫论研究对于现代社会的意义

在多元文化与多元价值并陈的当代社会,伦理学所面对的是更为复杂的道德争议、道德决策或判断。道德实践上的多元与分歧,往往需要透过公共辩论、立法或建立协商机制来决定,并非一家之言就能令所有人折服。面对这些新兴的伦理议题,传统的儒家的信念将遇到更大的挑战。例如我们前面所谈到的三年之丧,如果我们固执地以"三年"作为守丧的标准,在现代社会将滞碍难行。同样的,传统社会中的很多价值或理念,对于现代社会而言,也有很多格格不入的地方。

有些时候我们并不是需要别人告诉我们某些价值或信念,而是需要一个更好的方法,帮助我们从中做出正确的取舍。理学工夫论正是这样子的一套理论。工夫论是一种对于内在精神活动的认识与操持,这为正确的思维与判断打下基础。从心理学的角度来看,人的情绪、认知判断和价值的形塑是交互影响的。因此,内心的平静可以较大程度地保证认知的客观性与真实性,从而得到较为理性与明智的抉择。从这点来说,这种修养工夫是每一个人所必须具备的。

人际之间的冲突大部分是欲望重叠和认同差异所形成的冲突。朱子强调的"主静"和"主敬",有助于提醒我们保持认知心灵的清净无蔽,排除非理性成分的绊缚,形成客观、实在的认知态度。这种客观并符合实在的认知,是必须经过后天学习而逐渐养成的。在人的成长过程中,经验使他逐渐了解,外在的世界(包括客体的存在以及它们的变化规律)并不曾随着自己的主观意志而改变。在这种认识的基础上,人也会发现,唯有尊重这个事实,并且把这种尊重当做自己认知外在世界的基本原则,才最能符合自己适应环境与求取生存的需要。

"静"带来的作用就像心里有了一个训练有素的斥候,不时向他的司令官报告现下发生的状况,而不带任何判断与情感。同时,"静"的工夫可以强化内在的精神活动,我们可以在静心沈淀下来之后,更加清楚地觉知到自己的内心活动。我们的行为举止、内心的观念和想法,都是其来有自的,这些,在静心沈淀下来之后,会被更加清楚地意识到。这让我们有机会对此进行更进一步的反省和思考,并且重新抉择,而不是直接因着它们的影响而做出反应。

"主静"的概念可以广泛运用在各个地方,不论是在只有滴答钟声的家里安坐，或是在上千辆车流的高速公路上行驶，都一样适用。例如，当我们在进行谈判时，必须正确地认知纯粹的事件，尽可能地降低我们对挑衅言论的情绪反应。当然，我们还是持续了解谈话的内容，越平静就越深入。"静"能切断来自内外的扰动，帮助我们更快找到主旨、掌握重点。一位细心的思考者在考虑事情时，会试着去了解事实的组成与其间变化的特性，如此才能掌握事物客观实在的本来面貌。

恢复清净善良的本性是工夫论的最终目的。主静无欲是在这种清楚觉知的状况下，天然本性的自然呈现。这样的恢复不是勉强自己的结果，而是在静下来之后，一时的欲念与干扰逐渐退去，从而让较为持续的真我显现出来。孔子说："吾七十而从心所欲，不踰矩。"到这样的境界，仁心的发用不带丝毫勉强，是一种自然而然的流露。

五、结　　论

理学的核心问题，主要是本体与工夫。理学工夫论具有浓厚实践性格，其终极目标在于如何修身成德以优入圣境。从工夫论的观点来看，儒家学问的主要追求不在于理论知识，而在于实践知识。因此，是否能够笃行其习得的道理，是儒家评价一个人道德学问的判准。《论语·学而》："弟子入则孝，出则弟，谨而信，泛爱众，而亲仁。行有余力，则以学文。"若要让儒家在实践表现和理论知识之间做一抉择，儒家会以前者为主。对于儒家而言，是否能够实践才是最重要的。

一个人要成为什么样子的人，有一部分原因取决于他怎么看待自己。同理，人类的未来，也取决于人类如何看待自己。笔者认为朱子理学思想的独特价值，在于它对于人性的洞见以及工夫论的提出。朱子学说之最终目的，主要在于"明吾心之全体大用"。本文也仅仅是根据兴趣与所学，提出一些心得和大家共同讨论，朱子学的真正内涵是更为广阔的。思想反映了时代的现实，还具有超越和引领时代发展的作用。一般人的思想反映的是短暂的现实；社会学家和经济学家则能反应长期的现实；未来的方向则主要取决于价值观，也就是我们一般人所谓的思想观。一套好的思想，除了要认清现实，亦应指出有益于全体人类的方向。笔者认为朱子的理学所代表的儒家精神，正是属于这一类的思想。

从朱熹的书信和作品中,可以看出其论学的内容都是紧扣着生活和个人经验的,是一种修身成德的实践之学。这种学说的研究若脱离实践层面,而仅仅是学理上的探讨,就失去其根本的价值和意义了。理学工夫论的价值在于对个人修为的要求,以及对于心性的认识与体会。它不仅留下了许多珍贵的讨论内容,也昭示出一种生命的态度。正是这种态度,对于崇尚物质文明的二十一世纪来说,是深具启发性的。

(原刊于《鹅湖月刊》第 40 卷第 7 期,2015 年 1 月)

《朱子家训》融入社会主义核心价值观教育路径研究

❋ 杨大伟

中国共产党第十八届代表大会中对社会主义核心价值观的要求做了准确定位,全社会培育和弘扬社会主义核心价值观过程将是调动一切可以调动的力量,早日建成小康社会的重中之重。社会主义核心价值体系的教育也就是把社会主义核心价值观提升为全民所共同遵循的基本准则和行为规范,成为我们整个社会的"国训"。这种"国训"与中国传统的家训有着异曲同工之妙,所以借鉴和发扬传统文化,把家训中优秀的文化精髓凝练到社会主义核心价值观教育中,将会对我们调动一切可以调动的力量,培育社会主义核心价值观有很强的指导和借鉴意义。《朱子家训》是朱熹老夫子为规范后世子孙行为规范,确立朱氏家族优良传统而作的家训,"体现了朱熹的核心思想,是朱熹理论研究与生活感悟的充分体现。《朱子家训》的理论基础是历史上儒学的传承与当时社会现实的结合。"[①] 本文通过对《朱子家训》的研究和探索,实现把中国传统家训优秀的精神内涵凝练到社会主义核心价值观教育中去,传承和弘扬中华民族优秀传统文化来为社会主义核心价值观教育服务,为社会主义建设提供精神动力。

---

① 王瑞平:《论〈朱子家训〉的核心意义及实践价值》,《上饶师范学院学报》2010年第4期,第6~10页。

一、《朱子家训》的精神内涵

家训,"述立身治家之法,辨正时俗之谬,以训子孙",①是先祖为规范后世家人的行为规范而进行劝诫和训示,具有规范行为的作用,是一家之准则和规范。《朱子家训》又名《朱文公家训》,是朱熹从家族长远兴旺发达考虑而制定的行为规范和基本准则。《家训》的内容涉及家族最基本的伦理道德要求,并对君臣、父子、兄弟、夫妇、朋友、长幼等之间关系定位及应尽的责任和义务,进行了专门的规范和要求。《朱子家训》全篇虽然仅有300余字,但字字珠玑,简洁有力,是朱熹继承了儒家优秀的传统道德精髓,结合中国传统家族兴衰成败史的基础上总结而成,也是中国儒家思想的集中体现。

(一)重视家族成员关系职责合理化

《朱子家训》遵从儒家的基本规范,首先从"天地君师亲"入手,定位于社会和家族中各成员的角色界定和职责担当。家训要求家族成员做到君仁臣忠、父慈子孝、兄友弟恭、夫和妻柔、师礼友信的和谐有爱的理想状态。

《朱子家训》篇首讲到"君之所贵者,仁也。臣之所贵者,忠也"。在国家层面,要求君主要施以"仁"政;而臣民则要报以忠诚。而具体到家族来说就是做到"父之所贵者,慈也。子之所贵者,孝也",父子之间要父亲慈祥,子女孝顺;"夫之所贵者,和也。妇之所贵者,柔也",夫妻间要夫和妻柔;"兄之所贵者,友也。弟之所贵者,恭也",兄弟间要兄友弟恭。而在社会关系上要做到"事师长贵乎礼也,交朋友贵乎信也",就是要以礼尊敬师长,以诚信待朋友。

(二)注重家族成员道德修养

儒家讲求的是以德治天下,道德养成历来是被遵从为成为圣人的源泉,而作为儒家集大成者的理学大师朱熹更是对家族后世子孙做了严格的道德规范和道德养成要求。

《朱子家训》中有云:"有德者,年虽下于我,我必尊之;不肖者,年虽高于

---

① 晁公武:《郡斋读书志》,上海:上海古籍出版社,1990年,第442页。

我,我必远之。"讲的是遇到有德行之人,虽然年龄小于我但也应得到我的尊敬;相反,对于品行不端者,即便年龄长于我,我要离之远一点。"近墨者黑,近朱者赤",这是朱熹直接告诫后世子孙要注重塑造道德高尚的品质,同时也要注意自身道德素养的提高,如果自身道德素养低下,会被孤立,为人所不齿。而如何做到道德高尚呢?朱老夫子在集训中也有具体的规范,首先要做到"见老者,敬之;见幼者,爱之",就是要做到敬重老人,爱护小孩,做到尊老爱幼。而自身的修行就是要在平时的修行中做到"慎勿谈人之短,切莫矜己之长。仇者以义解之,怨者以直报之,随所遇而安之。人有小过,含容而忍之;人有大过,以理而谕之。勿以善小而不为,勿以恶小而为之。人有恶,则掩之;人有善,则扬之。"家训在处理人际关系则要求后辈子孙做到"处世无私仇,治家无私法。勿损人而利己,勿妒贤而嫉能。勿称忿而报横逆,勿非礼而害物命。见不义之财勿取,遇合理之事则从"。

(三)提倡读书知礼的基本要求

作为一名教育家,朱熹对高尚者的道德养成的方法一直坚持的就是读书知礼,所以针对自己家族成员的教育作了专门的劝诫和要求。

《朱子家训》中要求:"诗书不可不读,礼义不可不知,子孙不可不教,童仆不可不恤。斯文不可不敬,患难不可不扶。"读书知礼是儒家一贯的传统要求,而对经典诗书的要求更是儒家传统之一。为培养孩子道德修为的养成,提出重视读书和规范家礼的重要性,作为理学大家的朱熹历来都很重视"礼"的规范,为树立正确严格的家礼,他先后研究和编纂了《古今家祭礼》《祭礼》《家礼》等儒家传统的礼仪规范程序。朱熹认为通过读书知礼来做好教育子孙、体恤童仆、敬重有德行有知识的人,遇到有困难的人要主动积极地去帮扶。同时,家训最后对子孙做了告诫:"守我之分者,礼也;听我之命者,天也。人能如是,天必相之。此乃日用常行之道,若衣服之于身体,饮食之于口腹,不可一日无也,可不慎哉。"

总之,朱熹通过制定《朱子家训》就是要规范和告诫后世子孙的行为举止,注意自身的道德修为,维护家庭和睦建设,注重家族的发展。

二、《朱子家训》融入社会主义核心价值观教育的现实可能性

在《乡土中国》中,费孝通先生指出传统思想中"家"具有很强的收缩性。"家"可以小至夫妇二人,大至一个家族,甚至推到"四海之内皆兄弟"。每个人都是以"己"为中心,像石子一般投入水中,和别人所联系成的社会关系,就像水的波纹一般,一圈一圈推出去,愈推愈远,也愈推愈薄,从自己,到"家",到"国",呈一种差序外拓状态。[1] 在中国传统的社会中,家就是国的缩小版,而国也是家的延伸。从这个意义来看,家训是作为整个家族的规范准则,而社会主义核心价值观也是现阶段国家的"国训",对社会主义各方面建设具有很强的指导作用。

(一)《朱子家训》与社会主义核心价值观的目标契合性

家训是家族发展过程中的优良传统经验的总结和继承,对本家族的行为规范起到指导和指引作用。社会主义核心价观是对当今社会成员核心价值体系的丰富内涵建设和实践集中表现。家训是对本家族的成员做的规范和要求,而社会主义核心价值观是对当今社会成员的核心价值做的规范要求和精神指引,虽然两者要求的对象有所区别,但是所要达到的目的还是存在着逻辑的统一性。《朱子家训》作为我国优秀的家训之一,吸收了中国传统的优秀文化凝练而成,对它的研究将有利于我们培育和实现社会主义核心价值观教育。

《朱子家训》是朱熹在研究和吸收中国传统的优秀文化的精髓,再加上自身生活感悟的基础上而作的家训,对家族成员及其后世子孙做了训诫。社会主义核心价值观是在国家、社会、个人三个层面对全体社会成员做了规范,明确了社会成员要遵循的价值目标、价值取向和价值准则,这与《朱子家训》中的要求家族成员在家族关系的界定、家族成员道德的养成和读书知礼对的基本要求基本相契合。在国家中要求富强、民主、文明、和谐,在家族中要求长幼有序、家庭和睦;在社会中要求自由、平等、公正、法治,在家族中要敬老爱幼、惩恶扬善;每位社会成员要做到爱国、敬业、诚信、友善,在家族中要做到

---

[1] 费孝通:《乡土中国》,北京:人民出版社,2008年,第17~79页。

读书知礼、敬德守分。正所谓国有国法,家有家规,同样家有家训,国也有国训。把《朱子家训》中优秀精神内涵与社会主义核心价值观体系教育凝练,更有利于社会主义核心价值观对社会成员的培育和弘扬。

(二)《朱子家训》与社会主义核心价值观教育的现实可能性

社会主义核心价值观作为时代精神,能够成为我国社会广大成员所共同认可并遵守为明确的准则,形成当今社会维系中华民族的精神纽带。《朱子家训》是朱熹为规范本家族成员及其后世子孙为人处世,形成良好的道德修为而制定的行为指导规范,这也是总结中华民族传统优秀文化的基础上的理论精髓的凝结。当今培育和弘扬社会主义核心价值观的过程中,需要我们继承和发掘中华优秀传统文化,体现中华民族传统的优秀道德标准,体现出一个社会评价是非曲直的价值标准。

"要坚持古为今用、以古鉴今,坚持有鉴别的对待、有扬弃的继承,而不能搞厚古薄今、以古非今,努力实现传统文化的创造性转化、创新性发展,使之与现实文化相融相通,共同服务以文化人的时代任务。"[1]《朱子家训》讲究的是家族内部成员之间、家庭内部成员之间以及个人关系的角色定位、个人道德修养的标准以及道德养成的方式和方向,这些对我们培育和传播社会主义核心价值观都有很好的借鉴和指导作用。《朱子家训》中规定君仁臣忠、父慈子孝、兄友弟恭、夫和妻柔、师礼友信的家族关系、家庭成员关系以及个人道德角色定位;家训中要求家族成员遇合理之事则从,遵从道德教化;个人要通过读书知礼,提升自身的道德修养,只有这样才能做到守礼仪本分,行日常之道。社会主义核心价值观从国家、社会、个人三个层面开展,培育高尚的国家精神,良好的社会风气和和谐的公民道德品格。借鉴《朱子家训》的优秀精髓,应用到社会主义核心价值观教育中去,符合我们的历史传统和现实需要,也有利于社会主义核心价值观的宣传,更加贴近人民的生活习惯和风俗习惯。

习近平总书记强调,社会主义核心价值观是一种德的标准,既有国的德、社会的德,也有个人的德,也就是我们整个中华民族的整体道德评价标准。

---

[1] 习近平:《在纪念孔子诞辰2565周年国际学术研讨会暨国际儒学联合会第五届会员大会开幕会上的讲话》,《光明日报》2014年9月25日。

当然,这种道德评判标准不是一蹴而就产生,是经过民族成长、发展、壮大过程中整体形成的共识,所以当今在培育和弘扬社会主义核心价值观的过程中,要注意继承和发扬中国传统的优秀道德文化。而深入研究和领会理学大师朱熹对中国传统道德文化精炼而成的《朱子家训》,对我们现在社会主义核心价值观的教育,实现传承民族精神,发扬当代爱国主义精神有必要的借鉴意义和现实可能性。

三、《朱子家训》融入社会主义核心价值观教育的路径

2015年春节团拜会上,习近平总书记讲话指出,"家庭是社会的基本细胞,是人生的第一所学校。不论时代发生多大变化,不论生活格局发生多大变化,我们都要重视家庭建设,注重家庭、注重家教、注重家风,紧密结合培育和弘扬社会主义核心价值观,发扬光大中华民族传统家庭美德,促进家庭和睦,促进亲人相亲相爱,促进下一代健康成长,促进老年人老有所养,使千千万万个家庭成为国家发展、民族进步、社会和谐的重要基点。"①从基本的自然单位家庭入手,提高对家庭、家教、家风的研究对推进我国社会主义核心价值观的培育,构建社会主义和谐社会,早日建成小康社会有重要的推动和促进作用。传承和弘扬《朱子家训》的优秀精神内涵,并将其融入到社会主义核心价值观教育路径,对优秀中华传统与当今社会主义核心价值观教育有很好的借鉴和启迪作用。

（一）增强核心价值观认同感,提升民族凝聚力

《朱子家训》作为中国传统优秀家风的代表,传播的是中国传统儒家理学思想,所以我们在继承和传播中一定要去除其糟粕,保留精华,辩证地吸收。具体来说,就是要求家训紧跟时代要求,贴近现实大家所需要解决的困惑,特别要让家训融入到家族、家庭间的日常生活、人际关系协调、社会交往、个人道德养成、心理健康调解等方方面面。把传承家训的优秀传统融入到我们遵循和贯彻社会主义核心价观中去,把家训中真正优秀的部分和行为规范发挥到最大。社会主义核心价值观是一种精神力量,是一种强大的价值引导力,

---

① 习近平:《在2015年春节团拜会上的讲话》,《人民日报》2015年2月18日。

引导我们为早日实现"两个一百"的建设目标,实现中华民族的伟大复兴目标的强大精神动力。就是要求我们在培育和传播社会主义核心价值观教育过程中,要注意传承和借鉴优秀的传统文化成果以及他们在传承中的经验,学习好的做法,增强社会主义核心价值观的认同感,让社会成员真正认识社会主义核心价值观,真正接受社会主义核心价值观,这样在宣传和教育社会主义核心价值观的过程中才能做到事半功倍。同样,随着社会主义核心价值观认同感的增强,我们的民族认同感也会加强,也就直接提升我们国家民族的凝聚力,能够紧紧围绕在党中央周围,在中国共产党的正确领导下,相信祖国的明天会更好。

(二)推进全社会成员的道德养成教育,把握精神力量鼓励

社会主义核心价值观与《朱子家训》都是在精神层面为社会主义现代化建设和朱熹家族建设树立道德评判的标准,为我们建设中国特色社会主义提供精神力量。我们在培育和弘扬社会主义核心价值观的过程中一定要接地气,而接地气的基本要求就是要继承和发扬中国传统的优秀文化精髓,而家训中包含着这些优秀的文化精髓。

社会主义核心价值观从国家、社会和个人三个层面为我们搭建了一个完整而严密的价值评判体系,三者之间互为依存,又共同促进。"个人道德层面的价值是义务性价值需求,是生活、工作与社会交往中自然产生的价值需求。制度层面的价值是权利性需求,是一个人安身立命、自由发展的价值保障。"①当今社会对社会主义核心价值观的培育和弘扬,就是要传承和发扬中国优秀的传统的道德要求和评判标准,其中《朱子家训》中的敬老爱幼、尊德远不肖者、勿揭人之短长自己之长、以德报怨、掩恶扬善、依法办事、"见不义之财勿取,遇合理之事则从"等优秀道德养成标准是我们现在也要一直保持和发扬。家训虽然只是写给家族成员或者宗族成员的,但是却包含着"仁义礼智信"的中国优良传统习惯,在今天我们在推行社会主义核心价值观教育中也要继续发扬。这样才能为我们当今社会树立一个共同道德准则和价值指引,能够凝聚人心和力量,为社会主义现代化建设和中华民族的伟大复兴提供精神

---

① 虞崇胜、叶长茂:《社会主义核心价值观与人类共同价值》,《中共中央党校学报》2016年第4期,第58~59页。

动力。

(三)突出榜样的作用,注意宣传的方式方法

习近平总书记指出:"榜样是一个时代的象征,代表着美好事物和优良品质,代表着时代精神和核心价值取向,青年培育和践行社会主义核心价值观要做到记住要求,心有榜样。"[1]榜样也是一种前行的力量,榜样文化对我们正确理解和展示中国特色社会主义核心价值观内涵,持续深入推进社会主义核心价值观教育,传承和弘扬中华民族优秀的传统美德,引导广大人民群众增强中国特色社会主义道路自信、理论自信、制度自信和文化自信有很好的指导作用。

《朱子家训》全文内容仅仅 300 余字,而社会主义核心价值观也是简单的 24 字,两者虽然数量有限,但字字珠玑、简洁有力,透着深刻的内涵,需要我们深刻领会和认真贯彻执行。社会主义核心价值观的培育和弘扬过程中如何对其准确理解,如何科学执行,需要我们具体化、事例化。家训的传播是家族世世代代相传,通过宣讲高尚品德的事例、口口相传或者家族祠堂,由上到下、由老到幼的耳濡目染的宣传道德传承。当下社会主义核心价值观的宣传教育也要注意吸收和借鉴家训传播中的正确有效的方法,注意抓住有代表性的榜样,正确引导和宣传社会主义核心价值观的精神内涵,成为我们中华民族新时期的道德指标。

(原刊于《武夷学院学报》第 36 卷第 8 期,2017 年 8 月)

---

[1] 习近平:《从小积极培育和践行社会主义核心价值观》,《人民日报》2014 年 5 月 31 日。

朱熹的人才思想及其现代价值

※ 王立明　张品端

一

朱熹提出了人才是为政之本的人才思想。他把选用人才当作国家兴衰成败的关键。他认为,为政之本在人才,天下大治的根本还在人才。

南宋时期整个官场形成了得过且过、不思进取的风气,对于当时的人才形势和状况,朱熹表示出极大的忧虑和担心。他说:"今人材举业浸纤弱尖巧,恐是风气渐薄使然。"①他认为,这样的情况下,即使是一等人才,也由于风气不好,而"尝与先生言,如今有一等才能了事底人,若不识义理,终是难保。先生不以为然。"②朱熹分析,南宋时期人才匮乏的根本原因在于朝廷不重视人才。他认为,当时的人才形势之差,都是因为诋毁和排斥了道学,"今日人才之坏,皆由于诋排道学。治道必本于正心修身……如今士大夫,但说所据我逐时恁地做,也做得事业;说道学,说正心修身,都是闲说,我自不消得用此。"③此外,疏于管理和教育,也导致一些人养成了懒散习性,利己自私的现象严重。"某常说:天下事所以终做不成者,只是坏于懒与私而已。懒,则士

---

① 《朱子语类》,北京:中华书局,1986年,第2685页。
② 《朱子语类》,北京:中华书局,1986年,第2686页。
③ 《朱子语类》,北京:中华书局,1986年,第2686页。

大夫不肯事。"①这种状况,不利于人才发挥聪明才智,不利于国家的政令畅通,严重阻碍国家的兴旺发达。也就是说,文武盛世,是由于众多的人才集聚在朝廷;反之,天下动乱的原因,关键在于优秀人才得不到重用。

朱熹关于人才是为政之本的人才思想,体现他重视挖掘人才资源的思想,对于新时期正确认识人才工作的重要性具有一定的启示作用,我们党和国家坚持科学的人才观,强调"人才资源是第一资源"。新的历史时期是知识时代,是信息时代,更是人才时代,人才所起的作用绝对是基础性的、战略性的,因此,牢固树立人才资源是第一资源的观念,十分重要。我们党和国家十分重视人才工作。历任主要领导都强调人才工作的重要性。全国人才工作会议确立了"人才资源是第一资源"的思想,强调党和国家事业兴旺发达的关键在于人才。在党和国家的全局工作中,人才工作处于十分重要的地位。

二

朱熹提出以"德"为第一标准的人才思想。他认为,只有尽伦尽制、明德新民、改革教育、启发民智,才能使"闭塞"之"天地"得以开通,真正培养选拔大批于国于民有用的人才。在选人用人方面,科举制度在当时是一个很大的进步,但也存在明显的不足,它忽视了对人才在品德方面的考量,忽视了对人才在现实方面的表现,与在实践中培养人才发现人才的思想背道而驰,引导文人学士倾心专注"钓名声""求利禄",趋炎附势,甚至是一辈子热衷于科考,老死于文场也无怨无悔。朱熹痛恨指出:"是时秦桧用事,天地闭塞,几二十年。"②

朱熹认为,人才的第一标准是"德"。有德的人才,心地善良,品行端正,关心国家社稷,心系黎民百姓。相反,一个人如果没有德行,失去做人的基本道德,哪怕有再多的手艺,有再高的本领,哪怕表面上像个儒雅之士,装出一副高深莫测的模样,也配不上"人才"的美名。《大学》开篇就提出了"大学之道,在明明德,在亲民,在止于至善"。③ 朱熹在对《大学》的注释中,就把"明明

---

① 《朱子语类》,北京:中华书局,1986年,第2696页。
② 《朱熹集》,郭齐、尹波点校,成都:四川教育出版社,1996年,第4969页。
③ 《四书章句集注》,北京:中华书局,2010年,第4页。

德""亲民"和"止于至善"称为"大学三纲领也"。这三纲领对后人的影响是很大的。应该说,这和朱熹在宋明理学上的权威地位以及他对《大学》的推崇与重视有很大的关系。否则,"三纲领"的学说和理念很难引起人们的重视和推崇。《大学》又提出"格物、致知、诚意、正心、修身、齐家、治国、平天下"(八条目)的方法步骤。应该说,这是传统儒家"人才"观中关于"德"的要求。弘扬美德、教化民众,使普天下的人心都向善,以此为己任的人,才是"人才"。"明明德"的道德设定,是要恢复人的善的本性。所以,朱熹所强调的人才观,也是要求从传统儒学经典和儒家思想中去汲取营养,以运用于当时现实。这对我们当今的教育改革和树立正确的人才理念,是有重要启示的。

把"德"放在第一位,其核心思想是使受教育者先学会做人。这对新的历史时期人才思想的培育,有着重要的现实意义。在基础教育中,通过道德养成教育,提升人的道德水平,提高人的素质。要使我们培养出来的人,能真正服务于祖国,服务于社会,服务于人民。

三

朱熹提出了以"用"作为判别人才的基本标准和方法。朱熹认为,不同的人由于所持立场不同、观点不同,对人才的看法、观点也会大不一样,正所谓"贪污者必以廉介者为不是,趋竞者必以恬退者为不是"。[①] 可以称得上人才的贤人,应当一方面是有见识的人,一方面还必须是有度量的人。"今日人才,须是得个有见识,又有度量的人,便容受得今日人才,将来截补短使。"[②] 他对那些"有精神、耐劳苦、肯任事而能戢吏爱民者",[③] 十分欣赏和称道,并请人推荐和选用。

朱熹对官吏的贤或愚的评判标准也很独特。他认为,人才之德十分重要,德是最基本的,是关键,品行决定一个人的根本;关键在品德,不在贵贱,决不能把贫穷或富贵作为评判人才的标准。朱熹认为,一个官员才能虽然不是上乘,但品行端正,有报效国家的忠心,有造福百姓的强烈愿望,那么,他总

---

① 《朱子语类》,北京:中华书局,1986年,第2685页。
② 《朱子语类》,北京:中华书局,1986年,第2685页。
③ 《朱熹集》,成都:四川教育出版社,1996年,第5429页。

会认真去学习和钻研本领,不断提升自己的素质和能力;相反,如果品德不行,其再有才华都不会为国家和百姓谋福利,而且本领越高破坏力越强,对社会的危害越大。他说:"小人无才尚可,小人有才,鲜不为恶。"①因此,朱熹判别人才的基本标准为是否有德,德是人才的首要标准。当然,朱熹所倡导的德,主要还是要忠于君主,忠于皇朝,这是有历史局限性的。

朱熹认为,判别官员的贤与能的标准是"用"。也就是说,看一个官员的贤与能,不是看他说的怎么样,不能停留在理论上,关键要在用中体现,要在实践中检验和判别。"问选择将帅之术。曰:'当无事之时,欲识得将,须是具眼力。'"②只有"兵以用而见其强弱,将以用而见其能否"。③ 判断官员的贤与能如此,选择官员也是如此,不但要听其言,还要观其行。"今日诸生坐于屋下,何以知其能?纵有韩、白复生,亦何由辨之?"④因此,要检验一个官员的贤与能只能靠实践,要在实践中发现贤才,选拔人才。朱熹还认为,"用人"还要得法。首先,善于使用人才的关键是知人。只有了解一个人的秉赋,一个人的特长和不足,才能用其长避其短,所谓知人善任,扬长避短,量才使用。其次,要相互信任。上下级要相互信任,以诚相待,正所谓疑人不用,用人不疑。信任是充分发挥人才聪明才智的重要条件,只有充分信任才能人尽其才。再次,要适度授权。朱熹认为,中央和地方的授权要适当,要科学,要给地方州县以一定的用人用财的权限。只有这样,才能充分调动基层官员的积极性和创造性。

朱熹把"用"作为判别人才基本标准,以及"用人"也要得法的人才思想,这对我们进一步落实要在发展的实践中发现人才、培养人才、检验人才的科学人才观,具有现实意义,对当代管理思想同样具有启示作用。

四

朱熹认为,要坚持对普通老百姓子弟的教育;只有百姓都受到教育,人们

---

① 《朱子语类》,北京:中华书局,1986年,第2659页。
② 《朱子语类》,北京:中华书局,1986年,第2710页。
③ 《朱子语类》,北京:中华书局,1986年,第2710页。
④ 《朱子语类》,北京:中华书局,1986年,第2710页。

的素质普遍提高了,"治隆于上,俗美于下",①才能使国家有清明的政治,才能使国家富强、人民幸福。

提高全民素质,应当以修身治国为目标。在《大学章句》中,朱熹强调:"物格而后知至,知至而后意诚,意诚而后心正,心正而后身修,身修而后家齐,家齐而后国治,国治而后天下平。"②朱熹等儒家学者所追求的最高目标和道德主体修为的最高境界,实际上就是"内圣外王"。朱熹强调,修身治国的基础是"格物""致知"和"意诚""心正",一方面,强调要培养良好的道德情操和道德知为习惯,另一方面就是要学习基本的知识和技能,打牢基础,筑实根基。要有"穷则独善其身,达则兼济天下"③的宽大胸怀。

朱熹强调教育要"明人伦"。教育的基本目的是教人做人做事的道理。他说:"古昔圣贤所以教人为学之意,莫非使之讲明义理,以修其身,然后推以及人,非徒欲其务记览、为词章,以钓声名取利禄而已。"④朱熹在最后一次修订《四书集注》时,在《大学章句》序文中保留了下面这段话:"人生八岁,则自王公以下,至于庶人之子弟,皆入小学。"⑤他认为,培养和选拔国家需要的人才,基础必须坚实,一定要打牢提高全体民众的素质这个基础。朱熹强调,"圣人施教,各因其材,小以成小,大以成大,无弃人也。"⑥

"修身、齐家、治国、平天下"是一个系统,成递进关系。"修身"、齐家是"治国""平天下"的基础。要达到治国平天下的目标,就首先要重视提高民众的个人素质,这就要"修身"。朱熹关于以人为本,人人都可以成为尧舜的人才思想与当代科学人才观不谋而合。科学人才观的精髓就是"以人为本"。当今我们要深刻认识到,要从以学历为本位转变为以能力为本位。要重视创造性和贡献的潜力,重视养成教育,注重基础教育,强调应用教育。要把人才放到社会经济的发展进程中去考察,看他是否为社会的发展、为社会创造价值作出贡献,并以此作为衡量人才的标准。

---

① 《四书章句集注》,北京:中华书局,2010年,第2~3页。
② 《四书章句集注》,北京:中华书局,2010年,第5页。
③ 《四书章句集注》,北京:中华书局,2010年,第329页。
④ 《朱熹集》,成都:四川教育出版社,1996年,第3894页。
⑤ 《四书章句集注》,北京:中华书局,2010年,第2页。
⑥ 《四书章句集注》,北京:中华书局,2010年,第339页。

五

朱熹在人才培养方面还提出"重点"与"一般"相统一的人才思想。一方面要十分重视社会民众的教育,提高社会民众的基本素质,这是社会稳定和发展的基础;另一方面也要非常重视国家急需的高层次人才的培养。两者相辅相成,互相补充,相互促进。朱熹认为,人才培养应分为"小学"和"大学"两个阶段。这就很好地处理了提高全民民族文化素质与重点培养国家急需的高层次人才之间的关系。教育应当培养国家急需的达济天下的人才,但教育的责任不应该仅仅是培养国家急需的高层次人才,更承担了提高全民族文化素质的重任,承担了"明德新民""启发民智"的神圣使命,两者应当高度统一。所以,朱熹认为,学习的目的不是为了吃皇粮享受国家俸禄,不是为了当官,重要的是明理修身。在《重修尤溪庙学记》中,他十分清楚地表明了他的这一观点。他为尤溪学宫题写的"明伦堂"三字,正体现了他的明理修身的理念。朱熹诸多著作中,字里行间都流露出他对知识的渴望,对人才的期待和尊重。

从19岁考中进士后,朱熹的一生基本上都在讲学。他讲学的书院遍布各地,有近50所,培养了大批人才,其中考中进士的就有300多人。更重要的是,朱熹的一生都在做劝人为善、循礼、明义的事业,实际上担当起教育民众、提升百姓民众整体素质的责任。朱熹这一人才思想不仅在当时影响很大,而且,在超越了近千年时空的今天,对社会主义精神文明建设,对科教兴国和树立科学的人才观,都有启示作用。

朱熹在人才培养方面提出"重点"与"一般"相统一的人才思想,从历史观的角度看,其人才观是超前的,进步的。它对新时期深刻理解和贯彻落实人才工作上要统筹兼顾、协调发展的科学人才观,具有重要的现实意义。

六

朱熹提出了任贤使能必须有一系列人才政策作保障的人才思想。

第一,取缔恩荫任子等世袭制度。朱熹认为,一些无德无才的公卿子弟凭着血缘的关系就可以位高权重,这对社会的影响是不好的。一方面,这些人因为没有本事,会严重影响国家的大政。另一方面,恩荫过滥,有害道德风尚,是对真正的人才的一种贬低、压制,是对尚贤原则的极大破坏。他说:"今之公卿子孙,亦不可用者,只是不曾教得,故公卿之子孙,莫不骄奢淫佚。"①如果"使膏粱之子弟不学而居士民之上,其为害岂有涯哉!且以汉诸王观之,其荒纵淫虐如此,岂可以治民!"②许多公卿子弟骄奢淫逸,不能担当重任,如果委以重任,国家的前途命运将不堪想象。因此,应当广开选才用才的渠道,任人唯贤,国家的事业才能兴旺发达。

第二,对待举荐要严肃,要慎重。朱熹认为,举荐是发现和选拔人才的方法之一。南宋时期,官员的升迁是要有人举荐的,这本身不是问题,如果用的好甚至是个好的方法,问题在于怎么对待这个做法。如果不严肃,可以不负责任地乱举荐,问题就大了,势必造成选才用才的乱象,造成不正之风盛行。因此,朱熹提出,对举荐用人者要负连带责任,如果举荐的人有问题、出问题,举荐者要受到应有的处罚,该降级的应该降级,该降薪的应该降薪。他建议:"监司荐人,后犯赃、犯罪,须与镌三五资;正郎则降为员郎,员郎则降为承议郎以下。若已为侍从,或无职名可镌,则镌其俸,或一切不与俸荐。如此,则方始得它痛,恁地也须怕。"③朱熹要求,举荐者一定要有公心,对故友亲朋不能举荐,"且如荐举一事,虽多方措置提防,然其心只是要去私他亲旧,应副权势,如何得心变。"④朱熹还强调,举荐人才一定要以德才兼备为标准,一定要以选得人才为重,而不能受人情和权势的影响和左右。在《朱子语类》中,他的学生记载说:"有亲戚托人求举。先生曰:'亲戚固是亲戚,然荐人于人,亦须是荐贤始得。'"⑤为了确保举荐的公正性和准确性,朱熹主张实行"公议举人"制。他认为,公议举荐,公开透明,公平公正,公认是好人是能人,自然能得到大家的举荐。这样做,一方面能够客观地把优秀的人才选上来;另一方面,阳光操作,可以防止不负责任的胡乱举荐的弊端出现。"有为其兄求荐书。先生曰:'没奈何,为公发书。某只云,某人为某官,亦老成谙事,亦可备任使。更须求之公议如何,某不敢必。'"⑥

---

① 《朱子语类》,北京:中华书局,1986年,第2691页。
② 《朱子语类》,北京:中华书局,1986年,第2680〜2681页。
③ 《朱子语类》,北京:中华书局,1986年,第2732页。
④ 《朱子语类》,北京:中华书局,1986年,第2690页。
⑤ 《朱子语类》,北京:中华书局,1986年,第2672页。
⑥ 《朱子语类》,北京:中华书局,1986年,第2672页。

第三,反对仅凭资考升迁。朱熹认为,仅凭资考就能升迁是片面的,资历能够增长人才的见识,但只是人才的一个方面,真正的人才还应该从德能勤绩多方面进行考量。他说:"今日学官,只是计资考迁用,又学识短浅,学者亦不尊尚。"①如果仅凭资历年限进行论资排辈的话,真正的人才就无法得到重用,就可能形成一种不思进取,只等年限的不良风气。他又说:"我只认做三年官了去,谁能闲理会得闲事,闲讨烦恼!我不理会,也得好好做官去。"②因此,朱熹强调,选能任贤一定要注重工作实绩,要看实际表现,真正做到因才任职,据功升迁,形成良好的政治生态和良好的人才生态。

第四,主张改革科举制度,为培养大批优秀人才创造条件。科举制度为破除世袭制度在历史上是有重大贡献的,在一定的历史阶段为人才的脱颖而出创造了机会,特别是为下层人才提供了升迁的机会,历史贡献不可磨灭。但到了南宋时期,科举制度的弊端已经比较突出了。朱熹说:"今上自朝廷,下至百司庶府,外而州县,其法无一不弊,学校科举尤甚。"③大学等教育机构,本来应该是培养有德行又有知识的人才的地方,但受科举的影响却变成了造就科举考试机器的场所。朱熹认为:"今之为法不然,虽有乡举而其人之额不均,又设太学利诱之……以启其奔趋流浪之意。其所以教者,既不本于德行之实,而所谓艺者又皆无用之空言,至于甚弊,则其所谓空言者,又皆怪妄无稽而适足以败坏学者之心志。是以人才日衰,风俗日薄。"④科举"最切害处,是轻德行,毁名节,崇智术,尚变诈","不知是甚世变到这里,可畏!"⑤这是值得深思的,也是朱熹认为必须改革的主要原因。改革的方法之一是要选择一个好的教师。他说:"凡事须有规模。且如太学,亦当用一好人,使之自立绳墨,迟之十年,日与之磨炼,方可。"⑥又说:"学校则遴选实有道德之人,使专教导。"⑦好的人才应该得到这些有德行有才能的贤儒的教导和培养。现在看来,这种想法显然过于幼稚。但是,作为南宋时期的学者,朱熹能看透科举制

---

① 《朱子语类》,北京:中华书局,1986年,第2692页。
② 《朱子语类》,北京:中华书局,1986年,第2696页。
③ 《朱子语类》,北京:中华书局,1986年,第2683页。
④ 《朱熹集》,成都:四川教育出版社,1996年,第3633页。
⑤ 《朱子语类》,北京:中华书局,1986年,第2701页。
⑥ 《朱子语类》,北京:中华书局,1986年,第2692页。
⑦ 《朱熹集》,成都:四川教育出版社,1996年,第3634页。

度的弊端,力倡改革,实属难得。这对我们今天的教育体制改革是有借鉴价值的。

与其他事物相同,人才的成长也有其自身的规律,人才工作要善于发现、利用和尊重这一规律。用切实可行的政策加以保障,各方面统筹兼顾,使人才能够健康成长并充分发挥其重要作用。这是朱熹提出任贤使能必须有一系列人才政策作保障的人才思想给我们的精神遗产。

(原刊于《中共福建省委党校学报》2017年第8期)

朱子学在朝鲜、日本和越南的建构特征比较

※ 李世财　杨国学

朱子学在东亚的传播是"东亚儒学文化圈"形成过程的重要一环,各国因本土文化的差异性而呈现出对异质文化不同的接受力和兼容性。本文通过对朱子学在朝日越三国的建构特征比较,发展成效与普及规模剖析,从而了解朱子学在东亚乃至世界其他地区的巨大影响力,以求找到整个东亚地区所具有的牢固的价值认同,这对于东亚乃至全球范围内构建和谐社会,建设和睦友好的周边环境都具有重大的现实意义。

一、朱子学在朝、日、越的传入方式与路径

朱子学在朝鲜的传播大约在朝鲜半岛高丽王朝末期到李王朝的建立时期。朱子学在朝鲜是以移民为传播纽带而传入、以民间私学的形式存在与发展的。南宋嘉定十七年(1224年)春,朱熹的曾孙朱潜弃官,"与门人叶公济、赵昶、陈祖舜、周世显、刘应奎、杜行秀、陶成河七学士浮海而东。……舟泊锦城乃居焉。"[①]朱潜所居之地,被尊称为"仁夫里"、"朱子川"。

朝鲜朱子学的传入分为两个阶段:一是十三世纪末至十四世纪上半期,是初传阶段。安珦、白颐正、李齐贤、李穑等先驱者把朱子学引进高丽,开启了高丽朱子学之先河。他们在介绍朱子学著作方面,具有不可磨灭的开拓之

---

① 张品端:《日本、朝鲜对朱子学的接受及其特征》,《中华儒学》(第一辑),长春:时代文艺出版社,2001年。

功。二是进入十四世纪下半期,即高丽末李朝初的王朝交替时期,高丽朱子学进入广泛传播阶段。这个传入过程掌握在以郑道传、权近为首的改革派手里,他们主张"入世",注重实际,排斥"佛教异端",要求革除异端。于是,朱子学成为他们为推翻高丽王朝和建立李氏王朝的工具。李氏王朝建立初,朱子学又成为国家推行政治、经济、军事制度改革的理论基础,成为李氏王朝实现改朝换代、重整社会秩序的思想武器。可以说,政治推动力是朱子学发展的源动力。

日本镰仓时代(1185—1333)中叶,朱子学开始传入日本。① 朱子学在日本的传播从一开始就是作为佛学的副产品而传入的,因而有"儒学在佛门学,儒生自佛门出"之说。公元7世纪左右,当日本从中国输入儒学时,也将中国的佛教带到日本,形成了儒佛并存的局面。公元8—12世纪前后,佛学地位与日俱增。特别是到公元12世纪末,日本进入武士掌握中央政权阶段,佛学中"生死如一"等精神与武士精神的一致性使得佛教风行日本列岛。当中日交流已较频繁,中国土生土长的禅宗因其直截简明的"明心见性"、"立地成佛"的思想不仅在中国佛教中得到广泛的认可,也受到日本武士阶层的欢迎。于是禅宗佛教迅速传入日本,成为占统治地位的官学。因为朱子理学的形成曾经历过所谓"逃禅归儒"的过程,这意味着朱子学与禅学有着比较特殊的关系,所以,它才在一定程度上受到日本武士阶层的欢迎。于是,来华日本僧人学习中国禅宗教义,也接触了当时作为中国官方哲学的朱子学,并带回了日本。这其中有两位日本著名僧人:俊芿法师、园尔辨园。1199年,日本僧人俊芿法师来中国参禅学法。回国时带回包括朱熹著作和宋学在内的中国书籍2103卷回国,促进了中国传统文化和朱子学在日本的传播。后来,日本僧人园尔辨园来宋留学,回国时也带回包括朱熹的《大学或问》《中庸或问》《论孟精义》等著作在内的近千种儒学书籍。

与此同时,中国南宋和元代僧人也不断前往日本,如兰溪道隆法师应北条时赖邀请,东渡日本传布佛法32年,主张佛学要吸收理学,要与理学结合,他的"圣人以天地为本"、"行三纲五常"、"正心诚意,去佞绝奸"、"兴教化,济

---

① 日本东洋文库存有朱熹《中庸章句》抄本,卷末署有"正治二年三四日,大江宗光"的识语。大江宗光是镰仓幕府的政所别当大江广元之子。

黎民，实在于人身"[①]等思想，体现了朱熹思想精神。宋元之际到日本的中国僧人还有兀庵普宁、大休正念、子元祖元等21人，这些远去日本的中国僧人大多精通朱子学，成为在日本义务传播朱子学的重要力量。他们在传播佛学的同时介绍二程、张载和朱熹的思想，但朱子学毕竟只是作为副产品在日本传播。

14—16世纪，日本封建制度进入大动荡、大改组时期，昔日的佛学思想已不能适应新的时代需要，而朱熹的哲学、政治、伦理三位一体的学说，正是当时日本统治者所需要的。故在禅僧中出现了一批讲儒学的人。直到江户时代（1603—1867），德川幕府为建立新的、更加统一的秩序，努力从思想上寻找一个能稳固社会关系的伦理系统，于是把朱子学奉为官学，朱子学才开始摆脱禅宗的束缚走向独立发展道路。

朝鲜的朱子学传播缘于移民，把朱子学作为排斥佛学的工具。日本是理、佛共生，佛学的发展带动了朱子学的发展，终使朱子学走上独立发展道路。而越南的朱子学传播主要是通过统治者的提倡和以朱子学为内容的社会性教化活动而展开的。朱子学在越南的传播从南宋末年开始，此后正值越南的陈朝、黎朝、阮朝三代。越南陈朝政权建立之初，亟需一种适应封建专制制度发展的意识形态，而朱子学正具有这一鲜明特点。陈太宗三年（1253年），陈太宗按照朱子学理论来改造尚不成规范的礼仪；还全面推行科举选官制度，设立国学院，诏谕天下儒生到国学院讲习儒学新流派——朱子学和"四书"、"六经"，传播朱子学。从陈明宗开始，朱子学逐渐进入上层统治集团。明永乐四年（1406年）明成祖棣应越南故王陈日奎之弟陈王平之请，击溃了由外戚胡氏建立的胡朝政权，并于次年在越南设立交趾布政使司，明朝为巩固对越南的统治，在越南广办学校，颁赐《五经大全》《性理大全》《四书大全》等书籍供越南士子学习，既培养了忠于明王朝的人才，又加速了朱子学在越南的传播和复兴。

二、特色朱子学的形成与朱子学大师的产生

朱子学在朝鲜、日本和越南的发展呈现两个转化，一是朱子学从私学走

---

① 朱谦之：《日本的朱子学》，北京：人民出版社，2000年，第37页。

向官学,二是朱子学从精英化儒学转为普及化儒学。这两个转化的过程同时也是朱子学大师崛起和特色朱子学形成的过程。伴随着朱子学的发展,产生了像朝鲜的郑传道、权近、李滉、李珥和日本的藤原惺窝、林罗山等大师级人物,并形成各具特色的朝鲜朱子学和日本朱子学。越南朱子学虽然传播广度也同朝鲜、日本一样普及,或者更甚,也有如朱文安、黎文林、阮荐等著名朱子学学者,但并未出现像朝鲜、日本那样的大师级人物,更没有形成自己的朱子学。而越南与中国特殊的政治与地缘关系,或许为此提供了合理的注脚。

在朝鲜,郑传道与权近以朱子学为理论武器,从道德、政治、经济和哲学等领域对佛教展开批判。郑传道、权近等既是李氏王朝建立初期的朝鲜朱子学的杰出代表,被称为李氏王朝初期朝鲜朱子学的"双璧",同时又均是李氏王朝的开国功臣,在李氏王朝有着较高的政治地位,这使得朱子学在朝鲜能够得到长足的发展,并产生了像李滉、李珥这样的朱子学的集大成者,使成为朝鲜正统理念的朱子学蓬勃发展,将朝鲜朱子学发展到哲学思维水平的顶峰,并各自形成了自己的学派——以推崇退溪学说即以主理为特征的岭南学派与推崇栗谷学说即以主气为特征的畿湖学派。"四端七情说"和《圣学十图》是李滉一生学问的结晶,也是退溪学的精髓,退溪学是朝鲜朱子学成熟的标志,成为朝鲜民族自己的文化学术。

日本最初使儒学脱离佛禅走向独立,并促使朱子学官学化的主要代表是藤原惺窝和他的学生林罗山。藤原惺窝,日本京师朱子学派开创者和日本朱子学创始人。他早年削发为僧,在相国寺学佛禅,但同时又习儒学。后来出于对社会和政治现实的关心,决心脱佛归儒。他说:"我久从事释氏,然有疑于心。读圣贤书,信而不疑。道果在兹,岂人伦之外哉!释氏既绝仁种,又灭义理,是所以为异端也。"①藤以中国"道统"在日本继承者的身份自居,他还劝说新幕府在文化和教育方面进行彻底改革,坚决抛弃佛禅,确立朱子学。但他推崇朱子学"道统"承绍论中,其实蕴涵着与中国抗衡的"独立"的日本意识。② 藤的主要功绩有二:一是使儒学摆脱了佛禅的束缚,儒生不再从属于佛门和公卿,而获得独立,朱子学终于在日本成为完全独立的学派向官学化、伦

---

① 《拔萃罗山文集·卷四十·惺窝先生行状》。
② 参见韩东育:《"道统"的自立愿望与朱子学在日本的际遇》,《中国社会科学》2006年第3期。

理化方向发展;二是使德川时代的武士阶层接受了以朱子学为基调的文明熏陶,为日本明治维新扫清了障碍。林罗山的功绩是继续儒学独立和朱子学官学化的工作,并为德川幕府提供了以日本"神道教"为形式、以朱子学社会秩序论为内容的统治原则。他全面促成了神儒联手,既使日本神道在整个日本具有了至高无上的地位,又全面发展了日本朱子学,使朱子学式的世俗规章和政策,在德川政权时代能够较为顺利地得到贯彻、推广和执行。朱子学在日本得到更为广泛深入传播的同时,还出现了不同的学派,如京师朱子学派、海西朱子学派、海南朱子学派、大阪朱子学派和水户学派等,这些学派思想主张或相类,或相异,甚至相反,但这正是日本朱子学的特色所在。

朱子学在越南黎朝得到了复兴和长足的发展。黎朝历代帝王都尊孔崇朱,选择儒学朱子学说作为统治思想,重视兴办朱子学教育,重视朱子学著作的大量输入与翻刻。特别是黎圣宗,在位38年,把朱熹伦理道德发挥成齐家治国的政治思想,把孝亲敬老慈幼视为一种传统美德;他还依照朱熹的《家礼》对家庭社会伦理关系和人们所应承担的义务用法典或条例的形式规定下来,作为越南人的行为规范。除统治者提倡推崇外,还有如阮荐、阮秉谦、潘孚先、吴士连、黎贵敦、吴时任等一大批儒学朱子学学者的推动。可以说,在整个黎朝朱子学的崇高地位始终没有动摇。1802年,越南建立阮朝。阮朝统治者也在治国中独尊儒学朱子学不动摇,特别是阮朝前朝明确宣布:"唯儒一家,别无他教。"阮朝嘉隆帝颁布诏书册文,要全国各地重视社会教化,提倡儒学朱子学阐述的孝德和各种美德。阮朝明命帝更是宣布:"朕以孝治天下,盖欲民之孝于其亲也。"[①]还规定越南儿童七八岁上学,先读《小学》《四书》,然后学《五经》,并诏谕将《小学集注》《四书》《五经》等书大量刊行,允许民间印刷销售,供士子、国人学习,以敦化民俗。阮朝的儒学朱子学教育已普及到当时越南全境。阮朝从嘉隆到嗣德年间,是越南朱子学发展鼎盛期。越南朱子学发展未产生朱子学大师,却完美地将朱子学从精英化儒学转为普及化儒学。

---

① 黄国安:《孔子学说在越南的传播和影响》,《中国人民大学复印报刊资料:中国哲学史》1991年第5期。

三、理政合一与理政分离

朝鲜、日本和越南的朱子学在其传播发展过程中,与中国一样都曾成为官方哲学,但是朱子学所处的地位是不同的。在朝鲜和越南是理政合一,即朱子学家与政治家身份合二为一,而在日本则是理政分离,即朱子学家与政治家身份相互分离;在朝鲜和越南的朱子学已是成为制度化的思想观念体系,是国家的主导性意识形态,而日本的朱子学始终是思想观念本身,并未成为具有绝对权威的意识形态官学。这种地位的相异与一种思想文化的独尊性与制度化有着极为密切的关系,具体表现在科举制度的引进与实行上。

朝鲜是大一统的中央集权官僚体制,国家权力的象征——官僚,是靠科举选拔上来的,因此,科举的原则与内容直接决定官员的选拔,官员又决定国家的政治制度。朝鲜科举的内容主要是儒教经典和有关中国的历史知识,及以此为基础的诗的创作能力。朱子学传入朝鲜以后,儒教经典主要以朱子新注为标准答案。这样,由统治阶级的意志选择的、以统一的思想观念为标准解释的科举制,将所有的理念、价值、信仰、规范等,统统纳入朱子学的模式进行裁剪,使朱子学作为国家的意识形态直接成为现实社会的价值杠杆。这样,最博学的朱子学者成为最优秀的统治者、政治家、官僚,反之亦然。如高丽朝集贤殿大学士安珦赴元大都接受朱子理学,回国后升任宰相;郑梦周既是高丽大儒也是重臣;郑传道在高丽进时曾任成均馆博士、典校副令等职。李朝建立后,郑传道与权近等均是朝鲜李王朝的开国功臣;李退溪曾任弘文馆大提学、知中枢等职,最高官阶至从一品。朝鲜朱子学取代佛教成为正统的意识形态和文化体系,基于朱子学的科举制把文化精英完全纳入到这一系统中而使朱子学者成为能够支配社会权力的强势集团,即使超脱政治权力的庇护,也足以构成首要的社会文化势力,从而造成了政治和文化上的朱子学大一统。

而在日本没有科举制,朱子学并不能参与和主导政治权力,政治家和思想家是分离的,思想家是被雇佣于政治家的御用工具。江户时代是日本朱子学发展的鼎盛时期,林罗山可谓是其中的拔尖人物,也是官学的代表人物,历仕家康、秀忠、家光、家纲四代将军,但他是作为将军幕府的政治顾问,他的真实身份只不过是一名"小老"(政务次官)支配下的直属武士。即他是作为政治统治者的雇佣者而存在的,而不是作为政治家本身而存在的。幕府将林家(林罗山及后继者)作为历代大学头、圣堂主管纳入幕府权力机构之中使林家私学具有官学的意义,而不是幕府封建统治本身以朱子学作为自己的封建意识形态。另外著名的山崎暗斋也是幕府"大老"(政务总理)保科正之的师爷;熊泽蕃山是位居 3000 石俸禄的冈山蕃的卫队长,等等。这些人虽是代表日本朱子学的大儒,但都是以个人身份奉侍于将军或其他人,他们的政治影响只和他们所奉侍的主人个人发生关系而与国家政治没有直接联系。

越南于 10 世纪末始建立封建国家,且长期与中国保持"藩属"关系,所以基本仿效中国的科举制度。许多越南子弟想通过科举考试跻身仕宦阶层,把熟谙《四书》看成跻身文人社会圈子的敲门砖。但当时越南官办学校不能满足大量学子对功名追求的需要,私学由此逐步兴盛起来。私学的发展,有力地推动了朱子学在平民百姓中的传播与普及,一时大有非朱子之书不观、非朱子之言不说的局面。这种私学的大发展为当时越南统治者提供了广大的思想统治基础。从而也形成了朱子学者亦是政治力量的重要组成部分的现象。1358 年,陈裕宗封范师孟为入内行遣知枢密院事,于是越南历史上第一次出现了执掌大权的朱子学者。后来,朱文安曾任陈艺宗朝国子监司业,给太子讲授"四书"、"五经"。黎朝黎太祖的"思想库"阮荐,既是杰出的思想家,也是开国功臣。

通过以上的比较分析可以发现,日本、朝鲜和越南本土文化的差异性较大,他们运用各自的方式大量地吸收和容纳了中国朱子学,并充分加以改造,这种吸收改造的过程扩大了朱子学的影响,也造就了整个东亚地区牢固的价值认同,促进了"东亚儒学文化圈"的形成。在当代东亚各国、各民族的风俗习惯、思维方式、价值观念、心理结构虽存在差异,但积习在东亚文化中的人文精神有其相同或相通之处,可谓价值共性,由这种东亚儒学的文化认同便推衍出东亚地区的"共生意识",这必将为东亚各国和睦共处提供一个能够普遍接受的精神基础,也为各国建立和平主义取向的东亚价值观找到一个合适的切入口。

(原刊于《江西广播电视大学学报》2008 年第 3 期)

因物起兴自有深趣

——奇大升解读《武夷棹歌》

❋ 金银珍

目前韩国各地处处可见的"九曲文化",是以朱熹的《武夷棹歌》作为范本形成的文化现象,主要由朝鲜王时期的九曲歌系诗歌,以及九曲图绘画、九曲园林三个部分组成。而一部诗歌文本,能够在文学、绘画、园林等诸多方面产生深远影响,在异域形成一方文化且维系500余年之久,在中外文学史上实属罕见。

"大抵古人好诗,在人如何看,在人把做什么用。……大抵看诗要胸次玲珑活络。"①朝鲜朝的文人骚客对《武夷棹歌》的解读,因其"如何看"的角度不同、因其作"什么用"的用途相异,历来就呈现出多元化的解读倾向。这种多元化解读主要表现在其文本的定性上,可以梳理成"哲理诗"、"山水诗",以及异于二者的"山水理趣诗"三种观点。与从析理走向审美的中国学者不同,朝鲜朝的士林对《武夷棹歌》的诠释没有形成这种基本趋势,自始至终"哲理诗"观点占据主导地位,且这种解读持续整个朝鲜朝。与"海东朱子"李滉保持亦师亦友关系的奇大升对《武夷棹歌》的解读,完全不同于其他士林,可谓独树一帜,匠心独运。

---

① 罗大经:《鹤林玉露》,载金沛霖主编:《四库全书子部精要》,天津:天津古籍出版社,北京:中国世界语出版社,1998年,第1112页。

一、朝鲜朝士林解读《武夷棹歌》

畿湖学派的领军人物之一金麟厚(1510—1560)尽管没有对《武夷棹歌》进行井然有序的论述和逻辑严密的注释,但其《书武夷九曲后》①一文浓缩了其对《武夷棹歌》的感悟和理解。此文是诗人为其两位女婿而写的七言绝句。诗人把陈普(1244—1315)的"进道"置换成"进学",但继续套用了陈普"工夫"、"次第"、"分明"等语词,其直白和坦率甚至令人怀疑其作为诗歌文本理应具备的抒情浓度。诗人直言不讳地指出,"进学"的"工夫"不在"他处","分明"的"次第"应该自己默默领会才是。继之,金麟厚运用七言绝句格式连解一、二、三曲。通过对比阅读,我们可以发现,金麟厚之"解"与朱熹诗句之间不存在任何对应关系,诗人只是借用诗歌形式阐述自己对《武夷棹歌》的理解和感悟而已。既然"道丧"已有千年、加之"圣路"也早已湮塞,连天体制高点上的耀眼太阳都精神气儿不足、昏暗不明,幸亏带有夕阳之光的云霭雾气,明月照尖东更有一番新意。"道丧千年圣路湮"一句,乃陈普"孔孟去后,道统久绝"之语的另一种表述。交错在一起的"外物"最引人注目、心中的"艳色"又让人很容易"流迁"。诗人指出利欲功名、妖艳美色等身外之物在"进学工夫"过程中的种种困扰,强调如若做好"进学工夫",理应超脱物欲之重要性。在此基础上,应该"行庭不见艮其背",应该从今开始一心向着本然。有志于"进学工夫"之人,应该心怀大志,因为从古至今光明和昏暗始终同在,修身齐家就应该心无杂念,否则如同投身于饿虎成群的"饿虎林"一样,危险万千。

面对李滉和奇大升对陈普之"注"所言"有疑"和"直诋斥之",赵翼(1579—1655)特书《读退溪、高峰论武夷诗书》②一文,认为"退溪有疑焉,高峰直诋斥之。不知先辈所见何如是径庭,而高峰之论,尤所不可晓也。"在此基础上,作者首先肯定"刘氏注",认为如果说此注"辞语未畅达则可",但言其"非朱子意","则窃恐决不然",认为"刘氏注"还是切中要害,正确阐释了朱熹诗作本然的意义。继之,赵翼对金麟厚、李滉和奇大升三人的观点进行逐一

---

① 金麟厚:《吟示景范·仲明》,载(韩国)民族文化推进会《韩国文集丛刊》卷三三,首尔:景仁文化社,1986—2009年,第123页。

② 赵翼:《读退溪、高峰论武夷诗书》,载《韩国文集丛刊》卷八五,第398页。

对比分析,最终得出"以三先生所论言之,则窃恐河西为得之"的结论。需要说明的是赵翼所言"刘氏"乃刘概,在此文中前后出现7次之多,其实,此"刘氏"所指就是陈普,刘概只是在陈普之注末附了短短的跋文而已。

赵翼对《武夷棹歌》解读,可谓贯穿其后半生,乃至针对"颇似不切"、"未甚发明"的陈普之注进行更周详的注解,以便"以浅见略为解释",其《武夷棹歌十首解》,[①]就是这种思想的产物。对比阅读"戊寅(1638年)孟春"所写的赵翼之"解"和元大德八年(1304年)刊印出版的陈普之"注",前者有两个明显的特征。首先是二者之间的渊源关系。这种关系主要体现在前者所用众多与后者相差无几的用词上,如"进道次第"与"进道次序"、"上钓船,言始为学也"与"上钓船者,着脚向学之意"、"远色"与"女色之害"、"屏绝此心"与"宜先屏绝"、"静而能安"与"能静能安"、"下学而上达"与"由下学而上达"等。不过,渊源毕竟是影响与接受,故不存在对等关系。从这一点上,赵翼之"解"可谓是陈普之"注"的详解和扩展,简言之,前者为后者之扩容版。无论在立意、用词、还是文脉,赵翼均沿用了陈普之意。以此为基础,赵翼完成了对陈普之"注"的补充和延伸。如对"虹桥一断无消息",前者云,"言自桥之断,人未有得度者……喻此道之绝久矣";再如,主观化色彩非常浓厚的有关"架壑船"的阐释都属此类。借此,我们有理由相信,赵翼之"解"比陈普之"注"更为周密详明、更为通俗易懂。的确,赵翼"以浅见略为解释"进一步丰富和拓展了"颇似不切,亦似未甚发明"的陈普之注。《武夷棹歌十首解》,乃经过二十年漫长而缜密思考之结果。"戊午(1618年)冬"始"得而读之"时,赵翼脑海里留下"托意分明"印记的《武夷棹歌》,时过二十年之后的"戊寅(1638年)孟春""观之",当初的印记依然如旧,认为"其大意似或得之",只是因"辞语颇杂乱"、"复就加删改如是"而已,可见其基本主张历经二十年岁月也未曾改变。

宋时烈(1607—1689)对李滉和奇大升的主张高举反旗,主张《武夷棹歌》为"学问之道论"。对《武夷棹歌》第九曲中的"将穷"和"桑麻平川"以"无穷之趣"一词来统而代之的李滉,宋时烈始终觉得有种意犹未尽之感,所以分别解读为"无限意趣"和"境外真妙处"。继之,宋时烈在其《论武夷棹歌九曲诗》[②]一文中指出:"豁然则以学问之道论之,是万理明尽,一疵不存之后。"尽管宋

---

① 赵翼:《武夷棹歌十首解》,载《韩国文集丛刊》卷八五,第408页。
② 宋时烈:《论武夷棹歌九曲诗》,载《韩国文集丛刊》卷一一六,第149页。

文运用"常理之中,自有妙理,死法之中,自有活法之意"来阐释"将穷"和"桑麻平川"所蕴含的深奥的哲理意蕴,但他最终还是认为李滉"恐非阐扬此曲之意"、奇大升则"阐扬意少而禁切意多"。宋时烈这位志得意满的士林领袖,置学友金寿增(1624—1701)"勿以语人"之忠告于不顾、甘冒"孤陋浅见,敢论先贤得失,罪不可赎"之不韪,直接与世人皆仰的大前辈李滉和奇大升高唱反调,不隐匿藏掖、自信满满地公开表述自己的观点,大家风范犹然可见,勇气可嘉矣!

二、奇大升解读《武夷棹歌》

奇大升(1527—1572),朝鲜朝哲学家,字明彦,号高峰、存斋。历任弘文馆应教、司宪府执义、承政院承旨、工曹参议、成均馆大司成等职。1559 年后,围绕"四端七情"同李滉展开辩论,开始朝鲜朝历时 300 年的"四七论争"。在政治上,他要求广开言路,举贤者,理财养民,提倡治心修身,致诚尽礼,主张"至治主义"政治理念。著有《朱子文录》《论思录》《往复书函集》《宗系奏文》《高峰集》等。

奇大升对《武夷棹歌》的解读,主要缘于李滉的请教。对李滉"何取何舍",乃至"莫适所从",①奇大升在其信中认为,"九曲十章,因物起兴,以写胸中之趣",且"其意之所寓、其言之所宣,固皆清高和厚冲澹洒落,直与浴沂气象",根本不会有"入道次第"等寓意存在,因为即便是"前不见古人,后不见来者"的朱熹,对其"圣贤心事",恐怕不会如此古怪难解。以此为基调,奇大升对《武夷棹歌》依次进行对比阐述。

奇大升最难以接受的是陈普有关二曲和三曲的"远色之戒"和"舍生之旨"的解释。"远色之戒",乃出自陈普对二曲之"此首言学道,由远色而入"②一句而来,至于"舍生之旨",乃是陈普对三曲注释的概语,奇大升把陈普所言人世间的一切"荣辱得丧"、"血肉之躯"和"利欲之心",统而称之为"舍生之旨",可谓言之有理。

解读四曲的同时,奇大升对"颇好""厥注"的金麟厚则用"可怪"一词来点

---

① 李滉:《答金成甫·别纸》,载《韩国文集丛刊》卷二九,第 348 页。
② 陈普注:《朱文公武夷棹歌》,北京:中华书局,1985 年,第 2 页。

评,认为按照常理应该是先有"疑"再有"悟",哪有"悟"后又"大疑"呢?一语道破金麟厚认知逻辑上存在的矛盾之处。对五曲的"林间有客",奇大升认为是朱熹自喻,五曲作为武夷精舍所在地,应该是朱熹"深居"且"藏用之宝"之处,如此硕儒居住之处怎么会是"学问有疑处"呢?纯粹是注家不得其要领之结论。继之,奇大升借助朱熹"深爱"①的王维《漆园》一诗,阐释朱熹悠然自得的山水情怀。《漆园》一诗所言正是王维一贯追求的隐逸恬退、自甘淡泊之境界,与五曲之意境不谋而合,此可谓"据事以类义,援古以证今者也"。②

奇大升主张不应该"拘拘牵譬、一一安排",即便是存在更深层次的"深趣",那也是"寓兴"而发,绝非金麟厚所言"道丧千年圣路湮",如此寓"景"以"道",那么,"毫厘"之差终究会导致"千里"之缪"。故云:

> 盖此十章虽不可拘拘牵譬、一一安排,而其间亦有意思,跃如处此,则不可谓专,无意于寓兴也。如一曲曰:"虹桥一断无消息,万壑千峰锁翠烟"者,分明若有意焉。然亦岂以是为悼道之湮废而发哉?盖即其所遇之境,而发其所感之意,故意与境真,而其言自有深趣。此其所以为朱子之诗也。若既有形容景物之意,又有援譬道学之意,则便成二心矣。此不惟吟咏之间,失其性情之正。而学问之际,亦恐差毫厘而缪千里也。③

奇大升完全同意李滉之"无学问次第意思"、却是"注者穿凿附会,节节牵合"④观点,李滉也通过奇大升的点评,最终得出"大抵九曲十绝,并初无学问次第意思。而注者穿凿附会,节节牵合,皆非先生本意"⑤之结论。

至于李滉和奇大升之间的关系,早已成为朝鲜朝儒学史上的一段佳话至今都在学界称颂。对此,朝鲜朝文人李植(1584—1647)评价曰:"故后来诸儒以为不但公实取裁于退溪,退溪亦多见益于公云。又谓公之于退溪,若横渠

---

① 朱熹:《跋杨子直所赋王才臣绝句》,载郭齐、尹波点校《朱熹集》第7册,成都:四川教育出版社,1996年,第4352~4353页。
② 林杉:《文心雕龙创作论疏鉴·事类·第三十八》,呼和浩特:内蒙古教育出版社,1997年,第196页。
③ 奇大升:《写寄宿梅溪馆诗·别纸·武夷棹歌和韵》,载《高峰集·两先生往复书·卷一》,首尔:成均馆大学校大东文化研究院,1979年,第44页。
④ 李滉:《答金成甫·别纸》,载《韩国文集丛刊》卷二九,第348页。
⑤ 李滉:《答金成甫·别纸》,载《韩国文集丛刊》卷二九,第348页。

之于程氏,西山之于晦庵,斯言得之矣。"①同期文人赵相禹(1582—1657)在其《书高峰退溪两先生往复书后》一文中,借用朱熹与蔡元定之间的亦师亦友的特殊关系,描述二人关系:"奇高峰之于退溪李先生,犹蔡元定之于晦庵朱夫子也。朱夫子则虽以宿师老友待元定,而元定则必执弟子之礼而事之。故其时未闻有两夫子并称之说,而元定自为元定,朱子自为朱子也。今夫两先生之道德高下、学问浅深,非谫见后生所得以优劣。而以其书见之,则盖想其高峰以门徒自处,而以先生事退溪之意也。其于论议答问之时,书札往复之际,必称先生,是知高峰以退溪为先生而矜式矣。然则高峰生时,亦不敢比肩于先生,而尽其师事之道。……夫如是则高峰自为高峰,退溪自为退溪矣。"②

(原刊于《安东学研究》2011 年第 10 期)

---

① 李植:《谥状》,载《韩国文集丛刊》卷四〇,第 286 页。
② 赵相禹:《书高峰退溪两先生往复书后》,载《韩国文集丛刊》卷二〇,第 534 页。

《九曲棹歌》传入韩国时间考

✤ 李　琪　金银珍

　　若要考证《九曲棹歌》传入韩国的具体时间,首先应该分析朱子学的传入时期。韩国历史上最早接触到朱子学且传到韩国的学者乃高丽名儒安珦,对此,韩国学界早有共识。安珦(1243—1306),高丽朝文臣、学者,字士蕴,号晦轩,著有《谕国子诸生文》《晦轩实记》等。安珦于高丽忠烈王15年(1289年)跟随高丽王远赴当时的元都燕京,在燕京滞留期间,"手抄朱子书,又摹写孔子、朱子真像。时朱子书未及盛行于世,先生始得见之,心自笃好,遂手录。"①不仅如此,安珦还"晚年常挂晦庵先生真,以致景慕,遂号晦轩。"②之后,朱子学由白颐正(1247—1323)传承,留元期间,白颐正专门攻读朱子学,回国后传给其门人李齐贤(1287—1367)和朴忠佐(1287—1349)等,再由其发扬光大。由此可见,朱子学历经高丽晚期从具体解释到体系化的诸般过程,最终在李滉(1501—1570)和李珥(1536—1584年)等众士林的努力下,承继孔、孟、程、朱之道统,成为国学——性理学。

　　在此过程中,《九曲棹歌》和朱熹的其他作品一同影响朝鲜朝(1392—1910)几百年,乃至形成全世界独一无二的九曲文化。朱子的"九曲棹歌"是否与朱子学同步传入,目前尚无定论,但不晚于高丽晚期是韩国学界的共识,

---

① 金敦熙:《朝鲜升下庑儒贤年表·附十八先生年谱》,首尔:大东斯文会,1928年,第8页。

② 郑麟趾:《高丽史·列传五十卷·安珦》,平壤:劳动新闻出版印刷所出版,1958年,第253页。

主要依据有三:首先是元天锡的"依然九曲武夷中"诗句;①其次是徐居正的诗作"朱文公武夷精舍图,用文公韵";②再次是书写在吉州窑盏上的第九曲诗文。

一、"依然九曲武夷中"

当下,韩国学界许多学者认为,"依然九曲武夷中"一句出自元天锡诗作,由此认为"九曲棹歌"早在高丽晚期已经传入韩国并广泛传颂。元天锡(1330—?),字子正,号耘谷,高丽晚期至朝鲜初期隐士、文人,传有《耘谷行录》。然而,仔细阅读《韩国文集丛刊》,"依然九曲武夷中"一句收录在元天锡《耘谷行录》之"事迹录"目下的"七峰书院题咏"中,是一篇朝鲜中朝的五个文人合写的一篇组诗,具体作家为吴□(1592—1634)、尹之复(1569—?)、黄敬中(1569—1630)、李植(1584—1647)和元镇(1594—1665),是这五个人拜谒奉祀元天锡的江原道横城七峰书院之后所写的一组拜谒诗。"七峰书院题咏"之第四首诗云:

　　纲常万古日丽空,扶植方知此道东。
　　庙貌即今追白鹿,儒风何必待文翁。
　　晴云满壑溪声远,列岫排檐石势雄。
　　一宿西斋清滢骨,依然九曲武夷中。③

"白鹿"、"文翁"和"九曲武夷"等诗语,只是作为评价元天锡和"七峰书院"的比照物,抒发诗人对祭主元天锡的敬仰之情而已。可见,这是未读原著导致的主观臆断,无法成为"九曲棹歌"传入韩国时间的依据。

---

① 金文基:《九曲歌系诗歌系谱与展开样相》,首尔《国语教育研究》1991年第23期,第43页。
② 李相周:《九曲文化观光特区与九曲诗研究序说》,首尔《语文论丛》2001年第17期,第206页。
③ 李植:《七峰书院题咏》,载(韩国)民族文化推进会《韩国文集丛刊》卷六,首尔:景仁文化社,1986—2009年,第228页。

二、朱文公武夷精舍图,用文公韵

《朱文公武夷精舍图,用文公韵》①一诗,乃徐居正作品。徐居正(1420—1488),朝鲜初朝文臣、学者,字刚中,号四佳亭,著有《东人诗话》《东文选》《笔苑杂记》等,文集有《四佳集》。不过仔细研读该诗,则可发现其与"九曲棹歌"没有直接关联。如诗题所示,此乃诗人对武夷精舍图景所阐发的情怀;若论诗歌格式和所用诗语,此乃朱熹"精舍杂咏十二首"之次韵诗和仿诗。诗人模仿朱熹诗作,选取"精舍、止宿寮、观善斋、石门坞、寒栖馆、铁笛亭、钓矶、隐求斋、茶灶、渔艇"之素材依次吟咏了武夷精舍:

序列	素材	朱文公武夷精舍图,用文公韵	精舍杂咏十二首
1	精舍	已矣世无知,来作山中客。 经史足余暇,优游一泉石。	琴书四十年,几作山中客。 一日茅栋成,居然我泉石。
2	止宿寮	有客欸山扉,云深一茅宇。 青灯话今古,新炊间黄黍。	故人肯相寻,共寄一茅宇。 山水为留行,无劳具鸡黍。
3	观善斋	从容函丈间,抠衣争避席。 圣贤可同归,思齐常勉力。	负笈何方来,今朝此同席。 日用无余功,相看俱努力。
4	石门坞	世路一何崄,山门一何深。 朝昏闭石门,为屏名利心。	朝开云气拥,暮掩薜萝深。 自笑晨门者,那知孔氏心。
5	寒栖馆	斗室生虚白,道味知有力。 淡然何所求,挂冠倚空壁。	竹间彼何人,抱瓮靡遗力。 遥夜更不眠,焚香坐看壁。
6	铁笛亭	昔人横铁笛,崖断山云开。 千秋有遗响,感慨从中来。	何人轰铁笛,喷薄两崖开。 千载留余响,犹疑笙鹤来。
7	钓矶	一竿坐鱼矶,无言瞰泓碧。 隔岸名利人,看看不相识。	削成苍石棱,倒影寒潭碧。 求日静垂竿,兹心竟谁识。
8	隐求斋	高斋夜气明,唯闻灵籁响。 谁知隐几心,君子道不长。	晨窗林影开,夜枕山泉响。 隐去复何求,无言道心长。

---

① 徐居正:《朱文公武夷精舍图,用文公韵》,载《韩国文集丛刊》卷一〇,第279页。

续表

序列	素材	朱文公武夷精舍图,用文公韵	精舍杂咏十二首
9	茶灶	采采金露牙,灶在水中央。 聊以活火煎,便觉闻天香。	仙翁遗石灶,宛在水中央。 饮罢方舟去,茶烟袅细香。
10	渔艇	一苇纵所之,泛泛随风轻。 乾坤俯仰间,一曲沧浪声。	出载长烟重,归装片月轻。 千岩猿鹤友,愁绝棹歌声。

至于朱熹诗作中的"仁智堂"和"晚对亭"的缺位和"精舍→仁智堂→隐求斋→止宿寮→石门坞→观善斋→寒栖馆→晚对亭→铁笛亭→钓矶→茶灶→渔艇"顺序的变更,因为徐居正没有予以说明,目前无法考证。即便如此,此条作为"九曲棹歌"传入韩国时间之具体依据是没有说服力的,同第一条一样,这也是未读原著导致的主观猜测,无法支撑"九曲棹歌"早在高丽晚期传入韩国的论点。

三、吉州窑盏上的第九曲诗文

此条所言吉州窑盏乃北朝鲜开城附近高丽时期的古坟出土的吉州窑产品,该盏器面装饰由山水画和诗文构成,作为构图要件之一,用"九曲棹歌"之第九曲诗文来装饰画面周围。① 现收藏在韩国国立中央博物馆的此盏,成为"九曲棹歌"传入韩国的有力印证倒是毫无疑问。但作为通过贸易途径传入高丽朝的贸易品目,对其在士林阶层的玩赏和传阅程度难免存疑。但高丽明宗时期(1170—1197)的僧统寥一(生卒年未详)的"乞退"一诗中有关吉州窑瓷的描述,可以证明当时吉州窑瓷的使用已经较为普遍:

五更残梦寄松关,十载低徊紫禁间。
早茗细含鸾凤影,异香新屑鹧鸪斑。
子怜瘦鹤翔青汉,久使寒猿怨碧山。
愿把残阳还旧隐,不教岩畔白云闲。②

---

① 久志卓真:《画·青磁·画金乌盏》,载《朝鲜の陶磁》,东京:雄山阁,1974年,第211~216页。
② 释寥一:《乞退》,http://www.itkc.or.kr(2011-02-25访问)。

吉州窑产品具有浓厚的地方风格与民族特色。该窑口兴于晚唐、盛于两宋、衰于元末。最著名的装饰技法为剪纸贴花,具体纹样有梅花、木叶、鸾凤、蛱蝶等,因剪纸效果显著、具有浓厚的地方特色而饮誉中外。上述诗文中的"鸾凤"一词所指,正是吉州窑典型的剪纸贴花鸾凤纹样,与转联中借喻建盏的"鹧鸪斑"前后呼应。

通过以上分析,有理由认为,《九曲棹歌》传入韩国的时间的确不晚于高丽晚期,只是当下韩国学界提出的三条依据中的两条无法成立而已。导致这种在中国人看来貌似低级的错误之所以产生且以讹传讹,有其主客观两方面的原因。其主观原因,是急速发展的现代社会普遍蔓延的浮躁心理。不下苦功、不读原著、人云亦云,乃至随声附和、亦步亦趋之现象比比皆是,中国如此,韩国也不例外。客观原因主要有二:其一,高度浓缩的汉文诗歌作为中韩文学之精华,对现今的韩国人而言确实研读难度很大;其二,汉文教育曾经的缺位。韩国汉文教育不同于保持一致性和持续性的日本汉文教育,可谓一直起起落落。20世纪六七十年代,曾经一度废止中小学的汉文教育课程,致使此时期上中小学的那一代人没有系统学习汉文,导致汉文教育的断层。加上这些断层之一代早已成为当下社会的中坚力量,发生上述误读现象就不足为奇了。20世纪80年代之后,这种现象尽管得到基本改观,但汉文教育的一度缺位所产生的负面影响是长久而顽固的,甚至已经成为韩国部分学者难以逾越的屏障。上述误读正是一个真实而典型的案例。

(原刊于《黑河学院学报》2014年第5期)

韩国岭南学派及其九曲歌系诗歌

——朱熹《九曲棹歌》之影响

❋ 来玉英

以朱熹的《九曲棹歌》作为范本形成的韩国九曲歌系诗歌,对当今韩国的文学影响深远,在五百余年的传承与发展中出现了岭南和畿湖两大学派的九曲诗歌群,成为全世界独一无二的韩国"九曲文化"。早在朝鲜中期的明宗、宣祖时期,朝鲜朝的性理学逐渐普及,且朝鲜朝士林对性理学的理解逐步加深,学术研究兴起。这时期出现了一些具有开拓性的学者,这些学者各成一家之言,对朝鲜朝性理学的发展产生了深远影响,而其中影响最大的当是退溪李滉和栗谷李珥。李滉和李珥是朝鲜朝中期朱子学的两位集大成者,也是整个朝鲜朝性理学的双峰。朝鲜朝性理学学派按所处地域各自形成岭南学派与畿湖学派。岭南学派和畿湖学派,对朱熹的圣人般尊仰、对《九曲棹歌》的圣诗般推崇、对武夷九曲的圣域般向往和对九曲图的圣境般钦慕均别无二致,对朱熹的思想学说、游历之地、生活轨迹的情感等等都饱含一个"圣"字,都凸显一个"尊"字。然而,两大学派的宗师退溪李滉和栗谷李珥对九曲歌系诗歌的创作思路和创作目的却不同,从而创作的诗歌群有着截然不同的风格和意境。两位宗师的弟子们以各自宗师创作的诗歌群为典范,创作的九曲诗也是对各自宗师九曲诗的效仿和传承。相比较而言,两大学派在诗歌素材的选取上存在很大差异且互不交集,畿湖学派诗歌的素材大多为本土九曲,更注重的是对自己理想家乡的热情讴歌;岭南学派的诗歌素材大多为武夷九曲,且朱熹《九曲棹歌》是七言诗,岭南学派的绝大部分九曲歌系诗歌均遵循朱熹的七言诗,岭南学派创作九曲诗更多注重的是对《九曲棹歌》乃至朱子学的阐释和理解。

岭南学派的九曲诗歌可以看作是朱熹《九曲棹歌》的一种传承和发展,这揭示了中国在15世纪时期对韩国士林文化产生了深远的影响,对文学文化乃至历史角度的研究都具有重要的参考价值。

一、独尊朱子的岭南学派

韩国地理学上的"岭南"即庆尚道。朝鲜朝高宗三十三年(1896年),庆尚道被分为南北两道,故行政区域意义上的庆尚道不复存在。按照目前的行政区域来分析,"岭南"应该是庆尚南道、庆尚北道、釜山广域市、大邱广域市的统称,与湖南(即全罗南北道)、湖西(即忠清南北道)合称为"三南"。所谓岭南学派,是指以退溪李滉(1501—1570)和南冥曹植(1501—1572),以及他们的弟子门生组成的以岭南地域作为根据地的朝鲜朝性理学学派,尊其学派宗主之号,也称退溪学派(如图1)。

岭南学派(庆尚道):东人 { 曹植系列(南冥学派·庆尚右道):北人 { 大北 小北 } 李滉系列(退溪学派·庆尚左道):南人 }

图1 韩国岭南学派按地域划分图

岭南学派始源应该追溯到高丽末年的吉再(1353—1419),再经过其门生金叔滋(1389—1456)、金宗直(1431—1492)等硕儒们的发扬光大,最终造就了"海东朱子"李滉,最终发展成为盘踞于岭南一带的学派。退溪李滉对以朱子学为中心的性理学加以发挥,奠定朝鲜朝性理学基础的同时,排斥阳明学,确立了独尊朱子的传统。在此影响下,朝鲜朝中期成立的各个学派都像李滉一样独尊朱子,而且以朱子学的正统自居,将阳明学等其他学术思想视为异端,极力加以排斥。但是由于各学派对于朱子学的态度和理解存有差异,因而出现学问上的对立和论争,而且随着朝鲜朝中期士祸和党争的不断出现,这种学术激辩往往又与政治结合起来,随之带上更强的排他性。朝鲜朝朱子学就是在这种学派之间的论争中发展起来的。

岭南学派代表人物,最初的中坚包括退溪李滉的门人月川赵穆(1524—1605)、西厓柳成龙(1542—1607),出于退溪、南冥两门的寒冈郑逑(1543—

1620),以及鹤峰金诚一(1538—1593)等南冥系的一部分儒学者。其中,柳成龙、金诚一和郑逑合称退溪门下"三杰"。由于三人学说也略有不同,后来岭南学派内部又分离出一些小支派。金诚一和柳成龙的门人围绕书院配享的牌位顺序发生争论,最终二分为虎派和屏派,屏虎之争一直延续到近代。以后,以寒冈郑逑和眉叟许穆(1595—1682)为中心,形成了畿湖的退溪学派。

岭南学派的主干是鹤峰金诚一一派,在金诚一之后,经敬堂张兴孝(1564—1633)学脉传到张兴孝之外孙存斋李徽逸(1619—1672)、葛庵李玄逸(1627—1704)和其子密庵李栽(1657—1730)、大山李象靖(1710—1781),再传到立斋郑宗鲁(1738—1816)、定斋柳致明(1777—1861)、西山金兴洛(鹤峰金诚一的后孙,1827—1899)、深斋曹兢燮(1873—1933)、损斋南汉朝(174—1810),再传到朝鲜朝末期的凝窝李源祚(1792—1872)、寒州李震相(1818—1886)、俛宇郭钟锡(1846—1919)等人。西厓柳成龙的学脉则由愚伏郑经世(1563—1633)、修岩柳袗(西厓柳成龙之季子,1582—1635)、拙斋柳元之(修岩柳袗之侄,1598—1674)、活斋李榘(1613—1654)、息山李万敷(1664—1732)、清台权相一(1679—1759)等人继承。寒冈郑逑也有不少门人,也足以形成一派,有名的有畏斋李厚庆(1558—1630)、乐斋徐思远(1550—1615)、朽浅黄宗海(1579—1642)、眉叟许穆等。其中,以眉叟许穆为中心形成畿湖的退溪学派,后由星湖李瀷(1681—1763)、顺庵安鼎福(1712—1791)、下庐黄德吉(1750—1827)、性斋许传(1797—1886)等继承其学脉。旅轩张显光的门人有双峰郑克后(1577—1658)、鹤沙金应祖(1587—1667)、修岩柳袗等。在学问上,鹤峰系和西厓系主要是继承和解释退溪李滉的学说,固守退溪李滉以理气互发说为中心的理论。眉叟系和旅轩系虽然也属于退溪学派,但是他们的学说则与退溪学派也不尽一致。他们在学术上试图突破朱子学,发挥自己的思想。

由于学风、地缘、政治党派等原因形成的独特的岭南学派,其独尊朱子的性理学思想体系在朝鲜朝朱子学发展史上树立了一块里程碑。退溪李滉对朱熹思想的吸收、传承与发展开创了朝鲜朝对朱子学真正的理解与创新。

二、岭南学派的九曲歌系诗歌

韩国九曲歌系诗歌,从其所用语言来看,可分为汉文九曲诗和韩文九曲诗,其中前者在数量上占绝对优势。汉文九曲诗可再分类为原创九曲诗和翻译九曲诗,其中前者在数量上同样占绝对优势。原创九曲诗又可分为实景九曲诗、次韵九曲诗、韵九曲诗以及仿作九曲诗四种。所谓"实景九曲诗"就是描述对象不再是武夷九曲,而是韩国各地建构的本土九曲园林之景致。诗歌的形式有七言、五言之分,朱熹《九曲棹歌》是七言诗,所以绝大部分九曲歌系诗歌均遵循朱熹的七言诗,五言诗极为少见。

1. 从《韩国文集丛刊》所录岭南学派九曲歌系诗歌一览表(表1)可以看出,岭南学派的诗歌多以武夷九曲作为描述对象。

岭南学派26位诗人的31首九曲歌系诗歌当中,就有15首诗歌以武夷九曲为描述对象,占整个31首诗歌总量的48.38%,均受到各自宗师创作的九曲诗歌的影响。

表1 《韩国文集丛刊》所录岭南学派九曲歌系诗歌一览表

序号	作　者	诗　题
1	李　滉 (1501—1570)	闲居读武夷志,次九曲棹歌韵黄仲举求题画十幅(之八)·武夷九曲
2	卢　禛 (1518—1578)	武夷山行
3	琴　辅 (1521—1585)	读武夷志,次九曲棹歌韵
4	吴守盈 (1521—1606)	感旧游,用朱晦菴武夷棹歌韵寄惇叙
5	金富伦 (1531—1598)	敬次武夷棹歌韵
6	金孝元 (1542—1590)	九折壁,次朱子武夷棹歌十首韵
7	郑　述 (1543—1620)	仰和朱夫子武夷九曲诗韵
8	赵　宪 (1544—1592)	游栗原,次武夷棹歌韵

续表

序号	作　者	诗　题
9	成汝信 (1546—1632)	九曲诗并序
10	李光庭 (1552—1627)	甲辰中春,读武夷棹歌,有感敬次
11	河溍 (1597—1658)	次九曲棹歌
12	李衡祥 (1653—1733)	城皋九曲十绝,次晦庵武夷九曲
13	蔡彭胤 (1669—1731)	德岩樵歌,敬和武夷棹歌十章韵
14	李命培 (1672—1736)	苍岩棹歌
15	权相一 (1679—1759)	凡水之遇山回转处为曲,清台水,北自愚岩,南至稣湖,为曲者九,曲曲皆有层岩翠壁,上下十里间,可以一望尽见,第一愚岩曲、第二碧亭曲、第三竹林曲、第四佳岩曲、第五清台曲、第六沟栈曲、第七观岩曲、第八箴岩曲、第九稣湖曲,逐曲赋诗,以记其胜,非敢效晦翁武夷九曲诗也
16	赵天经 (1695—1776)	题道钦家武夷九曲图
17	蔡济恭 (1720—1799)	从清晏村,迤北数百余步,有泉石颇奇,樵牧睨以过之,未有赏其奇者,余甚惜之,策杖穷源得九曲,曲辄命名,诗以记之
18	丁范祖 (1723—1801)	与朴承旨仲涵师海顺兴倅韩厚叔光载,游竹溪九曲;丹丘主人云岩,和武夷九曲诗韵,作丹邱九曲词,用其韵赋呈
19	睦万中 (1727—1810)	云岩吴景三步武夷九曲韵赋云仙九曲,见寄求和,仆生客也,如燕齐士谈蓬瀛,徒虚境耳;题还武夷图,感兴复述
20	郑宗鲁 (1738—1816)	次云岩吴侍郎大益寄赠韵,并步其九曲十绝奉呈;敬次武夷棹歌

续表

序号	作者	诗题
21	李桢国 (1743—1807)	敬次武夷棹歌曲十章
22	李颐淳 (1754—1832)	游陶山九曲敬次武夷棹歌韵十首并序
23	李野淳 (1755—1831)	陶山九曲
24	姜必孝 (1764—1848)	大明山九曲,敬次武夷棹歌韵
25	李震相 (1818—1886)	武夷岘
26	郭钟锡 (1846—1919)	逾九曲峙;九曲峙见,荙漫山红熟相与匍匐就摘顿成一饱

表1乃根据《〈韩国文集丛刊〉所录九曲歌系诗歌一览表》具体内容甄别而成,诗人排序也没有按照《韩国文集丛刊》卷序加以安排,而是根据诗人生卒年重新排序,主要是为了便于考察这些诗歌的整体风格变化。还有一点值得注意,那就是对各时期诗人所属的学派属性问题。《〈韩国文集丛刊〉所录九曲歌系诗歌一览表》总共收录75位诗人,而这75位诗人并非绝对隶属于岭南或畿湖两大学派,其中不乏与两大学派无关之人,如朝鲜朝末期实学家李瀷正是其中之一。继实学鼻祖柳馨远(1622—1673)之后,李瀷被尊为实学之中祖,其思想中的西学成分很多,崇尚西洋科技,对天主教的宗教信仰则持怀疑态度,故此,李瀷与两大学派一直保持一定距离,我们很难以两大学派的隶属关系来界定李瀷。

2.岭南学派的九曲歌系诗歌在诗韵和平仄等诗歌形式上与朱熹《九曲棹歌》保持一致。例如:

闲居读武夷志,次九曲棹歌韵(十首)[①]

李 滉

不是仙山托异灵,沧洲游迹想余清。
故能感激前宵梦,一棹赓歌九曲声。
我从一曲觅渔船,天柱依然瞰逝川。
一自真儒吟赏后,同亭无复管风烟。
二曲仙娥化碧峰,天妍绝世靓修容。
不应更觊倾城荐,闾阖云深一万重。
三曲悬厓插巨船,空飞须此怪当年。
济川毕竟如何用,万劫空烦鬼护怜。
四曲仙机静夜岩,金鸡唱晓羽毛毵。
此间更有风流在,披得羊裘钓月潭。
当年五曲入山深,大隐还须隐薮林。
拟把瑶琴弹夜月,山前荷蒉肯知心。
六曲回环碧玉湾,灵踪何许但云关。
落花流水来深处,始觉仙家日月闲。
七曲横篙又一滩,天壶奇胜最堪看。
何当唤取流霞酌,醉挟飞仙鹤背寒。
八曲云屏护水开,飘然一棹任旋洄。
楼岩可识天公意,鼓得游人究竟来。
九曲山开只旷然,人烟墟落俯长川。
劝君莫道斯游极,妙处犹须别一天。

正如诗题所示,李滉的九曲诗是朱熹《九曲棹歌》的次韵诗,因此力求在诗韵和平仄等诗歌形式上与朱诗保持一致(详见表2)。

[①] 李滉:《闲居读武夷志,次九曲棹歌韵》,载《韩国文集丛刊》卷二九,首尔:景仁文化社,2009年,第65页。

表2　朱熹与李滉九曲诗诗韵对比一览表

分类曲别	诗韵	朱诗	李诗
总序	青韵	灵、清、声	灵、清、声
一曲	先韵	船、川、烟	船、川、烟
二曲	冬韵	峰、容、重	峰、容、重
三曲	先韵	船、年、怜	船、年、怜
四曲	咸韵	岩、毵、潭	岩、毵、潭
五曲	侵韵	深、林、心	深、林、心
六曲	删韵	湾、关、闲	湾、关、闲
七曲	删韵	滩、看、寒	滩、看、寒
八曲	灰韵	开、洄、来	开、洄、来
九曲	先韵	然、川、天	然、川、天

资料来源：李无未：《退溪次韵朱子〈武夷棹歌〉问题》，载《音韵文献与音韵学史·李无未文存》，长春：吉林文史出版社，2005年，第297页。

可见，李诗与朱诗在诗韵的选择上保持高度一致，但是李滉的九曲诗在平仄格式上未能与朱熹的九曲诗做到天衣无缝的贴合，仅举总序四句即可说明这种差异。见表3：

表3　朱熹与李滉九曲诗平仄格式对比一览表

朱诗	李诗
仄平平仄仄平平	仄仄平平仄仄平
平仄平平仄仄平	平平仄平仄仄平
仄仄仄平平仄仄	仄平仄仄平平仄
仄平仄仄仄平平	仄仄平平仄仄平

资料来源：李无未：《退溪次韵朱子〈武夷棹歌〉问题》，载《音韵文献与音韵学史·李无未文存》，长春：吉林文史出版社，2005年，第302页。

总序，朱熹用的是平起平收式，李滉则是仄起平收式；一曲，朱熹是仄起平收式，李滉是平起平收式；五曲，朱熹是仄起平收式，李滉则是平起平收式。除此之外的二曲、三曲、四曲、六曲、七曲、八曲和九曲，则二人完全相同。

论李滉九曲诗的意蕴,处处充满着对朱熹和武夷九曲的敬仰,朱熹眼中仅为"有仙灵"的"武夷山",在李滉诗中却拓展为"托异灵"的"仙山"。不仅如此,李滉的九曲诗直接将朱熹形象纳入诗句之中,如总序、一曲和五曲中的"沧洲"、"真儒"和"大隐"正是对朱熹的诗意描述。李滉用这类诗语置换朱熹九曲诗中的"虹桥"或"道人"等意象,以更为单一的意象来表达诗人对朱熹乃至武夷九曲的钦慕之情。若言朱诗的意象是多元而复杂,那么李诗的意象更为单一而集中;若言朱诗通过这种多元的意象表现出诗人对大自然的真切感受,那么李诗更注重的是诗人自身对朱诗的理解和阐释。

如上所述,朝鲜朝士林对《九曲棹歌》的解读,一直存在多种多元化的解读倾向,有"哲理诗"、"山水诗",以及异于二者的"山水理趣诗"三种观点。李滉对以金麟厚为代表的"哲理诗"主张并不赞同,对他"全用注意"式的诗作更不认可。因此,李滉有必要通过自己的九曲诗明确阐明自己对朱熹《九曲棹歌》的观点。不过,李滉对《九曲棹歌》的理解并非一步到位,乃至初读时,认同陈普之注,但是通过"反复详味本诗之意",开始"疑其当如此看",①终究觉得"似不为然","不知于此两义"应该"何取何舍",乃至"莫适所从",便照不同理解就地九曲各作一首与奇大升商讨其真意。在与奇大升反复沟通和推敲之后,李滉最终将第九曲修改为:

九曲山开只旷然,人烟墟落俯长川。

劝君莫道斯游极,妙处犹须别一天。

李滉后学柳道源(1721—1791)考证《退溪集》之后云:"案初本:九曲来时却惘然,真源何许只斯川。宁须雨露桑麻外,更问山中一线天。"②修改前后的诗句存在明显区别,修改前的诗句侧重"探寻水源,寻求真源"之意,与朱熹的《偶题三首》之三"步随流水觅溪源,行到源头却惘然。始悟真源行不到,倚筇随处弄潺湲"③存在很多共同之处,如"惘然"对"惘然"、"溪源"对"真源"等,无论是诗语的选择,还是意境的塑造均有异曲同工之感。而修改之后的诗句则淡化这种说理意蕴,以较为开放式的结尾,给读者留下更为宽泛的想象空间。

---

① 李滉:《答金成甫·别纸》,载《韩国文集丛刊》卷二九,第348页。
② 柳道源:《答金成甫》,《韩国文集丛刊》卷三一,第350页。
③ 朱熹:《偶题三首》,载郭齐、尹波点校《朱熹集》,成都:四川教育出版社,1996年,第114页。

3. 岭南学派弟子的九曲诗中,从意象和意境等方面与李滉的九曲诗最为接近的是郑逑的九曲诗。

仰和朱夫子武夷九曲诗韵(十首)①

郑　逑

天下山谁最著灵,人间无似此幽清。
紫阳况复曾栖息,万古长流道德声。
一曲滩头泛钓船,风丝缭绕夕阳川。
谁知捐尽人间念,唯执檀桨拂晚烟。
二曲佳姝化作峰,春花秋叶靓妆容。
当年若使灵均识,添却离骚说一重。
三曲谁藏此壑船,夜无人负已千年。
大川病涉知何限,用济无由只自怜。
四曲云收百尺岩,岩头花草带风鬖。
个中谁会清如许,霁月天心影落潭。
五曲清潭几许深,潭边松竹自成林。
幅巾人坐高堂上,讲说人心与道心。
六曲茅茨枕短湾,世纷遮隔几重关。
高人一去今何处,风月空余万古闲。
七曲层峦绕石滩,风光又是未曾看。
山灵好事惊眠鹤,松露无端落面寒。
八曲披襟眼益开,川流如去复如回。
烟云花鸟浑成趣,不管游人来不来。
九曲回头更喟然,我心非为好山川。
源头自有难言妙,舍此何须问别天。

除了在诗歌形式上与朱诗保持高度一致之外,郑逑的九曲诗基本沿用恩师的构思,只是置换相应的诗语而已,如朱熹诗中"有仙灵"的"武夷山",李滉置换为"托异灵"的"仙山",郑逑再置换成天下"最著灵"之山;李滉的九曲诗中以"沧洲"、"真儒"和"大隐"等诗语形容朱熹,郑逑九曲诗中则用"紫阳"和"高人"替代等等。最大的不同则在诗题上,李滉沿用朱熹的思路,同样用"闲

---

① 郑逑:《仰和朱夫子武夷九曲诗韵》,载《韩国文集丛刊》卷五三,第112页。

居"一词,而郑述却用"仰"加"朱夫子"来表现诗人对朱熹和武夷山的敬仰之情。作为岭南学派的中坚、李滉的直传弟子,郑述被后世称为李滉门下"三杰"之一,应该可以断定的是,郑述对朱熹《九曲棹歌》的理解与把握,与自己的导师还是一脉相承的。

4. 在岭南学派诗人创作的九曲诗中,以本土九曲园林作为描写对象的也不在少数。

城皋、云仙和陶山等九曲园林作为九曲诗的素材被纳入创作范围之中,李滉九世孙李颐淳的《游陶山九曲敬次武夷棹歌韵十首并序》就是其中一例。若言李滉通过九曲诗的创作,来阐述自身对朱熹《九曲棹歌》的理解和感悟,那么,李颐淳则通过该诗来具体说明陶山九曲园林的诸多信息,如各曲曲名、地理位置、与李滉的关联等等,二人的目的性可谓十分明确。从这个意义上,李颐淳的九曲诗歌装载的信息非常丰富,但是诗情画意相对淡化很多。李颐淳之所以如此这般,主要是陶山九曲园林的建构是李滉身后很久才予以完成。与从李珥开始,大张旗鼓地在各地建设九曲园林的畿湖学派不同,岭南学派士林对精舍(书院、书堂)建设显示出极大的热情,而将精舍所在地展示为九曲形式倒是相当消极,李滉和郑述均如此。因此,在《韩国文集丛刊》中第一次出现"陶山九曲"一词,则是在朝鲜朝末期学者任埅(1640—1724)的《别礼安宰尹衡仲(夏教)》一诗中,①而这时已经距离李滉去世一个多世纪。之后,就不断有人提及"陶山九曲",且在李滉卜居地按照主观意愿设置九曲。从这个意义上,李颐淳作为学派宗师的第九代孙,借助九曲诗的形式确认陶山九曲的具体地理位置以及各曲曲名,向世人明示陶山九曲的结构尤为显得迫切。鉴于此,李颐淳则用 800 余字的长篇大论来撰写其序,在以"注释"的形式适时穿插李滉事迹和诗文的同时,注重阐述陶山九曲与武夷九曲之间的渊源关系,通过这种紧密的渊源关系以期达到"使后之践斯境者,有以知兹山之与武夷",让人设身处地地感受到陶山与武夷山之间的心灵距离其实是"不甚相远",其终极目标还是借助诗歌的形式强调李滉以及岭南学派在朱子学领域中的正统地位。

---

① 任埅《别礼安宰尹衡仲(夏教)》:"君行有似谢玄晖,老向宣城把一麾。太白千峰真异境,陶山九曲大贤祠。月明潭净携琴夜,秋兴亭空倚杖时。随处遨头佳趣在,定知高价长前诗。"载《韩国文集丛刊》卷一四九,第 92 页。

游陶山九曲敬次武夷棹歌韵十首并序①

李颐淳

世称陶山为武夷,夫武夷在闽越之中,而晦庵朱文公之所卜筑也,陶山在东海之隅,而吾祖文纯公之所盘旋也。地之相去,万有余里,世之相后,五百有余岁。而二山之相与齐名者,政以杨恒叔所云地因人胜同故也。然其地之胜,亦有不相远者。以二先生所著杂咏观之,武夷之十二诗,陶山之十八绝,不翅节节相符,而况二山皆有可舟之胜。故陶山集中,有和九曲诗,有次棹歌十首诗,则其于七台三曲之间。虽无所谓九曲名称,而言外之意,有若可以妄想乎!余观夫洛川之水,自清凉至云岩,出入吾境凡四五十里之间,多有名区胜境。而陶山居其中,上下皆能管领,为一洞天矣。试尝就中,举其成曲而最胜者,窃依武夷九曲之例而分之。云岩为第一曲,鼻岩为第二曲,月川为第三曲,汾川为第四曲,濯缨潭在汾川川沙之间。虽不成曲,是陶山书堂之所在,则据以武夷精舍在五曲之义,当为第五曲。其六川沙,其七丹砂,其八孤山,其九清凉。曲曲皆是先生题品吟赏之所及也。乃与一二同志,沂流逐曲而游,讨论江山之胜。彼灵芝山芙蓉峰之秀出云端者,何如幔亭玉女耶?鹤巢岩葛仙台之危临绝壑者,争似金鸡仙掌耶?东西翠屏,宛若大隐苍屏也。②

青壁丹砂,依然碧霄桃源也,始探万壑千岩之幽深,终临穷源别天之奇绝,充然而得,浩然而归,不觉有里万岁千之恨焉。此非惟山川云物之有相依似,而抑亦天地间吾道一气脉,自北而南,相与贯通而然欤。先生尝题武夷九曲图而叹之曰:不得同其时,买舟于幔亭峰下,辍棹于石门坞前,获跻仁智堂,咏歌周旋于隐求观善之间。噫!吾辈生数百之后,近杖屦之所,手击濯缨短棹,足躔天云高台,仍复低佪,俯仰于岩栖陇云之间,而抚览古迹,想象遗风,则其身历目观,感发兴起之深,非徒如看画图之髣髴,而起千古之遐想而已也。于是因其感于心而发之言者,计曲次韵,以识其处而述其事,使后之践斯境者,有以知兹山之与武夷,不甚相远,有如是也。而又有能修述陶山志,以载九曲形胜,而与武夷志前后匹美,

---

① 李颐淳:《游陶山九曲敬次武夷棹歌韵十首并序》,《韩国文集丛刊》卷二六九,第122页。
② 原注:《武夷志》:苍屏峰在六曲。

则尤岂非兹山之幸也耶,余以是深有望焉尔。

巍巍陶山出自灵,源源洛水来过清。
幷山沿水寻遗迹,逐曲重赓一棹声。①
硌砑一曲仅容船,上有高庵俯大川。
怅望诸贤讨论处,至今遗迹湿云烟。②
二曲岩如鼻起峰,宣城得此以为容。
更怜斜日开图画,点点螺鬟翠几重。③
三曲亭亭藕似船,芙蓉秀出百千年。
江山第一今无主,月白空堂更可怜。④
我从四曲访聋岩,岩古台空碧草毵。
仙伯风流山仰地,一声渔父月盈潭。⑤
五曲移舟潭水深,坐看残月绕烟林。
通泉百岁辍微响,更有何人知此心。⑥
六曲虹流玉作湾,翠屏紫坞合成关。
回瞻古寺荒台上,山月秖今照等闲。⑦
七曲瑶屏绕玉滩,云生花发画图看。
炼丹秘诀从何问,仙去千秋古鼎寒。⑧
最奇八曲得天开,鹤棹孤舟为沂洄。

---

① 原注:陶山记曰:"灵芝之一支,东出而为陶山。"又曰:"洛川来过清凉。"
② 原注:云岩在陶山南十五里,即一境水口也。先生与后雕、挹清、雪月、日休、勉、月川诸公,游云岩寺,诗有论易讨文之句。右云岩。
③ 原注:鼻岩在云岩北五里宣城邑镇西。先生诗曰:"斜阳相送处,画里过宣城。"右鼻岩。
④ 原注:月川在鼻岩东八九里芙蓉峰下,先生称为江山第一。次芙蓉诸作诗曰:"溪堂月白川堂白。"右月川。
⑤ 原注:汾川在月川西北五里许。聋岩先生亭馆在焉,聋岩晚退,使侍儿,歌渔父辞。先生诗称聋岩为老仙伯。右汾川。
⑥ 原注:濯缨潭在汾川东二里,陶山书堂在其上,烟林二十六处之一。先生濯缨潭泛月诗曰:"不知百世通泉后,更有何人续正声。"右濯缨。
⑦ 原注:川沙在濯缨东四五里东翠屏西紫霞坞,川上有七台,台上有月澜庵。先生川沙曲诗曰:"玉虹抱村斜。"寓月澜诗曰:"自怜山月暎孤衾。"右川沙。
⑧ 原注:丹砂在川沙北二里。先生丹砂曲诗曰:"青壁欲生云,绿水如入画。"又曰:"花发桃源界。"又曰:"中藏万斛沙,秘宝天所戒。"右丹砂。

壁上题诗今在否,云山怅望独吟来。①
九曲山深更卓然,仙峰六六影流川。
如三十六洞天在,此亦当为第一天。②

  岭南学派创作的九曲诗是对宗师九曲诗的效仿和传承,但是这种典范意义没有维系多久,随着岁月的更迭逐渐失去其意义,加之两大学派的不断分化和朝鲜朝实学等各种学派的兴起,逐步淡化了两大学派的边界,众多士林的学派所属意识也随之弱化。故此,李滉和李珥两大宗师时期的九曲歌形式和风格不再延续,整个九曲歌系诗歌最终不分学派、不分风格完全融为一体。

  岭南学派的九曲歌系诗歌以汉文原创仿作为主,遵循朱熹《九曲棹歌》的七言体,主要以武夷九曲作为描述对象,在诗韵和平仄等诗歌形式上与朱熹《九曲棹歌》保持一致。可见岭南学派的九曲歌系诗歌在形式和内容上都力求接近朱熹《九曲棹歌》,充分体现出岭南学派对朱子学的敬重与崇拜,视朱熹的思想为真理,渴望探求其深刻的意义与内涵。

三、结　语

  朝鲜朝中期朱子学对朝鲜朝文化影响深远,性理学逐步普及,这时期出现了如退溪李滉等朱子学大师,形成了多个独尊朱子的学派。以退溪李滉为首的韩国岭南学派,创作了完全遵循朱熹《九曲棹歌》形式、取材和意境的一系列九曲歌系诗歌。韩国岭南学派是由退溪李滉和南冥曹植及其弟子门生组成并以岭南地域作为根据地的朝鲜朝性理学学派。岭南学派的九曲歌系诗歌以汉文原创仿作为主,遵循朱熹《九曲棹歌》的七言体,主要以武夷九曲作为描述对象,在诗韵和平仄等诗歌形式上与朱熹《九曲棹歌》保持一致。李滉九曲诗的意蕴,处处充满着对朱熹和武夷九曲的敬仰,注重对朱诗的理解和阐释,其弟子及后代所作的九曲诗歌,同样在诗歌形式上与朱诗保持高度一致,并且意象和意境也多表达着对朱熹和武夷山的敬仰之情。

(原刊于《延边大学学报》第 49 卷第 2 期,2016 年 3 月)

---

① 原注:孤山在丹砂北七八里,有惺斋精舍。先生书孤山石壁诗曰:"日洞主人琴氏子,隔水呼问今在否。"右孤山。

② 原注:清凉在孤山北五六里。先生武夷九曲图跋曰:"三十六洞天,无则已,有则武夷当为之第一。"六六峰,即十二峰之谓也。然六六与三十六无异,则今以六六,为三十六洞天之第一,亦可谓不偶也,未知武夷九曲之中,亦有第一奇绝,如清凉者否也。右清凉。

韩国儒学史上"无极太极"论辩
——以李彦迪和曹汉辅为中心

※ 张品端

韩国性理学者李彦迪和曹汉辅有关"无极太极"问题的论辩,虽不及后来李退溪与奇高峰的"四端七情"论辩、南塘与巍岩的"湖洛争论",在韩国儒学史上牵涉人物之多,但是,此次论辩显示了韩儒对朱子学有很深入的掌握和发挥,对儒、佛思想的不同,也有恰当的理解,很能反映韩国性理学的发展。

一、"无极太极"论辩的理论渊源

这次辩论之缘起是孙叔暾(号忘斋)与曹汉辅(号忘机堂)讨论周濂溪《太极图说》首句"无极而太极"的意义。李彦迪(号晦斋)看到孙、曹二人的论辩文章后,写出《书忘斋忘机堂无极太极说后》一文。他评论曹汉铺、孙叔暾二人的论辩说:

> 谨案忘斋无极太极辨,其说盖出于陆象山,而昔日朱子辨之详矣,愚不敢容赞。若忘机堂之答书,则犹本于濂溪之旨,而其论甚高,其见又甚远矣。其语中庸之理,亦颇深奥开广,得其领要,可谓甚似而几矣。[①]

李彦迪言孙忘斋之说出于陆象山,认为他的"无极太极辨"是太极由无极所生;对曹汉铺之说认为是"犹本于濂溪之旨",以无极太极为一。曹氏看到这篇文章后,作出了回应。于是,李、曹两人书信往来数次进行论辩。遗憾的

[①] 李彦迪:《书忘斋忘机堂无极太极说后》,载《韩国文集丛刊》第24册,首尔:景仁文化社,1996年。

是，曹汉铺和孙叔暾论辩的有关书信，曹汉補和李彦迪论辩，曹氏的原信都已失传，现对曹汉補的见解只能从李晦斋书信中征引，来讨论其思想。为了弄清李彦迪和曹汉辅对朱子学的理解，我们先从朱熹与陆九渊"无极太极"论辩谈起。

朱熹曾与陆九渊有"无极太极"论辩，这是关于周濂溪《太极图说》中"无极而太极"应如何解释的问题。陆九渊认为周敦颐此句有如老子"有生于无"，即太极是由无极而来。他主要从生成论的角度来理解，认为"易"之"太极"即是"中"，即是本源；在"太极"之上再加"无极"，是"叠床上之床，架屋下之屋"。① 朱熹则是从本体论的角度来理解，认为非"太极"之外复有一"无极"，两者本一，"无极即是无形，太极即是有理"；但分解地说，"无极"是有中说无，"太极"是无中说有。故朱喜说"不言无极，则太极同于一物，而不足为万化之根；不言太极，则无极沦于空寂，而不能为万化之根。"② 这也就是说，"无极"之"无"非没有之意，即不是不存在，而是无形无状却实有此理之意。它也是存在，只是无形、无状、无名、无限而已。但它却是"太极"之所以为"太极"的存在依据。③

朱熹和陆九渊对"无极而太极"的理解各有所据。陆氏之所以会从生成论角度理解这一命题：一是与传统的思维进路有关；二是与《太极图说》的版本有关，因为当时《太极图说》的《国史》本，此句为："自无极而为太极"。九江本是"无极而生太极"。这两个版本都是"以无为本"、"有生于无"的观点。朱熹不取其说，而作出上面的理解，就在于周敦颐之《通书·动静》章。因为按《太极图说》所言"无极而太极，太极动而生阳，动极而静；静而生阴，静极复动；一动一静，互为其根，分阴分阳，两仪立焉。阳变阴合而生水火木金土……"，人们很自然地会产生如陆氏的生成论之理解，即顺序地从"无极"到"太极"到"阴阳"到"五行"。这里隐含着一个时间的流变过程。

朱熹对"无极而太极"所取周氏《动静》章言："动而无静，静而无动，物也。动而无动，静而无静，神也。动而无动，静而无静，非不动不静也。物则不通，

---

① 陆九渊：《与朱元晦》，载《陆九渊集》卷一二，北京：中华书局，1980年，第157页。
② 朱熹：《晦庵先生朱文公文集·卷三六·答陆子美书》，载朱杰人等编《朱子全书》第21册，上海：上海古籍出版社，合肥：安徽教育出版社，2010年，第1560页。
③ 徐洪兴：《周敦颐〈通书〉、〈太极图说〉关系考》，《中国哲学史》2000年第4期。

神妙万物。"①按周氏之意,"物"仅仅执"动"或"静"之一端,要么"动",要么"静",非此即彼,故为"不通"。而神则动而无动,静而无静,非不动不静,是超乎动静的。对这种形而上的动静,朱熹说:"理则神而莫测,方其动时,未尝不静,故曰'无动';方其静时,未尝不动,故曰'无静'。"②作为形而上之"神"的动静是变化无穷的。它是能神妙万物的,是动静之理。它跳出了生成流变的过程,消解了时间因子,成为动和静之所以能够动静的原因。"神"是无形无状的,但却又是实有的存在,它可以"妙万物"。"妙万物"是指神是宇宙万物运动的内在本性和变化生生的微妙功能。这个神,实质上是说"无极"和"太极"本是二而一、一而二的,实无先后上下之分。如果硬要说"无极"先于"太极",那也只能理解为是逻辑在先。③朱熹把周敦颐讲的"太极"解释为"理",对"太极"本体之义作了进一步的阐发。

二、曹汉辅"无极太极"论

曹汉辅对"太极无极"的理解,主要是从本体和工夫两个方面来阐述。他认为"太极即无极",故《书忘斋忘机堂无极太极说后》中说:"今详忘机堂之说,其曰'太极即无极也。……岂有论有论无,分内分外,滞于名数之末。'"曹汉辅从无极的意义来体会太极,即可进入一浑然无分别之境界,而有无、内外等分别便可消泯。他对"太极无极"本体的规定是"虚而灵,寂而妙,灵妙之体,充满太虚,处处呈露"④。此说认为本体为虚寂灵妙。对此虚灵之本体,曹汉辅又用"寂灭"来规定:"太虚之体,本来寂灭。"⑤大概曹汉辅重视太极之"无极"性格,从虚无处体会本体。他对本体的规定还进一步说:"无则不无,而灵源独立;有则不有,而还归澌尽。"⑥这就是说,本体不落于有无之相对说中,即说有说无皆不可。曹汉辅以"虚灵"来说本体,应是受北宋理学家张载思想的影响。张载云:"太虚无形,气之本体;其聚其散,变化之客形尔。至静无感,

---

① 《通书·动静第十六》。
② 《朱子语类》卷九四,北京:中华书局,1986年,第2403页。
③ 徐洪兴:《周敦颐〈通书〉、〈太极图说〉关系考》,《中国哲学史》2000年第4期。
④ 李彦迪:《书忘斋忘机堂无极太极说后》,《晦斋集》卷五。
⑤ 李彦迪:《书忘斋忘机堂无极太极说后》,《晦斋集》卷五。
⑥ 李彦迪:《答忘机堂第一书》,《晦斋集》卷五。

性之渊;有识有知,物交之客感尔。"又云:"气之为物,散入无形,适得吾体,聚为有象,不失吾常。太虚不能无气,气不能不聚而为万物,万物不能不散而为太虚。循是出入,是皆不得已而然也。"①曹汉辅认为,太虚之体虚灵寂灭,为气之本,万化皆会渐尽,而虚灵之体独立恒存。这样理解本体,与张载之意还是有距离的。张载虽言太虚是气之本体,及气散而适得吾体,但亦强调太虚即气,并非至万化渐尽时,方可见本体之存在。而曹汉辅所谓的"寂灭",是从万化终归于尽,聚而必散上说。这里值得注意的是,曹汉辅说太虚之体本来寂灭,但并不强调"灭"之意,只是说本体虚灵寂妙,充满太虚。如此说,则本体亦是实理,并不是佛教之"寂灭"之意。

在工夫论上,曹汉辅主张"以无极太虚之体,作得吾心之主,使天地万物朝宗于我,而运用无滞。"②又说:"游心于无极之真,使虚灵之本体,作得吾心之主。"③这里所说的"万物朝宗于我",即天地万物以我为中心;"运用无滞",即表示本心呈现,理便呈现,而事物之来,皆能恰当回应之;而"以无极太虚之体,作得吾心之主",则是从本体之形而上的性格,作为契悟本心的入路而言。曹汉辅从"无极"意契入道体,由此而有"万物朝宗于我,运用无滞"之境。曹汉辅藉着对本体是虚灵无极之体会,使生命能进入一种与日常生活不同之境界,这是一种类似主张"顿悟"的工夫。李彦迪认为,曹氏此一"顿悟"功夫是违反了儒家下学上达之程序,并大加反对。

在李彦迪的论难下,曹汉辅将工夫论修正为"主敬存心,而上达天理"④,并以"敬以直内,顾諟天之明命,吾之心坚定不易"言主敬,便加强了此工夫中的道德意识。但李彦迪认为,此中仍缺乏"下学人事"的工夫,不从下学人事入手,上达天理是不可能的。曹汉辅则认为"下学"工夫是初学的工夫,他说:"下学上达,乃指示童蒙初学之士,豪杰之士不如是。"⑤所以,他说:"先立其体,然后下学人事。"⑥依曹汉辅之意,"下学人事"的工夫须在"先立其体"之后。

---

① 《正蒙·太和篇》。
② 李彦迪:《书忘斋忘机堂无极太极说后》,《晦斋集》卷五。
③ 李彦迪:《答忘机堂第一书》,《晦斋集》卷五。
④ 李彦迪:《答忘机堂第二书》,《晦斋集》卷五。
⑤ 李彦迪:《答忘机堂第三书》,《晦斋集》卷五。
⑥ 李彦迪:《答忘机堂第四书》,《晦斋集》卷五。

曹汉辅还认为"体既立,则运用万变,纯乎一理之正"。在曹氏看来,"先立其体"是较"静涵动察"更为高一层的工夫。此更高一层之工夫,依孟子是求其放心,就是逆觉本心的工夫。如果说"先立其体然后下学",即在逆觉其本心后,是可以作存养省察之工夫的,而且使工夫更为有效果。但曹汉辅以"主敬存心"来"先立其体",则未能显示逆觉本心之意。所以,李彦迪很容易便往朱子的"静涵动察,而敬赅动静"的工夫处理解。他说:"下学人事时固当常常主敬存心,安有断除人事,独守其心,然后可以下学?"①在此工夫论辩中,曹汉辅表现了孟子、陆九渊之说的特色。依孟、陆确可当下明本心,先立其大者。所以,李彦迪和曹汉辅之论辩,亦多少表现了朱陆之争的意义。

三、李彦迪"无极太极"论

李彦迪在评论曹汉铺和孙叔暾有关"无极太极"问题的论争后,并在与曹汉铺就本体和工夫的辩论中,提出了自己的看法。

在本体论上,李彦迪主要依据朱子的"理气不离"及"理一分殊"说,来强调道至高至妙,又至近至实,道只是人事之理,形而上者必即于形而下者。李彦迪在对太极这一本体之体会时说:

> 然其间不能无过于高远,而有背于吾儒之说者,愚请言之;夫所谓无极而太极云者,所以形容此道之未始有物,而实为万物之根柢也。是乃周子灼见道体,迥出常情,勇往直前,说出人不敢说底道理。令后来学者,晓然见得太极之妙,不属有无,不落方体,真得千圣以来不传之秘。夫岂以为太极之上,复有所谓无极哉!②

从文句来看,这段多採自朱熹答陆子静书之意来论说。③ 这对朱子"理气不离"之说作了很好的诠释。

李彦迪在补充说明"无极"之意义时说:"此理虽若至高至妙,而求其实体之所以寓,则又至近而至实,若欲讲明此理,而徒鹜于窅冥虚远之地,不复求

---

① 李彦迪:《答忘机堂第四书》,《晦斋集》卷五。
② 李彦迪:《书忘斋忘机堂无极太极说后》,《晦斋集》卷五。
③ 见《朱子全书》第21册,第1568页。

之至近至实之处,则未有不沦于异端之空寂者矣。"①这就是说,太极之理,虽是至高至妙,而须用无极来形容。但此理之所存处,是至近至实的。所谓至近至实,是指日用伦常而言。人不能因为天理是形而上的,便专从虚无飘渺,远离人生处想象追寻。这体现了李彦迪重视伦常实践之特色。

李彦迪认为无极是对太极之形容,太极可以言空寂,但乃是寂而感、虚而有,他说:

> 所以谓之无极者,正以其无方所、无形状,以为在无物之前,而未尝不立于有物之后;以为在阴阳之外,而未尝不行于阴阳之中。以为通贯全体,无乎不在,则又初无声臭影响之可言也。非若老氏之出无入有,释氏之所谓空也。"……所谓太极者,乃斯道之本体,万化之领要,而子思所谓天命之性者也。盖其冲漠无朕之中,万象森然已具。天之所以覆,地之所以载,日月之所以照,鬼神之所以幽,风雷之所以变,江河之所以流,性命之所以正,伦理之所以著,本末上下,贯与一理,无非实然而不可易也。②

李彦迪还从朱熹中和说之心性关系来论证道体并非寂灭。他说在情绪未发时,性体浑然在中,此可说是寂。但在情绪已发而心感通应物时,此性便表现其作用,故性体之寂,是"寂而感"的。这与佛教的"寂而灭"是不同的。对"中和"之义,李氏说:

> 其八曰:致中和。……盖天命之性,纯粹至善,而具于人心。方其未发,浑然在中而无所偏倚,故谓之中。及其发而品节不差,无所乖戾,故谓之和。静而无不该者,性之所以为中也。天下之理皆由是出,故曰天下之大本。动而无不中者,情之发而得其正也,天下古今之所共由,故曰天下之达道。此乃人心寂感自然之理,体用之全。③

这就是说,从未发已发,见理从中而和,有体有用,故并非枯寂无用之体。但李彦迪对《中庸》所说的"中和"之理解,是遵从朱熹之说,即是在"理气二分"、"心性情三分"之架构下所说的。理之作用乃是由情之未发至已发,心之由寂然而感通,而显出的。即理挂搭在气上,由气之活动显出理之作用,使理由浑

---

① 李彦迪:《书忘斋忘机堂无极太极说后》,《晦斋集》卷五。
② 李彦迪:《答忘机堂第一书》,《晦斋集》卷五。
③ 李彦迪:《进修八规》,《晦斋集》卷八。

然而粲然。

李彦迪还认为,须正视世间之差别,不能浑然无别。由于理不离气,理必即于形器而存在,故理必有分殊之表现。人反身而于至切近处践履以求明道,必须注意存在事物之差别性、多样性。从李彦迪反对曹汉辅所主张的"一理太虚"①、"物我无间"②来看,李氏对"理一分殊"是十分重视的。他强调不同之存在物皆有其所以如此之理,故物各有不同之司职。他又认为理虽浑然一致,但其中粲然,可知李彦迪意在肯定世间存在事物之差别性。由于肯定分殊,便会相应于各存在物之不同而成就之。由于承认差别,就必须使分殊之个别存在,皆实现自身之价值,必见到在各分殊中皆显出天理,方可见天理之全,在浑然之天理中,存在着无限丰富的内容。这一观点显示了朱子思想中对"致广大而尽精微"境界之向往,亦充分表达了儒家"人文化成"的精神。

在工夫论上,李彦迪对朱子"静涵动察"、"敬贯动静"之工夫,有很深的体会。他说:

> 圣门之教,主敬以立其本,穷理以致其知,反躬以践其实,而敬者又贯通乎三者之间,所以成始而成终也。故其主敬也,一其内以制乎外,齐其外以养其内,内则无二无适,寂然不动,以为酬酢万变之主;外则严然肃然,深省密察,有以保固其中心之所存。及其久也,静虚动直,中一外融,则可以驯致乎不勉不思,从容中道之极矣。两件工夫不可偏废明矣。③

在这里,李彦迪是按照朱子所倡导的"穷理以致其知,反躬以践其实,居敬者所以成始成终"④来说,认为持敬省察久了,方可达到"静虚动直,中一外融"之境界。

李彦迪主张"静涵动察"、"敬义夹持"的工夫。他认为须于动、静,未发、已发之时各有工夫,方能使心依理而行。这是在心、理为二时,由于心不即理,故须用敬以夹持,使心合理。依朱子及李彦迪之言,只有存养以立大本的工夫是不够的,必须加上动时之省察。就是说,在人的日常生活中,本心之呈

---

① 李彦迪:《答忘机堂第一书》,《晦斋集》卷五。
② 李彦迪:《答忘机堂第四书》,《晦斋集》卷五。
③ 李彦迪:《答忘机堂第四书》,《晦斋集》卷五。
④ 黄宗羲、全祖望:《宋元学案·晦翁学案》,北京:中华书局,1986年,第1576页。

现并不易得,大多都处在受感性情绪影响的状况中。这时的动时之省察工夫,就显得尤为重要。故李氏在其诗中云:"中和虽似有宾主,动静周流无定辰。体察工夫终是宾,空虚论说竟非真。"①他所说的省察是对自己任何细微的生命活动皆须反省。在心发为意,意或善或恶之际作工夫;在处事接物时省察体验,而言顾行,行顾言,"制于外以养其中"。这种对动时省察的强调,隐含着他对现实生命的有限性、缺陷性有深切的体会。人的生命充满私欲习气,必须着实下苦功对治,方可有纯洁化之可能。而人在应事接物而动时,其生命问题才会显示出来,此时才好做工夫。而若只是静时涵养之工夫,则不易见生命之毛病。此亦如王龙溪所说:"欲根潜藏,非对境则不易发"②之意。这是修养之实在工夫。

李彦迪认为"主敬存心,下学人事,方能上达天理"。他说:

> 夫道只是人事之理耳。离人事而求道,未有不蹈于空虚之境,而非吾儒之实学矣。诗曰:天生烝民,有物有则,物者人事也,则者天理也。人在天地之间,不能违物而独立,安得不先于下学之实务,而驰神空荡之地,可以为上达乎? 天理不离于人事,人事之尽,而足目俱到,以臻于贯通之极,则天理之在吾心者,至此而浑全,酬酢万变,左右逢原,无非为我之贯用矣。故明道先生曰:"道之外无物,物之外无道。"又曰:"下学人事,便是上达天理。"巨不信欤?③

这就是说,超越的天理,必须从人事的实践中才能体悟。人事实践至尽,便是天理。若离人事而求道,没有不蹈于空虚之境。李彦迪以人在天地之间,不能违物而独立,这是他的一个重要的体会。李氏此论,有如当代儒学的"道德的形上学",或"实践的形上学"之论,即形上之道体,是只有藉道德实践才能体证到的,并非思辨可知。故形上理论,须以道德实践为进路来建立。

由上可知,李彦迪的"无极太极"论,对本体和功夫问题的理解,多得自朱子。所以,李退溪在《晦斋李先生行状》中说:

> 而其精诣之见,独得之妙,最在于与曹忘机汉辅论无极太极书四五篇也。其书之言,阐吾道之本原,辟异端之邪说,贯精微,彻上下,粹然一

---

① 李彦迪:《次忘机堂韵》五首之二,《晦斋集》卷四。
② 王龙溪:《三山丽泽录》,载《王龙溪语录》卷一,台北:广文书局,1967年,第8页。
③ 李彦迪:《答忘机堂第一书》,《晦斋集》卷五。

出于正。深玩其义,莫非有宋诸儒之绪余,而其得于考亭者(即朱子)为尤多也。①

退溪认为,李彦迪之论,是合于朱子义理的,并说彦迪此一论辩在其著作中最有"精诣之见,独得之妙"。可见,李彦迪对"无极太极"的阐释,得到后来李退溪的赞赏。

四、李彦迪与曹汉辅"无极太极"论之异

李彦迪与曹汉辅遵从朱子之说,都认为"太极即无极"。李氏说:"今详忘机堂之说,其曰'太极即无极',则是也。"②而两人之争论,是对此无极之本体,应如何规定,及如何方能体会、掌握之问题。前者是属本体问题,后者是属工夫问题。李、曹对"无极太极"理解之异主要表现在以下两方面:

1. 在对"道体"的规定性上产生歧义

曹汉辅认为,道体是"太虚之体,本来寂灭"。李彦迪则认为曹汉辅对朱子之本体理解不恰当。他说:

> 大抵忘机堂平生学术之误,病于空虚。而其病根之所在,则愚于书中求之而得之矣。其曰"太虚之体,本来寂灭"。以灭字说太虚体,是断非吾儒之说矣。谓之寂可也,然其至寂之中,有所谓"於穆不已"者存焉。……此心本然之体,而谓之寂可也;及其感而遂通,则喜怒哀乐发皆中节,而本然之妙于是而流行也。先儒所谓"此之寂,寂而感"者,此也。若寂而又灭,则是枯木死灰而已,其得不至于灭天性乎?③

李彦迪认为,"寂灭"是佛教之说,用寂灭来形容道体,不合儒家义。若以"寂"形容道体是可以的,但在至寂中,有"於穆不已者存焉",即道体是既寂而又生生不已的,不能以虚无寂灭来说。在这里,李彦迪对"寂灭"与"寂感"作了区分,显示了他对儒佛之别有恰当的理解。

曹汉辅对李彦迪之意见,有接受,但对自己的见解,亦有坚持。他说:

> 至如寂灭之说,生于前书粗辩矣,未蒙允。今又举虚灭无极之真,乃

---

① 退溪学研究院编:《陶山全书(三)》,首尔:高丽书籍株式会社,1988年,第393页。
② 李彦迪:《书忘斋忘机堂无极太极说后》,《晦斋集》卷五。
③ 李彦迪:《书忘斋忘机堂无极太极说后》,《晦斋集》卷五。

曰"虚无即寂灭，寂灭即虚无"，是未免于借儒言而文异端之说，小子之感滋甚。先儒于此四字盖尝析之曰："此之虚，虚而有；彼之虚，虚而无。此之寂，寂而感；彼之寂，寂而灭。"然则彼此之虚寂同，而其归绝异，固不容不辨。而至于无极之云，只是形容此理之妙，无影响声臭之耳，非如彼之所谓无也。故朱子曰："老子之言有无，以有无为二；周子之言有无，以有无为一。正如南北水火之相反"，讵不信欤？①

曹汉辅以"寂灭"来形容道体，又认无极之真，其虚灵无极，即是寂灭。李彦迪对曹氏之论，又引丽末鲜初著名性理学者郑道传《儒释同异之辨》来作说明。郑氏说：

> 先儒谓儒释之道句句同而事事异。今且因是而推广之。此曰虚，彼亦曰虚；此曰寂，彼亦曰寂。……此曰知行，彼曰悟修；此之知，知万物之理具于吾心也；彼之悟，悟此心本空无一物也。此之行，循万物之理而行之无所违失也；彼之修，绝去万物而不为吾心之累也。此曰心具众理，彼曰心生万法。所谓具众理者，心中原有此理，方其静也至寂，而此理之体具焉；及其动也感通，而此理之用行焉，其曰寂然不动，感而遂通天下之故是也。所谓生万法者，心中本无法也，对外境而后法生焉。②

郑道传之说，本朱子之意而推衍，而李彦迪之说，大抵依郑氏。儒家所说之道体，虽亦可用虚、寂来形容，但一定是虚而有，寂而感，决不能说虚而无，寂而灭。按朱子之意，寂感应都从心上说。在情绪未发而心寂然处，理浑然而在；在情绪发时，心感而遂通，在心之感通时，理亦粲然地表现其内容（显为四德）。心之寂然感通，虽具理在其中，但寂感是从心之活动上说，理是不能说寂感。郑道传和李彦迪对寂感之理解，应是上述之意，而并非认为太极是即寂即感的。

曹汉辅对于所以要坚持用"寂灭"来形容道体，有自己的说明。他说："为破世人执幻形为坚实，故曰寂灭。"③对此说，李彦迪反驳说：

> 此语又甚害理。盖人之有此形体，莫非天之所赋，而至理寓焉。是

---

① 李彦迪：《答忘机堂第二书》，《晦斋集》卷五。
② 郑道传：《三峰集》卷九，载《韩国儒学资料集成（上）》，首尔：延世大学出版社，1980年，第18页。
③ 李彦迪：《答忘机堂第三书》，《晦斋集》卷五。

以圣门之教,每于容貌形色上加工夫,以尽夫天之所以赋我之则,而保守其虚灵明德之本体,岂流于人心惟危之地哉?孟子曰:"形色,天性也;惟圣人然后可以践形。"岂可以此为幻妄,必使人断除外相,独守虚灵之体,而乃可以为道乎?是道不离于形器,有人之形,则有所以为人之理;有物之形,则有所以为物之理。……若有其形而不能尽其道,是空具是形,而失夫所以得其形之理也。然则弃形而求其道,安有所谓道者哉?此寂灭之教所以陷于空虚诞谩之境,而无所逃其违天灭理之罪者。①

在这里,李彦迪进一步肯定了一切形器存在之真实性。他认为形而上者必即于形而下者存在,故形而下者必有天理为其存在之根据。形而下者,就形器本身之存在状况来说,当然是聚散变化,生灭不已的,不会永恒不变地存在。但在形器之变化过程中,都有实理贯串其中,都显现了理的意义,故虽聚散变化,但形器本身并非虚幻而无意义。李氏肯定形器,并非只就形器说,而是由"道不离于形器"来说。道不孤悬,必即于形器;而器亦不只是器,必有其所以然之理。李彦迪这一说法,可以说是对朱子"理气论"作了很好的诠释。由于理气不离,故天理不离形器,一切事物皆有其道,一切存在皆有其存在之客观根据,并不是偶然而虚妄的。又由于理不杂于气,故人必须努力探索践履,于形器中体会其形上根据,于事物上了解其当然之则。

2. 在对"道体"的体会之工夫上有不同见解

曹汉辅对"道体"的体会,主张"主敬存心,上达天理"②。李彦迪对此说:

> 此语固善,然于上达天理,却欠下学人事四字,于圣门之教有异。天理不离于人事,下学人事,自然上达天理;若不存下学工夫,直欲上达,则是释氏觉之之说,乌可讳哉?盖人事,形而下者也,其事之理,则天理也,形而上者也。学是事而通其理,即夫形而下者而得夫形而上者,便是上达境界。从事于斯积久贯通,可以达夫浑然之极矣。而至于穷神如化之妙,亦不过是而驯致耳。③

在这里,李彦迪藉朱子"理气不离"之义,来说明形而上之道,不离形而下之器。而若形而上者不离形而下者,则人欲知天理,便只有在形而下之存在处

---

① 李彦迪:《答忘机堂第三书》,《晦斋集》卷五。
② 李彦迪:《答忘机堂第二书》,《晦斋集》卷五。
③ 李彦迪:《答忘机堂第二书》,《晦斋集》卷五。

寻求；舍此而外，别无他途。他认为不下学人事，是不能上达天理的。"下学人事，方能上达天理"之说，实含有"理必不离人事"，能于人事中表达出来的，方是道德之理。如果单靠心的虚明，是不能表现道德之理的。

曹汉辅以"顾諟天之明命,吾之心坚定不易"为工夫，是他一直坚持的。这是以无极太虚之体作为心之主，是体证本心的工夫，未必是静以涵养心中之理，即未必是在心与理为二之下存养工夫。李彦迪认为，曹汉辅此一工夫有所偏。他说：

> 来教有曰："敬以直内，顾諟天之明命，吾之心坚定不易。"则固存养之谓矣，而于静时工夫则有矣；若夫顿除下学之务，略无体验省察之为，则于动时工夫，盖未之及焉。是以其于求道之功，疏荡不实，而未免流为异端空虚之说。伏睹日用酬酢之际，不能无人欲之累，而或失于喜怒之际，未能全其虚灵之本体者有矣。岂非虽粗有敬以直内工夫，而无此义以方外一段工夫，故其体道不能精密，而或于此乎？①

李彦迪认为曹汉辅在日常生活中所以有差失，正是因为只有静时的"敬以直内"之工夫，而欠缺动时的"义以方外"工夫所致。若不能以本心即理，则心是现实的经验义之心，对于此一意义之心，确实需要这种静涵动察，敬义夹持的工夫。但若曹汉辅所说的"顾諟天之明命"，是让炯然不昧之本心作为人生命之主宰，则是另一种功夫，并不可以套在"静涵动察"之工夫系统下。所以，李彦迪说曹忘辅只有主敬存养之静时的工夫，而缺乏已发时省察之动时的工夫。

李彦迪非常强调动时工夫的重要，他说：

> 昔颜渊问克己复礼之目，孔子曰："非礼勿视，非礼勿听，非礼勿言，非礼勿动。"程子继之曰："由乎中而应乎外，制于外所以养其中。"然则圣门工夫，虽曰主于静以立其本，亦必于其动处深加省察。盖不如是，则无以克己复礼，而保固其中心之所以存矣。故曰"制于外所以养其中，"未有不制其外而能安其中也。愚前所云"存省体验于日用事物之际，而言顾行，行顾言"者，此之谓也。安有遗其心官，随声逐色，失其本源之弊哉！……若未到从容中道之地，而都遗却择善省察工夫，但执虚灵之识，不假修为，而可以克己复礼，可以酬酢万变云，则譬如不出门而欲适千

---

① 李彦迪：《答忘机堂第三书》，《晦斋集》卷五。

里,不举足而欲登泰山,其不能必矣。①
按朱子来说心,是经验义的心,故必须以静涵动察,敬义夹持为工夫,这两方面下功夫是必须的。所以,李彦迪以曹汉辅的工夫为有所偏。

李彦迪以曹汉辅之言工夫,是如不出门而欲适千里,是不可能达到目的之工夫。这是纯依朱子来说,此一批评是值得商榷的。若是本心呈现,理便存在,而且离开实践行动之源,何以不能克己复礼?曹汉辅之说,是先立本以为人生命活动之主宰。他批评李氏所倡导之工夫是"遗其心官,随声逐色,失其本源"②,是"姑舍其体而先学其用"③。李彦迪要"制外以养中"④,当不会随外物而转,但从曹氏的批评,可见曹汉辅对"先立本"是十分强调的。曹氏认为他自己所倡导的是"立纲领"的功夫,即他所说的"衣必有领而百衣顺,纲必有纲而万目张"⑤。

以上对李彦迪与曹汉辅的"无极太极"论辩作了疏释,从本体及工夫两方面,分析了李、曹二人的辩论内容。从中可看出,李彦迪对朱子思想有较深入的理解,表现出朱子学重视道德实践,强调下学的特色。而曹汉辅的思想中,则具有陆王之学的某些特征。

(原刊于《中国哲学史》2017 年第 4 期)

---

① 李彦迪:《答忘机堂第三书》,《晦斋集》卷五。
② 李彦迪:《答忘机堂第三书》,《晦斋集》卷五。
③ 李彦迪:《答忘机堂第四书》,《晦斋集》卷五。
④ 李彦迪:《答忘机堂第三书》,《晦斋集》卷五。
⑤ 李彦迪:《答忘机堂第四书》,《晦斋集》卷五。

韩国性理学史上的"湖洛论争"
——以巍岩与南塘为中心

※ 张品端

在韩国哲学史上,性理学曾有过两次大论辩:一次是朝鲜前期的"四端七情论辩",一次是朝鲜后期的"湖洛论辩"。通过这两次大论辩,中国朱子学实现了在韩国的本土化,并确立了韩国性理学。在"湖洛论辩"中,李巍岩和韩南塘是其代表人物,支持巍岩一方的学者主要居住在洛下地区(首尔、京畿),被称之为洛派;而支持南塘一方的学者主要居住在湖西一带(忠清道),被称之为湖派。所以,韩国哲学史把这场论辩称之为"湖洛论争"。这场论辩开始是对"人物性之异同"问题开展讨论,后来发展为对"未发心体有善恶"、"圣凡人心同异"的论辩。洛学以金昌协(1651—1708)为起点,湖学以权尚夏(1641—1721)为起点。这时期,韩国学者讨论了许多关于性理学的重要概念和范畴,深化了性理学的理论思想,其中心体与性体的本性问题是此次的重要论题。

一、人物性同异论

中国有关"本性"的讨论从先秦就开始,比较有代表的有孟子的性善论,荀子的性恶论,扬雄的性有善恶论等。到了宋代,张载提出了"天地之性"、"气质之性",而为程颐、朱熹所推崇。依张载而言,"天地之性"是指人之超越的道德生命,"气质之性"则是指由人之自然生命(气质)所构成的"性",两者是相互独立的,其关系是理与气的关系。而朱熹则认为,"气质之性"即是"天命之性",但就它堕在气质之中来说,特别称之为"气质之性"。"天地之性"是纯理,"气质之性"则是理与气之混合。在朱子学中,"天地之性"与"气质之性"的关系并非理与气的关系,"天地之性"与"气质"的关系才是理与气的关系。这是朱子对张载"气质之性"所做的新诠释。

朱熹对"人物性同异"之说,有深入的探讨。在其"理一分殊"思想中,他提出"理一之理"与"分殊之理"的区别,并就"理同气异",从本源的角度说明"人物性同",从气质的角度说明"人物性异"。他说:"论万物之一原,则理同而气异;观万物之异体,则气犹相近,而理绝不同。"①由此,他认为气禀不同,所赋之理也有不同。

18世纪韩国性理学的"人物性同异"论辩发端于1678年,金昌协问他的老师宋时烈(1607—1689),人性与物性是否相同。后来金昌协提出了理气说、知觉说、未发说等,奠定了洛学"人物性同论"的理论基础。到1709年,权尚夏门下的江门八学士中最杰出的李巍岩(1677—1727)和韩南塘(1682—1751)正式开启了这场持续了一百多年的论争。

巍岩和南塘双方都是依据朱熹的"理同气异"和栗谷的"理通气局"思想,对本性论进行阐释的。而栗谷的"理通气局"之说,实本于朱子的"理气不离不杂"和"理一分殊"之说。栗谷认为:"理通者,天地万物同一理也;气局者,天地万物各一气也。所谓'理一分殊'者,理本一矣,而由气不齐,故随所寓而各为一理,此所以分殊也,非理本不一也。"②这里所言之"通"即为普遍性,"局"即为特殊性。在朱子的理气论中,"理"是赋予万物之存在形式,本身是超时空的,因而也是普遍的,这便是栗谷所谓的"理通"。"气"使万物在时空中得以成为具体的存在,然而当理落在气中时,便形成万物之性,并在时空中呈现出特殊性,这便是栗谷所谓的"气局"。③而栗谷的"理通气局"说有进于朱子之处,在于"湛一清虚之气"之说。依栗谷的理解,若气之活动完全顺乎理,而不失其本然,此即"湛一清虚之气"。这是一种理想状态,栗谷将它等同于孟子所说的"浩然正气"。

对栗谷而言,"性"不仅是理气之合,而且又作为普遍的"理"存在于特殊

---

① 《朱子语类》卷四,北京:中华书局,1986年,第57页。
② 李珥:《圣学辑要》,载《栗谷全书(一)》卷一九,首尔:成均馆大学出版社,1992年,第60页。
③ 张品端:《李珥对朱子学的继承和阐发》,《朱子学刊》2010年第1期。

者"气"之中,然后才可以成为"性"。栗谷说:"性者,理气之合也,盖理在气中,然后成为性,若不在形质之中,则当谓之理,不当谓之性也。"① 按其"理通气局说",则因为气局而人和物之"性"有差异。从理通之理的层面来讲,人和物之"理"是相同的。故栗谷云:"人之性非物之性者,气之局也;人之理即物之理者,理之通也。"② 换言之,如果用"性"来定义理一之理(即理通之理),人性和物性是相同的;如果用"性"来定义分殊之理(即气局之理),人性和物性是不同的。这就是栗谷把"理"和"性"看成一,看成二的思想。后来,巍岩和南塘对此二说,进行了深入的讨论。

实际上,在性理学来讲,所谓人性、物性之性都是指本然之性。巍岩所主张的"性",亦是如此。他说:"愚尝闻,本然者一原也,气质者异体也。""性虽有本然气质之别,而本然其主也。"③ 他认为,"性"的本质是一个普遍性的根源,即"一原","气质"属于不同的个体,即异体。这种主张也是侧重于栗谷的"惟其理之虽局于气而本体自如"④ 和"人之理即物之理者,理之通"⑤ 的观点。所以,巍岩认为:"盖栗谷之意,天地万物,气局也;天地万物之理,理通也。而所谓理通者,非有以离乎气局也。"⑥

而南塘是从另一角度来区分"一原"和"异体"的,在内容上包括"性三层说"。南塘说:"理本一也,而有以超形器而言者,有以因气质而名者,有以杂气质以言者。超形器以言,则太极之称是也,而万物之理同也。因气质而名,则健顺五常之名是也,而人物之性不同矣。杂气质而言,则善恶之性是也,而人人物物不同矣。"⑦ 南塘的"性三层说",即超形器:一原,理通;因气质:本然之性,气局之理;杂气质:气质之性,气局。这和巍岩说法虽然不同,但"超形器"所表现的就是一原,在这种观点中人与物的性都是相同的。而异体则用"因气质"来表现,在这种观点里人与物是相异的。南塘选择的是后一种观

---

① 李珥:《答成浩原》,载《栗谷全书(一)》卷十,第207页。
② 李珥:《答成浩原》,载《栗谷全书(一)》卷十,第216页。
③ 李巍岩:《答韩德昭别纸》,载《巍岩遗稿》卷七,首尔:景仁文化社,1977年。
④ 李珥:《答成浩原》,载《栗谷全书(一)》卷十,第212页。
⑤ 李珥:《答成浩原》,载《栗谷全书(一)》卷十,第216页。
⑥ 李巍岩:《理通气局辨》,载《巍岩遗稿》卷一二。
⑦ 韩南塘:《拟答李公举》,载《南塘集》卷一一,首尔:景仁文化社,1976年。

点,因此南塘继承了栗谷的"人之性非物之性者,气之局也"①的观点,主张"人物性异"说。

南塘主张人性与物性的差异不在"超形器"的层面之中,也不在"杂气质"的气质差异之中,而是在"因气质"(气局之理)当中。南塘将栗谷的"气局"发展成为"气局之理",进而将"气局之理"解释为"因气质之性"。他还把"理一"和"理通"解释为"理",把"分殊"和"气局"解释为"性"。这就是南塘主张人物性相异论的理论结构。② 魏岩从本体论出发,以"一原"的观点,提出"人物性同"论;南塘以"性三层说"的观点,提出"人物性异"论。

魏岩所坚持的立场,是把重心放在无差别的、同一的"理"上,而不是放在差别的、异体的"气"上,即把朱熹的"理同"、栗谷的"理通"联系起来,从而主张"性同"。南塘则坚持性与理分开,认为理是具形之前的物件,此所谓"气已成形,理亦赋焉",主张"性即气"。而魏岩所主张的"性",正如朱子所言,在"性即理"这一基本前提下,"性"的本质是一个普遍性根源,即"一原",并同时承认气质属于不同的个体,即异体。这就是魏岩洛学的"性同"与南塘湖学的"性异"的本质所在。

魏岩还认为:"天命五常太极本然,名目虽多,不过此理之随指异名,而初非有彼此本末偏全大小之异。"③这就是说,要用天命、五常、太极、本然之类的概念来把握"性",因而应从"天地万物同此一原"的层面来理解。所以,魏岩说:"夫宇宙之间理气而已,其纯粹至善之实,无声无味之妙,则天地万物,因此一原也。"④南塘则认为,天命是超形器的,而五常是以气质命名的,所以相互区别。他把五常定义为五行秀气之理,人运五行秀气而生,人的五常是完整的,然而动物虽然都有五行,但只拥有五行的一部分秀气,因而动物的五行是偏塞的。所以他说:"万物既生,则得其气之正且通者为人,得其气之偏且塞者为物。……草木则全无知觉。禽兽则虽有知觉而或通一路,终为形气之所拘,而不能充其全体之大。人则得其正且通者,故其心最为虚灵,则顺五常

---

① 李珥:《答成浩原》,载《栗谷全书(一)》卷一〇,第216页。
② 林明熙:《韩元震哲学与人物性异论》,(台北)《哲学与文化》第483号,2014年,第90页。
③ 李魏岩:《上遂庵先生》,载《魏岩遗稿》卷四。
④ 李魏岩:《理通气局辨》,载《魏岩遗稿》卷一二。

之德,无不备焉。……此人物之所以殊也。"①

魏岩为代表的洛论立足于宇宙万物存在之原理,即理一(理通之理)而规定"性同"的观点,对后来朝鲜北学思想的形成产生了深远的影响。北学派的学者们继承洛论的"人物性同"说的基本形式中演绎的逻辑结构,克服了象征着差别性、特殊性、个别性的气局之弊端,而立足同一性、普遍性为象征的理通的沟通上。从中我们可以看到,朱子的"理同"、栗谷的"理通"、洛学的"性同",是东亚朱子学对人类与自然和谐共处的环境与生态问题,在哲学上的深刻反思。其现实意义在于树立了自然界万物平等的价值观。

从上述可见,以魏岩为代表的洛派的"人物性同论",与以南塘为代表的湖派的"人物性异论"的对话,是对朱子、栗谷有关人性和物性之范畴的新诠释。他们的论辩丰富了东亚朱子学的思想内涵。

二、未发心体本善有善恶论

在朱子学逐渐本土化的过程中,韩国学者更加重视探究人的内在心性和道德价值问题。朝鲜后期的岩魏和南塘二人各自都以朱熹的心性论为依据,围绕未发心体本善、有善恶问题开展了激烈的论争。

在心性问题上,朱熹说:"性情一物,其所以分,只为未发已发之不同耳。若不以未发已发分之,则何者为性,何者为情耶?"②"情之未发者性也,是乃所谓中也,天下之大本也。性之已发者情也,其皆中节则所谓和也,天下之达道也。"③"心主于身,其所以为体者性也,所以为用者情也,是以贯乎动静而无不在焉。"④朱熹认为,未发为心之体(即性),而已发为心之用(即情),心统未发之性与已发之情(即心统性情)。在朱熹看来,由于"未发"既是在"已发"之前,又是大本、中,因而"未发"有时间上的先在性。而作为性的具现体,它是一切善产生的根源。

魏岩对"未发"的理解有一段概括的表述。他说:"求于未发之旨,则无论圣凡,必此心全体,寂然不动,方寸之间,如水之止,如镜之明,则夫所谓清浊

---

① 韩南塘:《示同志说》,载《南塘集》卷一二。
② 郭齐、尹波点校:《朱熹集》,成都:四川大学出版社,1996年,第1875页。
③ 郭齐、尹波点校:《朱熹集》,成都:四川大学出版社,1996年,第3536页。
④ 郭齐、尹波点校:《朱熹集》,成都:四川大学出版社,1996年,第1886页。

粹驳之有万不齐者,至是一齐于纯清至粹。"①在巍岩看来,所谓的"未发",是心的寂然之状态。巍岩以这种"未发"为基础,按照朱子将"性"分为"本然之性"和"气质之性",并将"心"区分为神明至精的心体和至粗的血气之心。他说:"夫气一也,而语其粗则血气也,语其精则神明也,统粗精而谓之气。而所谓心则非血气也,乃神明也。心体也至精,而气质也至粗。"②巍岩认为,神明至精的心体,即本然之心;至粗的气血之心,即气质之心。这种将心分为本然之心和气质之心,而作为心体的心是他未发心性论的重点。巍岩据此提出了"未发心体纯善论"。

对心是否为一的问题。巍岩说:"《大学章句》言之,其曰'虚灵不昧,以具众理应万事'者,此本然之心也;其曰'为气禀所拘'者,此气质之心也。心非有二也,以其有拘与不拘而有是二指,则所谓大本之性者,当就其本然之心而单指,所谓气质之性者,当就其气质之心而兼指矣。"③"故天君主宰,则血气退听,而方寸虚明,此即本然之心,而其理即本然之性也。天君不宰,则血气用事,而昏明不齐,此即气质之心,而其理即气质之性也。"④巍岩不仅将本然之心与本然之性,气质之心与气质之性相对应,而且还以朱子《大学章句》的注释来说明,本然之心就是虚灵不昧之明德,而气质之心就是受气禀所拘之明德。同是一明德,因受气禀之拘与否而分为两种不同的心。⑤从善恶来看,巍岩认为本然之心是"虚灵不昧,以具众理应万事",是"元无不善之心体"⑥。而气质之心则是"为气禀所拘",存在善恶之可能性。

在性分为本然之性和气质之性,心分为本然之心和气质之心的基础上,巍岩认为,未发时不仅"理气同实"而且"心性一致"。他说:"夫理气同实,心性一致,然后方可谓事实。"⑦又说:"未发是何等境界!此实理气之大原,心性之筑底处,而谓之大原筑底处者,无他,正以其理气同实,心性一致而言也。"⑧这就是说,"未发"是"心性一致"的境界。在这一境界下,心即理(性),理(性)

---

① 李巍岩:《答韩德绍别纸》,载《巍岩遗稿》卷七。
② 李巍岩:《未发辨后说》,载《巍岩遗稿》卷一三。
③ 李巍岩《未发辨》,载《巍岩遗稿》卷一二。
④ 李巍岩:《未发辨后说》,载《巍岩遗稿》卷一三。
⑤ 崔英辰著,邢丽菊译:《韩国儒学思想研究》,北京:东方出版社,2008年,第256页。
⑥ 李巍岩:《未发辨》,载《巍岩遗稿》卷一二。
⑦ 李巍岩:《未发辨后说》,载《巍岩遗稿》卷一三。
⑧ 李巍岩:《未发辨后说》,载《巍岩遗稿》卷一三。

即心。这就是理气共存、心性一致之处。魏岩将本然之性的性与本然之心的心一致化,与朱熹"性是心之理,情是心之用"①所显现的心之本然,是一脉相承的。

对于"理气同实",魏岩说:"气之正通,理亦正通;气之偏塞,理亦偏塞。"②对于"心性一致",魏岩说:"本心存,则天理明;本心亡,则天理灭。此自然不易之事实也。"③这就将理气不离的观点推向心性论。所以,魏岩认为,不仅理气不能分离言之,而且心性也不能分离言之。可见,魏岩的"心性一致"论,是朱子学在朝鲜中后期向心学发展的表现。它具有心学的哲学意义。

魏岩还认为,"所谓理气,以心性而言也。心之不正而性能独中者,天下有是乎?性故本善,虽则不本于心,而其善之存亡,实孙于心之善否,则遗心而论性,实非鄙见之所安也。"④这就是说,性善在现实中的实现,只有心性一致。可见,魏岩通过本然之性和本然之心的一致,来说明"善"在现实中存在的可能性。

为了解决由于气的作用,性善与现实中的心善之间存在的距离,魏岩在栗谷"气之本然"的基础上,提出了"本然之气"(即未发之气)。他说:"盖以本然气质,对待论性,而后性理之实,无复于蕴矣。独心则从上所言未尝有益本然之气质对待论说的。"⑤魏岩还指出:"使束赖天之灵,或于一生之内,霎时之顷,方寸湛然,无一分昏扰之气,则窃意即此驳浊者澄然,而未发之境,始可与闻于此。"⑥依魏岩之意,未发状态下的"本然之气"是湛然纯一,不会损害性之善。也只有这样,"本然之心"才能实现,这是因为本然之心是由本然之气形成的。这种本然之心就是朱熹所说的"心之湛然虚明"。由于此心是由"本然之气"构成的,所以性善能够完全的显示出来,从而达到心性一致。正是基于此,魏岩才将此心认为是理。

在未发心性论中,魏岩与南塘共同目标都是为了说明性善的问题,但由于彼此的着重点不同,导致了他们之间的观点分歧。最初,双方的争论点是

---

① 《朱子语类》卷五,北京:中华书局,1986年,第96页。
② 李魏岩:《未发有善恶辨》,载《魏岩遗稿》卷一二。
③ 李魏岩:《未发辨后说》,载《魏岩遗稿》卷一三。
④ 李魏岩:《未发辨》,载《魏岩遗稿》卷一二。
⑤ 李魏岩:《未发辨》,载《魏岩遗稿》卷一二。
⑥ 李魏岩:《答李公举别纸》,载《魏岩遗稿》卷七。

未发状态下有无气质之性。

南塘依据朱子理气不离和理内在于气为性的思想,认为未发状态下不仅存在本然之性,而且也存在气质之性。所以,南塘说:"言理则曰本然之性,兼言气则曰气质之性。而心有未发已发,故未发是性之体,而已发是性之用也。但未发之前,气不用事,故见其理之至善,而不见其气之善恶。及其发而后,方见其气之善恶。"①又说"性与气质不可离,亦不可杂。因其不杂而单指其理,则曰本然之性也。因其不离而兼指其气,则曰气质之性也。"②在南塘看来,未发状态下也存在气质之性,只是气不用事,不会影响性之善。他明确指出,至清至纯之气能将性之善完全显现出来,而至浊至粕之气不能使性之善显现,只有除去气并单指理,才能确保性的纯善。

南塘认为,未发状态下心是"至虚至明"的,"无以掩蔽天命之本体"。他说:"盖于未发之前,气虽有刚柔善恶之偏,若一于静而不用事,则不害其心之至虚至明,而无以掩蔽天命之本体,固性于此乎中矣。"③南塘还认为,气在未发状态下,虽有"清浊""善恶"的多样性,但它由于不发挥作用,所以不会影响心的虚明本体。所以,他进一步指出,只有承认气在未发状态下的多样性和善恶性,才能够说明心发以后的善恶来自何处。

而对南塘的"未发状态下也存在气质之性"的观点,巍岩认为:"所谓未发,正是气不用事时也。夫所谓清浊粹驳者,此时无情意无造作,湛然纯一,亦善而已矣。"④在巍岩看来,气质在未发时,不发挥作用,故纯粹至善。就此而言,俩人的观点是相同的。但巍岩认为,未发状态的气是湛然纯一至善的,与南塘所认为气存在"清浊粹驳"与"刚柔善恶"有明显不同。依南塘之意,未发兼具善恶的气质虽然存在,但不发挥作用,所以不会影响性之善,但仍然具有恶的可能性。所以,南塘说:"未发虚明,明德本体;善恶不齐,气禀本色。"⑤可见,南塘非常关注人所禀赋的气质的差异,与巍岩强调未发之气湛然清虚不同。由此可知,南塘是持"未发心体有善恶"的观点。

南塘在展开自己理论的过程中,不仅将未发之性视为本然之性和气质之

---

① 韩南塘:《本然之性气质之性说》,载《南塘集》卷三〇。
② 韩南塘:《本然之性气质之性说》,载《南塘集》卷三〇。
③ 韩南塘:《答尹晦莆兼呈李公举》,载《南塘集》卷一一。
④ 李巍岩:《与崔成仲》,载《巍岩遗稿》卷七。
⑤ 韩南塘:《李公举上师门书辨》,载《南塘集》卷二八。

性同时存在之一性,而且将未发之心分为两个层面,提出了"心之本然"与"心之气禀"说。这是他说明未发之心有善恶的理论基础。在南塘看来,巍岩的未发心性论是以心为中心来论性。而他自己则是以性善为主来论本然之心。南塘认为,虽然心存在兼具善恶的气禀与纯善的湛然虚明之本体。但在未发状态下,气不用事,性之善会显现出来。

从上述可见,在巍岩与南塘论争的过程中,巍岩将未发之心界分为二心(本然之心、气质之心),而南塘则将未发之心界分为一心(心之本然、心之气禀两个层面)。这对巍岩来讲,性善只有在本然之心的状态下才能确保本然之性;而对南塘来说,性善是气质的本然之性,是在未发状态下性的一个层面。巍岩与南塘由于对未发心体的界分不同,导致了双方观点各异。

三、圣凡人心同异论

朝鲜前期的"四端七情论辩"是以主体之人为主题的争论,而后期的"湖洛论争"是从主体之心出发,扩展到人与物、圣人与凡人为主题的论争。这是二者的区别之处。

对于圣人与凡人之心是否相同问题。巍岩说:"夫天之命物也,惟人得二五正通之气,其寂感之妙,中和之德,而灵贵于万物。此明德本体而即圣凡之所同得者也。孔子所谓操存舍亡之心。孟子所谓仁义礼智之心,朱子所谓元无不善之本心者,都只此心,则不论圣凡,此心之外,无他心矣。"[①]这就是说,圣人和凡人同德二五正通之气,具寂感之妙,中和之德。所以,圣凡人同具明德本体之心。

巍岩认为,心在未发时心体起主宰作用,是纯善的,圣人和凡人的心是相同的。所以,他说:"未发之体……就《大学》明德而言之,夫气禀所拘之明德,则其昏明有万不齐矣。其所谓本体之明德,则圣凡当是无别矣。"[②]在巍岩看来,未发心体的纯善与圣人凡人所具有的明德之心体也是相同的。这是巍岩以朱熹所说的"未发之时,自尧舜至于途人,一也"[③]为理论依据的。

---

① 李巍岩:《未发辨》,载《巍岩遗稿》卷一二。
② 李巍岩:《上遂庵先生》,载《巍岩遗稿》卷四。
③ 《朱子语类》卷二六,北京:中华书局,1986年,第644页。

魏岩还认为,心性一致的本心作为圣凡人都具有的心,只有在未发状态下才可以确认其存在。对圣人来说,不仅在未发,而且在已发状态下此心也起作用,因此便没有喜怒哀乐不中节的情况,任何情况都是"以理为心,故心即性,性即心,体则中,用则和"①。这就是"从心所欲不踰矩"。朱子在《论语集注》中对此解释说:"盖心即体,欲即用;体即道,用即义,声为律而身为度矣。"②而对凡人来说,气禀消散,心虽可以瞬间用事,但会顷刻变得昏暗。魏岩说:"栗翁曰,众人之心,或有未发,则全体湛然,与圣人不异,而惟其瞥然之际,还失其体。"③又说:"自圣人以下,则恒患气不循理,心不尽性,故凡自戒慎恐惧,以约之精之,以至于其守不失,无适不然者,正欲其理气同实,心性一致之功也。"④这也就是说,凡人之心性之间存在间隔(即心不尽性),要克服这种间隔,只有通过修养来到达"意诚心正"、"心性一致"、"理气同实"的境界,才能够实现"善"之目标。所以魏岩十分强调《中庸》的"是故君子戒慎乎其所不睹,恐惧乎其所不闻。莫见乎隐,莫显乎微,故君子慎其独也"⑤的慎独之修养工夫。

　　这里值得注意的是,魏岩在本然之心的层面上主张圣凡人相同,但在气质之性的层面上承认圣凡人相异。他说:"彼随心而静者,以其有不杂之实,故其心虽千昏万恶,而自不害为天下之大本,则彼随心而动者,本末改不杂实也。其行虽穷凶极恶,而亦不害为天下之大道也,然乎?诚如是说,则愚恐舜跖将无辨,人兽将无别矣,无乃不可乎。"⑥

　　南塘则认为,将未发之心分为"心之本然"和"心之气禀"两个方面,只是为了说明心的善恶。也就是说,湛然虚明的心之本然是"气的精爽",体现在人身上为"虚灵",是善心的层面;而气禀不齐的"心之气禀"是清浊粹驳不齐的气质,也就是心有善恶的层面。这是南塘将一心从两个方面来说,但就具体现实来说,只存在一心。南塘还认为:"人之禀气而生,渣滓为形质,精爽为心。以渣滓精爽对言,则渣滓固浊而精爽固清也。然若只以渣滓精爽分清

---

① 李魏岩:《未发辨后说》,载《魏岩遗稿》卷一三。
② 《四书集注》,长沙:岳麓书社,1987年,第77页。
③ 李魏岩:《未发有善恶辨》,载《魏岩遗稿》卷一二。
④ 李魏岩:《未发辨后说》,载《魏岩遗稿》卷一三。
⑤ 《四书集注》,长沙:岳麓书社,1987年,第25页。
⑥ 李魏岩:《未发有善恶辨》,载《魏岩遗稿》卷一二。

浊,则圣人亦固渣滓为质,精爽为心,而与众人无别矣。惟其渣滓中,也有清浊;精爽中,也有清浊,此圣凡贤愚之所以分也。"①

所以,南塘指出:"虚灵则气禀之虚灵,气禀则虚灵之气禀,非有二物也","虚明气禀,又非二物,则此所以性无二性,而心无二心也"②。据此,南塘主张"圣凡心异论"。这一认识,与巍岩所认为的圣凡人心都具有同样的明德本体之心的主张是不同的。

从上述可见,巍岩因否认未发时存在"气质之性",而认为在本然之心的层面上,圣人凡人都同样禀赋了明德本体之心,提出了"圣凡人心同论"。南塘因承认未发时存在"气质之性",而认为圣人与凡人本体之心不同,主张"圣凡人心异论"。

综上所述,湖洛之争,通过人物性同异论、未发心体本善有善恶论和圣凡人心同异论辩,韩国性理学者对朱子学的心性论的研究更加深入透彻,提出了很多新观点,并以此形成了有别于中国朱子学的韩国朱子学。

(原刊于《孔子研究》2018 年第 1 期)

---

① 韩南塘:《栗谷别集附签》,载《南塘集》卷三二。
② 韩南塘:《答尹晦甫兼呈李公举》,《南塘集》卷一一。

朱子学在台湾传播的途径及其功效研究

※ 杨国学 李世财

明清两代,朱子学成为统治思想,为中华民族大家庭的繁荣兴盛、自强不息提供了新的精神支柱;同时也对东亚各国和我国台湾的文明进步,起过重要的启迪和推动作用,以至形成了所谓"东亚儒学文化圈",从而把以儒学为核心的中华传统文化推向了一个新阶段。本文意欲对郑成功和清王朝在收复、治理与开发台湾过程中,朱子学入台的途径及其积极影响做一些梳理探索,为海峡两岸文化交流服务。

一、朱子学入台的背景与条件

众所周知,朱子学形成于福建,故又称"闽学"。而台湾曾长期是福建的一个府,直到清光绪十一年(1885年)才成为一个行省。那么,按理说,朱子学传入台湾的途径应该比较近便。但实际情况并非如此。因为台湾岛孤悬于茫茫大海之中,与大陆隔海峡相望,且一度为西班牙、荷兰殖民者所盘踞,故朱子学向台湾的传播,只有在台湾回归祖国以后,才有可能。

(一)郑成功收复台湾为朱子学入台创造了条件

南明永历十四年(1661年),被封为延平郡王的郑成功一举收复了祖国宝岛台湾。郑成功虽出生于日本,但归国后,15岁进南安县学为廪生,21岁以福建省乡试榜首进南京国子监太学,曾受教于虞山名儒钱谦益,研修儒学修齐治平之道。他收复台湾前,有意吸纳了一批程朱理学饱学之士,旨在为以后治理台湾储备人才。连横《台湾通史·诸老列传序》称:"当是时,招讨大将军郑成功开府思明,礼待朝士,缙绅耆德避地者皆归之。"其中重要人物有徐孚远、张煌言、沈全期、曹从龙、陈士京、陈永华等,"而(徐)孚远领袖其间,军国大事,时咨问焉"。① 入台时,"士大夫东渡者盖八百余人",②这些人都是郑氏政权传播大陆文化,倡扬以朱子学治台的中坚力量。由于这些人的倡导,朱子学与大陆其他先进文化得以在台湾迅速传布。

(二)康熙推崇理学是朱子学入台的强大动力

清朝政权入关后,便大力推行汉化政策,努力强化思想统治。清朝最高统治者下令将《四书》《五经》《性理精义》诸书定为士子必读之书和科举考试命题的来源。康熙极力推崇朱熹,自谓他8岁就开始攻治朱熹所注《大学》《中庸》,并说"读书五十载,只认得朱子一生所作何事"③,认为朱子"文章言谈之中,全是天地之正气、宇宙之大道。朕读其书,察其理,非此不能知天人相与之奥,非此不能治万邦于衽席,非此不能仁心仁政施于天下,非此不能内外为一家。"④并下旨将朱熹列为孔庙大成殿配享的十哲之一。同时还任用李光地等一批信奉朱子学的"理学名臣",使之编纂《朱子大全》和其他理学典籍,其目的显然是想要用朱子学一统国人思想。中国社会一直就有唯官、唯上的价值取向,最高统治者对朱熹的推崇,为朱子学在全国广泛深入的传播大开了方便之门。

---

① 连横:《台湾通史》,上海:华东师范大学出版社,2006年,第396页。
② 连横:《台湾通史》,上海:华东师范大学出版社,2006年,第395页。
③ 《御纂朱子全书·序》,载袁行霈《中国文学史》卷四,北京:高等教育出版社,1999年,第234页。
④ 《御纂朱子全书·序》,载袁行霈《中国文学史》卷四,北京:高等教育出版社,1999年,第234页。

(三)朱子学入台是台湾归化的政治需要

据江日升《台湾外纪》①载,1665年,台湾明郑政权初定后,针对"台湾为海上新服,躬耕之士,多属遗民,麦秀禾油。眷怀故国,故多不乐仕进"②的现实,陈永华献策于郑经:"今既足食,则当教之……须择地建立圣庙,设学校以收人材,庶国有贤士,邦本自固,而世运日昌矣。"③在陈永华的反复劝导下,郑经颁令动工兴建圣庙。翌年正月,孔庙建成,旁建明伦堂。三月又建学院,命陈永华为主持人,以鸿儒徐孚远的弟子礼官叶亨为国子助教。接着"又令各社设学校,延师令弟子读书","自此台人始知学"。④

当台湾回归大清版图后,开启民智,提高各族人民的民族意识,加强与大陆根脉的联系,维护国家统一,发展社会生产力,自然成为岛内社会稳定的客观要求。而这些要求与朱子所倡导的思想是相一致的。因此,当时台湾各级地方官员都极力主张把朱子学为主体的"圣学"作为经略、治理、开发台湾的指导思想。

康熙二十五年(1682年),首任台厦道周昌在给福建巡抚金铉的呈文中强调:"台湾既入版图,若不讲诗书,明礼义,何以正人心而善风俗?""建学校、行考校、诚审乎教养之根本,为海天第一要务也。"⑤康熙六十一年,著名理学家黄道周的弟子蓝鼎元更明确地指出:"闽学追邹鲁,东宁(指台湾)昧为障。当为延名儒,来兹开绛帐。俾知道在迩,尊君与亲上。子孝及父慈,友恭更谦

---

① 《台湾外纪》又名《赐国姓郑成功全传》《台湾外志》《台湾野记》《台湾纪事本末》。三十卷,约二十九万字,清江日升撰。江日升,字东旭,福建同安人。是书据《先王实录》《海上见闻录》《郑成功传》等书及耳闻目睹所撰,为避清朝文字狱,采用章回小说体裁,以闽人说闽事的方式,详细记载了郑氏的家室及其抗清活动。书约成于康熙二十三年(1684年)至康熙四十八年(1709)间。记事上起明熹宗天启元年(1621年)郑芝龙之父,下至康熙二十二年(1683年)郑克塽降清。其中对郑成功的事迹叙述尤详。江日升自称,编纂此书,仍据其父对郑氏"始末靡不周之,口传耳授,不敢一字影捏"。其体裁为小说,实际内容当视为实录,故作史料加以引用。
② 江日升:《台湾外纪》,上海:世界书局,1979年,第39页。
③ 江日升:《台湾外纪》,上海:世界书局,1979年,第236页。
④ 江日升:《台湾外纪》,上海:世界书局,1979年,第236页。
⑤ 高拱乾:《台湾府志·艺文》,北京:中华书局,1985年,第1005页。

让。从兹果力行,诱掖端趋向。"①

这就是说,朱子学在台湾像在大陆一样成为统治思想,乃时也,势也。它既是清统治者治理台湾的政治方略,也是中华一统旗帜下台湾归化的需要。

二、朱子学在台湾的传播途径

(一)儒学官员主政,推动理学传播

清初治台官吏,多为笃信孔孟程朱、道德文章为时人所称道的名宦醇儒。他们抵台后,大都重教兴文,关心民瘼,成为传播程朱理学及大陆文化的先驱。其中不遗余力推动儒学教育的官员首推陈璸,他先后任台湾知县和台厦道兼理学政。此公"清操绝俗,慈惠利民,暇即引诸生考课,以立品敦伦为先";②同时还"捐俸修郡邑文庙及朱子祠"。首任知府蒋毓英,任内"进父老子弟,教以孝弟之义,振兴文教,捐俸创立义学,延师课督"。③ 康熙三十四年(1695年)知台湾府的靳治扬,"捐资修文庙","尤雅意作人,番童有未知礼义者,立社学延师教之"。雍正十一年(1733年)巡察台湾兼理学政的林天木"动辄以宋名儒为范","取士以品行为先"。④ 这一大批杰出的儒学名臣的入台主政,在宝岛播撒朱子学与大陆文明的种子,一向受到岛内外人士的赞赏。台湾大学陈昭英博士认为:"所谓台湾儒学,只能说是闽学在台的一个支脉,或指儒学在台湾的存在、发展。""就闽台的渊源而言,许多执教于台湾的官学、书院的教师,甚至学有专精的行政首长本身即来自福建,自然而然将闽学传入台湾。"⑤

事实确实如此,除行政长官外,台湾各级文教官员大多从福建选调。据统计,从康熙二十六年(1687年)至乾隆十一年(1746年)的60年中,台湾历任府学教授17名,训导4名;凤山、诸罗、台湾三县儒学教谕50名,训导17

---

① 佚名:《台湾近咏十首(之一)》,载范咸《重修台湾府志》卷二四,北京:中华书局,1985年,第2750页。
② 范咸:《重修台湾府志》,第1564页。
③ 范咸:《重修台湾府志》,北京:中华书局,1985年,第1567页。
④ 范咸:《重修台湾府志》,第1576页。
⑤ 陈昭英:《台湾儒学:起源发展与转化》,台北:台湾大学出版中心,2008年,第3页。

名,全部是福建儒士。他们中不少是闽学群儒后裔,对传播与弘扬朱子学分外勤勉。如长乐林谦光、陈志友、晋江黄赐英等人,于康熙二十六年(1687 年)分别调任台湾府儒学教授、诸罗县儒学教谕和凤山县儒学教谕。建阳袁弘仁,于雍正十二年(1734 年)首任台湾府学训导。他们均"好学不倦,文辞苍蔚,风士多宗之"。① 他们可谓在台湾传授弘扬朱子学的中坚。

(二)兴办书院学校,培养儒学人才

从郑经时代起,台湾就已开始兴学重教。至清代更蔚然成风。台湾县与凤山、诸罗、彰化诸县都先后于康熙和雍正年间建起了儒学。与此同时,为满足各种不同层次人士的要求,福建盛行的书院,也迅速在台湾发展起来。康熙四十三年(1704 年),台湾知府卫台揆首建崇文书院;康熙五十九年(1720 年),分巡道梁文煊建海东书院;雍正年间,中社书院、正音书院、南社书院先后建成;乾隆时,又建起了白沙、凤阁、龙门、南湖、文石等书院;至光绪十九年(1893 年),台湾各地的书院已达 45 所。② 此外,官办或私立的社学、义学、私塾也大量涌现。至康熙四十八年(1709 年),仅诸罗一县就建了 8 所社学。乾隆年间,澎湖通判胡建伟以振兴文教为己任,在他的倡导下"澎岛十三澳内,每社皆有蒙塾,书声相闻……虽贫民亦送其子弟入塾"。③

由于明清两代的科举取士都以《四书》《五经》为本,故各级各类学校、书院自然都以儒家经典、尤其是朱子校注编定的《四书》《五经》和朱子的其他著作为教科书。这样,朱子学在台湾的传播就制度化了。

(三)兴建朱子祠堂,崇奉理学先贤

随着大陆教育制度、教育模式在台湾的逐步推广,朱熹及其师友弟子也随之受到台湾各地官府和士民的景仰。不少儒学及书院都先后建起了朱子祠。康熙二十四年(1685 年),台厦道周昌、首任知府蒋毓英将郑氏府邸旧址改建为台湾府儒学,改额曰"先师庙",其建筑群中包括大成殿、崇圣祠、名宦

---

① 范咸:《重修台湾府志》,第 1501 页。
② 黄秀政:《清代台湾的书院》,载《台湾史研究》,台北:学生书局,1992 年,第 129~135 页。
③ 林仁川:《大陆与台湾的历史渊源》,上海:文汇出版社,1991 年,第 211~213 页。

祠、乡贤祠、明伦堂等;内设孔子神位及十哲、先贤先儒姓氏牌。康熙五十一年(1712年),陈璸捐俸又于学宫左侧建朱子祠,这是在台湾建立的第一座朱子祠。未建专祠者,也大多在孔庙设立牌位,朱熹、杨时、罗从彦、李侗、蔡元定、黄榦、陈淳、蔡清、真德秀等一大批闽学先贤,都成为台湾士人顶礼膜拜的对象。

(四)引进理学典籍,灌输朱子思想

为了使程朱理学思想深入人心,清初台湾官方规定学校的主要课程为《性理大全》《四书》《诗集传》《古文辞》《资治通鉴纲目》《十三经》及《二十二史》等。康熙五十四年(1715年)台厦道陈璸在《新建朱文公祠碑记》中说:"矧自孔孟而后,正学失传,斯道不绝如线,得文公剖晰发明于经史及百氏之书,始旷然如日中天,凡学者口之所诵,心之所维,当无有不癙寐依之,羹墙见之者,何有于世相后、地相去之拘拘乎?"①他期望生徒对朱子的著述"信之深、思之至。切己精察,实力供行,勿稍游移坠落流俗边去"。② 为了引导"土番"研习朱子典籍,官府还制定了赠予读书番童每人一册《四书》等奖励政策。这种政策,有助于调动各地原住民儿童攻读经书的积极性。雍正十二年(1734年),当地官员在对南北路各番社社学巡察中发现,不少"番童"均能"背诵《四书》及《毛诗》","亦知文理",甚至"有背诵《易经》无讹者"。③

台湾各类学校设立之初,书籍短缺,难以满足学校、书院教学和士人学习之需。于是,一些赴台官员特意从大陆筹集典籍,运往台湾。如道光六年(1826年),福建巡抚孙文准赴台巡视时,特意从颇负盛名的福州鳌峰书院藏书中,拨出一批理学要籍,随船入台,赠给台湾仰山书院,其中有《朱子文集》《朱子语类》《朱子学的》《读朱随笔》《二程文集》《二程语录》《重编杨龟山集》《重编罗豫章集》《李延平集》《张南轩文集》《黄勉斋集》《真西山文集》《伊洛渊源录》《道南源委》《濂洛关闽书》《文文山集》《谢叠山集》《重编熊勿轩集》等,总共45种166部。从而既解决了部分教学急需,又扩大了朱子学在台湾的

---

① 范咸:《重修台湾府志》,北京:中华书局,1985年,第2619页。
② 范咸:《重修台湾府志》,北京:中华书局,1985年,第2619页。
③ 六十七:《台海采风图考》,载蒋毓英《台湾府志三种》,北京:中华书局,1985年,第2228页。

影响,使朱子思想迅速在台湾生根开花,成为全岛共尊的社会思想。

三、朱子学在台湾传播的功效

(一)崇尚礼仪,风移俗易

中国自古以来就十分重视礼乐教化。以朱子为代表的宋明理学家极力推崇的诚、正、修、齐、治、平的那一套道德理想,对振纪纲,正士风,易民俗,提高社会文明程度,确实具有积极意义。台湾归顺清朝后,当局即大兴教化,提倡"礼治",先后颁布了多种条例规约,分别对民风士风官风进行整治。康熙九年,朝廷就依据程朱理学的伦理思想,制定了《上谕乡约十六条》,其内容包括:

> 一敦孝弟以重人伦,一笃宗族以昭雍睦,一和乡党以息争论,一重农桑以足衣食,一尚节俭以惜财用,一隆学校以端士习,一黜异端以崇正学,一讲法律以儆愚顽,一明礼让以厚风俗,一务本业以定民志,一训子弟以禁非为,一息诬告以全善良,一诫匿逃以免株连,一完钱粮以省催科,一联保甲以弭盗贼,一解仇忿以重身命。

康熙六十一年(1722年),蓝鼎元向当局建议,将此《十六条》"令各乡村义学于每月朔望宣读,多方开导,家喻户晓"①。

康熙四十二年(1703年),台湾县新建明伦堂落成时,县令陈璸就召集生员训诲说:"五经贤传,千条万绪,皆所以启钥性灵,开拓原本,为纲纪人伦之具";希望诸生"忠君、孝亲、信友;友义、妇听、兄良、弟恭,为端人,为正士"。②所有这些,其目的都在于端正士风、学风,强调士人的道德修养为做人之根本。朱子思想的启迪、教化、浸润,有效提高了台湾社会的文明程度和台湾各族人民的文化思想素质。这一历史进程,在台湾的一些方志中有所描绘:"台湾自入版图,垂今六十余年,卉服文身之域,茹毛饮血之涛,咸袭冠带,安耕

---

① 蓝鼎元:《覆制军台疆经理书》,载蒋毓英《台湾府志三种》,北京:中华书局,1985年,第2541页。

② 陈璸:《台邑明伦堂碑记》,载蒋毓英《台湾府志三种》,北京:中华书局,1985年,第2614页。

凿,俗移风易,骏骏乎有中土之习。"①台厦道王之麟称:"迨我朝开辟之后,置郡县,立学宫。凡取士之典皆与内地同,始彬彬然称治如海邦邹鲁矣。"②又《台海采风图》载:"台番涵濡德化,亦有礼让之风,卑幼遇尊长却步道傍,背面而立,俟其过始随行,若驾车则远引以避;如遇同辈,亦停车通问,相让而行。"③这些资料充分说明,朱子学入台后,与原住民优秀的传统文化有机结合,经过半个多世纪的融合,使台湾全岛的精神文明程度得到了长足发展。

(二)文脉相承,血缘相亲

台湾自古与大陆一衣带水、血肉相连。从三国孙吴时起,大陆汉族人民就陆续移居台湾、澎湖,与当地土著一起披荆斩棘,共同开发宝岛。据连横《台湾通史》引述《隋书·陈稜传》所记:"大业三年,(稜)拜虎贲中郎将,后三岁,与朝靖大夫张镇州发东阳兵万余人,自义安泛海,击流求国(台湾),月余而归。流求人初见船舰,以为商旅,往往诣军贸易。"④这是大陆政府计划将台湾划入疆域的首次军事行动。此前几年,陈稜曾带人到过澎湖。到了明清时期,随着大批官吏、军人、商贾的入台,特别是朱子学的传播,促进了台湾各族同胞的民族团结和融合,增强了台湾同胞与大陆亲人的血缘联系。台湾各族同胞与大陆同胞在民族意识、语言文字、文化心理,风俗习惯以至典章制度、道德观念、价值取向等方面,都趋于一致,从而极大地加强了与大陆密不可分的血缘关系。

由于大陆先进文化的启迪和汉族同胞的帮助,台湾原住民的经济发展速度迅速提高,文明程度亦有了较大提升,从而加速了汉化过程,纷纷归化内附。康熙末期闽浙总督觉罗满保上疏称:凤山县熟番力力等12社,诸罗县熟番肖垅等34社"数十余年仰邀圣泽,俱各民安物阜,俗易风移"。其余南北二路生番,"见内附熟番赋薄徭轻,饱食暖衣,耕凿自安……亦莫不欢欣鼓舞,顾

---

① 陈大受:《重修台湾府志序》,载蒋毓英《台湾府志三种》,北京:中华书局,1985年,第1233页。
② 王之麟:《重修府学新建明伦堂记》,载程利田《道南首豸山》,香港:中国翰林出版公司,2002年,第438页。
③ 范咸:《重修台湾府志》,北京:中华书局,1985年,第2228页。
④ 连横:《台湾通史》,上海:华东师范大学出版社,2006年,第3页。

附编氓"。① 各地汉族与少数民族同胞也都杂居共处,建立了比较和谐的关系。

(三)戮力同心,抵御外侮

朱子学在台湾的传播,激励了千千万万台湾同胞的爱国主义思想和民族意识,培育了一代又一代维护祖国统一、反对民族分裂和外敌入侵的仁人志士,确保宝岛台湾永远与祖国大陆融为一体。

郑成功率军收复台湾时,在给荷酋揆一的照会中严正指出:"台湾者,中国之土地也,久为贵国所踞,今余既来索,则地当归我。"②郑氏政权始终尊奉明朝正朔。康熙二十二年,施琅进军台湾,直接目的是消灭郑氏政权,完成统一大业;但同时也从巩固东南边防的需要着眼,指出:"台湾有地数千里,人民十万,弃之必为外国所踞。"③蓝鼎元也指出:"台湾海外天险,治乱安危、关系国家东南甚巨";"台湾一去,漳泉先为糜烂,而闽浙江广四省俱各寝食不宁,江左辽阳皆有边患……此土万万不可委去。"④

鸦片战争时,英国侵略者屡犯台湾,台湾各族人民组织义勇队进行英勇反击。淡水贡生林占海捐番银一万元助修炮台。1895年丧权辱国的《马关条约》签订时,正在北京会试的台湾举人群起反对,上书力争,年逾七旬的高山族举人胡盛兴,毅然投笔从戎,回台组织高山族义军,奋起抗战。并慷慨赋诗:"抗日援台莫笑狂,万言万里两非常,下书投笔从戎起,不入考场入战场。"时任兵部主事的台湾苗栗县人丘逢甲,为使台湾回归祖国怀抱,在台湾组织义军拼死抵抗。《马关条约》签订一周年时,他义愤填膺,赋《春愁》一首:"春愁难遣强看山,往事惊心泪欲潸。四百万人同一哭,去年今日割台湾。"⑤从1895年至1945年日寇霸占台湾的50年中,台湾人民反抗侵略、要求回归祖国的斗争从来没有停止过。这一光荣传统气贯长虹,令敌寇畏惧,令国人振

---

① 觉罗满保:《题报生番归化疏》,载中国社会科学院文学研究所《台湾爱国文鉴》,北京:北京出版社,2000年,第42页。
② 连横:《台湾通史》,上海:华东师范大学出版社,2006年,第12页。
③ 《清史稿》第21册,北京:中华书局,1977年。
④ 蓝鼎元:《论台镇不可移澎书》,载蒋毓英《台湾府志三种》,北京:中华书局,1985年,第2558页。
⑤ 丘逢甲:《春愁》,载《岭云海日楼诗钞》,上海:上海古籍出版社,1982年。

奋,是中华民族抵御外侮斗争史上的光辉篇章之一。

  总之,朱子学在台湾的传播,是当时国家统一的需要,是台湾政治统治和社会稳定的需要,是台湾民众提高伦理教化和文化教育水平的需要。其所以能在台湾生根、发芽、开花、结果,主要得益于当时执政者的倡导有力,推动有方,践行有序,措施有效。当然,归根结底,是朱子学的精华具有经世致用的功能。

(原刊于《合肥学院学报》第28卷第3期,2011年5月)

明清时期朱子学
在台湾传播的基础、阶段与路径

※ 路善全

台湾海峡两岸,有史以来存在着紧密的地缘、血缘、文缘联系。明清时期,由于统治者的积极倡导和民间的全力推动,台湾逐步形成朱子学传播环境,朱子学在台湾广泛传播并生根、开花、结果,成为海峡两岸文化认同的重要纽带和体现。

一、朱子学在台湾台传播的基础

文化传播学认为,文化的传播的基础为文化是否具有适应性和选择性,否则传播将难以顺利进行。20世纪后半期以来,台海两岸的四次有代表性的考古发现,从一个侧面呈现朱子学在台湾传播所需要的适应性和选择性。

第一、二次有代表性的考古发现分别发生在1971年和1974年。在此两年里,人们分别对台南县左镇乡进行了两次考古发掘,人们发现台湾早期住民主要组成部分的"左镇人",与福建省考古发现的人类史前时期的"东山人"、旧石器时代晚期的"清流人"有着共同的起源和特性,同属中国旧石器时代南部地区的智人,他们大概是在3万年前从大陆福建到达台湾的。[①] 此两次考古结论证明:早期部分台湾人是从大陆直接或间接移居过去的。

第三次是在1998年11月。福建省发现一件出自台湾海峡海底的人类化石,这一发现成为台湾海峡考古的重大事件。考古学家鉴定认为,闽江在

---

① 赵昭昞:《台湾海峡演变的初步研究》,《台湾海峡》1982年第1期,第20~24页。

福州盆地60米深处和九龙江在漳州盆地80米深处,存在着埋藏古河道。①它证明一片汪洋的台湾海峡数万年前是与大陆同为一体的陆地,台湾早期与福建是连在一起的。那时,从台湾西部平原到澎湖浅滩,再经海峡中部的台湾浅滩,直到漳州的东山岛之间,存在一片浅滩地带。海水下降时,浅滩就会露出海面。考古学家称:大陆的古人类就是通过这条浅滩往返台湾。动物从福建陆地向岛上迁移,至今在阿里山西麓的"桃园砾石层"、永安寨岩山和宁化石子嵝的石灰岩洞穴堆积中发现的与大陆相同的中国犀牛化石即为明证,与之相伴的还有大熊猫、水鹿、熊等动物化石。②后来随着地质变化,这座浅滩被淹没在海底,形成台湾海峡。

第四次在2007年1月。台湾史前文化博物馆考古人员在台东的多良挖掘到"外圆内方"的古代钱币铸模。台湾考古研究认为,铸模距今1300年左右,为唐代古代钱币铸模,说明当时的唐朝与台湾岛互动交流密切。

这四次代表性的考古发现,进一步证实海峡两岸同根同族,同源同祖,有着深厚的血缘亲缘文缘关系,这也成为两岸包括朱子学传播在内的文化传播的适应性和选择性的文化人类学基础。

上述考古结论亦被相关古籍记载证实。如《三国志》卷五十九《吴志·孙权传》记载,黄龙二年(230年)春正月,孙权派遣将军卫温、诸葛直,率官兵到达夷洲(台湾)。③再如《太平御览》卷780引用了三国吴人临海郡太守沈莹关于夷洲(台湾)的记述,沈莹的《临海水土志》④记载了当时台湾人的居住、饮食、嫁娶、穿耳、凿齿、猎狩等习俗。这些较早期的古籍记载,正好为以上的考古发现提供文化史料支撑。

文化人类学基础还存在于台湾文化的区域性和家族性特色。一方面,大陆移民赴台拓垦,这些人开始时大体也是区域性和家族性的集合体,区域性和家族性必然成为维系赴台移民们的共同文化特征和相近行为模式的纽带,亦是形成赴台移民们必要的集体力量形成的载体。另一方面,具体到包括朱

---

① 林观得:《福建第四纪海平面升降运动》,《科学通报》1980年第24期,第1134~1136页。
② 杨启成等:《福建永安第四纪哺乳类化石》,《古人类古脊椎动物学报》1975年第7期,第192~195页。
③ 陈寿:《三国志》,北京:中华书局,1959年。
④ 沈莹著,张崇根辑注:《临海水土志》,北京:中央民族大学出版社,1998年。

子学等文化在台湾的传播来说,台湾的移民几乎都来自大陆,尤与福建漳州、泉州关系最为密切,大陆、福建有着朱子产生的土壤,这依附在区域性和家族性上,无可避免地在台湾成为朱子学传播的推动力量。第三,区域性和家族性影响下,闽南话和客家风俗成为代表台湾的重要符号,福建流行的一些文化习俗甚至装饰等也在岛内流行,闽南话和客家风俗也就成为交流、交往的重要媒介。

二、明清时期朱子学在台湾传播的三阶段

朱子学在台湾传播的基础奠定了,文化传播得以进行。在文化传播中,人理所当然是最活跃的因素。文化传播,从人的规模移植开始。大陆人成规模地移植到台湾,较有代表性的有三次:一是明代天启年间。标志性的事件为颜思齐率大陆乡亲"开台"。从大陆旅居日本的福建海澄人颜思齐,于明天启四年(1624年),因不满日本德川幕府的统治,参与日本人民的反抗斗争,因幕府遣兵追捕,率众出逃台湾,在台开疆拓土垦荒,并派杨天生率船队赴福建漳、泉故里招募移民,先后共招募了三千余乡亲赴台。涂志伟的《从族谱资料看漳台姓氏传承——明清以来漳州姓氏向台湾的四次迁移》一文指出:赴台乡亲中有海澄人陈忠纪、南靖人李俊臣、南安人郑芝龙等3000多人,均为漳州、泉州等地青壮年,最终在台湾笨港(今北港)登陆扎根。[①] 这是大陆漳州人、泉州人最早的大规模迁移台湾的事件,颜思齐因此被称为"开台王"。连横的《台湾通史》在叙述此事件时亦称:"漳、泉无业之民亦先后至,凡三千余人。"[②]可佐证之。

二是1662年,郑成功驱逐了占据台湾达38年之久的荷兰侵略者后,带领官兵、乡亲以及组织募大量移民赴台。郑成功父子先后在台湾经营二十二年,每年均招募大陆移民赴台垦荒,建设发展台湾。郑氏政权时期,台湾的汉族人口已达二十余万人。

三是清政府统治台湾时期移民赴台。康熙二十二年(1683年),清政府谋

---

① 涂志伟:《从族谱资料看漳台姓氏传承——明清以来漳州姓氏向台湾的四次迁移》,《闽台文化交流》2008年第1期,第72~76页。

② 连横:《台湾通史》下册,卷二十九列传一,台北:幼狮文化事业公司,1977年。

划管辖台湾,选派施琅率水师攻占澎湖,台湾郑氏集团向清军投降。由此,清朝廷在台湾设府、县等机构,台湾在行政上成为福建的一个府,归闽浙总督、福建巡抚管辖。光绪初年,清政府正式开禁,"所有从前不准内地民人渡台各例禁,着悉予开除;其贩买铁、竹两项,并着一律弛禁,以广招徕。"①从此开始进入由官方主持的大陆人规模移植台湾时期。清政府在厦门等地设招垦局,正式招募大陆人主要是福建人赴台开垦,采取十分优惠的政策,如为开垦者提供的口粮、耕牛、种子、农具等必备物资,甚至提供土地,土地经营3年之后才开始征收赋税,吸引了十数万闽南民众前往耕种。在此基础上,至清嘉庆十六年(1811年),台湾汉族人口已超过200万;清光绪十九年(1893年)台湾的汉族人口已达300万。②

明清时期,随着大批大陆人移民入台,大陆文化在前朝的基础上进一步扩大在台湾的传播,进一步深入渗透到台湾社会的各个角落。这一历史时期,朱子学为大陆正统思想文化,理所当然地成为大陆思想文化在台湾传播、交流的主流意识形态。这一时期,朱子学在台湾的传播,可以分为三个阶段:

第一阶段,郑氏政权阶段。郑成功与朱子文化关系密切,本人为朱子学的发祥地福建人,其7岁就开始学习理学,15岁入县学,21岁以贡生进入南京太学,特别信奉和忠于明朝的君臣之义。他崇尚和奉行经世致用的思想,其理学思想重在传统儒家思想的春秋大义。在其影响下,经世致用的思想盛行台湾,因此其时台湾的理学思想具有现实的功利色彩。

郑成功与福建文人的关系密切。收复台湾后的大批移民中有不少大儒名士,理学根基深厚,较为著名的有卢若腾、沈光文、徐孚远、王忠孝、朱术桂等人。他们追随郑成功来到台湾,并在台湾岛上建孔庙、拓展文教,光大理学,促进了朱子学在台湾的传播。

第二个阶段,台湾纳入清政府版图阶段。康熙二十二年(1683年),清朝大将施琅攻陷台湾,明郑政权灭亡。台湾回归以后,清政府进一步倡导朱子学说。但此时的朱子学与明郑政权时期的朱子学思想侧重不同,清政府倡导的朱子学从根本上剔除了明郑时期遗留下来的带有明代烙印的春秋大义和

---

① 《清德宗实录》卷三,北京:中华书局,1987年。
② 涂志伟:《从族谱资料看漳台姓氏传承——明清以来漳州姓氏向台湾的四次迁移》,《闽台文化交流》2008年第1期,第72~76页。

君臣之义的理学思想,重视朱子学的仁义道德,强调三纲五常、治国安邦等教化内容,结合移植大陆的教育制度,新建台湾府县儒学等,此时的朱子学成为一种保秩序、求功名的工具。

康熙四十四年(1705年),正潜心朱子学的康熙皇帝,命文渊阁大学士李光地等人编纂《朱子全书》。为维护朱子学说的正统地位,李光地在编纂中总是偏向朱子学立场,调解朱子学派与其他学说的分歧。此时,宋代理学家蔡元鼎的后裔、著名学者黄道周的学生、福州鳌峰书院主持、福建漳浦梁山人蔡世远,在传播朱子学方面不遗余力,他在为台湾的诸罗县写的《诸罗县学碑记》一文中,清晰地阐述了朱子学的主要思想,希望台湾读书人遵照朱子的要求,立诚心,修伦理。雍正、乾隆以后,台湾建立东海等学院,这些书院成为了朱子学传播基地,培养一批又一批的台湾本土儒生,台湾的原住民也广泛地受到了理学教育。

第三个阶段,清末阶段。这一时期西方列强开始对中国沿海地区及台湾进行侵略。清末,国家、民族危机重重,台湾人认识到明郑时期所强调的朱子学思想文化的现实意义,经世实学、抵抗外侮的春秋大义道德观念由此在台湾重新兴起。光绪元年(1875年),沈葆桢来到台湾,他把经世实学用于开发建设台湾,大力开发和发展台湾实业。沈葆桢认为要抵御外侮就要发展明郑时期的理学思想,关键在于树立郑成功的爱国主义形象。于是他向朝廷上奏,新建延平郡王祠,以弘扬郑成功抵御外来侵略、收复开发台湾的爱国务实精神,激励人们以经世实学来开发台湾。丘逢甲的《通经置用赋》《全台利弊论》等实学文章,是当时台湾人追求经世实学,关心国家大事、注重国计民生思想的反映。

在甲午战争后日本侵占台湾的清末,台湾进一步复兴了朱子学经世实学及春秋大义的思想,台湾的儒生成为抵御外侮的中流砥柱,他们坚持君臣大节、民族之义,以死相拼,奋勇杀敌,以身殉国。此时期的朱子学在激励台湾人民保卫疆土反抗侵略起到了十分重要的作用。

明清时期大陆文化的规模移植与朱子学传台三阶段在时间上具有一定的关联,标志着朱子学在台传播的民族文化认同环境已然形成。

三、朱子学在台湾传播的路径选择

(一)显性传播路径

所谓显性传播路径是指一系列的公开化、有组织的传播途径,主要包括政策法规和制度、学校教育、书院教育等传播路径。

第一,政策法规和制度是以完成某种政治目标为主旨,立足于为当政者的意识形态服务,基本上发挥维护政治体制的作用。明清时期,从郑成功政权到光绪统治,各个时期在台湾推行的政策法规和制度,在其制定过程中,朱子学一直是政策法规和制度内容的内核,尽管有时关于朱子学具体内容的理解、认知和传播的侧重点有所不同。

无论在明郑时期,还是在清朝时期,台湾的执政者和主要官员都来自福建,在台湾推行的政策法规和制度,大抵以福建模式为蓝本,促进台湾政治经济的繁荣与社会的有效治理。福建是朱子学的发祥地,福建模式本身蕴含浓厚的中国传统思想,有利于以理学为核心的儒家思想的在台湾的传播环境的形成。

第二,从学校教育看,明清时期朱子学一直是台湾学校教育的主要内容,经典理学著述也成为台湾士人必读的基本书目,朱子学的传播在台湾教育中始终处于主导地位。

明代,郑氏父子在台湾大力发展文教事业,兴学校、开科举。郑氏政权中的文人士大夫大多崇奉理学,到台湾之后,他们热情高涨,横经讲学,主要内容强调"先王之道"、"仁义忠孝之道",这种教育在台湾产生广泛影响。在郑氏父子以及众多士大夫儒士的共同努力之下,台湾的朱子学教化事业和教育成效得到了很大的发展,台湾民众的受教育逐步扩大。

清朝重新把台湾纳入帝国版图之后,也效仿郑氏父子,在台湾建立起了和海峡西岸的福建省一样的教育制度,培养服从并且服务于清朝统治的理学人才。其时的学校教育包括官学和私学。台湾的各府、县均设有府学、县学。府、县学的教习、训导等均是从大陆福建选派充任。同时福建盛行的教育制度也移植台湾。台湾各类学校的教材与福建各类学校一样,采用四书五经及选编的艺文,台湾的选官、岁考、科考、乡试等也与福建同时进行,举人应试要到福州。朱熹在福建创建的朱子学,也已成为台湾科举考试的重要内容。台湾的学子们通过研读理学经典参加科举考试成为地方官员,这些官员往往又成为理学观念的践行者和卫道者。

第三,朱子学在台湾扎根,还得益于书院教育的推动。创立书院的规制和精神、建立书院讲学传统亦是朱熹的最大的贡献之一。1683年清政府统一台湾后,因袭郑氏政权朱子学治台政策,自康熙帝开始,迅速发展讲授朱子学的书院教育,加快了朱子学的传播。1687年清政府在金门建置浯江书院,1704年建崇文书院,1720年建海东书院;雍正、乾隆两朝所建书院有中社、正音、南社、凤阁、龙门、白沙、玉峰、文石、南湖、明志等;至光绪十九年(1893年),台湾的书院达45所。①

(二)隐性传播路径

所谓隐性传播路径是指一系列的以潜移默化的形式作用于社会团体和社会成员的传播途径。主要包括乡规和家训家谱传播、民间信仰和建筑传播、文艺典籍传播等途径。

第一,乡规和家训家谱传播。明清时期的台湾,士大夫们自觉地、义务地在乡村建立起思想教育的组织或机构,向全体民众宣传以朱子学为核心精神的传统观念和传统文化,对乡亲实施教化,以形成乡规。与此类似,古代中国家国同构下的"家族"往往通过制定家训和编撰家谱等方式,传播思想和文化,如影响深远的《朱子家训》,成为传播与学习的典范。家族修谱是希望通过这项活动来强化对族众的伦理教化,引导族人尊祖睦宗,修谱本身就是一种儒家文化符号。朱熹本人极力倡导修谱,他甚至认为,三世不修谱,当以不孝论。

第二,民间信仰和建筑传播。有人说,对台湾影响最大的福建人有两位,一个是朱熹,朱子信仰旨在提供思想及行为规范;一个是湄洲的林默娘,即海神妈祖,妈祖信仰旨在祈福求庇佑。明清时期,台湾一些地方建有专门的朱子祠和孔庙,并在祠内或孔庙内设立牌位,所祀者多是闽学名儒,其中属闽北籍或在闽北讲学、传播儒学精义的就有杨时、罗从彦、李侗、朱熹、蔡元定、真

---

① 罗小平:《闽北对闽学传入台湾的贡献》,《开放与传播》1998年第2期。

德秀、胡安国、朱松、蔡沈、王守仁、吕祖谦等等。①

朱熹是台湾人信奉的对象。乾隆三十一年（1766年）清政府在浯江书院内另辟"朱子祠"，奉祀大儒朱熹迄今，相沿有近250年历史。台北孔庙每回祭孔之后便祭朱熹。在供奉妈祖的台北万华龙山寺，后殿设有文昌祠，主奉孔子，近旁作陪的包括"紫阳夫子"朱子神像。长期以来，朱子祠遍布各地，朱子学已深化且融于台湾人的日常生活之中。

祠堂、牌坊是供奉和纪念的场所。从建筑的角度看，这些建筑烙上了浓浓的儒家思想文化的印记。台湾最早的牌坊立于明郑时期，是一座贞烈坊，台湾现保存有大约13座牌坊，最大的牌坊是台南的接官亭，建于清乾隆四十二年（1777年）。与遍布台湾各地的朱子祠一样，台湾的牌坊亦表明台湾自明郑时期开始已形成学习传播儒学、促进社会稳定和谐的浓厚氛围。

第三，朱子典籍传播。朱熹及其门人在闽北讲学授业，著书立说，留下一批阐扬儒学的典籍。郑氏政权时期，朱子著作、诗词随文人流到台湾；清代，政府有组织地向台湾输送朱子典籍。道光六年，福建巡抚孙文赴台巡视，从鳌峰书院藏书中，拨出一批理学要籍，赠给台湾以杨龟山而得名的仰山书院，总数达45种166部之多，其中有《朱子文集》《朱子语类》《读朱随笔》《二程文集》《重编杨龟山集》《重编罗豫章集》《李延平集》《黄勉斋集》《真西山文集》《谢叠山集》等。②

此外，清代的台湾已出现印制、销售朱子典籍的书商。销售渠道主要有两种：一种是固定的坐贾，即设立书店进行销售，以买卖的方式进行；一种是行商，包括流动的书商，或远途贩运、异地设店，或开设流动的小摊小贩等。

朱子典籍的跨海入台与商品经营，有力促进了朱子学在台湾的传播。

（原刊于《池州学院学报》第28卷第4期，2014年8月）

---

① 罗小平：《闽北对闽学传入台湾的贡献》，《开放与传播》1998年第2期。
② 罗小平：《闽北对闽学传入台湾的贡献》，《开放与传播》1998年第2期。

朱熹《八朝名臣言行录》建本流传考略

※ 徐俐华　丁友兰

朱熹（1130—1200），字元晦、仲晦，晚号晦庵，别称紫阳。朱熹是著名的教育家、思想家。朱熹一生博览群书，知识广博，著作宏富，著书70余部，460卷。元人虞集云："今天下之学，皆朱子之书"，著作及思想影响历代至今。朱熹是宋代理学集大成者，大量材料表明，朱熹不仅是一位著名学者，而且是一位杰出的出版家和版本学家。《八朝名臣言行录》是朱熹一部重要的史学著作，也是朱熹所亲自刻印，该书记载了北宋一百零四位名臣的言行事迹，是北宋当代史的人物资料汇编。该书保存了大量罕见的史料，这对于后世学者从事史学研究和文献学研究提供了极为丰富的史料，具有很高的文献价值。

《八朝名臣言行录》的最早刻本为建本，为了使人们对这部史书的版本有更全面的了解，兹将其建本流传过程考略如下，以作为研究它的参稽。

一、朱熹《八朝名臣言行录》建本考述

《八朝名臣言行录》是朱熹一部重要的史学著作，全书24卷，书由两部分组成，一是小传，二是言行事迹。其宗旨就是用历朝名臣言行之迹补益世教，正如朱熹《晦庵集》卷七十五的《八朝名臣言行录序》云，其目的是"有补于世教"。[①] 该书一经刊行，影响深远。其品评人物史书，留下许多他书没有的宝

[①] 朱杰人等主编：《朱子全书》，上海：上海古籍出版社，合肥：安徽教育出版社，2002年，第8页。

贵材料,体现了朱熹求实的史学精神。该书开创了"名臣言行录"这样一种体裁,前此未见,后宋、元、明、清代有续仿之作。南宋朱傅良在《止斋集》卷二十七,也赞朱熹为"当今良史之才"。

朱熹原本《八朝名臣言行录》的刊印时间,据清王懋竑撰《朱熹年谱》卷二有载,《八朝名臣言行录》成于乾道八年(1172年),时朱熹43岁。朱熹生活的宋代图书事业兴盛,是我国印本书发行的黄金时代。北宋初期的刻书主要限于官方刻书,到熙宁元年之后,私刻坊刻大量兴起,建阳刻书业也应从此时开始兴起,其后全国形成三大刻书中心:杭州刻的称为浙本,四川刻印的称为蜀本,福建所刻印的称为"闽本"、"建本"。福建刻书业分布在福州、莆田、建阳等地,而以建阳地区最为集中。而建阳刻书主要集中在麻沙、崇化两地,建本更多指的是麻沙、崇化所刻印的书籍,也称为"麻沙本"。南宋祝穆在《方舆胜览》中称:"建宁麻沙、崇化两坊产书,号称图书之府。"①可见当时建阳版本书籍的数量之多,流传之广。朱熹终年71岁,有60多年在福建,50多年生活在崇安(现武夷山)、建阳一带,建阳是朱熹的第二故乡。朱熹大部分时间也都在建阳著书立说以及与其生徒创设书院,传播文化,讲学论道。因长年居住福建建阳,所以他对建本尤为熟悉。朱熹曾说:"建阳版本书籍,上自六经,下及训传,行四方者,无远不至。"朱熹本人的许多著作都是在建阳刻板的,都是建本。依嘉靖《建阳县志》卷五《书院》记载:"同文书院在崇化里,宋乾道间朱文公建以贮图书。"同文书院是朱熹雇工匠为他刻书的地方,所刊刻书籍多是朱熹所著。

初朱熹编成《五朝名臣言行录》《三朝名臣言行录》,在建阳麻沙分印流行,后来两书合在一起刊印,称《八朝名臣言行录》。而《八朝名臣言行录》成书的前后几年,正是朱熹在同文书院著作刊印大丰收的季节,同时间著书的还有《论孟精义》《资治通鉴纲目序例》《西铭解义》《太极图说解》《通书解》等等。《八朝名臣言行录》这些著作上不见有"同文书院"刊书的牌记,所用刊书名义是人人都可署名的"建阳书坊"。

在《八朝名臣言行录》成书第二年,朱熹好友吕祖谦对此反应很大。吕祖谦字伯恭,学者称东莱先生,博学多识,与朱熹、张栻等友善,时称东南三贤。他在给朱熹的信中(见《东莱集》别集卷八《与朱元晦》)曾问朱熹,最近麻沙印

---

① 林应麟:《福建书业史:建本发展轨迹史》,厦门:鹭江出版社,2004年,第67、81页。

一书,名《五朝名臣言行录》,板样颇与《精义》相似,是否是朱熹所作,认为其间有许多颇有考订商量处,希望能请教于朱熹。朱熹的回信可能有点晚,于是吕祖谦又写信给另一南宋大臣、学者汪应辰(见《东莱集》别集卷七《与汪端明》)曰:"近建宁刊一书,名《五朝名臣言行录》,云是朱元晦所编,其间当考订处颇多,近亦往问元晦,未报,不知尝过目否?"朱熹后予以回信,至于吕祖谦认为《五朝名臣言行录》需考订商量处是什么,以及朱熹态度如何,是否做出修改,后来学者另作探讨。但此两信,皆提及朱熹刊印此书于建阳麻沙。吕祖谦逝世于淳熙八年(1183年),朱熹此书成于乾道八年(1172年),因此,吕、朱之辩必是吕祖谦生前的淳熙间(1174—1189)。吕朱之辩一方面体现了史学家严谨的学问态度,从考证上也为鉴定此书最早刻本为宋建本提供了一个较为准确的参照值。[①]

二、《八朝名臣言行录》建本流传

(一)《八朝名臣言行录》之宋本

宋代从刻书规模和数量而言,坊刻居前,传世的宋代建刻本大多是书坊刻本。当时建阳麻沙及周围十多华里的崇化等地都若众星捧月般出版书籍,成为福建乃至全国最大的书市。建本书籍可谓"行四方者,无远不至"。老字号建阳书坊的书籍行销全国各地,全国各地书贾也云集建阳书坊批销书籍。因宋建本内容四部俱印,其中以经、史、子部儒家、医学、类书、文人别集为主,子部儒家类、理学人物的著作为多。其主要原因在于宋代重科举,经书为考场的必读之书,另外南宋理学盛行,建阳乃考亭故居,朱熹弟子众多,莆田方伯谟曾撰文称"朱公之徒数千人",因此,朱熹著作刻印流传极广。但朱熹原本《八朝名臣言行录》复刻极少,之后出现的李幼武续辑的《宋名臣言行录》的刊印,则在民间流传。以下将《八朝名臣言行录》宋时版本,分述如下:

1. 朱熹原本复刻较稀少,记载不多

朱熹建本原本是否有修改或复刻如何?在宋末是否已佚?朱熹原本是否在吕、朱之辩后,朱熹本人有做删削或其弟子在后世的刻本中有修改,未有

---

① 方彦寿:《福建古书之最》,北京:中国社会出版社,2004年,第44~46页。

实证。但依《四部丛刊》影印宋本《三朝名臣言行录》卷一之一后附"王岩叟编《魏公别录》"等,末有"子阖窃考"一段,署"淳熙五年五月十二日朝奉郎新通判庐州军州事赐绯鱼袋晁子阖题",说明此本刻于淳熙五年之后,且补入了一些考订。

《四部丛刊初编书录提要》云:世行《名臣言行录》皆以李幼武续录为一书,陈均《编年备要》引用书名即然;是朱子单行之本,宋季已罕传矣。惟《直斋书录》载《八朝名臣言行录》二十四卷,为著录家所仅见。取校洪莹仿宋刊本,方知删削甚多,则此洵为朱子原书也。由此可见,南宋陈振孙在他所撰的私家藏书目录《直斋书录解题》中著录《八朝名臣言行录》二十四卷,未有删削,应为朱熹原本。宋末元初黄震《黄氏日抄》卷五十《读史·名臣言行录》,所用本子应是"朱子单行之本"。依据之处在于黄震所读的在于陈瓘、陈襄之间,有邵雍言行之迹的读书札记,而在后世李衡的删节本,后集于陈瓘、陈襄之间,已有邵雍言行之迹,即邵雍言行之迹移至外集卷五。因此可推断,南宋末年,朱熹建本仍然存在,并不是"宋季已罕传矣"。①

2. 李衡校正、李幼武续辑之合刊刻本的流传

李衡(1100—1178)字彦平,号乐庵江都人,史载"衡幼善博诵,为文操笔立就",是南宋著名的《论语》学家、易学家和思想家。南宋初期战乱不止,不少北方人民及士大夫南迁。李衡于绍兴初避地至昆山,聚书逾万卷,著作丰富。朱熹与李衡曾同朝几十年。朱熹与李衡的至交吴斗南多有书信往来,吴斗南曾讲学于朱熹之门。②李衡校正的朱熹《八朝名臣言行录》的前集、后集,对《八朝名臣言行录》进行删节,虽然体例变动不大,但正文、注文却大幅度缩减,甚至误校,亦有注文混入正文的情形。实为删节原本后的版本。删节本卷首载宋人李居安序文。朱熹所著《五朝名臣言行录》卷前署"太平老圃李衡校正"。

关于李衡校正朱熹所著《五朝名臣言行录》,《天禄琳琅书目》认为此李衡即《宋史》所载之李衡,云:"其校正之李衡,《宋史》载为江都人,字彦平。"但李伟国《八朝名臣录》校点说明认为《宋史》和其他资料均只说李衡号乐庵,未提

---

① 朱杰人:《迈入21世纪的朱子学》,上海:华东师范大学出版社,2001年,第312~320页。

② 王社庄:《南宋学者李衡事迹考述》,《兰台世界》2013年第13期,第81~82页。

至号太平老圃,亦未提到李衡曾校正朱熹《五朝名臣言行录》。

李幼武,出生年月不详,字士英,南宋吉州庐陵人(今江西吉安),理宗时仿朱熹此书体例,续辑《皇朝名臣言行录》《四朝名臣言行录》《皇朝道学名臣言行录》三集,最早也是在建阳刻印,即"宋麻沙本"。宋理宗景定间,李幼武以李衡校正本与其所著的《皇朝名臣言行录续录》《四朝名臣言行录》《皇朝名臣言行录》数种合刻,统称为前、后、续、别、外集,共七十五卷。其前后即朱熹所编两种,前集十卷,后集十四卷,李幼武撰续集、别集、外集五十一卷。共收入北宋以及南宋人物二百二十五人,书名为《皇朝名臣言行录》,后世称为《宋名臣言行录》。

之后,由李幼武续撰的《宋名臣言行录》,逐渐取代朱熹原书在民间广为流传,卷均系衔"晦庵先生朱熹纂辑、太平老圃李衡校正",历元、明、清三代未变。

(二)《八朝名臣言行录》之元至民国较有代表性的版本

元代规定明经一科的四书、五经用程朱理学的注本,又诏定朱熹《四书集注》试士子。此后,元、明、明、清三代均"天下之学皆朱子之书"。元末至正癸卯(1363年),称为图书之府的麻沙镇,因遭兵火而毁,之后独盛为崇化书坊,书籍发行四方。明代,福建书业再攀高峰,全省各地均有刊书,而建本发行业绩三居全国首位。到了清代,因清廷实行文字狱等文化政策,建阳书坊终谢幕于咸丰间,如清翁白《梅庄诗草》卷四言,"今闽版书本绝矣","建本不复地岭"。

元、明、清至民国时期,自宋末至清末,朱熹《名臣言行录》原本几乎无人提及,古代学者的议论,除了吕祖谦、张惇、吕中、黄震、允礼等人以外,依据的都是经过删节的本子。元至民国,李幼武合刊的版本多次被翻刻,有合刊复刻,有分五朝、三朝翻刻,以及有单刻者,较有代表性的建本及其他刻印版本有:

1.明正德十三年(1518年),建阳书肆刊题宋朱熹辑《五朝名臣言行录》前集十卷、后集十四卷与李幼武辑《续集》八卷、别集十三卷、外集十三卷、新集十三卷合刊本,此本为李幼武以李衡校正本与其所著的《皇朝名臣言行录续录》《四朝名臣言行录》《皇朝名臣言行录》合刊复刻。①

2.明万历三十七年(1609年)王国楠等刻本。清顺治十八年(1661年)至乾隆二年(1737年)林云铭、朱烈、杨云服等递修本,商务印书馆《四部丛刊》本。分成五朝、三朝者,清道光元年(1821年)歙绩学堂洪氏仿宋刻本。民国十八年(1929年)上海商务印书馆影印海盐张氏沙园藏宋刊本《五朝名臣言行录》《三朝名臣言行录》。单刻《五朝名臣言行录》前集十卷者则有明万历四十六年(1618年)刊本,清华大学图书馆有藏。

三、现今《八朝名臣言行录》流传版本

一是李幼武以李衡校正本与其所著三种合刊的前、后、续、别、外集的版本,共七十五卷,以明张采校刻本和清洪莹、顾千里校刻本为主要参校本。台湾文海出版社印行的《宋史资料萃编》第一辑所收的清同治七年临川桂氏重刊洪莹刻本即为此本。二是四部丛刊影印宋本,影印上海涵芬楼借海盐张氏涉园藏宋刊本,为朱熹《八朝名臣言行录》的原本。今北京图书馆所藏袁藏本,为半叶十行,行十七字,小字双行二十,即淳熙建本。

以上是对《八朝名臣言行录》建本流传简要的考述。张秀民在《中国印刷史》曾说:"流传至现在的宋版书,以建本为多,自然其中不乏刻书精美与有学术价值的作品。"如今留下的大量传世建本,为保存祖国优秀文化遗产作出重大贡献。《八朝名臣言行录》是朱熹著作中少有的一部史学著作,也是一部人物传记的资料汇编,同时具有很高的文献学价值,为后世学者从事文献考证、校勘和辑佚等提供了便利,具有重要的史料价值。② 笔者从版本学角度对其建本进行考略,希望能为《八朝名臣言行录》的整理与深入研究提供更多的帮助。

(原刊于《武夷学院学报》第34卷第11期,2015年11月)

---

① 徐俐华:《武夷文籍择录》,北京:华艺出版社,2011年,第414~415页。
② 赵晓鑫:《朱熹〈八朝名臣言行录〉文献学价值探析》,《新乡学院学报(社会科学版)》2009年第6期,第69~70页。

武夷山朱子文化遗存的思想政治教育价值分析

☸ 胡华田

武夷山是世界自然和文化双遗产地,其奇伟秀拔的自然景观孕育着底蕴深厚的历史文化,这深厚的文化逐步积淀成了一种特殊的区域文化现象——武夷文化。"武夷文化,是产生于以武夷山为中心的闽北广大地区,以古越渔猎农耕文化为基础,以朱子理学为核心,融海洋文化与中原文化于一体,具有神秘、整体、独创、兼容、辐射性的区域文化。"①武夷文化是中华传统文化的一个重要组成部分,而朱子理学则是武夷文化最杰出的代表。

朱子即朱熹(1130—1200),是我国南宋著名的思想家、哲学家、教育家,是闽学派的代表人物,理学的集大成者。他的思想涉及经学、史学、佛学、道学、文学、乐律以至自然科学,形成了中国传统文化仅次于孔子的第二高峰。在朱熹一生中,有近 50 年是在武夷山度过的,遍布在武夷山大地上的朱子文化遗存,是展现朱子思想的活化石,是中华民族宝贵精神品格的集体记忆。"精神的力量是无穷的,道德的力量也是无穷的。中华文明源远流长,蕴育了中华民族的宝贵精神品格,培育了中国人民的崇高价值追求。自强不息、厚德载物的思想,支撑着中华民族生生不息、薪火相传,今天依然是我们推进改革开放和社会主义现代化建设的强大精神力量。"②对武夷山朱子文化遗存的系统梳理,让它鲜活地展现在国人面前,不仅可以让我们重拾优良的道德传

---

① 马照南:《武夷文化的源流与特征》,《福建论坛(文史哲版)》1993 年第 3 期,第 29~32 页。

② 习近平:《习近平谈治国理政》,北京:外文出版社,2014 年,第 158 页。

统,还可以提高我们民族文化的自觉、自信,增强民族的认同感和自豪感,自觉投身到全面建成小康社会、实现中华民族伟大复兴"中国梦"的建设中去。

一、朱子故居、朱子家训、朱熹齐家思想及其思想政治教育价值

登泰山揽胜必会去曲阜祭奠孔子,孔子几乎成了这座历史文化名山的象征。人们到曲阜参访孔庙、孔府、孔林,即"三孔",通过参拜杏坛、倾听孔训、祭奠孔氏,重温孔子的谆谆教诲,感受几千年的中华文化传统,流淌在血液中的中华文化基因会被瞬间激活,民族的自信心和自豪感油然而生。朱子文化是武夷山世界文化遗产的核心组成部分,是我国仅次于孔子的文化高峰,要瞻仰朱子,领略朱子文化,五夫镇应是最佳选择。

五夫镇原名五夫里,建于晋代中期,迄今已历时1700年,历代名人辈出,境内遗址遗迹丰富,自古就有"邹鲁渊源"之称,是朱子理学的形成地。朱熹故居——紫阳楼遗址,就位于五夫镇府前村,在紫阳楼附近还有朱子巷、兴贤书院、兴贤古街、朱子社仓(朱熹用以救荒赈灾的粮仓)等古迹。南宋绍兴十四年(1144年),朱熹母子来到五夫,朱熹父亲生前在五夫的好友刘子羽特地为他们建造了这座房子。紫阳楼是朱熹以祖籍地徽州婺源的紫阳山命名。朱熹从15岁起在此定居,到晚年迁居建阳为止,住了近50年。历代屡经修建,后毁于民国,尚存遗址。1998年修复紫阳楼,五开间,内有半亩方塘、灵泉古井及朱子樟。紫阳楼素砖素瓦,一楼二进,楼内布局灵巧,文化气息浓郁。宅第布置了展览室和紫阳书堂以及轩、室、居等,正门两侧对联"忠孝持家远,诗书处世长",此为朱子治家格言的名句,正中央为朱子像(台北故宫博物院藏),上悬"理学正宗"匾额。正厅紫阳书堂,是朱熹会客和讲学之处,内悬朱子建家立业的四个根本思想:"读书起家之本"、"循理保家之本"、"和顺齐家之本"、"勤俭治家之本"。[①] 两侧书斋,分别是韦斋(纪念其父朱松)、敬斋(研读《易》)和义斋(研读《大学》)。后厅为"晦堂",取名于朱熹的字"元晦",内悬"慎终追远"匾额,偏墙大书一"孝"字。朱熹在紫阳楼求学、著书、布道,完成了他学术思想成型的重要阶段。

参访朱子故居,我们会明显地感觉到,家在朱子思想中具有特别重要的

---

① 朱锦富编著:《朱氏家训》,广州:广东人民出版社,2009年,第21页。

地位。在我国传统文化中,家是人们安身立命的基础,家族和家庭成为个人事业发展和社会稳定的核心。起家、保家、齐家、治家,是对家庭成员的基本要求,良好家风的建设和传承更是家族兴旺、延续的基本保障。在优良家风传承中,家训具有独特的作用,因而成了我国传统宗法社会的一种独有的文化现象。朱熹晚年所作的《朱子家训》,全文共三百一十七个字,言语简炼朴实,却能把当时社会主流价值观、伦理理念、道德规范等核心要素融于家庭成员的日常生活习惯中。"古人把家风概括为'五常八德','五常'即仁、义、礼、智、信,'八德'即忠、孝、仁、爱、信、义、和、平。"①"五常八德"是规范传统社会"五伦"关系的基本规范,五伦关系即孟子提倡的"父子有亲,君臣有义,夫妇有别,长幼有序,朋友有信",是我国传统社会中五种最主要的人际关系。在《朱子家训》中,开篇就对五伦关系予以明确定位:"君之所贵者,仁也;臣之所贵,忠也。父之所贵者,慈也;子之所贵者,孝也。兄之所贵者,友也;弟之所贵者,恭也。夫之所贵者,和也;妇之所贵者,柔也。事师长贵乎礼也;交朋友贵乎信也。"此外,在《朱子家训》中,还对如何处理人己、义利、善恶等常见关系提出要求,作为家中子弟立身行事的准则。最后,朱熹认为五伦基本定位及处理基本关系的准则,"此乃日用常行之道,若衣服之于身体,若饮食之于口腹,不可一日无也,可不慎哉!"

朱熹要求格物致知、诚意正心、修身齐家、治国平天下,其中修身齐家是前提、基础和关键。《朱子家训》"给出了人之所以为人的基本底线。……还告诫我们如何才能成为一个有道德的人、一个高尚的人、一个有修养的人、一个文明的人。它教导我们的宽容、包容、内敛、内秀及严于律己、宽以待人的美德,彰显了中华文化无比宽广的胸襟和卓尔特立的价值观。"②朱熹在《朱子家训》中提倡的道德要求,对我国社会主义道德建设,及培育、践行社会主义核心价值观仍然具有很强的借鉴意义,特别是他认为社会的核心价值观是"日用常行之道",和习近平总书记在《培育和弘扬社会主义核心价值观》所要求的"使核心价值观的影响像空气一样无所不在、无时不有"有异曲同工之妙。

---

① 陆树程、郁蓓蓓:《家风传承对培育和践行社会主义核心价值观的意义》,《苏州大学学报(哲学社会科学版)》2015年第3期,第14~20页。

② 朱杰人:《朱子家训的普世价值》,《三明日报》2010年10月17日。

二、武夷书院、朱子道德教育及其思想政治教育价值

朱熹一生热心于教育事业,著述讲学,创办书院,制定学规,广纳生徒,其教育思想和教育实践,对后世影响特别深远。书院是由民间创办的从事教学、学术研究的机构,宋代形成了较完善的书院制度,以相对灵活的教育方式培养人才,弥补官办教育机构的不足。"理学作为一种新的学术思潮,依托于私人书院得以传扬,私人书院又以教授理学作为主要的教学任务,于是,理学与书院密不可分,趋于一体化。"[①]朱熹亲手创办了寒泉精舍、云谷晦庵草堂、武夷精舍(武夷书院)和沧洲精舍(考亭书院),几十年间培养出来的门生数千计,这些门人来自闽、浙、赣、湘、皖等全国各地,武夷精舍、沧州精舍成了当年士子求学的理想之地,其影响程度远远超过了其他学者所创立的书院。朱熹门人多致力于教育,在武夷山下创建了大量的书院,如刘爚的云庄山房、蔡沉的南山书堂、蔡沉的咏雪堂、徐几的静可书堂、熊禾的洪源书堂等等。所以,武夷山成了名副其实的"道南理窟"的理学名山。

武夷书院即武夷精舍,又称紫阳书院、朱文公祠,位于武夷山隐屏峰下平林渡九曲溪畔。南宋淳熙十年(1183年),朱熹辞官回到武夷山,在山中五曲隐屏峰下,带领他的弟子荷锄挑担、搬瓦垒石,营建了一座被称为"武夷之巨观"的书院——武夷精舍。武夷精舍设有房屋三间,中间是供讲学用的"仁智堂",左右边分别设有供休息的"隐求斋"和接待亲友的"止宿寮"。武夷精舍落成后,朱熹在此著书讲学,广收门徒,前后长达八年之久,各地的求学者源源不断地汇集到了武夷山,培养了一大批知名学者。当时,一些著名的学者如蔡元定、刘爚、黄榦、詹体仁、真德秀、李闳祖和叶味道等人,都曾就学于此。朱熹的理学思想随之传播开,从而形成了一个有力量、有影响的学派,即闽学。朱熹逝世之后,武夷精舍备受封建统治者的重视,历代都曾加以修建。南宋末,经扩建后改为紫阳书院,由官府拨给公田,以供养学者。元至正二十五年(1365年),武夷精舍毁于兵灾。明正统十三年(1448年),朱熹八世孙朱洵、朱澍出资重建,改为朱文公祠,奉祀朱熹的神主,并以黄榦、蔡元定、刘爚、真德秀配享祭祀。明正德十三年(1518年)巡按御史周鹓清、军御史及佥事肖

---

① 吴邦才主编:《武夷文化选讲》,福州:福建教育出版社,2010年,第147页。

乾元协力檄令县令王和重修葺,辟地百余丈,绕以围垣,前竖牌坊,匾上镌刻"武夷书院"。沿着牌坊稍进有楼五楹,名叫高明楼,正中大堂也有楼五楹,两庑各六间堂斋。全部构筑轩雅宏丽,并置田百亩作为祀事及修缮费之用,旁边又建屋数间,择朱子后裔一人世居管理。明万历年间,少司马陈省寓居武夷云窝时也曾修缮过武夷书院。明崇祯末年(1644年),陈黄门履贞又捐资修缮。清顺治十六年(1659年),崇安县令韩士望又予以修饰。清康熙二十六年(1687年)官方再度加以修建,由康熙皇帝赐予御笔"学达性天"匾额。康熙五十六年(1717年),闽浙总督觉罗满保捐俸重修。既立堂宇以祀朱子,复在堂后盖屋数椽,而以赵清献(北宋学者、崇安县第二任县令)、胡安国、刘子翚等附祀。建筑物至今已毁,仅留存两庑。原址现竖立有福建著名书法家沈觐寿撰并书的"武夷精舍遗址"六字及介绍文字的碑刻。2002年,武夷山重建武夷书院,占地一万多平方米,建筑雄伟壮观,不改精舍原有的风格面貌。

早在南宋孝宗淳熙六年(1179年)三月,朱熹知南康军时重建了著名的白鹿洞书院,并为书院制定了著名的《白鹿洞书院揭示》,这是我国第一个系统完整的书院规章制度,后来成为历代书院的范本,在武夷精舍中也得到全面贯彻实施。在武夷精舍时期,朱熹又于儒家经典中精心节选出"四书"(《大学》《论语》《孟子》《中庸》),并刻印发行,这又是我国古代教育史上的一件大事,从而使四书影响深远,后来成为我国传统社会教育的教科书,使得儒家思想进一步成为全面占主导地位的指导思想。"道德教育思想是朱熹的教育思想乃至于整个理学思想体系的真正重心所在,在南宋社会那种宋金政权对垒、民族矛盾尖锐,道德价值体系几乎崩溃的历史背景下,朱熹殚精竭虑,重整伦理,致力于构建道德伦理的形而上学,让道德伦理具有了本体论的依据,他把儒家伦理与宇宙本体统一于天理,通过把天理的伦理化,使其世俗化,成为人人必须遵守的政治和道德原则,进而通过教化成为'明人伦'而达到'明天理',以维护封建社会秩序和中华一统。"①朱熹的道德教育思想是一个由教育目的、价值、功能及方法等组成的严密思想体系:培养理想的人格是朱熹道德教育的根本目的;"变化气质"是道德教育的价值和功能;主敬涵养、格物正

---

① 姚进生:《朱熹道德教育思想论稿》,厦门:厦门大学出版社,2013年,第4页。

心、致知力行、循序渐进是朱熹道德教育的重要方法和功夫。① 朱熹这种致力于从哲学的高度构建道德体系的做法以及他的道德教育思想本身,都对我国当今社会道德建设具有非常重要的借鉴意义。从哲学的高度,我们才能认识道德的一般本质,才能把握道德的特点和道德标准的普遍性和客观性。"己所不欲,勿施于人;行有不得,反求诸己"这种"自律型"的理想人格的培养,为我们克服市场经济对社会道德的危害,遏制个人中心主义道德观的蔓延提供了一种新的视角。道德水平的提高需要社会中的个人循序渐进地不断修养,说明社会物质水平的提高不一定必然会带来社会道德水平的提升,道德重在建设,每个人对整体社会道德水平的提高都负有责任,这为我们促进社会主义道德建设提供了方法论指导。

三、朱子摩崖石刻及其思想政治教育价值

武夷山摩崖石刻是武夷山世界文化遗产最形象、生动的表达。武夷山摩崖石刻始于东晋,历史跨度悠久;石刻数量众多,分布密集;内容涉及范围广泛,博大精深;表现形式真草隶篆,丰富多彩。理学宗师朱熹,酷爱大自然,精通诗文,又是书法大家,其题壁摩崖实为武夷山的文化瑰宝。朱熹在武夷山现存摩崖题刻共13方,涉及以下四个方面的内容:②

1.哲理题刻。武夷山现存朱熹亲题蕴含理学思想的有"逝者如斯"、"天心明月"及"忠孝"等三方。"逝者如斯"四字镌于六曲响声岩,四字出典于《论语》:"子在川上曰:逝者如斯夫。"朱熹观物体道,认为道体之流行犹如川流不息的自然界,是一个生生不息的衍化过程,表达了朱子积极进取的人生态度。"天心明月"刻于二曲溪南的楼阁岩,揭示了朱熹本体论哲学思想的基本结构。朱熹用这四个字阐释"理一分殊"的哲理,"理一分殊"犹如"月映万川":一理摄万理,犹如天上一月散而为江河湖海之万月;万理归于一理,犹散江河湖海之万月,本是天上之一月。"忠孝"两字镌于二曲溪南的勒马岩,表达了朱熹理学体现为伦理本位的思想特点。

① 姚进生:《朱熹的道德教育思想及其当代价值》,《中共福建省委党校学报》2013年第9期,第103~108页。
② 刘秀萍:《朱熹在武夷山史迹考》,《福建文博》2014年第2期,第40~44页。

2. 诗文题刻。朱熹在武夷山的诗文题刻主要就是《九曲棹歌》。《九曲棹歌》共十首,朱熹在武夷精舍著述、讲学时镌刻于石,是最早赞美九曲溪两岸优美风光的棹歌。《九曲棹歌》十首全部镌刻于九曲溪各曲岩壁,经 800 余年的风吹日晒,至今尚存刻于一曲水光石、二曲勒马岩、四曲题诗岩、五曲晚对峰、六曲响声岩、八曲上水狮岩等 6 方诗文。《九曲棹歌》开歌九曲溪之先河,写景写情,寓情于景,至今仍然脍炙人口,传播海内外,九曲溪也因此作名扬天下。

3. 纪游题刻。朱熹偕友游览武夷名胜的纪游题刻现存仅两方,都在六曲响声岩。一方刻于淳熙二年(1175 年),全文为:"何叔京、朱仲晦、连嵩卿、蔡季通、徐文臣、吕伯共、潘叔昌、范伯崇、张元善,淳熙乙未五月廿一日。"另一方镌于淳熙五年(1178 年),全文为:"淳熙戊戌八月乙未,刘彦集、岳卿、纯叟、廖子晦,朱仲晦来。"这两方题刻具有明确的时间、人物,对研究朱熹是一个很好的历史文献资料,具有很强的史料价值。

4. 景名题刻。朱熹在武夷山的景名题刻也仅存"小九曲"、"茶灶"两方。"小九曲"刻于四曲溪北的金鸡岩,岩前试剑石突兀溪中,曲流通幽,大藏峰和仙钓台隔溪耸立,颇具九曲神韵,故称小九曲;"茶灶"刻于五曲溪中茶灶石上,茶灶石为一块天然洲石,朱熹经常偕友到石上煮茗论道。

朱熹饱满、遒劲的摩崖石刻不仅是书法中的珍品,展现了中华民族书法艺术的独有魅力,还生动形象地展现了朱熹以热情洋溢的感情、优美的诗文歌颂了祖国的大好河山,揭示了武夷山罕见的自然美——"万古山水茶"。而朱熹富有哲理的词刻,则积淀着武夷山深厚的人文美,这就是武夷山的"千载儒释道"。这样,朱熹摩崖石刻展现了武夷山自然美与人文美的完美结合,让人泛舟九曲,既惊叹于祖国的壮美河山,又为祖国的珍贵历史文化艺术而自豪,是进行爱国主义教育的生动教材。

四、朱子理学及其思想政治教育价值

武夷山是一座集儒、佛、道一体的三教名山。自秦汉以来,众多的道士、禅僧在武夷山留下了不少宫观、道院和寺庙,这里也是我国南宋朱子理学的摇篮。武夷山"为新儒家学说(一种几个世纪以来在东亚和东南亚国家起支配性作用并影响了世界上许多哲学和政府的信条)的发展和传播提供了背景。"① 朱子理学在武夷山孕育、成熟、传播、发展,是武夷山世界文化遗产的核心,是武夷山最深厚的文化遗存。

朱熹继承孔孟以来的儒学传统,又吸取佛、道思想,建构了一个庞大的哲学思想体系——朱子理学。在本体论上,朱熹以"理"作为世界的本源,取代传统儒学中"天"的地位,使汉代儒学构建的"天命论""天人感应"的神学发展为"天理观""天人一本"的理学,使儒学哲学化迈出了关键的一步;在伦理理论方面,朱熹把仁与天理相联系,以体用阐述仁、爱,并秉承程颐"性即理"的命题,以"性"为枢纽,使道德论与宇宙论合而为一,使"天理"外化为纲常名教,建立了本体论的伦理思想体系;在心性论方面,朱熹在总结前人心性思想和吸收佛教心学的基础上,提出了系统的心性论思想体系,使理性的思辨哲学逐步取代隋唐以来盛行的宗教哲学;在认识论方面,朱熹提倡格物致知,要求通过具体的实践活动认识和掌握客观事物的本质和规律,在道德践履中把握伦理道德的原则和规范。朱子理学是我国传统思想文化的杰出代表,从宋末历元明清的七百余年被奉为官方统治思想,对我国南宋以后七百多年的封建社会政治、文化、道德和日常生活等都有着深远的影响,深刻地塑造着中华民族的文化精神和民族性格。自13世纪起,朱子理学向东亚的朝鲜、日本,东南亚的越南、新加坡、泰国、马来西亚和印尼等地域传播,被视为东方文化的表征。欧洲启蒙思想家自16世纪开始接触朱子理学,并从中汲取理论素养,充实和丰富自己的思想。朱子理学可以说达到当时世界范围内的哲学理论的最高水平,现今对朱子学的研究已经成为一种世界性的文化现象。

作为"理学名邦"、"道南理窟"的武夷山,先后出现过一大批理学家和受理学思想熏陶的硕儒名臣,同时又吸引着全国各地的学子求学问道和名人高士寻幽览胜,因此,武夷山向被称为"三朝理学之薮"。"据清董天工《武夷山志》载:宋元明清(迄乾隆初)四朝,仅先后在崇安武夷山景区内隐居的文人高士就有19人,结庐读书讲学的名儒43人,来武夷山优游寻胜的学者名臣387名,其中著名理学家47名。"② 与他们活动有关的文物和文化遗存遍布武夷

---

① 联合国教科文组织编,陈培等译:《世界遗产大全》,合肥:安徽科学技术出版社,2011年,第598页。

② 武夷山朱熹研究中心编:《武夷胜境理学遗迹考》,北京:三联书店,1990年,第3页。

山,虽经历数百年风雨侵蚀,仍随处可见。朱子理学遗存在武夷山展现出以下两大特点:一是数量众多,武夷山脉各县与朱子理学相关的历史遗迹151处(件),其中,武夷山市境内达77处(件),占一半以上;二是类型丰富,有故居、书院、读书处、祀祠、墓葬、碑铭、墨宝、遗物及活动踪迹。① 这些丰厚的理学文化遗存,体现了我们中华民族的先贤进行艰苦理论构建的宝贵品质,是中华民族哲学思辨达到世界最高水平的见证,不仅是我们研究朱子理学、传承中华民族优良传统的珍贵史料,也为我们马克思主义中国化、建设中国特色社会主义先进文化提供了思想源泉和理论建设的勇气、自信。

综上所述,武夷山朱子文化遗存,蕴含了中华民族传统文化中家国天下的爱国主义精神、追求理想人格的道德教育精神和勇于进行理论创新的文化精神。"思想政治教育的发展,根植于中华民族优秀文化沃壤之中,并从传统文化与现代文化的相互激荡中获得发展的文化动力。"② 在全球一体化、东西方文化融合发展的背景下,挖掘、梳理、宣传朱子文化遗存的思想政治教育价值,既可以丰富思想政治教育的内容、增强思想政治教育的实效性,也是传承中华传统文化、建设中国特色社会主义先进文化的应有之义。

(原刊于《武夷学院学报》第35卷第4期,2016年4月)

---

① 黄胜科:《朱子理学是武夷山最深厚的历史文化遗存》,载福建省闽学研究会、武夷山朱熹研究中心、武夷山风景名胜区管理委员会编《闽学与武夷山文化遗产学术研讨会论文集》,福建武夷山,2006年,第1~4页。

② 张耀灿、郑永廷、吴潜涛、骆郁廷等:《现代思想政治教育学》,北京:人民教育出版社,2006年,第69页。

论闽北朱子文化动漫旅游纪念品的研发

※ 张 钰

随着现代社会的飞速前进,促使中国的旅游业迅猛发展,文化旅游作为新兴的旅游形式日益重要,市场对文化旅游纪念品的需求日益高涨,越来越多的具有本土文化特色的旅游纪念品备受青睐,结合具有不断创新和个性化的动漫资源,为旅游业注入一股新的活力。以闽北朱子文化为依据、以动漫为艺术表现形式、以旅游纪念品为载体,将朱子文化巧妙融入旅游纪念品中,为打造武夷山朱子文化品牌,弘扬与传承朱子文化,塑造闽北朱子文化动漫旅游纪念品品牌形象,推动闽北旅游业的发展,促进闽北动漫产业的发展等方面起着重要的作用。

一、闽北朱子文化旅游纪念品研发的条件

(一)国内动漫旅游纪念品的概述

旅游纪念品是指在旅游活动过程中购买的具有地域文化特色且具有纪念价值的旅游商品。[①] 它是旅游经营者通过研发、旅游资源平台提供给旅游者的全部产品和服务,是旅游景点和旅游者之间的纽带。而胡铁生认为具备

---

① 李晓:《开发动漫旅游纪念品的必要性及策略探析》,《现代经济信息》2015年第24期,第313页。

"三性""三风"的旅游纪念品才算得上真正的旅游纪念品。① "三性"是指具有纪念性、实用性、艺术性;"三风"则是指具有中国风格、民族风格、地域风格。由此可见,旅游纪念品必有具有地域文化特色,才能体现旅游纪念品的特性及意义。它是旅游地特有地域文化与历史的缩影、是当地民俗风情的体现、是当地独有的特色商品,对活跃旅游纪念品市场,促进当地旅游经济的发展,塑造旅游景区良好形象有着重要的意义和价值。

而动漫旅游纪念品是动漫旅游经营者通过开发、利用动漫资源提供给旅游者的全部产品和服务的综合。② 它是一种新型的旅游纪念品类型,具有原创性、可塑性、灵动性、趣味性、时尚型、娱乐性等特征,并且极具亲和力。国外发达国家的动漫与本土文化相结合的文化动漫旅游是旅游业的主要形式之一,例如布鲁塞尔的"撒尿小铜人"动漫旅游纪念品系列。而我国的动漫业还处于起步的阶段,动漫文创旅游纪念品形式比较少见,传统旅游纪念品形式占据主要市场。最近几年,全国各地已经注意到将动漫艺术形式和本土文化特色资源相结合,打造本土文化动漫旅游纪念品。例如,2014年故宫博物院已经成功推出6000多种文创旅游产品,其中动漫旅游产品占大多数,包括《雍正:感觉自己萌萌哒》系列、《紫禁城祥瑞》系列、《皇帝的一天》系列红遍网络;杭州根据名将岳飞"精忠报国"事迹开发的系列动漫旅游纪念品;四川大熊猫动漫旅游纪念品;以中国清朝帝王的肖像为设计蓝本,由意大利知名品牌阿莱西与台北故宫博物院联手打造的"清宫系列"动漫旅游纪念品等等。将本地文化与动漫艺术形式相结合,打造新的旅游纪念品类型,是对本土文化的保护、发扬、传播、继承的所需要,同时也是旅游市场自身发展的需要。

(二)闽北朱子文化旅游纪念品的现状

朱熹是我国历史上著名的哲学家、教育家、思想家、理学家、诗人,同时还是闽学派的代表人物,世人尊称为朱子。朱子文化是中国封建社会后期的主

---

① 张丽娟:《旅游纪念品游客感知价值研究:以上海市为例》,上海大学硕士学位论文,2014年,第12~13页。

② 杨晶晶:《动漫旅游产品研究:以芜湖方特欢乐世界为例》,合肥大学硕士学位论文,2010年,第1~10页。

流文化,被联合国教科文组织称为"后孔子主义",具有深厚的历史文化积淀。① 闽北是朱熹的故里,又是朱子学的发源地,蕴藏着丰富的朱子文化资源。② 朱熹一生七十一载,其中在闽北生活六十多年,而仅仅闽北的武夷山他却生活了五十多年,为闽北留下了大量朱子文化遗存。他的足迹遍布建阳、政和、武夷山、建瓯等地,其中武夷精舍、响声岩摩崖石刻、五夫社仓、考亭书院、云根书院、云谷草堂等等都是朱子文化遗产资源。武夷山也由此获得"世界文化遗产"的荣光,奠定了福建在全国的文化影响力。朱子理学的摇篮圣地每年吸引着大量的海内外游客前来赏游。为纪念朱子对中国文化所做的贡献,由多家机构联合举办的中国朱子文化节,每年在闽北武夷山举行。2015年由南平市旅游局、武夷山市委宣传部、台湾海峡两岸朱子文化交流促进会等联合举办的"两岸朱子文化伴手礼创意大赛"在武夷山成功举行。显而易见,朱子文化品牌旅游已经得到重视。

据调查目前市场上武夷山的旅游纪念品主要集中在三姑度假区、武夷宫的宋街、天游峰等景点,大多集中在主景区。武夷山景区的旅游纪念品相对于旅游业的发展,还是比较落后的,与别的城市景点旅游纪念品大同小异,缺失闽北地域特色及文化内涵。生产商多为个体户、生产方式均为手工制作方式、产品类型单一、产品质量过于粗糙,很难满足现代旅游消费者的购买欲望。而朱子文化旅游纪念品种类更是不多,形式单一,主要集中在餐饮文化产品,包括朱子孝母饼、朱子菜(文公菜)、朱子家宴等等,但是由于品类单一、质量低下等原因,在武夷山旅游品市场中占据极小的地位。朱子动漫旅游纪念品还处于零阶段,目前来武夷山旅游者一般都被武夷山自然遗产所吸引,而武夷山文化遗产朱子理学则被忽略。与朱子文化相关的都是一些相关学术研讨会议、夏令营等类型,都是一些高高在上的学术氛围,偏向于理论的研究,较少将朱子文化与闽北地方经济相结合进行挖掘,造就了朱子文化的高处不胜寒,难于融入日常百姓生活中的现状,阻碍了朱子文化的发扬、传承与保护。③ 针对武夷山目前朱子文化旅游商品的现状,建议创新朱子文化相关

---

① 福建省炎黄文化研究会:《武夷文化研究》,福州:海峡文艺出版社,2003年,第12~23页。
② 张品端:《闽北朱子文化发展及思考》,《武夷学院学报》2008年第4期,第13~18页。
③ 邹赣华:《基于SWOT分析的武夷山朱子文化旅游发展的探索》,《扬州教育学院学报》2012年第3期,第18~21页。

旅游产品,将朱子文化形象化、通俗化,使朱子文化能够更便捷、更迅速的走向寻常百姓,有助于朱子文化的传承与发扬。

(三)闽北朱子文化旅游纪念品研发的政策扶持

基于福建省提出大力发展"朱子文化品牌建设研究"背景下,武夷山市政府将实施朱子文化建设"五项工程",其中包括加强朱子文化的历史、文化、旅游资源普查,加强书院文化的挖掘、整理和弘扬,加快朱子文化生态保护区核心区建设。武夷山市长徐春晖也指出,武夷山正把朱子文化与旅游融合作为旅游产业转型发展的重要举措,培育"朱子寻根之旅""书院文化游"等线路,开发"朱子四友"等伴手礼,探索会同"朱子之路"沿线城市联手打造朱子文化旅游精品线路。2009年《国务院关于支持福建加快建设海峡西岸经济区的若干意见》中提到"发挥武夷山自然和文化资源,打造国内外具有影响力的文化品牌,重点发展朱子文化"。而《福建省2010—2012年发展规划》中也强调充分发挥闽北朱子文化。福建省十二五规划中也指出南平、漳州、三明等地要培养具有地方特色的优势文化品牌和产业基地,将南平打造成朱子文化旅游胜地。

二、闽北朱子文化动漫旅游纪念品研发具有重要的意义

文化是旅游的灵魂,是旅游纪念品生命力的所在。[①] 旅游与文化密不可分,经济、科技的发展在方便之余,带给我们的却是传统文化的缺失。文化旅游是旅游纪念品市场的重要组成部分,在我国旅游经济中有着突出的地位。但是随着旅游业的迅速发展,文化旅游产品的需求结构已经发生了变化。游者在旅游活动过程中更加注重产品的特色化、可参与性和文化性。朱子文化在武夷山孕育、成长、成熟,武夷山是朱子理学的发源地,在闽北武夷山研发朱子旅游纪念品具有得天独厚的优势。针对闽北目前朱子旅游纪念品零阶段发展的现状,结合当代动漫艺术表现形式,设计、开发、生产一些能够反映武夷山朱子文化的特色旅游纪念品,对朱子文化、闽北旅游经济、闽北动漫产业的发展都有着重大的意义。

---

① 吴朋波:《旅游纪念品设计》,北京:北京邮电出版社,2014年,第23~28页。

（一）有利于闽北朱子文化的发展

朱子文化旅游纪念品是指将朱子文化与动漫艺术形式相融合，将现代高科技手段与朱子文化相结合，构思创作能够体现朱子文化内涵的动漫文创旅游产品。通过朱子文化的再现，引起旅游者对闽北朱子文化的兴趣，促进闽北朱子文化的发展。

1. 有利于朱子文化的活化

朱子文化动漫旅游纪念品实则是一种不具备生命力的实物商品，属于朱子文化创意产品，本质是朱子文化的物质呈现，有着浓厚的闽北地域特色。它是朱子文化再现的表现方式，朱子文化是无形的，但是可以通过动漫媒介载体体现出来。用可爱、生动、诙谐、有趣、幽默的动漫形象表达朱子造型，赋予朱子以生命力，将朱子文化以生动的视觉形式展现出来，改变人们对朱子的正襟危坐严肃的印象，将朱子从历史静止的文献中走出来。再结合朱子生平事迹进行动漫设计与创作，将朱子文化从书本中立体地呈现出来，这与传统纸质版记载的朱子文化有着本质的区别。动漫版的朱子文化具有更加顽强的生命力、可塑性和灵动性等特点，将无形的朱子文化转化为看得见、摸得着的动漫文创产品。

2. 有利于朱子文化的传承

福建省的朱子文化目前只集中在理论部分的传承与发扬，在实践部分几乎为零，实则不利于朱子文化的传承与发扬。随着当代科学技术的迅猛发展，新的艺术形式不断涌现的浪潮下，人们对文字的理解力远远不及对图片与实物理解力。随着现代的"旅游热"现象蓬勃发展，作为福建著名旅游名胜区的武夷山更是游客量逐年上涨。而朱熹在武夷山九曲溪畔的五曲隐屏峰下亲自营建"武夷精舍"，以及在冲佑观、水帘洞、金谷洞等地方进行讲学。淳熙十一年（1184年）他所作的《九曲棹歌》最为精彩，这首棹歌不但对九曲溪各曲最特色的风景作出描绘，而且还揭示出山林之奥秘。随着当前"旅游热"现象，也迎来了大力宣扬武夷山朱子文化的契机。目前关于朱子文化创意方面的动态，一般集中在创意设计大赛，比如福建省举办朱子文化园旅游工艺品设计大赛，但是这些仅仅是一种比赛，很多创意作品并不能得到可持续的发展。能够从根本上、全方位地、立体地解读朱子文化，化为朱子文化创意旅游纪念品显得尤为重要。

以朱子文化内容为核心、以旅游纪念品为载体、以艺术元素为表现形式，将朱子文化这个上层建筑转化为看得见、摸得着的艺术品，将朱子文化创意产品深深打入游众、打入民间。结合福建省武夷山双遗产地的旅游业的发展，将朱子文化采用动漫的艺术形式融入到旅游纪念品中，这种旅游纪念品既体现了福建省武夷山的本土文化资源特色，也是无形中对朱子文化的一种传承，这种传承是理论研究所不能及的。利用动漫艺术形式将朱子文化展现出来在某种程度上受众面会更广，有利于朱子文化的传承。一方面，动漫旅游纪念品年轻群体购买欲更强，而年轻群体又是促进社会发展的新一代，朱子文化在年轻群体中得到继承与发扬，就代表着朱子文化生命力得到很好的延续。另一方面增加了朱子文化的传播方式，以往朱子文化的传播以书籍、杂志、文献等静止的纸质版形式传播，而朱子文化动漫旅游纪念品由设计师提取元素进而设计、创造而来，动漫是一个立体的、多维度的艺术表现形式，依据现代高科技展示平台（网络、微信等）进行传播，不仅仅局限于武夷山旅游景点的店面售卖。这就大大增添了朱子的文化传播途径，更加有利于朱子文化的传承。

3. 有利于朱子文化品牌的打造

近年来，闽北武夷山开始致力于打造朱子文化品牌，将朱子文化与武夷山旅游业相融合，分别从"朱子书院旅游""五夫万亩荷塘旅游""朱子寻根旅游""朱子文创旅游产品"等几个旅游项目打造朱子文化品牌。但是朱子文化品牌打造的现状并不乐观，朱子文化品牌打造项目普及力度弱、朱子文化遗存保护与修缮不系统不科学、朱子文化实体宣传艺术（雕塑、壁画、绘本等）缺乏、朱子文化文创产业不强，朱子文化文创产品处于初级阶段，缺乏科学、系统、完整的朱子文创产品的研发链条。2015年武夷山举办"两岸朱子文化伴手礼大赛"，可见朱子文化文创旅游纪念品的设计与研发已经被提上日程。在与旅游业相融合来打造朱子文化品牌的背景下，研发朱子文化动漫旅游纪念品显得尤为重要，也是推动朱子文化品牌发展的一股新鲜力量。

4. 有利于朱子文化传播途径的扩展

动漫是集夸张、幽默、生动的造型语言，强烈的视觉冲击力，现代的传媒手段为一身的艺术形式，在文化的传播方面有着独特的优势。朱子文化动漫旅游纪念品将朱子文化与动漫形式相结合，一方面朱子文化动漫旅游为主题的动漫作品能够通过现代网络、移动平台进行快速、广泛的传播。另一方面，朱子文化传播的途径目前限于理论研究和纸质传播方式，而朱子文化动漫旅游纪念品是一种文化商品，是需要面向海内外游客进行销售，这就自然拓展了传播的对象，增加了朱子文化的传播途径。

（二）有利于闽北动漫产业的发展

1. 有利于闽北本土动漫产业的发展

动漫产业是指以"创意"为核心，包括漫画、动画、动漫衍生品以及基于现代信息传播技术手段的动漫直接新品种（动漫旅游纪念品、卡通吉祥物等）的新型产业，发展前景广阔。这几年国人重视发展本土动漫产业，也已取得不错的成绩。但是闽北武夷山地处福建北部，属于山区地带，动漫产业的发展相对落后。但是闽北武夷山有着发展动漫产业得天独厚的优势，一方面闽北武夷山具有良好的地理人文环境，有着朱子文化、茶文化、闽越文化和优越的自然环境。另一方面武夷山注重生态保护，提倡生态旅游和文化旅游，符合动漫产业无能耗特点。2008年以前，武夷山就曾出台过一系列发展动漫产业相关政策。闽北唯一的本科高校武夷学院艺术学院自2007年以来，一直致力于动漫教学与研究，将闽北民间传说与动漫形式相结合制作了一系列原创动画短片，如《大王玉女之传说》《大红袍传说》《彭武彭夷劈武夷》《扣冰古佛》《九曲传》《武夷山传说》《狐妖丽娘》《笔猴传说》等等，其中动画短片《大王玉女之传说》《大红袍传说》在武夷山电视台滚动播出；几年来又创作出APP应用《朱子》《下梅茶路》等，武夷山原创手游《武夷传奇》，绘本《武夷山与阿里山的传说》，动漫版《武夷山手绘地图系列》等等。但是这些只是院校学生作品，除去在电视台播出外，其余只用于展示交流的作用，并未形成产业化流入市场，仅仅是纸上谈兵罢了，对闽北动漫产业的发展起不到实质性的推动作用。朱子文化动漫旅游纪念品需要有一条从朱子文化元素的提取、甄选、设计、创作、加工、销售、市场反馈一些列活动的产业链，用可爱的、生动的、形象的、幽默的动漫语言将朱子文化品牌化、立体化地展示出来，并走向市场，走进人们的生活，向大家宣传动漫艺术形式，丰富闽北动漫市场，提高闽北人们的动漫意识，为促进闽北动漫产业的发展培育温室。动漫艺术作品必须走进社会，得到社会的检验，从而具备自身的价值，反过来促进动漫产业的发展。

2. 有利于闽北动漫发展模式的拓展

动漫旅游纪念品与动漫衍生品有一定的区别，动漫衍生品是根据已经创作出的动画片、漫画中的角色或者道具进而与产品融合,形成动漫衍生品。而动漫旅游纪念品却没有动漫衍生品所具有的前提资源。动漫旅游纪念品需要更多的原创性、研发性。动漫旅游纪念品的生产模式与动画片、漫画、动漫衍生品的生产模式有着截然不同的差别。它需要符合自己的一套设计、生产、发展的模式,是当今动漫发展模式新的扩展。对闽北朱子文化资源进行研究,创作富含朱子文化的动漫旅游产品,是闽北动漫产业发展的一条新道路。对朱子文化进行元素的提取、设计、创作、生产、推广再到投放市场,可以形成一条完整的动漫产业链。

(三)有利于闽北旅游业的发展

1. 有利于发展"大武夷旅游圈"

"大武夷旅游圈"从广义上讲是指以武夷山为核心,周边地区联合发展的旅游圈,以"大旅游、大市场、大产业、大行管、大武夷"意识,着力推进旅游产品体系建设。2015年,京福高铁的开通,开辟了闽北武夷山高铁时代,同年武夷山接待总人数突破一千万人次,比增18%,旅游总收入比增20%。① 虽然旅游业创收年年有增,但是来旅游者多为武夷山丰富的自然资源所吸引,游客只知道武夷山而不知其他,如朱子文化、闽越文化、茶文化等等。这种现象与福建省"十三五"旅游发展规划中提到发挥武夷山双世遗产地的优势,挖掘朱子文化、茶文化、闽越文化精髓,大力发展大武夷旅游圈不符。研发朱子文化动漫旅游纪念品,加强朱子文化与旅游业的相互渗透、融合,实现相互促进与发展。朱子文化动漫旅游纪念品在弘扬、继承朱子文化的基础上,提升闽北旅游纪念品市场的文化性,在某种程度上提升闽北武夷山的旅游文化;又能以新型的旅游纪念品形式吸引更多的游客,为武夷山旅游业注入活力与动力,符合"大武夷旅游圈"的发展规划,促进闽北武夷山旅游业的发展。

2. 有利于丰富闽北旅游纪念品市场的形式

大家对旅游纪念品还停留在只想盈利的初级阶段,将地域文化融入旅游纪念品的意识尚未形成,造成了全国各大景区的旅游纪念品千篇一律,毫无特色,似乎都统一来自浙江义乌小商品市场。在国内旅游时常会遇到一种印

---

① 裴礼辉:《武夷山2015年旅游接待总人数突破千万人次》,见 http://www.chinanews.com/df/2016/01-17/7719884.shtml(2016-03-15访问)。

象,在不同的旅游景点能够遇到同样的旅游纪念品。游客到景点旅游,希望带一些具有当地特色的旅游纪念品回去送人或自己留念用,而面对相似甚至一样的旅游纪念品,让游客无从选择。目前,武夷山旅游纪念品的形式多为小型的工艺品类和茶具类,不仅形式落后、没有地方特色,而且还缺乏实用性。笔者认为,武夷山旅游纪念品形式急需拓展。而造型简约欢快的、色彩明亮的朱子文化动漫旅游纪念品可以弥补这一缺憾。朱子文化动漫旅游纪念品造型可爱、大方、幽默风趣,而且独具闽北武夷山地方特色,容易引起游客的购买欲望。朱子文化动漫旅游纪念品材质易采用塑料、橡胶、布料等造型能力强、质感舒适的材料,而且造型易精湛小巧,便于携带。所以朱子文化动漫旅游纪念品的运用是武夷山旅游纪念品形式的一种扩充。

3. 有利于符合年轻旅游群体的市场需求

旅游业的不断发展,游客日益增加,年轻群体对旅游行为的热衷程度日益增加,而目前旅游纪念品市场的单一种类无法满足年轻旅游群体对新型旅游纪念品的要求。另一方面,目前80后、90后、00后甚至是10后,几乎是在动漫艺术形式作品的陪伴下成长起来的,动漫艺术在年轻旅游群体的心里根深蒂固。因而朱子文化动漫旅游纪念品具有先天的优势,容易被年轻旅游群体接受。朱子文化动漫旅游纪念品的夸张性、生动性、幽默性、可爱性、具有情节性、可持续发展性等特点,更加吸引年轻旅游群体。将朱子文化融入故事情节中,以简洁、大方、夸张的动漫语言融入实用、美观、精巧的产品中,设计出朱子手机壳系列、朱子包系列、朱子笔系列、朱子胸章系列、朱子书签系列、朱子笔记本系列、朱子手办系列、朱子橡皮章等等。

(四)有利于增强闽北文化竞争力与创造力

朱子文化动漫旅游纪念品是朱子文化衍生的产品,蕴含朱子文化,结合被大众所喜爱的动漫艺术,朱子动漫旅游纪念品有着深厚的文化底蕴及艺术气息。朱子文化遗产是闽北武夷山的世界文化遗产,闽北武夷山至今还保留着朱子文化遗存,它是闽北武夷山地方特色的标志之一。鲁迅曾写道:"只有民族的,才是世界的。"朱子文化得到的认同程度,使其具有巨大的生命力与创造力,朱子文化动漫旅游纪念品与外来文化的动漫旅游纪念品相比,有利于展示闽北朱子文化的重要性,增强闽北朱子文化的竞争力。

三、结　　语

　　闽北是朱子文化的摇篮,朱子文化在这里孕育、成长、壮大,发展朱子文化旅游有着得天独厚的优势。大力发展朱子文化旅游应该与时俱进、紧跟时代步伐,结合现代动漫艺术形式,将朱子文化与动漫艺术相融合,创作朱子文化动漫旅游纪念品。这对朱子文化的传承、传播、保护、活化、朱子品牌打造,对丰富闽北旅游纪念品样式、发展"大武夷旅游圈"、符合年轻旅游群体的需要,对闽北动漫产业的发展以及发展模式的拓展,对增强闽北文化的竞争力和原创力都具有重要的作用。

（原刊于《武夷学院学报》第 36 卷第 2 期,2017 年 2 月）

论漳州民间传说中朱子为官形象的文化内涵
——以《朱熹错判铁环树》为例

※ 王志阳

引　言

　　福建是闽学的大本营,广泛流传朱子断案的传说,尤其是漳州民间传说,主要呈现朱子断案如神的形象,如《断娃池》《计除开元寺恶僧》《青石碑》[①],甚至朱子还能施法破除妖术,解除民间疾苦,如《朱文公破甘露》《朱熹智诛老鼠精》[②]等。上述传说正面歌颂了朱子政绩,但是有的地方却流传各种风流韵事,如凌濛初《二刻拍案惊奇》卷十二《硬勘案大儒争闲气甘受刑侠女著芳名》利用朱子弹劾唐仲友之事把朱子塑造成一个小人形象,希望借此破除理学的精神束缚。歌颂朱子的民间故事着重于塑造朱子光辉形象,甚至神话了朱子的能力,失去了历史的真实性,无法取信于人,而批判朱子的故事则又一味诋毁朱子以达到特定目的,两者都削弱了朱子形象的文化内涵。

　　与简单歌颂和丑化朱子的民间故事不同,《朱熹错判铁环树》用冤假错案的内容呈现了多样化的朱子形象,其文化意味更为丰富。因原文过长,难以全文引录,概述如下:

---

　　①　分别见漳州民间文学集成编委会:《中国民间故事集成·福建卷·漳州市分卷》,内部出版物,1992年,第87～89、85～87、99～103页。
　　②　分别见漳州市芗城区民间文学集成编委会:《中国民间故事集成·福建卷·漳州市分卷·芗城区卷(上)》,内部出版物,1992年,第84、85～88页。

论漳州民间传说中朱子为官形象的文化内涵——以《朱熹错判铁环树》为例

朱子担任漳州知州期间，处理南靖廖王二姓的荒草埔地的争端当中，因为朱子本身存在偏于相信小姓，而厌恶大姓人家的偏见，且过于注重铁环树的物证，忽视人证，导致了金狮戏绣球的风水地被误判给了廖姓家族，造成了王姓家族失去风水宝地，使得民间各种传闻应运而生。朱子在返乡之前，询问漳州年长者，才获悉此案存在问题，故在返乡途中特地查看其地理风水，明确了自己判案错误，"心里早已是不好受的"到"心中由惭愧变成愤恨"最后下咒语，用朱笔破坏了地理风水宝地。①故事借助冤假错案，叙述了在处理案件中的良好心愿与事实相违背的结果，融合歌颂与丑化朱子的两种意见为一体，真实呈现了朱子在漳州民间丰富而多维的形象的真实情况。因此，我们以《朱熹错判铁环树》故事为例，勾勒朱子形象，考证文本时代特征，探究朱子形象在漳州文化中的形成原因。

一、良吏与学者：错判铁环树案的朱子形象

冤假错案历来为百姓所深恶痛绝，《朱熹错判铁环树》却以冤假错案的结构展开故事，显有攻击朱子之意，但是在流传过程中，却被漳州百姓不断改造，呈现敢于承认错误，为民做主且爱惜声誉的学者型官员形象，使判错案的朱子更显真实而伟大，塑造了独特的朱子形象。

第一，故事着力于塑造朱子是一个敢于承认错误的官员形象。

在《朱熹错判铁环树》中，朱子能够虚心听取百姓意见，处处反思自己的行为，及时纠正错误。故事以朱子即将离开漳州开篇，希望卸任之前，能够多为百姓办实事。

> 当他要离开漳州之前，设宴邀请漳州父老，征询有何未了之事？大家也不好意思直说。静坐一会儿，又是一些恭维话。

以此细节，奠定了朱子是一个勤政爱民的良吏基调，远比作者自述"抚政恤民，众口皆碑"来得有说服力。

在获悉判错案的传闻之后，朱子在回乡途中特地查看了产生纠纷的墓地，证实了"金狮戏绣球"地理特征，他的内心由"心里早已是不好受的"到"心

---

① 长泰县民间文学集成编委会：《中国民间故事集成·福建卷·长泰县分卷》，内部出版物，1993年，第92~93页。

中由惭愧变成愤恨"变化,刻画了一个知错能反省的良吏。

第二,朱子是一个遵照社会治理原则,着力于公正判案的良吏形象。

故事的起因是南靖廖、王二姓争执一块土地,廖姓在数年前"在草埔的周围种上小树苗,暗中套上了铁环。等到小树长大成林后,廖姓就对王姓打起官司来。"正是案件历时久,且错综复杂,而朱子"凭着多年办案的经验,认为'人证'和'物证'相比较,人证是活口,可以受人操纵指使;物证是静止的东西,非很长的时间是不会变化的,觉得'物证'比'人证'可靠。"朱子的办案经验大体符合一般人的思维,亦符合当时官方办案的正规思维,亦合宋慈著名的刑事断案集《洗冤集录》注重证据的风格。

由此可见,传说故事突出朱子思维的科学性和正确性,而更重要的是朱子认真调查此案的举措,即"于是就带领着杂役和胥吏,连争讼人一起,到现场挖掘树头验证",可见朱子到达案发现场,仔细查证相关证据,亲力亲为,并未有徇私舞弊的情节,而朱子失误的根源正是其注重证据的良吏作风。至于在故事中,朱子为何没有听取山城人的证人证言便下了结论,亦有因可查,那便是"起先,这块地是王姓大族的荒草埔,而邻村廖姓小族人……王姓人则不知所措地回答:'这块地是祖上遗留下来的,山城人都知道。可以传来作证吗?'"因此朱子不采信王姓大族的辩解意见。作者着力于塑造朱子秉持以物证为主,为小民做主的观念,却因廖姓工于心计而吃大亏,导致冤假错案。

第三,朱子是一个敢于为民做主官员,又是一个爱惜名声的学者。

在中国民间文学中,历来歌颂官吏,都是强调官员能够平抑豪强,为小民百姓做主。但是《朱熹错判铁环树》先点明了廖姓为小族,而王姓为地方大族,反而是廖姓打起了王姓的主意。编撰者自圆其说的桥段正是朱子断案的过程。

> 朱熹亲自审理了此案。他问原告有何证据?廖姓人说:"上辈在自己的墓地种了树作为祖荫。为了预防以后被人侵占,预先在小树得根部套上了铁环。"……朱熹再问被告人。王姓人则不知所措地回答:"这块地是祖上遗留下来的,山城人都知道。可以传来作证吗?"

"'物证'比'人证'可靠"的先入为主思想使朱子断错案,刻画了朱子平抑豪强,为小民做主,反被廖姓钻了空子,虽有贬义,却暗含歌颂之意。

与之相反,讲述者对故事诋毁朱子的程度尚不满意,故让朱子亲耳听到民谣"朱文公,治漳州,铸成错案铁环树!"又引出了:"朱熹心中由惭愧变成愤恨:'就是你这"铁环树"坏了吾的政声。'"朱子十分看重"政声",才有了故事的结局,即"立即取出朱砂笔,对准墓碑说:'天理良心。既无天理,何有地理?'说罢,将朱笔投向墓碑,头也不回地上肩舆回建阳去了。"在民间传说中,朱砂笔是朱子法器,如《计除开元寺恶僧》:"朱文公提起朱砂笔,又在一块石碑上写下'永镇洪流'四个大字,压在井口。这样老鼠精就永远被镇压在井里,再也不能作案了。"《朱熹智诛老鼠精》:"朱熹靠近野和尚,突然抽出银朱笔,指着野和尚,叫一声'拿下!'众差役立即把野和尚按倒在地,绑了个严严实实……"正是朱子抽出了银朱笔,老鼠精幻化的和尚不得不束手就擒。又如《朱文公重建漳州府》:"杨家要上中梁时,漳州府也赶紧上中梁,都同一时日,然后朱文公把红朱笔往杨家方向一丢,嘴里念道:'偏龙香,正龙甜。'从此以后,漳州府越来越起色,而杨家也就慢慢衰弱了。"①因此,朱子"将朱笔投向墓碑"破坏了"金狮戏绣球"的地理风水,纠正错判案件,维护了自身声誉。由此可见,故事讲述者虽有心诋毁朱子良吏形象,却无奈朱子在漳州良好的政绩,使民间传颂过程不自觉地改写成了颂扬朱子的情感基调。

综上所述,《朱熹错判铁环树》的首创者含有诋毁朱子的目的,但是在传播过程中,漳州百姓自觉地改写成了歌颂朱子的客观效果,具有丰富的内涵。

二、明清时期编造的民间故事:错判铁环树案

《朱熹错案铁环树》是依据传闻而虚构的民间故事,产生于社会思潮极其复杂的明清时期。故我们首证其属于民间虚构故事,再证其故事产生的具体时间,兹述如下:

错判铁环树案属于民间虚构故事,主要理由有两方面:

一方面,错判铁环树案称朱子为"朱文公",实把宋宁宗所赐谥号"文"误用到朱子在世之时了。《宋史》朱子本传载:

> 嘉泰初,学禁稍弛。二年,诏:"朱熹已致仕,除华文阁待制,与致仕恩泽。"后侂胄死,诏赐熹遗表恩泽,谥曰文。寻赠中大夫,特赠宝谟阁直学士。理宗宝庆三年,赠太师,追封信国公,改徽国。②

---

① 漳州市芗城区民间文学集成编委会:《中国民间故事集成·福建卷·漳州市分卷·芗城区卷》(上),内部出版物,1992年,第83页。
② 《宋史》,北京:中华书局,1977年,第12768页。

宋宁宗在嘉定二年（1209年）赐朱子谥号"文"，但因朱子在宋宁宗庆元六年三月（1200年）过世，则上述史实发生在朱子过世之后。可见《朱熹错判铁环树》称朱子为"朱文公"，则其产生年代当在朱子过世之后了。

另一方面，朱子在漳州知州任时是否去过南靖，尚需进一步考证，但是其卸任返乡，则一定不是从南靖经过，而是由漳州龙溪县，途经同安县、福州，返回闽北。《朱子语类》载：

> 先生庚戌四月至临漳。淳罢省试归，至冬至，始克拜席下。明年，先生以丧嫡子，丐祠甚坚。当路者又以经界一奏，先生持之力，虽已报行，而终以不便己为病，幸其有是请也，即为允之。四月，主管鸿庆宫，加秘阁修撰，二十九日遂行。淳送至同安县东之沈井铺而别，实五月二日也。①

此条语录为陈淳所记载，内容当属正确无误。它不仅说明朱子到漳州任职时间及离开漳州的原因，而且明确记载了陈淳送别朱子的地点在同安县的沈井铺。

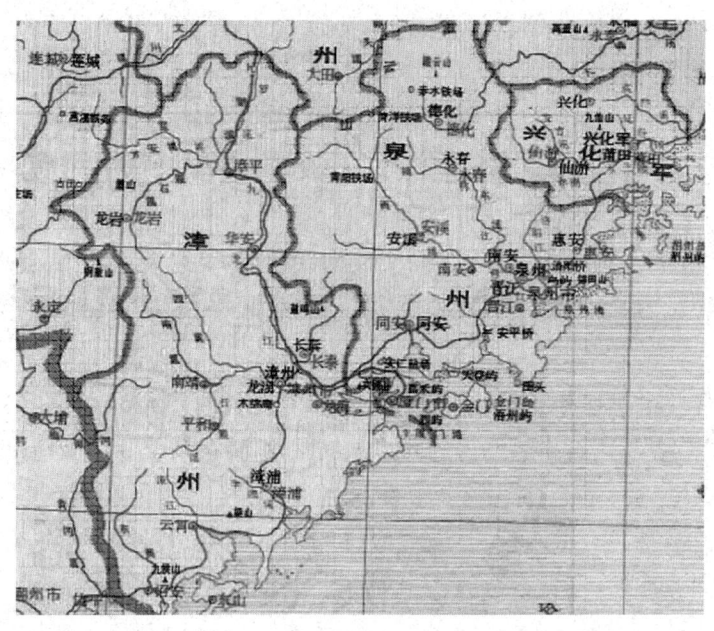

图1　漳泉区划图

---

① 《朱子语类》，载朱杰人等主编：《朱子全书》第17册，上海：上海古籍出版社，合肥：安徽教育出版社，2002年，第3479～3480页。

论漳州民间传说中朱子为官形象的文化内涵——以《朱熹错判铁环树》为例

根据谭其骧《中国历史地图集》第六册宋、金、辽时期历史地图（见图1）的记载，此图所据各项史料的确切时间是嘉定元年（1208年），距离朱子离开漳州的绍熙二年（1191年）已有17年之久，但因行政区划变更极其缓慢，当与朱子时代无异。

又因沈井铺位于同安县的东部，距离漳州龙溪县至少120里，则朱子当无再折回漳州的可能性，因为朱子系因朱塾过世而请辞，急于返乡奔丧。束景南《朱熹年谱长编》载：

> （绍熙二年，1191年四月，引者按）二十九日，去郡归。……五月五日，在晋江，为叶仲微、叶德符父子慕堂诗作跋。……至惠安，与学者论儒释之异。……经福州，见赵汝愚，黄榦从侍归武夷。……（五月，引者按）二十四日，归次建阳，寓居童縣桥。①

束景南以《晦庵先生朱文公文集》作为文献主要依据，又引用《朱子语类》第一百零六卷陈淳所记内容、《朱子语类》第一百零四卷廖德明所记内容及《勉斋先生黄文肃公年谱》的内容，当属可信。因此，朱子的返乡行程当是漳州龙溪→晋江→惠安→福州→武夷→建阳，并未取道闽西。

因此，当朱子离开漳州时，确无"当西行上走闽西时，路过南靖县境"的情况，故此则民间故事当属后人杜撰无疑。

兹证《朱熹错判铁环树》属于虚构故事如上，现再考证其产生的年代如下：

《朱熹错判铁环树》的写定时间是1961年，由杨成、梁永川共同讲述，其中杨成解放前的职业是店员，时年40多岁，梁川永，68岁，系手工业者，整理者是干部黄贵，时年52岁，故事流传地区是闽南一带。从讲述者的年龄、身份及写定时间来看，写定本当属长泰县流行的版本。其次，从时间上看，1961年扣减梁川永68岁的年龄，则梁川永听闻此故事的最早时间当是1894年，而杨成最早当在1912年，又因通常情况能够拥有记忆的年纪大体在5岁以后，则此故事最晚流行的时间当是1899年，因此上述故事流传时间大体在清末民国时期。

又因民间故事属于口耳相传，具有世代累积的特征，其产生的年代与写定的年代往往不一致，我们认为错判铁环树案定型于明清时期，主要有三个

---

① 束景南：《朱熹年谱长编》，上海：华东师范大学出版社，2001年，第1033~1035页。

方面理由：

首先，漳州在南宋是"下州领军事"，①故朱子《漳州到任表》说："朝散郎、直宝文阁、权发遣漳州军州事朱熹上表"，②《乞褒录高登状》也说："臣猥以尘贱，备员偏州……臣伏见本州漳浦人故迪功郎高登"。③又据宋代行政体制，各地界于省与县之间设有州、军、府、监四种，正如苗书梅所说："除京府外，一般府与上州差别不大，其职能也没什么区别。军一般设置于边关险塞、道路冲要、山川险僻多聚寇盗之处，往往管辖三两县，并驻扎军队，以便控制，知军地位低于中上州知州，与小州相当。监则多设置于矿冶业集中地。"④因此朱子官职是下州知州。与宋代不同，明清时期各地介于省县之间的行政单位主要以府为名，也有以州为名，但是两者已无差异，这使民间均以府为名称了。因此，从语言的表述可知，此故事明清时期才开始流行。

其次，在叙述故事时，虽杂有冤案性质，却非任意诋毁朱子的故事可比，反而时刻表明朱子的贤明，如"辅政恤民，众口皆碑……一向处事贤明的朱熹，竟也轻率的错断了讼案。"显然与清末民初严厉批判朱子理学的社会风气完全不同。与清末民国不同，明清时期的学术风气虽前有王学左派的激荡，后有乾嘉学术的影响，但是在福建地区，尤其是漳州，始终是朱子学最坚实基地，历久不衰。

第三，此故事的叙述过程明显误载朱子返乡的路径，隐含了一个极重要的历史信息，即在故事产生的时代，其官道是由漳州→龙岩→三明→南平的交通线路，这正是明代中期以后的福建驿道。明代中期倭患严重，福建亦属倭寇侵扰之地，不可避免地实行海禁，又为了官道及行人安全，不得不改变官道线路，虽然隆庆时期解除海禁，但是官道建设繁难，非一时可改，仍延其旧。另外，清代初年沿袭明代官道，尤其是清代早期，福建沿海受到郑氏军队侵扰，未能改变福建官道仍从内地通过的事实。因此，民间故事在讲述朱子回

---

① 《晦庵先生朱文公文集》，载朱杰人等主编：《朱子全书》第24册，上海：上海古籍出版社，合肥：安徽教育出版社，2002年，第3792页。

② 《晦庵先生朱文公文集》，载朱杰人等主编：《朱子全书》第24册，上海：上海古籍出版社，合肥：安徽教育出版社，2002年，第4010～4011页。

③ 《晦庵先生朱文公文集》，载朱杰人等主编：《朱子全书》第20册，上海：上海古籍出版社，合肥：安徽教育出版社，2002年，第882页。

④ 苗书梅：《宋代知州及其职能》，《史学月刊》1998年第6期。

建阳之路径时,自然而然地采用了从漳州往闽西,再到闽北的路线。

因此,《朱熹错判铁环树》属于虚构,系明清时期编撰而成的民间故事。

三、故事根源:朱子治漳政绩

前文已详证《朱熹错判铁环树》内涵丰富性与虚构性,其形成原因正是朱子在漳州知州任上的政绩。关于朱子在漳州的政绩,陈淳说:

> 先生在临漳,首尾仅及一期,以南陬敝陋之俗,骤承道德正大之化,始虽有欣然慕,而亦有谔然疑,哗然毁者。越半年后,人心方肃然以定。僚属厉志节而不敢恣所欲,仕族奉绳检而不敢干以私,胥徒易虑而不敢行坚,豪猾敛踪而不敢冒法。平时习浮屠为传经礼塔朝岳之会者,在在皆为之屏息。平时附鬼为妖,迎游于街衢而掠抄于间,亦皆相视敛戢,不敢辄举。良家子女从空门者,各闭精庐,或复人道之常。四境狗偷之民,亦望风奔遁,改复生业。至是及期,正尔安习先生之化,而先生行矣!是岂不为恨哉!①

此条文献反映了两方面内容:一方面,在治理漳州的前半年,各方对朱子的行政措施多有"哗然毁者",即持异议的人不少,经过半年的治理,朱子认真执法,严厉惩处各级官吏、士大夫及地方恶势力,使各方势力不敢徇私犯法,改变了漳州的世风;另一方面,朱子改造社会风俗,严正处理各种非法活动,维护社会安定。由此可知,在朱子到来之前,漳州存有两方面矛盾,即世家大族与市井小民的矛盾,而朱子实因政策与士族官宦子弟及各种恶势力结仇,由此形成了朱子与各方势力的矛盾。

正因上述矛盾,使各方对朱子治理漳州的评价,难免有争议,但是朱子推行的政策促进了漳州的发展,故《朱熹错判铁环树》夹杂各种情感,却难改其歌颂朱子的主基调。兹述其政绩如下:

第一,朱子减轻赋税,俘获民心,又因着力推动漳州划定经界,触犯了世家大族的既得利益。

《乞蠲减漳州上供经总制额等钱状》有言:

---

① 《朱子语类》,载朱杰人等主编:《朱子全书》第 17 册,上海:上海古籍出版社,合肥:安徽教育出版社,2002 年,第 3480 页。

> 今者本州虽蒙圣恩蠲免经总制额一千贯省,然诸县日前此色官钱除实收外,所欠常数千缗,以郡计之,则又不啻二万余贯。今者所减虽已不为不多,然逐县所得,在欠数中仅及二十余分之一。①

由此可见,漳州虽然被减免了一千贯税费,但是仅为漳州所欠总额的二十分之一而已,实难达到减税效果,其原因是漳州的日常税费收入仅为一万七千余贯,而额外的财政负担达到定额的一倍之多。故朱子力推加大减税额度,正如光绪《漳州府志》卷十四说:"朱熹知漳州奏蠲减本州上供及经总制无额等钱数百万计,漳民赖焉。"②

如果说减省州郡县税负,仅属经济政策,尚属短暂措施,那么减税带来了漳州社会生态变化才是其重要影响。为了完成征税任务,地方官员主要通过以罚没方式代替了刑罚措施,带来了诸多不良后果,如以科罚代替正常审讯,并创设了仅属于漳州特有的土地税收政策"俵寄"。《条奏经界状》说:

> 所谓俵寄者,正田不知下落,官司恐失租米,即以其租分俵寄搭邻近人户,责令送纳。推此一端,贫民受弊亦可见矣。然它处不闻有此名字,独漳州见之。③

漳州官员远较其他地方更强烈的政绩意识,苛捐杂税的繁多程度亦可见一斑。为了根治漳州的俵寄政策,朱子大力推行定经界,但是遇到了重重阻挠,最终因朱子辞职而流产,其原因正是朝廷掌权者和漳州士大夫均持反对意见。《朱子语类》载:

> 或曰:"只据民户见在田,不必索契,如何?"曰:"如此则起无限争讼,必索契,则无限争讼过矣。今之为县,真有爱民之心者十人,则十人以经界为利;无意于民者十人,则十人以经界为害。今之民,只教贫者纳税,富者自在收田置田,不要纳税。如此则人便道好,更无些事不顺他,便称颂为贤守。"④

---

① 《晦庵先生朱文公文集》,载朱杰人等主编:《朱子全书》第20册,上海:上海古籍出版社,合肥:安徽教育出版社,2002年,第870页。
② 沈定钧:《光绪漳州府志》,上海:上海书店出版社,2000年,第243页。
③ 《晦庵先生朱文公文集》,载朱杰人等主编:《朱子全书》第20册,上海:上海古籍出版社,合肥:安徽教育出版社,2002年,第880页。
④ 《朱子语类》,载朱杰人等主编:《朱子全书》第17册,上海:上海古籍出版社,合肥:安徽教育出版社,2002年,第3478页。

此条为陈淳所记载的语录,反映了定经界的两方面利害关系:一是减轻无地少地者的负担,即"佥寄者"的负担;二是增加土地兼并者的税负。因此,朱子定经界政策被漳州士大夫和朝廷掌权者所阻挠,难以推行,并被兼并土地的士大夫所诋毁。

因此,朱子通过减税,俘获百姓之心,却又因定经界而得罪了漳州部分士大夫,使各方对朱子的政绩评价不一,为《朱熹错判铁环树》的生成提供了土壤。

第二,引入大量先进文化理念,改进漳州民间文化。

在漳州,朱子主要着力于改造社会文化,培养社会人才,敬重先贤,达到移风易俗与开化文明的功效。《光绪漳州府志·宦绩》载:

> (朱子)至任,以节民力易风俗为首务。……以漳俗未知礼教,首述古今礼律开谕之,又采古丧葬嫁娶之仪揭示父老令解说训其子弟时,即学舍诲诱诸生,一如守南康时。又择士有行义知廉耻者列学职,为诸生倡。知学录赵师虑之为人,首荐之。以郡人高登直言忤秦桧,贬死容州,奏乞褒录,为立祠学宫以文祭焉。漳旧号佛国,男女聚僧庐为传经会,女不嫁者,私创庵舍以居,始严禁之,俗为大变。①

可见朱子发展漳州的措施有三方面内容:一是颁布礼教,整顿佛庵,加强儒家社会规范的推广力度;二是整顿郡学,延揽人才,并亲自传授儒学,培养人才;三是推尊先贤高登,树立道德典范。但是《漳州府志》所记载内容并不全面或者不完整,兹补充如下:

在加强儒家社会规范方面,朱子发布了《漳州晓谕词讼榜》《晓谕居丧持服遵礼律事》《揭示古灵先生劝谕文》《劝谕榜》。至于整顿佛庵方面,则是通过《劝女道还俗榜》勒令禁止女道随意出家的情形。朱子通过上述公文阐述了儒家文化思想,达到了儒家美俗的效果,规范了漳州的民风民俗。

在整顿郡学与延揽人才方面,以《漳州延郡士入学牒》为最重要。朱子招揽了施允寿、石学正、林易简、李唐咨、陈淳、杨士训、徐㝢等人进入郡学,为漳州培养了青年才俊,尤其是陈淳,长期从事启蒙教育,被称为北溪先生。在整顿郡学的同时,朱子通过《释奠申礼部检状》申请《释奠仪式》、聂崇义《礼图》及五礼等礼学文献,普及传统学术教育。而最重要的是朱子在漳州刊刻了大

---

① 沈定钧:《光绪漳州府志》,上海:上海书店出版社,2000年,第485页。

量的儒学典籍,如《尚书》《诗经》《周易》《春秋》及《四书章句集注》,促进了漳州儒学的发展。

在推尊先贤方面,朱子亲自祭拜各代先贤,树立典范,促进漳州文化的更化进程。绍熙元年(1190年)四月二十四日到达漳州州衙,而在当月剩余六天里,朱子拜谒了孔庙,撰写了《漳州谒先圣文》,还拜谒了高登祠、李弥逊祠、蔡襄祠及其他漳州先贤祠,撰有《谒高东溪祠文》《谒李龙学祠文》《谒端明侍郎蔡忠惠公祠文》《谒诸庙文》。① 在四经刊刻完成后,朱子又撰写了《刊四经成告先圣文》,大力提倡儒家的圣贤榜样,使漳州习儒之风大盛。

第三,朱子审理了大量案件,难以确保所有案件公正无误,给后世留下了戏说的空间。

在宋代,知州已属地方大员,全面负责一州的政治、经济、司法等职责。据苗书梅考证,其主要职能之一是"'平狱讼',雪冤狱,主持州级司法政务"②。则审判案件属于朱子日常工作之一。《答林井伯成季》有言:"某碌碌如昔,近旬日来,讼牒顿希,可以藏拙。"③"碌碌如昔"虽有自谦之意,但是"讼牒顿希"透露出朱子需要处理大量的诉讼案件和政府公文,而诉讼案件又放置于前,可见一斑。诉讼案件的多寡,实与办案者、审判者的态度密切相关。如《答方若水壬》有言:"龙岩之行,若问得实,使无罪者不以冤死而有罪者无所逃刑,此非细事也。"④朱子特地嘱咐方若水前往龙岩巡查案件时,要明辨是非,清理各项存疑案件。由此可见朱子审理案件的严谨态度了。

尽管朱子具有严谨的审案态度,但是案件众多,以至朱子感慨道:"此间事虽不多,然亦终日扰扰,少得暇看文字,甚觉岁月之可惜也。"⑤因此,难免存

---

① 我们此处采用了束景南《朱熹年谱长编》的观点,因为上述文献内容虽能反映是朱子在漳州一年期间的作品,尚不能确定其作品,但是考虑到朱子在漳州期间的短暂,束景南的观点当无大问题。参见束景南:《朱熹年谱长编》,上海:华东师范大学出版社,2001年,第981~982页。

② 苗书梅:《宋代知州及其职能》,《史学月刊》1998年第6期。

③ 《晦庵先生朱文公文集》,载朱杰人等主编:《朱子全书》第25册,上海:上海古籍出版社,合肥:安徽教育出版社,2002年,第4910页。

④ 《晦庵先生朱文公文集》,载朱杰人等主编:《朱子全书》第23册,上海:上海古籍出版社,合肥:安徽教育出版社,2002年,第2819页。

⑤ 《晦庵先生朱文公文集》,载朱杰人等主编:《朱子全书》第23册,上海:上海古籍出版社,合肥:安徽教育出版社,2002年,第2981页。

在审案出错的可能性。另外,审判结果也不可能让诉讼双方全都满意,也为后世有关朱子判错案的传说提供了基础。

综上所述,朱子能够尽心为民办事,为漳州社会发展与文化建设做出了巨大贡献,但因部分政策触及既得利益方,也因案件众多难以确保无误,使得《朱熹错判铁环树案》具有了传说土壤。

四、百姓之心有杆秤:朱子形象变化过程启示

朱子在漳州任职期间兢兢业业,留给漳州百姓以正面为主的评价,却在明清时期演变为正负面兼具的形象。这是由民间传说具有世代累积的特点所决定的,但朱子的政绩和民间传说两相对照,呈现百姓评价官员的重要标尺,具有重要的启示意义。兹述如下:

一方面,评价官员的政绩与外王功业,需要以百姓获得实惠作为最重要标准。

漳州百姓对朱子的评价以正面为主,这是由朱子为漳州做了重要贡献的结果,体现朱子落实"以百姓之心为心",追求为百姓利益着想的外王理念的结果。以百姓之心为心,出于《老子》第四十九章,虽非出自儒家,但是从孔子与老子之间的关系可知,儒家当是高度赞同这个观点。虽然《朱子语类》仅记载朱子谈论《老子》的内容仅涉及《道可道章第一》《谷神不死章第六》《古之为善士章第十五》《将欲噏之章第三十六》《上德不德章第三十八》《反者道之动章第四十一》《道生一章第四十二》《名与身章第四十四》《天下有道章第四十六》《治人事天章第五十九》,未见朱子深入讨论《老子》第四十九章,但是朱子对老子学说亦有多方面的研究,且落实到了具体政治实践当中,具体表现如下:

朱子读书法强调从头读到尾,如《朱子语类》卷八载:"大抵为学虽有聪明之资,必须做迟钝功夫,始得。既是迟钝之资,却做聪明底样工夫,如何得。"[1]这便是要求为学需下迟钝工夫,来不得半点含糊。更为重要的是朱子要求学者读书时穷究所有道理,所以他说:

---

[1] 《朱子语类》,载朱杰人等主编:《朱子全书》第14册,上海:上海古籍出版社,合肥:安徽教育出版社,2002年,第283页。

> 为学之道,圣贤教人,说得甚分晓。大抵学者读书,务要穷究。"道问学"是大事。要识得道理去做人。大凡看书,要看了又看,逐段、逐句、逐字理会,说教通透,使道理与自家心相肯,方得。读书要自家道理浃洽透彻。①

看书,需要看了又看,并且要求每段、句、字按照顺序理会,达到理解通透的程度。如果说上文还有仅针对儒家圣贤典籍的嫌疑,那么他又说:"看文字,须逐字看得无去处。譬如前后门塞定,更去不得,方始是。"②则朱子对其他非儒家典籍亦持逐字看书的严谨态度,断不会让学生看《老子》有跳跃或脱漏的情形,当可定谳。此其一。

朱子在读《老子》之时,并非死记硬背,而是注重落实经典作品的内在道理。他说:"学之之博,未若知之之要;知之之要,未若行之之实。"③则实践的重要性远在学习求知之上,而更重要的则是学生的成才需要通过实践层面来达到,否则仅有学习是无法实现预期目标。他说:

> 某此间讲说时少,践履时多,事事都用你自去理会,自去体察,自去涵养。书用你自去读,道理用你自去究索。某只是做得个引路底人,做得个证明底人,有疑问难处同商量而已。④

实践的重要性远在教师的指导功能之上,因为实践能够为实践者提供检验的标准。虽然朱子并未直接提出实践是检验真理的唯一标准,但是朱子对孔门七十二贤追随孔子周游列国之事的看法实蕴含了实践是事业成功的保障之理。《朱子语类》载:

> 若不用躬行,只是说得便了,则七十子之从孔子,只用两日说便尽,何用许多年随着孔子不去。不然,则孔门诸子皆是瞉无能底人矣。恐不然也。古人只是日夜皇皇汲汲,去理会这个身心。到得做事业时,只随

---

① 《朱子语类》,载朱杰人等主编:《朱子全书》第14册,上海:上海古籍出版社,合肥:安徽教育出版社,2002年,第314页。
② 《朱子语类》,载朱杰人等主编:《朱子全书》第14册,上海:上海古籍出版社,合肥:安徽教育出版社,2002年,第315页。
③ 《朱子语类》,载朱杰人等主编:《朱子全书》第14册,上海:上海古籍出版社,合肥:安徽教育出版社,2002年,第386页。
④ 《朱子语类》,载朱杰人等主编:《朱子全书》第14册,上海:上海古籍出版社,合肥:安徽教育出版社,2002年,第387~388页。

自家分量以应之。如由之果,赐之达,冉求之艺,只此便可以从政,不用它求。若是大底功业,便用大圣贤做;小底功业,便用小底贤人做;各随它分量做出来,如何强得。①

七十二贤人追随孔子周游列国,实属以孔门心法来传授学生的重要案例,也属于教育学的范畴,但是朱子却从中挖掘出了孔门传授心法中的实践特性,即多年追随孔子,需要通过观察孔子的实践,并以自身的实践来检验所学的东西,才能真正理会自己的身心。正是经过了严格的训练和实践检验所学道理,孔门弟子在做具体事业的实践时,便能依据自身的修为获得相应成就。

由此可见,学习过程需要通过实践来获得经典学说的内在精髓,又要通过实践来转化内在所得成果。此其二。

朱子在学习过程中,突出了掌握文本精髓的重要性,着重于以实践来检验经典学说,其基础正是知行合一。《朱子语类》载:

> 致知、力行,用功不可偏。偏过一边,则一边受病。如程子云:"涵养须用敬,进学则在致知。"分明自作两脚说,但只要分先后轻重。论先后,当以致知为先;论轻重,当以力行为重。②

致知是穷理,力行则是实践。以先后次序来说,以穷理为先,以实践为后;以轻重来分,则是力行为重,穷理为轻。朱子以一个人受教育的过程来论述实践与认知的关系。事实上,朱子所说的"致知"偏向于求取经典文献的内在道理,而力行则是改造社会的实践,其前置条件是一个人需要先经过适当时间的教育,再通过实践来检验所学的文献内在道理,形成符合实践需要而又完整的知识结构。正是通过长期的学习研究和政治实践相结合,使朱子在耳顺之年到达漳州时,能够真正落实以百姓之心为心的理论,尽职尽责做好本职工作。正如前述,朱子在当时众多官员追求个人政绩的氛围下,能够以百姓之心为心,大力争取减免百姓赋税,废除各项杂税,减轻百姓负担,使漳州百姓获得实际利益,奠定了朱子在漳州民间传说中的正面形象。

另一方面,实现外王的执政团队需要大力吸收先进人才,不断创新理论,

---

① 《朱子语类》,载朱杰人等主编:《朱子全书》第14册,上海:上海古籍出版社,合肥:安徽教育出版社,2002年,第386~387页。

② 《朱子语类》,载朱杰人等主编:《朱子全书》第14册,上海:上海古籍出版社,合肥:安徽教育出版社,2002年,第299页。

使以百姓之心为心的使命具体落实到每个具体政策。

吸收优秀人才,是儒家学者高度重视的内容,最早的当属孟子。《孟子·尽心上》说:"君子有三乐,而王天下不与存焉。父母俱存,兄弟无故,一乐也。仰不愧於天,俯不怍於人,二乐也。得天下英才而教育之,三乐也。君子有三乐,而王天下不与存焉。"朱子注曰:

> 尽得一世明睿智才,而以所乐乎已者教而养之,则斯道之传得之者众,而天下后世将无不被其泽矣。圣人之心所愿欲者,莫大於此。今既得之,其乐为如何哉!①

朱子以得人才传道为大乐,甚得《孟子》本义,其实践亦是如此,此可于两方面得之。一方面是朱子晚年得到高足陈淳,甚为高兴,正如《宋史》陈淳本传所载:"熹数语人以'南来,吾道喜得陈淳',门人有疑问不合者,则称淳善问。"②"喜"字已经道尽了朱子为传道而得人之事视为重大收获了。另一方面则是朱子终身从事教育事业,广纳英才,门人达到汉代以后最多,且职业分布最广。陈荣捷《朱子门人》统计分析显示,"谓汉后朱门人数居首,并非过言。"③与人数多相对应,朱子门人分布于众多职业当中,陈荣捷《朱子门人》说:"从事实考察,则朱子门人四百六十七人之中,有官职者只一百三十一人,占百分之二十八。私淑二十一人之中有官职者十一人,占百分之五十二。合共四百八十八人,有官职者一百四十二人,占百分之二十九,显属少数。即其讲友七十二人,亦只三十三人有职,占百分之四十六而已。若谓弟子之中,有许多名里不详,其中应以一半有爵禄计者,予应之曰,其名里之缺,正因其无职无衔,无爵无禄之故。是以墓志不闻,方志不载。"④由此可知,朱子门人并非仅有入仕一途,而是从事诸多职业,可见其收徒之广了。

与朱子相似,黄榦也是以教育人才为急务。《宋元学案》载:

> 百家谨案:勉斋言:"自仙师梦奠以来,向日从游之士,识见之偏,义利之交战,而又自以无闻为耻,言论纷然,诳惑斯世。又有后生好怪之徒,敢於立言,无复忌惮。盖不待七十子近没,而大义已乖矣,由是私窃

---

① 《四书章句集注》,载朱杰人等主编:《朱子全书》第6册,上海:上海古籍出版社,合肥:安徽教育出版社,2002年,第431页。
② 《宋史》,北京:中华书局,1977年,第12788页。
③ 陈荣捷:《朱子门人》,上海:华东师范大学出版社,2007年,第9页。
④ 陈荣捷:《朱子门人》,上海:华东师范大学出版社,2007年,第12～13页。

惧焉。故愿得强毅有立,趋死不顾利害之人,相与出力而维持之。"盖勉斋之求后学,其真切如此,所以卒得起人儿传之於后也。①

黄百家的评价实得黄榦求才若渴的心态,使得黄榦门人遍布大江南北,正如《宋史》黄榦本传所载:"弟子日盛,巴蜀、江、湖之士皆来,……质疑请益如熹时。"②可见黄榦弟子之盛了。至于其他朱子门人亦是通过教育来传播朱子学派的思想,如陈淳终身以教育为职业,创立了北溪学派。正是朱子与门人通过教育培养了大量人才,使得朱子学派能够克服庆元党禁的具体困难,在宋理宗时期正式成为理学正宗。

与之相反,当朱子学术成为新的经典,尤其是在明清时期成为士人获取功名利禄的敲门砖之时,士大夫便以功名利禄为目标,追风者多,造成了劣币逐良币的情形,诸多优秀人才被明代阳明学和清代乾嘉学派所吸纳,导致了朱子理学后继乏人。正如余英时所说:

> 历代考试的文本最初都是学术界公认的经典,而这些经典的批准也都是长期研究后的结晶,在当时为多数人所接受。单这些文本及其解释在科场上行至既久,则逐渐流为"俗学",后起学者也必然起来用新的研究成绩,加以纠正。③

余英时虽是从两汉到明清时期官方选拔考试与学术思潮之间的关系着眼,但是科举考试的特征便是通过利禄来诱导大批优秀人才进入政府机构,使政府能够吸纳优秀人才为社会服务。一种学术思想变成获取功名利禄的工具,便会逐渐失去其学术界影响力,虽有多重因素,但最重要的是进入官僚队伍的群体缺少学术创新的动力,逐步丧失了创新的能力。

事实上,大力吸纳先进人才与创新理论两者之间相辅相成。当朱子学术"集宋学理学之大成……集汉唐儒大成",④朱子学派便聚集了大量人才,推动朱子学术成为学术界新经典。又当朱子学术被明清统治者所利用,打击异己学说,朱子学者未能创造性地发展学术理论,导致了优秀人才被阳明学和乾嘉学派所吸收,朱子学派仅有平庸之辈时,难以创造性地运用朱子学理论改

---

① 黄宗羲、黄百家、全祖望:《宋元学案》,杭州:浙江古籍出版社,1999年,第449~450页。
② 《宋史》,北京:中华书局,1977年,第12782页。
③ 陈致访谈:《余英时访谈录》,北京:中华书局,2012年,第34页。
④ 钱穆:《朱子学提纲》,北京:三联书店,2002年,第26页。

造社会，他们入仕之后，便无法真正做到以百姓之心为心，留给百姓的鲜明印象便是朱子学者碌碌无为的群像，并由此追述至朱子本人亦是心地善良却迂腐的知识分子。因此，明清时期的民众在传播朱子传说之时，自觉不自觉地添加了许多枝节，改变了在漳州任职期间的朱子原有形象。

与朱子学派的发展和衰落过程相似，任何执政团队在战争或者困难年代，因为外部挑战，不拘一格启用人才，克服各种困境，而和平建设年代，尤其是面对各种诱惑之时，普通人蜂拥加入各级官员队伍，形成在位者为了把持地位与既得利益而压制后起之秀的不良文化，使执政团队无法调动起优秀人才创造性发展先进理论，失去吸引优秀人才的魅力，逐步失去实践外王目标的领导能力。

综上所述，朱子形象的变化过程给我们两个重要的启示：一是实现外王的执政目标需要始终秉持以百姓之心为心作为各项政策的出发点和落脚点，才能俘获百姓之心；二是执政团队需要吸纳社会各阶层优秀人才，大力创新理论，提高落实以百姓之心为心的能力，才能发展和巩固外王的政治目标。

（原刊于《天中学刊》2017年第6期）

朱子理学在高校思想政治教育中的渗透与应用
——以武夷学院为例

※ 池 芳

引 言

朱子也就是朱熹,是我国伟大的思想家、教育家和哲学家,更是理学思想的重要代表人物,其思想涉及范围广,涵盖历史、经济、佛教、道教、文学、音乐、自然科学等等,凭借其丰富的实践活动,形成了一套完整而独特的理学思想政治教育系统,即"朱子理学",创造了仅次于孔子的文化高峰。朱熹一生的绝大多数时间和实践都在武夷山地区,该地区也成为展现和研究朱子理学的文化基地。武夷学院作为朱熹800多年前开办的武夷精舍的传承学校,更是研究朱子理学的圣地。朱子理学中蕴藏着优秀的政治教育思想、传统文化,对于现代社会教育和发展意义重大,尤其是对高校的思想政治教育。因此,研究朱子理学在武夷学院的思想政治教育渗透和应用情况,十分具有现实意义,能够有效挖掘其现实价值,促进高校思想政治教育的进一步优化。

一、朱子理学思想理论体系概述

(一)朱子理学思想的形成成因

任何意识形态的形成,都建立在物质环境等条件基础之上,朱子理学的形成亦然。当时的南宋兴学院之风,朱熹大力创办学院,并传播思想道德,在学院中大力推行思想道德教育的方法、内容等等,长期的书院实践、探索,使之对于学校的思想道德教育十分在行,因此真正地成就了其朱子理学的理论体系。也正是因为朱子理学主要形成于学院,主要针对对象是学院教育,因此对于当代高校的思想政治教育意义深远。此外,南宋农业、商业繁荣,经济水平、开放程度相对较高,内忧外患、"近习"干政的社会环境,伦理纲常、思想道德规范的需求空前加剧,儒学兴盛,哲理需求大,这些也为朱子理学的形成提供了有利的经济、政治、文化条件。

(二)朱子理学的理论体系概述

朱熹的朱子理学将北宋以后的儒学、理学发扬光大,构建了一套完整的理论系统,"致广大,尽精微,综罗百代。"[1]其中以道德教育思想为重中之重,他重点指出教育的弊病,即学院的道德教育没有结合实际,因此朱子理学十分注重教育与实际的结合,他的思想理论以当时的人伦失常、道德和秩序缺失的现实为出发点,希望通过道德教育达到"明人伦"的基本目标,进而实现圣贤人的最终目的。为此,他以"理一分殊"作为其哲学基础,以"人性论"为逻辑起点,指出人性本善,为圣贤之人的实现提供可能。同时,确定了道德教育的具体内容,根据学生差异,划分小学和大学两个阶段,针对性安排不同的教育内容,前者以教事为主,后者以教理为重,并且提出在学院的道德教育过程中,必须要循序渐进,一边引导一边防禁,知识与行动相结合。朱子理学中的道德教育思想为当时的学院教育、社会教育提供了有效的指导,也对当代高校的思想政治教育提供了诸多参考价值。

(三)朱子理学中思想道德教育的方法

朱子理学中针对思想道德教育,为实现圣贤的目标,提出了诸多方法,对当代高校思想政治教育有很强的借鉴价值。其一,启发善诱法。也就是关注受教育者的个人特点,采取灵活、丰富、有变化的各种方法,调动学生积极性,使之学习主动性加强。其二,循序渐进法。即在教育过程中,要依照学生的

---

[1] 郭雄雄:《朱熹道德教育思想及其现代价值研究》,西北师范大学硕士学位论文,2013年。

自身情况、教学规律等来开展教育。其三,因材施教法。即根据学生的年龄、能力、爱好等,针对性地开展特色的、个性化的道德教育。其四,自我教育法。即学生应当充分发挥自动性、能动性,积极参与教育,不断提升自我素质。其五,躬身实践法。要不断地进行亲身实践,才能检验理论并考验学生本身。

二、朱子理学在高校思想政治教育中的渗透与应用

(一)高校德育应用朱子理学的必要性

当前,我国高校的思想政治教育均存在诸多问题。首先,德育目的失衡,当前高校对于思想道德教育不够重视,应用朱子理学,能够保障德育目的不偏差。其次,高校现有的道德教育内容缺失、能力薄弱、方法单一,不够具有创新性,学生接受积极性差、效果差。再次,当前高校思想政治教育方法保守、落后。在高校思想政治教育中应用朱子理学,能够有效地利用其德育的方法、内容,促使学生思想道德素质提升、积极性加强,同时有利于弘扬传统文化。武夷学院作为朱子理学的发源地,更是必须强化其应用,将古人的智慧与精华应用于现实,不断地推广与完善。

(二)朱子理学在武夷学院的渗透

武夷学院作为朱熹800多年前创办的武夷书院的传承者,在学校的建设、思想政治教育中较好地应用了朱子理学思想,朱子理学思想的渗透,为学校提供了优质的氛围,为人文培养、特色构建提供了有力的支撑。

1. 形成"传朱子理学"的办学特色

武夷学院坐落于武夷山,在学校特色建设中,积极把朱子理学作为学校的创办特色,把传扬朱子理学作为学校的发展目标,致力于构建区域特色鲜明的学校,积极打造"传朱子理学"的办学特色,学校不仅设立"理学"这一独立的专业,并成立"朱子学研究中心",拥有5项关于朱子理学的国家级研究项目,成功创设"武夷书院讲坛""武夷书院讲理堂"两大平台,并在2015年9月和当地政府签订协议,建立朱子学院,力争发扬朱子理学文化,打造朱子文化品牌,将朱子学院建设成为重点的学术基地。

2. 朱子理学研究成果多

根据中国知网CNKI的数据库统计,在2003年到2011年期间,武夷学院

发表的中文论文中,科研成果多,朱子理学相关研究占重点地位。在所有统计论文中,共5000多个关键词,其中武夷山居首位,朱熹居第四位,可见武夷学院对于武夷山、朱熹等文化的研究精深、丰富。①

表1　武夷学院论文关键词统计表

序号	关键词	出现次数/次	所占比例/%
1	武夷山	59	0.71
2	社会主义	46	0.56
3	现代化	45	0.55
4	朱熹	35	0.42
5	对策	33	0.40

武夷学院还将朱子理学课程纳入人才培养计划,加强特色学科建设,在全校开设公选课,在人文教师教育学院汉语言文学专业开设"朱子理学的传播"方向课程,编辑出版《武夷文化选讲》校本教材;定期编辑出版《武夷文化研究》学术期刊,开展学术研究成果交流。此外,积极主动作为,开展朱熹思想研究,辐射带动闽北精神文明建设,组织人员编写了《朱熹思想与公民道德建设》《朱子家训研究专辑》和《朱熹故事精选》等通俗读本。参与地方文化建设,与南平统战部合作,编撰《闽北商史》,编辑出版各县市地方文化专辑。

学校广泛开展学术交流,先后举办了"海峡两岸纪念武夷书院创建825周年暨书院文化高峰论坛""朱子学说的当代价值论坛"和"朱子学与东亚文明"研讨会等16场,积极与韩国国学振兴院等十多家单位开展对外文化交流活动,举办20多次座谈会。

武夷学院在朱子学研究方面取得了可喜成绩,撰写出版了《朱熹道德教育思想论稿》《大教育家朱熹》《朱子武夷棹歌与韩国九曲歌系诗歌》和《朱熹与武夷山》等七部著作,点校出版了《闽中理学源流考》和《屏山集校注与研究》等著作,主编出版了《武夷文化选讲》《朱子〈家礼〉与人文关怀》和《东亚朱子学新论》等,在国家一级学术期刊上发表了10多篇学术论文,获得了5项

---

①　伍进平:《2003—2011年武夷学院国内发表论文的计量分析》,《武夷学院学报》2012年第3期,第62~66页。

国家、2项教育部课题和10多项省级社科基金研究项目,培养出了一批老中青结合、有可持续研究能力的学术团队。2012年武夷学院的《传承朱子文化 培育大学精神——武夷学院开展具有"武夷特色"的大学文化建设的探索和实践》获得福建省高校校园文化建设优秀成果三等奖,2014年武夷学院武夷山世界文化遗产研究中心被评为福建省高校人文社科研究优秀基地。

3. 营造朱子理学相关的校园文化

校园文化,某种程度上就是一种文化气氛和环境,一种文化精神。在武夷学院,以朱子理学为出发点,积极开展相关文化活动,创办武夷山朱子文化节、朱子理学文化讲堂,定期开展朱子理学的相关活动,配合武夷山市五夫镇朱子学校在三年级以上学生中开展齐诵《朱子家训》活动,教育少年儿童从小培养良好的习惯和心态,从我做起,从小做起武夷学院协助南平市电视台拍摄制作了《朱熹》专题片,协助中央电视台《家园》栏目拍摄制作了《寻访朱子故里》,协助中央电视台海外中心专题部拍摄制作了《棹歌话朱熹》等专题片,进一步弘扬了朱子文化,极大地丰富了人们的精神文化生活。此外,我们还积极组织海峡两岸学子"走朱子之路"研习营活动,通过开展始业式、敬师礼、研讨论坛、寻访考察、结业式等活动重走朱子之路,深刻体会朱子的思想,取得了良好的教育效果。学校还成立了朱子理学社团,在校园中形成一种和谐的、优秀的传统文化、人文素养氛围,有利于促进学生精神熏陶,提升学生人文素养,在整个学校中树立一种良好的思想导向和思想道德教育氛围。①

学校在湖光山色浑然一体的天然景观之上尝试植入具有深厚历史积淀的"朱子理学"文化元素,按照朱子理学的和谐思想和理念塑造朱熹像,以古代先贤和当代大师的风采砥砺师生"艰苦创业、奋发有为"的精神意志;设立镌刻着《劝学》等内容的文化石;参照"理学书院"遗址,学校将校道命名为同文路、瑞樟路、兴贤路、屏山路等,通过校园环境氛围的精心设计,潜移默化地将朱子理学渗透到师生的生活、学习中。

(三)朱子理学在武夷学院的应用

1. 积极打造特色的应用型本科院校

朱子理学中的德育思想提倡德育知识要与实际相结合、要根据学校实际

---

① 张玉:《朱子理学对造园的影响》,《武夷学院学报》2008年第2期,第68~71页。

采用特色的、个性化的方法,制定个性化的教育内容。武夷学院以此理论为基础,将应用型办学作为学校办学的定位,并且努力结合朱子理学这一区域性的文化特色,构建"传朱子理学,做武夷文章,育新型工科"的办学特色,积极打造国家级、省级的特色专业,并且成立理学研究中心和多个重点实验室,申请超过500个科研项目。①

此外,学校重视学生创业,是省首家大学生创新创业基地,注重培养学生的行动能力、实践能力,鼓励学生将学习到的知识应用到实际当中。积极与校外企业进行合作,有诸多校外实践基地,与企业共同培养应用型人才。2016年武夷学院大学生创新创业园成功入选福建省级众创空间,是继获得"福建省大学生创新创业基地"之后,取得的又一项标志性成绩。

2. 不断丰富德育内容与方法

朱子理学强调要因材施教、启发善诱,主张要根据学校的实际情况、学生的具体情况来制定不同的教育内容,不断丰富内容、创新教育方法,由此来提升受教育者的积极主动性。武夷学院在思想政治教育过程中,也不断创新、丰富其德育内容与方法,积极应用朱子理学的德育方法。首先,优化教师结构与能力。创新人才引进与管理,开展应用型教师培养,并且让教师在思想政治教育过程中不断改进教学方法,采用丰富的、个性化的方法进行教学。其次,应用朱子理学的德育思想。在思想政治教育中,学校教师会充分利用朱子理学这一特色以及其中的思想,对学生进行深入的引导,激发学生对于德育课程学习的积极性。再次,强化德育地位。一方面积极确立学生受教育的主体地位,另一方面加强学校思想政治教育的地位,明确学校德育的目的与重要性,在整个学校形成一种优秀的德育课程学习氛围。

结　　语

朱子理学是我国传统文化的瑰宝,而道德教育思想更是其中的精华之处,其倡导的书院思想道德教育内容、方法、理念,对于当今高校的思想政治教育具有重要的借鉴意义。武夷学院是研究朱子理学文化的活化石,研究朱

---

① 佚名:《传朱子理学,做武夷文章,育新型工科——武夷学院简介》,《教育评论》2015年第1期,第32～35页。

子理学在武夷学院思想政治教育中的渗透与应用情况,有必要性和现实价值。武夷学院在学校建设与教育中,以朱子理学为特色,积极构建应用型、特色型学校,充分发扬朱子理学文化,有利于强化思想道德教育氛围,提升学生的人文素养。值得注意的是,学校在应用朱子理学思想时,应当取其精华、去其糟粕,根据实际情况针对性运用。

(原刊于《黑龙江教育学院学报》第 36 卷第 1 期,2017 年 1 月)